칼빈 이후
영국의 개혁신학자들

개혁주의 신학과 신앙 총서 10

개혁주의학술원

개혁주의 신학과 신앙총서 제10권 『칼빈 이후 영국의 개혁신학자들』을 펴내며

2016년은 저희 개혁주의학술원이 문을 연지 10년이 되는 해입니다. 그동안에 학술원의 설립과 발전 과정을 인도해주신 여호와 하나님께 먼저 감사를 드리고 영광을 돌려 드립니다. 여러 후원교회들이 저희 학술원을 위해서 지속적으로 기도와 후원을 아끼지 아니하심에 대해서 진심으로 감사드리는 바입니다. 많은 교회와 성도들의 기도에 힘입어 저희 학술원이 앞으로도 계속해서 이 땅에서 개혁신학의 기치를 높이 들고 종교개혁의 전통에 철저한 하나님 말씀 중심의 신학을 전개해 나갈 것을 다시 한 번 약속드립니다.

『칼빈 이후 영국의 개혁신학자들』이라는 제목으로 발간하게 된 것을 기쁘게 생각합니다. 여기에는 황대우 박사의 "존 낙스(John Knox, 1513-1572)의 생애와 신학", 이상규 박사의 "스코틀랜드의 개혁자 엔드류 멜빌(Andrew Melville, 1545-1622)", 한병수 박사의 "윌리엄 휘터커(William Whitaker, 1548-1595)의 성경해석", 김홍만 박사의 "왈터 트래버스(Walter Travers, 1548-1635)의 생애와 신학", 우병훈 박사의 "스코틀랜드 최초의 언약신학자, 로버트 롤록(Robert Rollock, 1555-1599)의 생애와 신학", 김요섭 박사의 "아일랜드의 위대한 교회 지도자 제임스 어셔(James Ussher, 1581-1656)의 생애와 사상", 김중락 박사의 "알렉산더 핸더슨(Alexander Henderson, 1583-1646)의 생애와 신학", 안상혁 박사의 "사무엘 러더포드(Samuel Rutherford, 1600-1661)의 생애와 신학", 이성호 박사의 "토마스 굿윈(Thomas Goodwin, 1600-1680)의 생애와 신학", 김진흥 박사의 "청교도 설교자 토마스 브룩스(Thomas Brooks, 1608-1680)의 생애와 사상", 김지훈 박사의

"그리스도의 나라, 교회: 조지 길레스피(George Gillespie, 1613-1648)의 교회 정치", 이신열 박사의 "로버트 보일(Robert Boyle, 1627-1691)의 생애와 사상: 계시론을 중심으로", 의 12편의 글을 게재하게 되었습니다.

이 글 가운데는 그동안 국내에 소개되지 않았던 청교도 전통을 지닌 여러 신학자들을 소개하게 된 것은 국내 개혁신학 발전에 좋은 자극제가 될 것으로 생각합니다. 16세기 후반과 17세기에 활동했던 영국의 개혁신학자들의 면모와 사상을 살펴봄으로써 하나님께서 이들을 어떻게 사용하셨고 이들이 어떻게 하나님의 인도하심을 받아 자신의 신학적 사고를 발전시켜 나갔는가를 깨달을 수 있는 훌륭한 계기가 될 것입니다. 이들의 글을 통해서 16세기 유럽의 종교개혁 유산이 어떻게 영국에서 지속되었을 뿐 아니라 더욱 계승 발전되었는가를 파악할 수 있는 자료가 되기를 소망해 봅니다. 이 글들을 통해서 개혁신학을 추구하는 한국 교회가 당대에 주님의 진리를 갈구하고, 이를 변호하고 발전시키기 위해서 탁월한 노력을 경주했던 영국의 개혁신학자들에 대한 이해에 더욱 깊어지게 되기를 기원하면서, 개혁주의 신학과 신앙총서 제10권의 발간을 위해서 바쁜 가운데서도 시간을 쪼개어 옥고를 작성해 주신 기고자들의 정성과 노력에 다시 한 번 감사드리면서 발간사를 마무리 하고자 합니다.

Soli deo gloria!

2016년 3월 23일
개혁주의학술원장
이신열

칼빈 이후
영국의 개혁신학자들

개혁주의 신학과 신앙 총서 10

발행일 _ 2016년 3월 31일
발행인 _ 전광식
편집인 _ 이신열
펴낸곳 _ 고신대학교 출판부
　　　　　 개혁주의학술원
　　　　　 부산시 영도구 와치로 194
　　　　　 Tel. 051) 990-2267
　　　　　 www.kirs.kr
　　　　　 kirs@kosin.ac.kr

CONTENTS

존 낙스(John Knox)의 생애와 신학

황대우 (고신대학교, 역사신학)

I. 낙스의 생애와 스코틀랜드 종교개혁

존 낙스의 출생년도와 출생지가 정확히 어디인지 알 수 있는 자료가 현재로서는 없으나, 대략 1513-1515년 사이에 로티언 동부(East Lothian)의 핫딩톤(Haddington)에서 태어난 것으로 보인다.[1] 로티언 동부의 수도인 핫딩톤은 스코틀랜드 수도 에딘버러(Edinburgh)에서 동쪽으로 18마일 떨어진 곳에 위치해 있다.[2] 『종교개혁 옥스퍼드 사전』에서 낙스를 소개한 제니 워멜드(Jenny Wormald)의 글에도 스코틀랜드 종교개혁자의 생몰연도를 1513-1572년으로 표기하고 있음에도 불구하고 그의 출생과 관련한 언급

---

1) 스탠포드 리이드, 『하나님의 나팔수 존 낙스의 생애와 사상』, 서영일 역 (서울:기독교문서선교회, 1999), 28. 이후 "리이드, 『하나님의 나팔수』"로 인용. 맥리(T. M'cRie)는 낙스의 출생지에 대해서는 논란이 있다고 말하면서도 그의 출생 년도에 대해서는 1505년이라고 확실하게 주장한다. Thomas M'cRie, *The Life of John Knox* (Glasgow:Free Presbyterian Publications, 1991³), 15.
2) G. Bouwmeester, *John Knox, de Hervormer van Schotland* ('s-Gravenhage: Uitgave van de Willem de Zwijgerstichting, 1964), 14.

이 전혀 없다.[3]

농부였던 아버지 윌리엄 낙스(William Knox)와 정통 스코틀랜드 씨족 출신의 어머니 싱클레어(Sinclair) 사이에서 태어난 낙스는 어린 시절 어머니를 여의었고, 이 때 아버지는 재혼한 것으로 보인다.[4] 낙스가 받은 교육에 관해서는 핫딩톤에 소재한 라틴어 학교에서 공부했고 이후 세인트 엔드류스(St. Andrews) 학교에 입학한 것으로 추정할 뿐, 정확히 어디서 무엇을 공부를 했는지 확인할 수 있는 자료들이 남아 있지 않다.[5]

유럽 대륙에서 시작된 종교개혁의 바람이 1540년대에는 스코틀랜드에서도 불기 시작했는데, 낙스는 이즈음 개신교 전도사로 급부상한 조지 위샤트(George Wishart)의 경호원으로 일하다가 그가 1546년에 형장의 이슬로 사라져 가는 것을 목도하고 상당한 충격을 받았던 것으로 추정된다.[6] 이 사건 이후 1547년 4월 10일에 낙스는 자신이 가르치던 3명의 학생과 함께 세인트 엔드류스 성에 들어왔다.[7] 이곳에서 낙스는 장차 "하나님의 나팔수"가 되기 위한 설교자로 소명을 받았다고 마음으로 확신했다.[8] 그에게 설교란 "내 주인의 나팔을 부는 것"(the blawing of my Maisteris trumpet)이었다.[9] 낙스의 설교는 제목도 내용도 교리적인 것이 특징이었다.[10]

약 20척의 갤리선으로 구성된 프랑스 함대를 이끈 지휘자 레온 스

3) Hans J. Hillerbrand, ed., *The Oxford Encyclopedia of the Reformation* 2 (New York/Oxford:Oxford University Press, 1996), 380-81. 이 사전은 이후 "*OER*"로 인용함.
4) Bouwmeester, *John Knox, de Hervormer van Schotland*, 14.
5) 리이드, 『하나님의 나팔수』, 29-30, 51. 참고. 황봉환, 『스코틀랜드 종교개혁과 존 낙스의 신학』(서울:예영커뮤니케이션, 2001), 33-34.
6) 리이드, 『하나님의 나팔수』, 46-48.
7) 리이드, 『하나님의 나팔수』, 64; *Selected Writings of John Knox* (Dallas:Presbyterian Heritage Publications, 1995), 3.
8) 리이드, 『하나님의 나팔수』, 68.
9) *Works* 3, 368(엘리자벳 보우스와 그녀의 딸 마조리에게 보낸 편지). 이 책의 편집자 다윗 라잉(David Laing)은 이것을 "복음 설교" 즉 "The preaching of the Gospel"로 해설한다.
10) 리이드, 『하나님의 나팔수』, 101-2.

토로찌(Leon Strozzi)에 의해 1547년 7월 31일에 엔드류스 성이 함락된 후, 120여명의 포로들이 갤리선에서 쇠사슬에 묶인 채 노를 젓는 노역에 강제 동원되었는데 낙스도 이 포로 가운데 한 명이었다.[11] "내가 갤리선에서 당한 고통들은 나의 심장으로부터 울음을 자아내게 했다"는 낙스의 고백처럼, 선상의 노예 생활은 그에게 절망적인 경험이었음에도 불구하고, 그는 자신의 삶이 "보잘 것 없는 한 사람의 노 젓는 노예"로 끝나기 보다는 오히려 "하나님께서 그를 연단하시는 하나의 과정"으로 간주했다.[12]

낙스는 "갤리선에 누워 중병에 시달리는" 중에서도 "하나님께서 다시 그를 세인트 엔드류스의 교회에서 설교할 수 있도록 하실 것이라는 확신"과 "프로테스탄트가 결국 승리할 것이라는 신념"을 잃지 않았다.[13] 결국 갤리선의 노예 생활에서 벗어나 자유인이 된 낙스는 스코틀랜드로 돌아가지 않고 곧장 영국으로 건너갔는데, 대략 "1949년 초, 1월 말 혹은 2월 초순 경"에 도착한 것으로 보인다.[14]

영국에 도착한 후 얼마 지나지 않아 낙스는 먼저 버윅(Berwick) 교구의 설교자로 임명되었고, 그 다음으로 뉴캐슬(Newcastle) 교구에서도 목회를 했는데,[15] 귀족으로 구성된 영국 국왕의 자문기관인 추밀원(Privy Council)을 통해 설교할 수 있는 권한을 부여받았기[16] 때문에 영국 본토에서 명실상부한 공식 설교자로 활동할 수 있었다.

버윅에서 목회 사역을 시작한 이후, 그의 일생에 가장 큰 변화는 아마도 마조리 보우즈(Marjory Bowes)를 만나 그녀와 결혼한 사

---

11) 리이드, 『하나님의 나팔수』, 74.
12) 리이드, 『하나님의 나팔수』, 77.
13) 리이드, 『하나님의 나팔수』, 92.
14) 리이드, 『하나님의 나팔수』, 93.
15) David Laing, ed., *The Works of John Knox* 1 (Edinburgh:Thomas George Stevenson, 1864), 231: "The said Johne was first appointed preachar to Berwik, then to Newcastell;…" 이후 *"Works* 1"로 인용.
16) 리이드, 『하나님의 나팔수』, 98. 리이드는 자신의 책에서 이 일을 "1549년 4월"에 일어난 것으로 본다.

실이겠지만 이 결혼이 정확히 언제 성사되었는지는 알 수 없다. 낙스 부인의 아버지는 옛 더햄(Durham) 가문의 후손인 리차드 보우즈(Richard Bowes)였고, 어머니는 리치몬드셔(Richmondshir)의 애스커스(Askes)인 요크셔 가문의 상속자 엘리자벳 애스크(Elizabeth Aske)였다.[17] 낙스의 장인은 결혼을 반대했을 뿐만 아니라, 끝까지 개신교 신앙을 수용하지 않았다.[18]

장모 엘리자벳에 대한 낙스의 회고에 따르면 그녀는 낙스를 아들처럼 여겼고 그도 장모를 친모처럼 사랑했다.[19] 낙스의 장모는 요크셔(Yorkshire) 지방 애스크(Aske) 출신의 "로저 애스크(Roger Aske) 경의 딸이자 공동 상속인"이었고 열 다섯 자녀의 어머니였으며, 극심한 신앙적 핍박을 견뎠고, 때때로 낙심한 낙스에게 큰 용기와 힘을 불어넣었던 강인한 성격의 소유자였다.[20]

1550년 4월 4일, 뉴캐슬에서는 수많은 회중이 운집한 가운데, 왜 낙스가 미사를 미신으로 간주하는지 자신의 견해를 공개적으로 밝힐 수 있는 자리가 마련되었다.[21] 자신의 입장을 변론하는 이 자리에서 낙스는 미사가 우상숭배라는 것을 증명하기 위해 다음 두 가지 삼단논법(Syllogismus)을 적극적으로 활용했을 뿐만 아니라, 이 삼단논법의 결론을 확증하는 방식으로 자신의 견해를 변론했다.

> "미사는 우상숭배다. 하나님을 섬김에 있어서 하나님 자신의 분명한 명령 없이 인간의 두뇌에 의해 고안된 예배행위나 경배행위나 예전은 모두 우상숭배다. 미사는 하나님의 어떤 명령도 없이 인간의 두뇌에 의해 고안된 것이다. 그러므로 그것은 우상숭배다."[22]

---

17) https://en.wikipedia.org/wiki/John_Knox.
18) 리이드, 『하나님의 나팔수』, 107.
19) Bouwmeester, *John Knox, de Hervormer van Schotland*, 30; 황봉환, 『스코틀랜드 종교개혁과 존 낙스의 신학』, 35.
20) 리이드, 『하나님의 나팔수』, 105.
21) *Works* 3, 33(A Vindication of the Doctrine That the Mass is Idolatry).

"하나님께 대한 경배행위나 예전에 악한 생각이 추가되었다면 이 모든 것은 추악한 것이다. 미사에는 악한 생각이 추가되었다. 그러므로 그것은 추악한 것이다."[23]

이 사건 이후 "1550년 연말에 낙스는 뉴캐슬의 성 니콜라스 교회 (St Nicholas' Church) 설교자로 임명"되었을 뿐만 아니라, 이듬해 인 1551년에는 당시 영국 국왕 에드워드 6세(Edward VI)에게 직속한 "6명의 왕립 설교자"(the six royal chaplains) 가운데 한 명으로 임명되었다.[24] 6명 가운데 2명은 국왕 곁에 있고, 나머지 4명은 전국을 순회하면서 설교하는 순회 설교자였다.[25] 왕립 순회 설교자로서 낙스의 영향은 버윅과 뉴캐슬 지역을 넘어 영국의 북부 지방 전체로 확대되었다. "1549년 초부터, 1552년의 여름 말에 이르기까지 낙스는 북쪽에서 그 누구의 간섭도 받지 않은 채 자유스러운 활동을 할 수 있었다."[26]

에드워드 6세의 외삼촌인 섭정 서머셋 공작(Duke of Somerset) 에드워드 세이무어(Edward Seymour)가 1552년 1월 22일에 처형된 이후, 전권을 손에 넣게 된 노스움버랜든 백작(Earl of Northumberland)이 낙스를 로체스터(Rochester) 주교로 임명하자

---

22) *Works* 3, 34(A Vindication of the Doctrine That the Mass is Idolatry): "THE MASSE IS IDOLATRIE. All wirshipping, honoring, or service inventit by the braine of man in the religion of God, without his own express commandment, is Idolatrie: The Masse is inventit be the braine of man, without any commandment of God: Thairfoir it is Idolatrie."

23) *Works* 3, 52(A Vindication of the Doctrine That the Mass is Idolatry): "All honoring or service of God, whairunto is addit a wickit opinioun, is abominatioun. Unto the Masse is addit a wickit opinioun. Thairfoir it is abominatioun."

24) https://en.wikipedia.org/wiki/John_Knox. 바우메이스떠르는 자신의 책에서 낙스가 8명의 왕립 설교자 가운데 한 명으로 임명된 것으로 기술하는데, 아마도 이것은 실수인 것 같다. 참고. Bouwmeester, *John Knox, de Hervormer van Schotland*, 29.

25) 리이드, 『하나님의 나팔수』, 107.

26) 리이드, 『하나님의 나팔수』, 110.

고 건의하여 낙스는 로체스터 주교직을 제의 받았으나 단호하게 거절했는데, "후에 낙스는 이미 영국에 일어날 서건을 예견하였으며, 이들에 말려들고 싶지 않았기 때문이라고 밝혔다."[27]

낙스의 과격한 설교 때문에 고발당하는 일이 발생했을 때 "추밀원은 1553년 2월 2일" 크랜머(Cranmer)를 통해 "브로드스트리트(Broadstreet)의 올할로우즈(Allhallows)에 낙스를 배치하라고 지시"했다.[28] 하지만 낙스가 이 지시에 불복종하자 추밀원은 4월 초에 낙스를 소환하여 힐문했으나, 양쪽 입장이 팽팽하여 결론이 나지 않았으나, 결과적으로 낙스는 아머샴(Amersham)에 본부를 두고 버킹햄셔(Buckinghamshire)를 관할하는 왕립 목사로 파견 되었는데, 이것은 런던 근처에서 말썽 부리는 것을 방지하기 위해서였다.[29]

마치 전국적인 회개를 통한 진정한 개혁이 이루어지지 않을 경우 하나님께서 크게 진노하시고 심판하실 것이라고 외치던 당대 개혁가들의 예언이 적중이라도 한 것처럼, 1553년 7월 6일에 에드워드 6세는 서거했고, 그 자리에 로마 가톨릭 교회를 신봉하는 튜더 왕가의 메리(Mary Tudor)가 여왕으로 등극하여 개신교도에 대한 피비린내 나는 박해가 시작되었다. 낙스는 이런 박해에 대해 말하기를, "고난이란 신자들에게 유익한 것이다. 왜냐하면 그로 말미암아… 신자에게 특별한 아버지이시며 그들을 모든 고난으로부터 구원하시는 하나님을 찾기 시작하기 때문이다. 세상의 고난들은 하나님 사랑의 표지요 증표다.[30] 이 박해로 인해 그녀는 피의 메리(Bloody Mary)로 불린다. 낙스는 부인 마조리를 남겨둔 채 영국을 떠나 대륙으로 도피했

---

27) 리이드, 『하나님의 나팔수』, 121-22.
28) 리이드, 『하나님의 나팔수』, 123-24.
29) 리이드, 『하나님의 나팔수』, 127.
30) *Works* 3, 13(A Briefe Sommarie of the Work by Balnaves on Justification): "Tribulations are profitable to the faithfull: for thereby… beginneth to seeke God, who is a peculiar Father to the faithfull, delivering them from all tribulations,… Worldly tribulations are the signe and token of God's love;… "

다.[31] 그가 신앙적 피난민으로 프랑스에 도착한 때는 1554년 1월 중 어느 날이었는데, 그곳은 그가 7년 전 고국 스코틀랜드에서 죄수 신분으로 끌려온 땅이기도 했다.

3월 초에 제네바를 방문한 후, 4월 초에는 디에프(Dieppe)에 도착하였고 이곳에서 5월 10일과 31일에 "영국에서 고난 받는 형제들에게 보내는 두 편의 위로 서신"(Two Comfortable Epistles to his Afflicted Brethren in England)을 작성했다.[32] 이후 이곳에서 낙스는 또 한 통의 아주 긴 내용의 편지 "영국에 있는 하나님의 진리의 고백자들에게 보내는 신실한 권면"(A Faithful Admonition to the Professors of God's Truth in England)[33]을 작성하여 영국 개신교도들을 위로하고자 했지만, 메리 여왕의 통치 하에 영국 상황이 날로 악화되었기 때문에 8월 초에 디에프를 떠나 성경언어인 헬라어와 히브리어를 공부하기 위해 제네바로 향했다.[34]

메리 여왕의 박해를 피해 대륙으로 건너온 영국 개신교도들이 많이 정착한 주요 도시 두 곳은 스트라스부르(Strasbourg)와 프랑크푸르트(Frankfurt)였는데, 스트라스부르의 영국 피난민들은 에드워드 6세 치하에서 작성된 영국의 공동기도서(Book of Common Prayer) 양식 그대로 예배를 집례하기를 원했으나, 프랑크푸르트의 영국 피난민 교회는 영국에서 사역한 적이 있는 프랑스 칼빈주의자 발레랑 풀랭(Valérand Poullain, 라틴명은 Valerandus Pollanus)의 예전 양식을 따라 작성한 좀 더 간단한 예배 양식을 선호했다.[35]

이런 예식의 차이 때문에 영국 피난민들이 유럽 대륙의 여러 곳에

---

31) 리이드, 『하나님의 나팔수』, 132-33.
32) 리이드, 『하나님의 나팔수』, 141-44. 이 서신은 다음에 수록되어 있다. Works 3, 227-49.
33) Works 3, 251-330(A Faithful Admonition to the Professors of God's Truth in England).
34) 리이드, 『하나님의 나팔수』, 149.
35) 참조. 리이드, 『하나님의 나팔수』, 151-57.

서 프랑크푸르트로 모여들면서 프랑크푸르트의 영국 피난민 교회는 점차 두 집단으로 나뉘어 갈등을 빚기 시작했다. 스트라스부르에 정착한 에드먼드 그린달(Edmund Grindal)이 당시 엠던(Emden)에 있던 존 스코리(John Scory)에게 편지로 프랑크푸르트의 영국 피난민 교회에 목회자로 올 것을 권유했는데, 이 사실을 안 윌리엄 위팅햄(William Whittingham)과 스트라스부르의 영국 교인들은 당시 스트라스부르에 있던 해돈(Haddon), 취리히에 있던 레버(Lever), 제네바에 있던 낙스 등을 청빙했으나, 낙스만 칼빈의 권유로 청빙을 수락했다.[36]

낙스는 1554년 12월 말에 청빙을 받았는데,[37] 프랑크푸르트에 도착하자마자 예전과 관련한 갈등에 휘말렸다. 공동기도서에 대한 낙스의 반대는 확고했지만, 교회 일치를 위해 낙스가 양쪽의 합의로 작성된 임시 예식서에 동의함으로써 고조된 갈등은 가라앉았으며, "실제로 2월 6일부터 3월 13일까지는" 고요했다. 그러나 이 평화는 오래가지 못했는데, 공동기도서의 저자 가운데 한 명인 리차드 콕스(Richard Cox)와 그 일행이 스트라스부르로부터 도착했기 때문이다.[38] 결국 콕스의 무리들이 시의회에 낙스를 고발한 결과, 낙스는 프랑크푸르트 시의회의 추방 명령에 따라 1555년 3월 26일에 도시를 떠났다.[39]

제네바를 떠난 지 약 3개월 만에 돌아온 낙스는 6개월 정도 머물다가 그 해 9월에 스코틀랜드로 건너갔고, 그가 떠난 직후인 10월에 위팅햄과 안토니 길비(Anthoni Gilby) 등 일군의 영국 피난민들이 제네바에 도착하여 11월 1일에 50여명의 교인으로 영국 피난민 교회를 설립했다.[40] 이 때 이들은 낙스를 자신들의 목회자로 청빙했고,

---

36) 리이드, 『하나님의 나팔수』, 157.
37) https://en.wikipedia.org/wiki/John_Knox.
38) 리이드, 『하나님의 나팔수』, 158-59.
39) https://en.wikipedia.org/wiki/John_Knox.
40) 리이드, 『하나님의 나팔수』, 168-69.

낙스가 올 때까지 크리스토퍼 굿맨(Christopher Goodman)과 안토니 길비를 지명하여 목사로 세웠다.[41] 1년 간 조국 교회의 종교개혁을 위해 헌신한 낙스는 제네바의 영국 피난민 교회의 청빙을 수락함으로써 1556년 9월 13일에 아내와 "장모, 신복 제임스 영(James Young), 학생 패트릭(Patrick) 등을 대동하고" 다시 제네바에 돌아왔다.[42]

이때부터 1559년 2월 제네바를 떠날 때까지 낙스는 영국 피난민 교회의 목사로서 뿐만 아니라, 수많은 양의 저술가로서 매우 바쁜 나날을 보냈다. 리이드는 "이 시기(1555-1559)야말로 낙스의 생애에 있어서 그의 사상을 형성하는데 가장 결정적이었다"고 평가한다.[43] 제네바 생활에 대한 낙스 자신의 다음과 같은 고백은 너무나도 유명하다.

"나는 [이곳 제네바가] 사도 시대 이후 지금까지 지상에 존재한 그리스도의 가장 완전한 학교라고 말하는 것을 두려워하지도 부끄러워하지도 않습니다. 나는 다른 곳에서도 그리스도가 진실하게 설교된다고 고백합니다. 하지만 그와 같이 진정으로 개혁된 관습들과 신앙생활을 나는 지금까지 다른 어떤 곳에서도 본적이 없습니다."[44]

1558년 영국 여왕 메리가 죽고, 단두대의 이슬로 사라진 앤(Anne) 왕비의 딸 엘리자벳(Elizabeth)이 여왕의 자리를 계승함으로써 낙스의 모든 상황이 급변했다. 낙스는 제네바에 남아 있는 자

---

41) 리이드, 『하나님의 나팔수』, 170.
42) 리이드, 『하나님의 나팔수』, 175.
43) 리이드, 『하나님의 나팔수』, 165.
44) *Works* 4, 240(로커(Locke)부인에게 보내는 1556년 12월 9일자 편지): "…this place, whair I nether feir nor eschame to say is the maist perfyt schoole of Chryst that ever was in the erth since the dayis of the Apostillis. In other places, I confess Chryst to be trewlie preachit; but maneris and religioun so sinceirlie reformat, I have not yit sene in any uther place;…" 참고. 리이드, 『하나님의 나팔수』, 168.

신의 어린 두 아들과 아내와 장모를 크리스토퍼 굿맨에게 부탁하고 1559년 1월에 제네바를 떠나서 2월 19일 디에프에 도착한 후 엘리자벳 여왕의 비서 윌리엄 세실(William Cecil) 경에게 "여권신청서를 발송"했다.[45] 하지만 엘리자벳과 세실은 낙스가 영국을 통과하도록 허락하지 않았다.[46] 결국 낙스는 영국을 거치지 않고 곧장 스코틀랜드로 가야 했는데, 그가 고국에 도착한 것은 1559년 5월 2일이었다.[47]

섭정 기즈의 메리(Mary of Guise)는 자신의 딸 스코틀랜드 여왕 메리를 프랑스 황태자와 결혼하게 함으로써 정치적으로는 스코틀랜드를 프랑스에 귀속시키고 종교적으로는 로마 가톨릭을 확립하려는 계획을 세우고 추진했다. 메리 정책의 가장 든든한 배후는 프랑스였던 반면에, 가장 큰 걸림돌은 정치적으로는 스코틀랜드의 개신교 회중들과 귀족들이요, 종교적으로는 낙스와 그의 동료들이었다. 이처럼 1559년 낙스가 조국으로 귀환했을 때 스코틀랜드는 정치적 종교적 분쟁으로 극도의 혼란 정국이었다.[48] 낙스는 조국의 종교개혁을 위해 혼신의 힘을 다해 투쟁의 전면에 나섰다.

섭정 메리의 세력이 절대적으로 우세하여 여러 지역에서의 접전에서 개신교 지지자들은 패배를 거듭 경험해야 했다. 이와 같이 절망적인 여건 속에서도 1559년 7월 7일, 낙스는 개신교를 지지하는 에딘버러의 자유 시민들에 의해 성 가일즈 교회(St. Giles Kirk)에 목사로 공식 청빙을 받았으며 이후 죽을 때까지 여기서 목회했다.[49] 낙스와 스코틀랜드 개신교 회중들이 수차에 걸쳐 세실에게 영국 본토의 공식적 원조를 요청하자, 세실은 드디어 7월 8일에 세 가지, 즉 약속

---

45) 리이드, 『하나님의 나팔수』, 194.
46) 리이드, 『하나님의 나팔수』, 213.
47) 리이드, 『하나님의 나팔수』, 212.
48) 참조. 리이드, 『하나님의 나팔수』, 213-38.
49) 리이드, 『하나님의 나팔수』, 221.

과 재정과 군대를 지원함으로써 그들을 돕기로 작정했으나,[50] 이 모든 원조는 사실상 비공식적으로 이루어질 수밖에 없었다.

섭정 메리가 1560년 6월 11일에 사망하자, 스코틀랜드의 양 진영은 1560년 7월 6일과 13일 두 차례에 걸쳐 에딘버러 평화 조약을 체결함으로써 정치적 갈등과 분쟁을 해소하는데 성공했지만, 종교적 갈등까지 종식시키지는 못했다.[51] 섭정 메리의 사망 후 스코틀랜드 통치권은 다른 섭정의 손에 넘어가지 않고 스코틀랜드 의회로 넘어갔다.[52] 메리 사망 후, 스코틀랜드의 종교 문제를 해결하기 위해 첫 의회는 7월 10일에 소집되었으나, 프랑스와 영국의 군대가 떠나지 않았기 때문에, 8월 1일로 연기되었다가, 다시 8월 8일로 연기 소집되었다.[53] "스코틀랜드 의회가 소집되자 종교개혁자들이 금세 권력을 거머쥐고 종교 문제에 대한 모든 결정권을 지니게 되었다."[54]

낙스와 그의 동료들이 제출한 "교회 전체의 전면 개혁을 요구하는 청원문"을 받은 의회는 낙스와 그의 동료 5명에게 신앙고백서를 작성하도록 맡겼는데, 이들은 4일 만에 스코틀랜드 신앙고백서를 작성하여 제출했을 뿐만 아니라, 8월 15일에는 신앙고백서를 위해 의회에 직접 출석했다.[55] 낙스가 포함된 작성자 6명은 공교롭게도 모두 존(John)이라는 이름을 가지고 있었기 때문에 "6명의 존"(Six Johns)이라 불리기도 한다.[56] 8월 24일 의회가 "로마의 주교는 앞으로 이 나라에서 어떤 권한이나 권리도 행사하지 못한다."(the Bischope of Rome have na jurisdicitioun nor authoritie in

---

50) 토마스 M. 린제이, 『종교개혁사』 II, 이형기 & 차종순 역 (서울:대한예수교장로회총회출판국, 1992), 334.
51) 리이드, 『하나님의 나팔수』, 234-36.
52) 리이드, 『하나님의 나팔수』, 237.
53) 토마스 M. 린제이, 『종교개혁사』 II, 337.
54) 월터 스콧, 『스코틀랜드 역사이야기』 2, 이수잔 역 (고양:현대지성사, 2005), 35.
55) 리이드, 『하나님의 나팔수』, 237.
56) 다음과 같은 6명의 존은 모두 종교개혁을 지지하는 개신고 설교자들이었다. John Douglas, John Knox, John Row, John Spottiswoode, John Willock, John Winram. 참고. OER 4, 31-36; https://en.wikipedia.org/wiki/Scots_Confession.

this Realme in tymes cuming)고 선언함으로써 로마 가톨릭의 미사가 폐지되었고, 8월 17일에 의회에서 채택된 신앙고백서는 스코틀랜드 전체 교회를 위한 공적인 신앙고백서가 되었다.[57]

하지만 의회에 의한 스코틀랜드 신앙고백서가 통과된 것, 즉 1560년의 개신교 승리가 스코틀랜드 전체의 성공적 개혁을 의미하는 것은 아니었다.[58] 1560년에 낙스는 "새로운 교회에 대한 놀랍고도 감동적인 청사진 『제1치리서』(The First Book of Discipline)를 작성한 6명 저술가 가운데 한 사람"이었음에도 불구하고,[59] 종교 및 경제와 연관된 복합적인 요인으로 인해 채택되지 못했다.[60] 이것이 낙스에게 상당한 분노와 상심을 안겨주었지만, 그해 12월에 그의 부인 마조리 보우즈가 두 살과 세 살인 두 아들을 남겨 놓은 채 사망한 것보다 더 충격적인 슬픔은 없었다.[61] 그녀의 사망 소식을 듣게 된 칼빈은 그녀를 "가장 사랑스러운 아내"라고 호칭하면서 낙스를 위로했다.[62] 1564년 3월 26일, 낙스는 오칠트리 경 엔드류(Andrew Lord Ochiltree)의 딸 마가렛 스튜어트(Margaret Stewart)와 재혼했는데, 이 때 낙스의 나이는 50세였고 신부의 나이는 17세였으며, 둘 사이에는 3명의 딸, 마르다(Martha), 마가렛, 엘리자벳이 태어났다.[63]

1560년 12월 5일에 남편 프랑수와가 죽자, 고국에 돌아가기로 결심했던 메리는 드디어 1561년 8월 19일 화요일 아침, 영국 본토를 거치지 않고 곧장 스코틀랜드 리이스(Leith)로 왔다.[64] 그녀가 귀국

---

57) 토마스 M. 린제이, 『종교개혁사』 II, 338.
58) 리이드, 『하나님의 나팔수』, 256.
59) OER 2, 381. 이 여섯 명은 스코틀랜드 신앙고백서를 작성한 저자들과 동일인물이다. 참고. OER 4, 31.
60) OER에 따르면, 1561년 1월 27일에 많은 귀족들과 지주들이 이 치리서를 채택하는 문서에 서명했다고 한다. 참고. 리이드, 『하나님의 나팔수』, 257.
61) 리이드, 『하나님의 나팔수』, 254.
62) 리이드, 『하나님의 나팔수』, 125.
63) https://en.wikipedia.org/wiki/John_Knox; 참고. 리이드, 『하나님의 나팔수』, 275-76. 마가렛은 메리 여왕과 인친척이었고 둘 사이에 너무 큰 나이 차이 때문에 사람들의 입방아에 쉽게 올랐다.
64) OER 4, 30; 리이드, 『하나님의 나팔수』, 254, 265.

한 주요 목적 가운데 하나는 로마 가톨릭주의의 재건이었다. 그래서
귀국한 첫 주일부터 왕궁에서 미사를 집전하도록 했다. 이런 메리 여
왕의 행보에 대해 낙스는 설교를 통해 공격하지 않을 수 없었고, 메
리는 미사를 비판한 낙스를 소환하지 않을 수 없었다. 9월 4일 두 사
람이 처음으로 만나 오랜 시간 대화를 나누었는데, 낙스는 여왕에 대
항하여 반란을 일으킬 의사가 추호도 없지만, 만일 개신교도들을 박
해할 경우 국민들이 무력으로 저항할 수 있는 권리를 가진다고 분명
하게 주장했다.[65] 이와 같은 양자 간 비판과 소환의 반복 및 반목과
대립은 시작에 불과했다.

1562년부터 1567년까지 낙스와 메리 여왕과의 싸움에서 실질적인
승리자는 메리 여왕이었다. 하지만 그녀는 1567년 5월에 4번째 보
스웰 백작(Earl of Bothwell) 제임스 헵번(James Hepburn)과 결혼
함으로써 패망을 자초했다. 보스웰 백작은 메리 여왕과 결혼하기 위
해 먼저 그녀의 남편 단리 경(Lord Darnley) 헨리 스튜어트(Henry
Stuart)를 제거한 후, 천주교로부터 자신의 아내와 합법적인 이혼을
허락받자마자 곧장 메리와 강제 결혼식을 개신교 예식에 따라 치렀
는데, 이 사건은 천주교도들과 개신교도들 모두에게 공분을 불러일
으켰고, 결국 1567년 7월 24일에 메리가 어린 나이의 아들 제임스
(James)에게 양위한다고 서명함으로써 일단락되었다.[66]

어린 왕 제임스 6세의 섭정이 된 모레이(Moray) 백작 제임스 스
튜어트(Lord James Stewart) 경과 그의 일파를 적극적으로 지지했
던 낙스는 메리를 처형해야 한다고 강력히 주장했는데, 이유는 혹 스
코틀랜드가 프랑스와 로마 가톨릭의 지배를 받게 되지 않을까 염려
했기 때문이다.[67] 이런 일이 벌어질 것에 대한 불안한 마음은 낙스
가 죽을 때까지 사라지지 않았다. 낙스 인생 말년에 가장 충격적인

---

65) 리이드, 『하나님의 나팔수』, 268.
66) 리이드, 『하나님의 나팔수』, 305-6.
67) 리이드, 『하나님의 나팔수』, 309-11.

경험은 스코틀랜드 종교개혁 초창기부터 낙스의 든든한 지지자 가운데 한 명이었던 그랜지의 윌리엄 커크칼디(William Kirkcaldy of Grange)가 배신한 사건일 것이다. 이러한 그의 태도 변화는 섭정 모레이가 1570년에 살해당한 후 분명하게 드러났다.[68] 그의 배신으로 스코틀랜드의 종교개혁과 그 지지자들이 수세에 몰렸고 낙스는 자신이 목회하던 고교회(High Kirk)를 1년 동안 떠나 있어야 했다.

양측, 즉 메리 여왕 및 프랑스를 지지하던 세력과 어린 왕 제임스의 섭정 및 영국을 지지하던 세력이 1572년 7월 31일 극적으로 2개월간의 평화조약에 합의함으로써 갈등과 분쟁이 종식되자, 낙스는 고교회 교인들의 요청으로 자신의 목회지에 다시 돌아올 수 있었다.[69] 그들은 낙스가 없는 동안 목회를 담당했던 크레이그(Craig)가 자신들을 괴롭힌 폭도들의 악행을 외면한 채 평화적 중립만을 고수했기 때문에 그를 불신했던 것이다. 낙스는 늙고 병약했음에도 불구하고 "하나님의 나팔수" 즉 "복음의 신실한 설교자"로서의 사명을 끝까지 감당하다가 1572년 11월 24일 월요일 저녁 11시 경에 조용히 세상을 떠났는데, 죽는 그 날, 그가 자신의 아내에게 요청하여 낭독된 성경은 고린도전서 15장과 요한복음 17장이었다고 한다.[70]

낙스는 자신을 설교자로 규정하기를 원했음에도 불구하고, 단순히 자신이 목회했던 가일즈 고교회의 설교자와 목회자였을 뿐만 아니라, 스코틀랜드 개혁교회 전체를 대표하는 영적, 정치적 지도자였다. 또한 대적들에게는 무시무시한 논객이었고, 대중을 위한 저술가, 역사가였다. 그는 조국 스코틀랜드 종교개혁을 위해 자신의 목숨을 아끼지 않았던 헌신적이고 열정적이었고, 종교개혁자로서의 사명을 감당하기 위해 하나님 외에는 아무도 두려워하지 않았던 용감무쌍

---

68) https://en.wikipedia.org/wiki/William_Kirkcaldy_of_Grange; 리드, 『하나님의 나팔수』, 316.
69) 리드, 『하나님의 나팔수』, 343.
70) 리드, 『하나님의 나팔수』, 347-48.

한 인물이었다. 이런 점에서 낙스를, 시대적 상황에 떠밀려 어쩔 수 없이 개혁을 시작한 인물로, 즉 "주저하는 종교개혁자"(a reluctant reformer)로 간주하는 것은 부당하다.[71]

II. 낙스의 신학 사상

앞에서 살펴본 것처럼 낙스는 인간에 의해 고안된 모든 예배를 우상숭배로 규정하기 위해 중세 스콜라주의의 대표적인 논증 방법인 삼단논법을 개혁 초기부터 자유롭게 사용했다. 아마도 이것은 그가 받은 교육 과정의 내용이 무엇이었는지 구체적으로 밝혀지지 않았지만, 그럼에도 불구하고 주로 인문주의보다는 중세 스콜라주의가 지배적이었던 학교와 학풍 아래 교육 받았을 가능성을 조심스럽게 추정해볼 수 있다.

낙스의 성경관, 특히 성경해석에 관한 낙스의 견해에 대해서는 그가 스코틀랜드 메리 여왕과의 대화 내용을 기록한 다음과 같은 자료에서 분명하게 알 수 있다. 이것은 천주교의 미사가 그들의 주장대로 성경적인 것인지, 아니면 낙스와 종교개혁자들이 비판하는 것처럼 비성경적인 것인지를 논증하는 내용이다.

(그가[=낙스가] 말했습니다) 당신은 하나님, 즉 확실히 자신의 말씀 속에서 말씀하시는 하나님을 믿어야 합니다. 나아가 말씀은 당신에게, 당신이 이것이나 저것 중 아무 것도 믿지 말아야 한다고 가르칩니다. 하나님의 말씀은 그 자체로 명백합니다. 그래서 만일 한 곳에 어떤 애매모호함이 나타날 경우, 결코 자가당착적이시지 않은 성령께서 동일한 [내용]을 다른 곳에서 보다 더 분명하게 설명하십니다. 그러므로 무지한 자에게 완고하게 남겨진 정도의 것은 확실히 거기에도 남아 있을 수 있습니다.[72]

71) *OER* 2, 381.

여기서 낙스의 주장에 따르면, 성경 전체의 가르침은 그 의미가 아주 명확하기 때문에 성경에 대한 대립적인 두 해석이 있을 경우 둘 중 하나만 성경적이라는 것이다. 즉 성경을 근거로 반대되는 두 주장이 동시에 옳을 수는 없다는 것이다. 가령 미사에 관한 천주교의 성경 해석과 낙스를 포함한 종교개혁자들의 성경 해석이 상반될 경우 최소한 반드시 둘 중 하나는 잘못된 성경해석이라는 것을 말한다.

낙스는 갤리선의 노예 신분에서 해방된 후, 종교개혁자로서 본격적인 활동을 시작한 초기, 즉 1553년에 기도에 관한 글을 작성했는데, 참된 기도란 무엇이며, 기도를 어떻게 해야 하고, 무엇을 위해 기도해야 하는지 설명하기를 원했다.[73] 낙스는 먼저 기도와 믿음의 관계를 설명한다. 즉 바른 기도란 "참된 믿음"(trew Faith)으로부터 나오는 것이지만, "열정적인 기도 없는"(without fervent Prayer) 참된 믿음도 없다는 것이다. 그런 다음 비로소 그는 기도를 정의하는데, "기도란 하나님과 진지하고 친밀하게 대화하는 것이다."[74] 낙스에 따르면, 우리가 하나님 존전에 기도한다는 것을 의식할 수 있어야 어리석은 인간적 욕망을 따라 구하지 않고 하나님께서 기뻐하시고 받으실만한 것을 구하는데, 하나님의 성령, 즉 우리의 마음을 흔드시는 성령의 역사 없이는 하나님의 뜻에 따라 기도하는 것은 불가능하다.[75] 낙스는 하나님 존전 의식과 성령의 역사 없이는 참된 기도란 불가능한 것으로 보았다.

---

72) *Works* 2, 284(The History of the Reformation in Scotland): "Ye shall beleve (said he,) God, that planelie speaketh in his word: and farther then the word teaches you, ye neather shall beleve the ane or the other. The word of God is plane in the self; and yf thair appear any abscuritie in one place, the Holy Ghost, whiche is never contrariouse to him self, explanes the same more clearlie in other places: so that thair can remane no doubt, but unto suche as obstinatlie remane ignorant." 다른 한글 번역은 다음 참고. 황봉환, 『스코틀랜드 종교개혁과 존 낙스의 신학』, 61-62.
73) *Works* 3, 81-105(A confession & declaration of praiers).
74) *Works* 3, 83(A confession & declaration of praiers): "… that Prayer is ane earnest and familiar talking with God, …"
75) *Works* 3, 84-85(A confession & declaration of praiers).

특이하게도 낙스는 십계명과 기도, 둘 다 반드시 지켜야 할 하나님의 명령이라는 점을 근거로 둘을 연결시켰다. 즉 "도둑질하지 말라!"는 계명이 "일종의 부정적 규정"(a precept *negative*)이라면, "기도하라"는 것은 "일종의 긍정적인 명령"(a commandment *affirmative*)이기 때문에, 부족한 것이 있으면서도 하나님의 지원과 도움을 바라지 않는 자는 우상을 만들고 하나님을 공개적으로 부정하는 것 못지않게 하나님의 진노를 사게 될 것이라고 강조했다.[76] 그러므로 "기도하지 않는 것은 가장 끔찍한 죄다."[77]

낙스의 예정론은 1560년에 출간된 그의 긴 논문, "재세례파에 의해 기록되었고, 하나님의 영원한 예정에 반대되는 수많은 신성모독적인 트집들에 대한 답변"(An answer to a great nomber of blasphemous cauillations written by an Anabaptist, and aduersarie to Gods eternal Predestination)에 잘 나타나 있다.[78] 낙스는 칼빈을 "존경스러운 그리스도 예수의 종"(the reverend servant of Christ Jesus)이라 부르면서 다음과 같이 선언한 대로 자신의 예정론에 대한 논증을 시작했다. "나는 이것에 대해 그의『기독교 강요』에 기록된 그의 단어와 문장을 충실하게 재인용할 것이다."[79] 이 선언처럼 낙스는 칼빈의 예정론을 추종하고 옹호했을 뿐만 아니라, 칼빈의 예정론 관점에서 재세례파의 예정론을 반박했다.

재세례파가 하나님의 예지(Prescience of God)를 구원의 시간적 순서 속에서 다루었던 것과 달리, 낙스는 그 예지를 인간의 믿음보다 시간적으로 앞선 구원 순서의 문제로 보지 않는데, 만물이 하나님의 눈에는 영원히 현재적이라는 관점에서 하나님의 예지를 이

---

76) *Works* 3, 91(A confession & declaration of praiers).
77) *Works* 3, 92(A confession & declaration of praiers): "Not to Pray, is sin maist odius."
78) *Works* 5, 17-468(On Predestination).
79) *Works* 5, 31(On Predestination): "…, I will faithfully recyte his wordes and sentences in this behalf, written thus in his Christian Institutions."

해했기 때문이다.[80] 즉 만물이 하나님 앞에서 항상 현재적이라는 것은 하나님의 예지란 과거나 미래 같은 시간적 개념으로 구분하고 파악할 수 있는 것이 아니라는 뜻이다. 이런 방법으로 낙스는 재세례파의 예지예정론을 원천적으로 차단하고 반박했다. 낙스는 하나님의 섭리(Providence)도 역시 이런 관점에서 이해했다. 즉 낙스에게 있어서, 하나님의 섭리란 "주권적 제왕권과 최고의 지배권"(soverane empire and supreme dominion)을 의미하는 것, 즉 "하나님께서 하늘과 땅에 속한 만물을 항상 다스리심으로 유지하시는 것이다."[81] 그러므로 예지와 섭리는 오직 하나님께만 속한 속성이요, 인간이 감히 알 수 있는 것이 아니라는 점을 낙스는 과감하게 주장했다.

낙스는 예정을 "하나님의 영원하고 불변적인 작정"(the eternall and immutable decree of God)이라고 부르면서 이 작정에 의해 하나님께서 자신이 원하시는 것을 스스로 단번에 결정하셨다고 설명하는데, 이 예정을 좀 더 넓게 정의할 경우, 예정이란 "하나님의 가장 지혜롭고 가장 정의로운 목적이며, 이것에 의해 하나님께서 모든 시간 이전에 영원토록 작정하신 것은 그리스도 안에서 사랑하시는 자들을 부르시고 그분 자신과 그분의 아들 그리스도 예수를 알도록 하시는 것이다. 그래서 그들이 이신칭의에 의해 자신들이 입양되었다는 것을 확신할 수 있도록 하는 것이다. 그들 속에 사랑으로 역사하는 [믿음]은 그들의 행위를 사람 앞에서 드러내어 그들의 아버지께

80) *Works* 5, 35(On Predestination).
81) *Works* 5, 35(On Predestination): "…, which God alwayes kepeth in the governement of all things in heaven and earth conteined."
82) *Works* 5, 36(On Predestination): "Or, if we will have the definition of Predestination more large, we say, that it is the most wise and most just purpose of God, by the which, before all tyme, he constantly hath decreed to cal those whom he hath loved in Christ, to the knowledge of himself and of his Sonnes Christ Jesus, that they may be assured of their adoption by the justification of faith; which working in them by charitie, maketh their workes to shyne before men to the glorie of their Father, so that they (made conforme to the image of the Sonne of God) may finally receave that glorie which is prepared for the vessels of mercie."

영광을 돌리도록 하는데, 이렇게 함으로써 그들이 하나님의 아들의 형상과 일치하여, 결국 자비의 그릇을 위해 준비된 저 영광을 받을 수 있게 되는 것이다."[82] 낙스에게 예정은 부르심과 이신칭의의 근거와 원인이다.[83] 낙스에게 구원의 서정은 "또 미리 정하신 그들을 또한 부르시고 부르신 그들을 또한 의롭다 하시고 의롭다 하신 그들을 또한 영화롭게 하셨느니라."는 로마서 8장 30절 말씀에서 벗어나지 않는데, 즉 예정 -〉 소명 -〉 칭의 -〉 영화의 순서다. 낙스에게 이것은 단순히 논리적 순서만을 의미하지 않고 시간적 순서를 내포한다.

낙스에 따르면, 하나님의 선택이란 인간의 의지나 목적이나 즐거움이나 가치에 근거한 것이 아니라, 자유로운, 은혜로부터 나오는 것이므로 하나님의 불변하는 계획 속에 고정되어 있고, 가장 적당한 때에 택하신 자들에게 계시되는 것이다.[84] "우리는 하나님의 규정이 유기의 원인이라고 말하는 것이 아니다. 다만 우리가 단언할 수 있는 것은 유기의 정확한 이유들이 하나님의 영원한 계획 속에 감추어져 있고 그분의 신적 지혜에만 알려져 있다는 점이다… 하지만 하나님께서 어떤 사람들에게는 자비를 보여주기를 기뻐하셨고, 동일한 것을 다른 사람들에게는 거절하기를 기뻐하신 이유는 하나님의 판단이 [모든 것을] 집어 삼키는 심연이기 때문이다."[85] 그러므로 우리의 이성인 생각으로는 하나님의 예정, 특히 유기를 이해할 길이 없다는 것이다. 낙스가 유기를 하나님께서 정해 놓으신 것으로 간주하기를 주저하는 이유는 예정론을 운명론으로 비난하는 자들에게 빌미를 제공하지 않기 위해서였다.

---

83) 이신칭의 교리가 낙스의 모든 사상의 근간을 이루고 있다는 리이드의 주장은 좀 더 깊이 연구될 필요가 있다. 참고. 리이드, 『하나님의 나팔수』, 83.

84) *Works* 5, 70(On Predestination).

85) *Works* 5, 114(On Predestination): "We say not that God's ordinance is the cause of Reprobation, but we affirme that the just causes of Reprobation are hid in the eternall counsell of God, and known to his godlie wisdom alone… But why it pleased God to shew mercie to some, and deny the same to others, because the judgementes of God are a devouring depthe, …"

낙스는 하나님의 예지를 구원의 원인으로 간주한 재세례파의 견해
를 부정했지만, 하나님께서 선택된 자들을 예지하신다는 사실 자체
를 부인하지는 않았다. 다만 낙스는 하나님의 예지를 선택된 자들과
유기된 자들에게 각각 달리 적용하기를 원했다. 즉 하나님께서 선택
된 자들을 예지하신 것과 같이 유기된 자들을 예지하신 것은 아니라
고 주장했던 것이다.[86] 낙스에 따르면, 하나님께서는 자신이 택하신
자들 안에서와 마찬가지로, 유기된 자들 안에서도 일하시지만, 일하
시는 방법은 다르다. 즉 선택된 자들 안에서는 효과적으로, 성령의
능력으로 일하셔서 그들이 하나님의 계명에 순종할 수 있도록 감동
을 불러일으키시는 반면에, 유기된 자들에 대해서는 그들 자신과 그
들의 아버지 사탄을 따르도록 내버려 두셔서 그들이 즐거이 죄악을
먹고 마시도록 어떤 방해도 하시지 않는 것이다.[87] 뿐만 아니라, 낙
스는 선택과 영화(Election and Glorification) 사이를, 그리고 유기
와 정죄(Reprobation and Condemnation) 사이를 어느 정도 구분
하기를 원하는데, 선택이 모든 시간 전에 일어난 사건이지만, 영화는
시간 안에서 부르심 이후에 일어나는 사건이요, 반면에 유기란 눈먼
상태에 버려둠이지만, 정죄는 부르심 이후에도 여전히 하나님을 부
인하고 하나님을 대항하여 싸우는 죄인의 상태라는 것이다.[88] 이러한
논증 방법과 성경의 적용은 칼빈의 예정론에서 발견되지 않는 낙스
자신의 고유한 것으로 보인다.

---

86) *Works* 5, 132(On Predestination): "And with this foreknowledge which is joined
with his love, by the which his Elect were appointed to be made like fashioned
to their head Christ Jesus, did never God foreknow nor foresee Cain, Judas, nor
none other Reprobate to appertain to him. I do not denie, but that as all things
ever were present before the eies of his Majestie, so did he both foreknow,
foresee, and before ordein the end of all creatures; but other wise, I say, doeth
God foreknow his Elect, of whom St Paul onely speaketh. If it doeth offend you
that I affirme that God did never foreknow the Reprobate as he did hs Elect, I
have my assurance of Christ Jesus, of his own plaine wordes, saying to the false
prophetes, 'I never knew you; depart from me, ye workers of iniquitie.'"
87) *Works* 5, 135-36(On Predestination).
88) *Works* 5, 106(On Predestination).

낙스는 하나님께서 제정하신 "거룩한 행동"(holie actioun)인 성
찬식에서 예수께서 빵과 포도주라는 "지상적이고 가시적인 것에 의
해"(by earthlie and visibill thingis) 우리를 "천상적이고 불가시적
인 것에로"(unto hevinlie and invisibill thingis) 들어 올리신다는
것뿐만 아니라, "주님이 자신의 영적 잔치를 준비하셨을 때 그분 자
신이 살아 있는 빵이 되셔서 우리의 영혼이 영원한 생명을 얻도록 이
것으로 먹이신다는 것"도 믿고 고백했다.[89] 낙스에게 있어서, 우리가
빵과 포도주를 먹고 마실 때 우리 주님은 자신의 약속과 교제를 확증
하시고 보증하시며, "그분의 천상적 선물"(his hevinlie giftis)뿐만
아니라, "또한 그분 자신을 우리에게 주시는데"(also giveth unto
us him self), 우리는 이 선물을 "믿음으로 받게 되는 것이지, 입으
로나, 본질의 혼합적 변화로 받게 되는 것이 아니"(to be receaveit
with faith, and not with mouth, nor yit by transfusioun of
substance)라는 것이다. "하지만 성령의 능력을 통해 우리는 그분의
살을 먹고 그분의 피를 마실 때, 둘 다에 의해[=그분의 살과 피] 참된
경건과 불멸에 이르도록 새롭게 될 수 있다는 것이다."[90]

낙스가 성찬에서 가장 중요하게 생각한 것은 머리이신 주 예수 그
리스도와의 교제뿐만 아니라, 성도들 상호 간의 사랑의 교제다. 또한
그는 성찬 참여 자체로 죄가 용서되는 것은 결코 아니지만, 성찬에
나오는 자는 누구든지 성찬석상에서 "믿음의 진정한 회개에 의해, 주
님께로 돌이키는 회심"(conversioun unto the Lord, by unfeaned

---

89) *Works* 3, 73(A Summary, According to the Holy Scriptures, of the Sacrament of
the Lord's Supper): "And that he him self was the lyvelie bread, whairwith our
saullis be fed unto everlasting lyfe."

90) *Works* 3, 73(A Summary, According to the Holy Scriptures, of the Sacrament
of the Lord's Supper): "But so through the vertew of the Halie Gaist, that we,
being fed with his flesche, and refrescheit with his blude, may be renewit both
unto trew godlines and to immortalitie."

91) *Works* 3, 74(A Summary, According to the Holy Scriptures, of the Sacrament of
the Lord's Supper).

repentance in Faith)을 해야 한다고 강조했다.[91] 예수님께서 마지막 만찬의 자리에서 하신 말씀, "이것은 내 몸이다"(Hoc est corpus meum)라는 문구를 근거로 성찬의 빵과 포도주가 그리스도의 실제 몸과 피로 변한다고 주장하는 천주교의 화체설을 낙스는 강력하게 비판하면서 그것이 인간의 구원을 위한 필수적인 신앙조항이 아니므로 그것을 믿지 않는다고 해서 영원한 저주의 고통을 감내해야 하는 것은 아니라고 주장했다. "왜냐하면 우리를 구원할 수 있는 것은 빵 속에 임하시는 그분의 임재가 아니라, 우리의 죄를 씻고 우리를 향한 아버지의 진노를 진정시킨 그분의 피, 이 피를 믿는 믿음을 통해 우리의 마음속에 임하시는 그분의 임재이기 때문이다."[92] 우리를 정죄할 수 있는 것은 그리스도께서 "빵과 포도주 속에 육체적으로 임재하는 것"(his bodilie presence in the bread and wyne)이 아니라, "불신앙으로 말미암아 우리 마음으로부터 부재하시는 것"(the absence out of our hart throw unbelief)이라고 낙스는 다시 한 번 강조했다.[93]

과연 리이드의 주장처럼 낙스의 성찬 교리가 순수 칼빈주의적인 것인가?[94] 낙스는 천주교의 화체설을 우상숭배적인 것으로 비판하고 루터주의의 성찬 교리인 공재설을, 특히 육체적 임재 개념을 수용하지 않는다는 점에서 칼빈주의적 성찬론자로 간주될 수 있다. 하지만 칼빈주의 혹은 개혁주의 진영에서도 성찬론을 츠빙글리로 대표되는 상징적 기념설(symbolic memorialism)과 불링거로 대표되는 상징적 평행설(symbolic parallelism)과 칼빈으로 대표되는 상징적 도

---

91) *Works* 3, 74(A Summary, According to the Holy Scriptures, of the Sacrament of the Lord's Supper): "For it is not his presence in the bread that can save us, but his presence in our hartis through faith in his blude, whilk hath waschit out our synnis, and pacifeit his Fatheris wraith towardis us."

93) *Works* 3, 74(A Summary, According to the Holy Scriptures, of the Sacrament of the Lord's Supper).

94) 참고, 리이드, 『하나님의 나팔수』, 100. 여기서 "1552년 가을 경에는 이미 낙스가 완전 개혁주의적 입장을 취하기 시작"했다는 리이드의 주장 역시 재고되어야 할 것이다.

구설(symbolic instrumentalism)로 구분할 정도로[95] 개혁파 종교
개혁자들 사이의 견해 차이가 분명하기 때문에 낙스의 성찬론을 "순
수 칼빈주의적"이라고 평가하는 것은 개념 정의가 불분명할 수 있다.
특히 영적 임재설로 알려진 칼빈의 성찬론은 사실상 인간의 영혼이
나 정신, 혹은 심리적 작용과 연관된 것이 아니라, 철저하게 성령의
역사 의존적인 개념이다. 즉 그것은 그리스도께서 그리스도의 영이
신 성령을 통해 실제로(realis) 성찬에 임재 하신다는 것, 즉 성령적
임재(pneumatological presence)로 부를 수 있는 것이다.[96] 하지만
낙스의 성찬론에는 칼빈이 주장하는 것처럼 그리스도의 실제적 임재
개념이 사실상 자리할 곳이 없다. 그러므로 낙스의 성찬론을 칼빈의
영적 임재설과 같은 견해로 보기는 어렵다. 오히려 츠빙글리와 칼빈
의 중간 입장을 취하는 불링거의 성찬론과 상당히 유사한 것으로 보
인다.[97]

---

95) 이 구분은 게리쉬가 한 것으로 다음 참조. B.A. Gerrish, *The Old Protestantism and the New: Essays on the Reformation Heritage* (Edinburgh:T.&T. Clark, 1982), 128이하.
96) 칼빈의 영적 임재설에 대한 유익한 분석과 설명은 다음 참조. 빔 얀서, "성례," in 헤르만 셀더하위스 편, 『칼빈 핸드북』, 김귀탁 역(서울:부흥과개혁사, 2013), 687-94.
97) 성찬 예배와 성찬 집행 등 예전에 관해서는 다음 참조. *Works* 4, 149-214(The forme of prayers and ministration of the Sacrament &c. vsed in the Englishe Congregation at Geneua). 이 글은 제네바의 칼빈에 의해 승인된 것으로, 단순히 예전에 관한 내용만 다룬 것이 아니라, 신앙고백과 교회 직분, 당회 구성 등에 대해서도 다루고 있다.

스코틀랜드의 개혁자
엔드류 멜빌

이상규 (고신대학교, 교회사)

Ⅰ. 시작하면서: 낙스와 멜빌

스코틀랜드 종교개혁사에서 대표적인 두 인물은 낙스(John Knox, 1515?-1572)와 그 후계자 엔드류 멜빌(Andrew Melville, 1545-1622)이었다. '벽력같은 스코틀랜드인'(thundering Scot)이라 불린 낙스는 빈농출신 성직자로서 순교자인 위샤트의 호위무사로 출발하여 그를 통해 개심하고 세인트 엔드류스성의 프로테스탄트 설교자로 부름 받은 후 개혁자로서의 길을 가게 된다. 1547년 프랑스 원병에 의해 세인트 엔드류스가 함락되자 낙스는 프랑스군에 의해 체포되어 19개월간 의자에 묶인 채 배를 저어야 하는 노예 신세가 되었으나 석방된 후 1549년 4월 영국에 도착하여 일시 안정을 누린 후 제네바로 가서 칼빈의 가르침을 받았다. 1559년 조국으로 귀국한 낙스는 개혁을 단행하고 스코틀랜드 신앙고백서를 작성하고 1560년에는 장로교 총회를 조직하는 등 개혁을 완성했다. 그는 인접한 잉글랜드의 성공회의 감독제와 구별되는 정치제도임을 드러내기 위해 스코틀랜드교회를 '장로제의 교회', 곧 장로교회(Presbyterian church)라고 명명한 것은 널리 알려진 일이다.

존 낙스가 에딘버러의 성 가일교회(St. Giles Church)를 본거지로 우렁찬 설교를 할 때 학생에 불과했던 멜빌은 후일 위대한 학자로 성장하여 낙스를 계승하여 스코틀랜드의 개혁자로 일생을 살았고, 낙스의 과업을 계승했을 뿐만 아니라 이를 완성한 개혁자라고 볼 수 있다. 특히 그는 장로교신수설을 주창하면서 감독제를 반대하고, 제2치리서를 작성하여 총회의 승인을 받게 했다. 그래서 그는 '장로교주의의 아버지'(the father of the Presbyterianism)라는 칭송을 받았다. 그럼에도 불구하고 엔드류 멜빌의 사적에 대해서는 거의 알려진 바가 없다. 그래서 이 글에서는 멜빌의 삶의 여정을 소개하고, 그의 교회개혁운동과 신학에 대해 소개함으로써 17세기 스코틀랜드 개혁운동과 장로교 제도의 성격을 규명하고자 한다.

II. 멜빌의 생애와 교육

멜빌은 1545년 몬트로스 근교 발도비(Baldovy)에서 리차드 멜빌의 막내아들로 출생했다. 그러나 2년 후 그의 아버지는 잉글랜드와의 전투인 핑키(Pinkie) 전투에서 사망하고, 어머니도 멜빌이 12살때 세상을 떠나 맏형 리차드(Richard Melville, 1522-1575)의 보호를 받으며 성장했다. 맏형 리차드는 후일 매리톤(Maryton)의 목사가 되었고, 그 아들이 제임스 멜빌인데, 후일 엔드류 멜빌을 도와 개혁운동에 참여하게 된다. 엔드류 멜빌은 몬트로스(Montrose) 문법학교에서 수학한 후에는 프랑스인 피에르 드 마실리어스(Pierre de Marsilliers)의 지도하에서 헬라어와 라틴어를 배웠고, 그 후에는 세인트 엔드류스대학교 세인트 매리스 칼리지(St. Mary's college)에서 수학했다. 이곳에서 뛰어난 실력으로 인정을 받았고 학자적 소양을 지닌 인물로 평가받았다. 이 때 멜빌은 "스코틀랜드의 젊은이 중에서 최고의 철학자요, 최고의 시인이며 최고의 그리스어 학자"라

는 칭송을 얻게 되었다.[1]

이 시기 그는 스코틀랜드의 종교개혁의 영향을 받았고, 특히 존 낙스로부터 가르침을 받았다. 낙스가 세인트 가일스(St. Giles)교회에서 설교할 때 학생이었던 멜빌은 낙스의 설교 광경을 이렇게 기억하고 있었다. "그는 처음 설교를 시작할 때는 몸을 약간 구부정하게 하는 것이 보통이었다. 그러나 마지막에 가서는 어찌나 활기와 정력이 넘쳤던지 마치 설교단을 산산조각 내듯이 우렁찼고, 그 속에서 날아오르려는 것처럼 보였다."[2] 낙스가 다니엘서를 강의할 때는 멜빌은 너무도 심하게 찔려 전율을 느꼈을 정도였다고 한다. 그래서 "펜을 잡고 필기를 할 수 없을 정도"였다는 기록을 남겨두고 있다.[3] 세인트 엔드류스를 졸업한 후 1564년에는 프랑스 파리로 가서 Royal Trilingual College에서 신학교육을 받았다. 특히 이때 멜빌은 프랑스의 위대한 철학자이자 논리학자였고 수사학자였던 피터 라무스(Peter Ramus, 1515-1572)의 가르침을 받았다. 라무스는 1561년경 프로테스탄트로 개종했는데, 영어의 Jesus 의 J를 처음 사용한 인물로 알려져 있다. 라무스 이전까지 J는 헬라어나 라틴어 알파벳에 존재하지 않았다. 1566년에는 쁘와띠에(Poitiers) 대학으로 옮겨가 법률학을 공부했다. 그 후 이곳의 마르세온학교(collège de St. Marceon) 교장으로 임명되어 3년간 일했다. 그가 프랑스에 체류하는 동안 위그노에 대한 로마 가톨릭의 탄압을 보고 프랑스를 떠나기로 작정하고 1569년에는 제네바로 갔다. 이때는 칼빈이 사망한지 5년이 지난 때였다. 이곳에서 학식을 인정받은 멜빌은 베자의 진심의 환영을 받고 또 그의 영향을 받게 되었다. 이곳에서 헬라어와 히브리어 사본들을 입수하여 연구했는데, 아욱스부르크의 은행가였던 율리히 퍼거(Ulrich Fugger)의 재정적인 후원을 받았다고 한다. 멜빌

---

1) *Dictionary of Scottish Church and History* (Edinburgh: T&T Clark, 1993), 556.
2) 루이스 스피츠, 『종교개혁사』 (CLC, 1984), 294.
3) 루이스 스피츠, 295.

은 성경언어에 정통하여 원전을 해독할 수 있었다. 이곳에서 자신의 학문세계를 펼쳐 가면서 베자의 배려로 제네바 아카데미에서 가르치기 시작했다. 처음에는 헬라어 강사로 출발했으나 나중에는 인문학을 가르치며, 인문학부장으로 봉사했다.[4] 마치 칼빈이 제네바를 떠나 스트라스부르에 정착하여 지낸 3년 간 유럽의 여러 개혁자들과 교제하였듯이 멜빌은 제네바에 체류하는 동안 다른 여러 개혁자들과 교제하며 자신의 학문세계를 넓혀갈 수 있었다. 특히 1572년 프랑스에서 일어난 바돌로뮤날의 대학살 사건으로 수많은 프랑스 개신교 지식인들이 제네바로 유입되었는데, 이들과의 교제를 통해 다방면의 지식을 습득할 수 있었다고 한다.

멜빌이 조국을 떠나 있는 동안 스코틀랜드에서는 개혁운동이 전개되었다. 낙스는 개혁을 단행하고 장로교총회를 조직하였고, 1566년 12월에 모인 스코틀랜드장로교 총회는 제2스위스신앙고백(The Second Helvetic Confession)을 승인하였다. 또 이 신앙고백서에 따라 각종 성자의 날들, 곧 성일들(holy days)을 부인하고 오직 주일만을 거룩하게 지킬 것을 선언하였다. 1567년 의회는 1560년 의회가 결정했던 교회개혁 정책들을 재확인하였고, 주교 대신 목사를 세웠다. 그러나 존 낙스가 사망하자 개혁운동은 도전에 직면했다. 제임스 6세의 섭정 몰톤은 스코틀랜드를 잉글랜드와 같은 감독제로 전환하려는 숨은 의도를 가지고 존 더글러스(John Douglas)를 주교로 임명하는 등 감독정치화를 시도했다. 장로교 정치제도를 채택한 스코틀랜드의 위기였다.

이런 상황에서 멜빌이 제네바에 체류하고 있다는 점을 알게 된 스코틀랜드교회 지도자들은 멜빌에게 귀국을 요청하였고, 이 부름에 응하여 멜빌은 10년간의 해외 체류를 마감하고 1574년 7월 조국으

---

4) J. Kirk는 이 때 멜빌은 제네바 아카데미에서 가르친 것이 아니라 제네바 시 학교(Geneva city's college)였다고 주장한다. *Dictionary of Scottish Church and History*, 556.

로 돌아왔다. 난관에 직면한 장로교회를 위한 구원투수로 돌아온 것
이다.[5] 멜빌의 귀환에 즈음하여 데오도르 베자는 스코틀랜드교회에
편지하면서, "이곳 제네바 교회가 스코틀랜드에게 보여줄 수 있는 가
장 큰 사랑의 표시는 엔드류 멜빌입니다."라고 썼는데,[6] 이것은 멜빌
이 얼마나 소중한 인물인가를 보여준다.

III. 멜빌의 개혁운동

1. 스코틀랜드의 역사적 상황

앞에서 지적한 바처럼 낙스가 1572년 사망하자 스코틀랜드교회는
혼란에 빠졌다. 이런 상황에서 1574년 귀국한 멜빌에게는 새로운 사
명이 그를 기다리고 있었다. 낙스가 사망한 지 2년이 지난 때였다.
이때의 상황을 간략하게 소개하면 다음과 같다.

낙스가 유럽에서 망명 생활을 마치고 1559년 5월 귀국한 이래 조
국 교회의 개혁을 위해 매진한 일은 널리 알려져 있다. 1560년 4월
부터는 세인트 가일스교회 설교자로 봉사하였는데 이 때 설교를 들
었던 이가 멜빌이었다. 낙스의 개혁운동으로 1560년 8월에는 스코
틀랜드 의회가 라틴어 미사를 공식적으로 금지하였고, 감독제를 거
부하고 천주교회의 모든 집회를 불법화했다. 또 프랑스와의 단절
을 선언하였다. 그리고 의회는 8월 17일 존 낙스를 비롯한 존 윌
록(John Willock), 존 윈람(John Winram), 존 더글라스(John
Douglas), 존 로우(John Row) 등 여섯 명의 존(John)으로 구성된

---

5) J. Kirk는 멜빌의 귀환은 장로교 제도를 변호하기 위해서가 아니라 대학교육을 쇄신하기
   위한 것이었다고 주장한다. *Dictionary of Scottish Church and History* (Edinburgh:
   T&T Clark, 1993), 556.
6) Charles G. Dennison & Richard Gamble, *Pressing Toward the Mark: Essays
   commemoration Fifty Years of the OPC* (Phila: The Committee for the History of
   the OPC, 1986), 65.

신앙고백 준비위원회가 4일만에 작성한 25개조로 구성된 '스코틀랜드 신앙고백서'(*The Scot Confession*)를 채택하였다. 이 신앙고백서는 1647년 웨스트민스터 신앙고백서가 채택되기 전까지 스코틀랜드 개혁교회의 신앙고백서가 되었다. 이렇게 함으로써 국가적 차원에서 교회개혁을 단행한 것이다. 낙스는 1561년 12월에는 5명의 목사와 36명의 장로들과 함께 스코틀랜드장로교회 총회를 조직하였는데, 이것은 세계장로교회의 연원이 된다.[7] 이 때 스코틀랜드 교회는 교회정치제도로 장로(교회) 제도를 채택하였고, 교회 직원은 목사, 장로, 집사로 구성하였다. 또 장로와 집사는 일 년에 한 번씩 선거하도록 하였다. 이러한 스코틀랜드 장로교회의 제도는 신학적으로는 개혁신학을 고수했으나 장로 제도를 교회정치형태로 한 최초의 교회가 된 것이다. 또 이때 신앙고백을 작성한 동일한 위원회가 '치리서'(*The Book of Discipline*)를 작성하였으나 스코틀랜드 의회의 인준은 받지 못했다. 그 이유는 이 치리서가 로마 가톨릭교회가 본래 소유하고 있던 교회 재산을 개혁교회로 이양한다는 조항을 담고 있었기 때문이다.[8]

1564년에는 '일반예식서'(*The Book of Common order*)가 작성되었다. 낙스가 초안한 이 예식서는 1645년 '예배지침서'(*Directory for the Public Worship of God*)가 발간될 때까지 스코틀랜드 장로교회의 표준적인 예식서로 사용되었다.[9] 이 책은 거룩한 예배를 위한 안내서로 예배순서와 내용은 물론 성례식, 결혼예식 등에 대한 예식 규정을 포함하고 있다. 이 문서에도 제네바 교회의 영향을 뚜렷이 나타나 있다.

이렇게 개혁이 추진되고 있을 때, 곧 1561년 8월 19일 프랑스로 시집가 있던 스코틀랜드 여왕 메리 스튜어트(Mary of Scots)가 13

---

7) 이상규, 『교회개혁사』 (성광문화사, 2000), 256-59.
8) 홍치모, 『수코틀랜드 종교개혁과 영국 혁명』 (총신대학교 출판부, 1991), 57.
9) 이상규, 261.

년간의 프랑스 생활을 청산하고 귀국하였다. 이때 그의 나이 18세
였다. 가톨릭교도인 그는 개혁을 반대하고 로마 가톨릭 미사를 고
집하였다. 이런 환경에서 가톨릭 성직자들과 일부의 귀족들의 호응
을 얻으며 개혁을 방해했다. 이것은 갓 이루어진 교회개혁을 부정하
는 것일 뿐만 아니라 교회개혁을 반대하는 천주교 귀족들의 저항을
대변하는 것이었으므로 간단한 문제가 아니었다. 이런 상황에서 낙
스는 여왕과 대결하였고, 성 가일교회 강단에서 메리의 미사를 비난
하는 우레와 같은 설교를 토했다. 메리의 미사를 '새 이세벨'(New
lezebel)의 '우상숭배'라고 공격하였다. 또 낙스는 존 메이저(John
Major)의 이론에 따라, 만약 국왕이 박해할 경우 국민들에게는 무력
항쟁을 할 권리가 있다는 점을 상기시켰다.[10] 여왕 메리는 미사와 천
주교적 의식을 고집하였다. 낙스에게 있어서 메리의 미사는 침공해
오는 군대보다 더 심각한 문제였다. 메리의 귀국으로 개혁을 반대하
는 이들이 다시 세력을 규합하려는 조짐이 나타나기도 했다. 낙스는
10월 2일자로 쓴 편지에서 "아직도 하나님을 향한 경외심이 남아있
는 국민들의 손을 무장시키지 않는 한 이러한 행위를 멈출 길이 없
다."고까지 술회하였다.

이런 형국에서 이루어진 일련의 사건들은 메리의 몰락을 가져왔
다. 과부였던 메리 여왕은 1565년 7월 29일 그의 사촌 단리 경(Earl
of Darnley) 헨리 스튜어트(Henry Stuart, 1545-1567)와 재혼했
다. 헨리 스튜어트는 평판이 좋지 못한 인물이었다. 당시 메리의 서
기관은 데이비드 리찌오(David Rizzio, c.1533-1566)였는데 단리
와 귀족들은 리찌오를 살해하였다. 메리는 남편 헨리 스튜어트보다
는 귀족인 보스웰 백작(Lord Bothwell)을 열열이 사랑하게 되었는
데, 보스웰과의 염문으로 전국이 소란해졌다. 이런 와중에서 1567

---

10) 존 메이저에 대해서는 "On the Road from Constance to 1688: The Political
Thought of John Major and Geroge Buchanan," *The Journal of British Studies*, I
(1963) 참고.

년 2월 10일 헨리 스튜어트도 의문의 피살을 당했는데 보스웰이 주모자로 지목되었다. 보스웰이 기소되었으나 일체의 증인이 허용되지 않는 재판을 통해 무죄판결을 받았다. 이것은 보스웰의 살해 가담설을 더욱 증폭시켜 주었다. 이로부터 3개월 후 1567년 5월 15일, 메리는 다시 보스웰과 혼인했다. 이 결혼으로 메리는 살인자와의 혼인이라는 비난을 받았다. 메리는 가톨릭 옹호자라는 점 외에도 거듭된 결혼과 방종한 생활은 개신교도들의 불신을 받기에 충분했다. 뿐만 아니라 메리의 새 남편 보스웰은 귀족들의 지지를 얻지 못했다. 국민적 여론은 왕으로부터 멀어져 갔고 드디어 귀족들은 여왕의 통치에 반기를 들고 일어났다. 군부로부터도 지지를 얻지 못했던 메리는 반란 진압에 실패하고 도리어 체포되어 에딘버러에 유배되었다. 귀족들은 메리여왕에게 양위(讓位)와 살인혐의에 의한 기소 중 하나를 선택하도록 요구하였다. 결국 수세에 몰린 여왕 메리는 1567년 폐위되었고, 단리와의 사이에서 출생한 겨우 한 살 밖에 되지 않은 아들에게 왕위를 이양하였는데 그가 제임스 6세(James VI, 1566-1625)였다.

스코틀랜드(장로)교회 총회는 1567년 6월 25일 메리의 왕위상실을 선언하고, 그의 아들을 제임스 6세로 공식 옹위하였다. 제임스 6세의 대관식 때 설교를 했던 사람은 다름 아닌 낙스였다. 낙스는 어린 요시야 왕에 대한 설교를 통해 개혁운동을 국가적 과제로 확고히 했다.

이리하여 종교개혁운동은 메리 여왕의 저항이 있었으나 소멸되지 않고 승리를 얻게 되었다. 1567년 12월에 소집된 스코틀랜드 의회는 1560년의 정책을 재확인하였고, 앞으로 모든 왕들은 프로테스탄트 신앙을 유지하겠다고 서약하는 것을 의무화하였다. 또 교회회의 소집의 자유와 그 권한을 인정하였다. 그래서 스코틀랜드는 강력한 장로교 국가가 되었던 것이다.

한편 폐위된 메리는 1568년 5월 영국으로 피신하였으나 그곳에서 유폐되었다. 이곳에서도 권력에의 복귀를 위한 음모의 버릇을 버리지 못한 채 영국 여왕 엘리자베스를 제거할 음모를 꾸몄다. 하원은 그녀의 참수를 요구했다. 메리는 19년에 이르는 긴 유폐생활(1568-1587)을 끝내고 1587년 2월 8일 아침 런던 탑(London Tower)에서 처형되었다. 메리는 결국 자승자박의 길을 간 것이다.[11]

한편, 낙스는 1559년 2월 스코틀랜드로 돌아온 이후 13년간 교회개혁을 위한 나팔수의 사명을 감당하고 1572년 11월 24일 사망하였다. 1571년 스코틀랜드 의회는 개혁자들의 의사를 무시하고 두 사람의 감독을 임명하였다. 이때 낙스는 병석에 누워있었음으로 영향력을 행사할 수 없었다. 낙스가 감독 제도를 승인한 것이 아니라 묵인할 수밖에 없는 상황이었다. 낙스가 세상을 떠나자 상황은 급변하였다. 아직 어린 제임스 6세(James VI, 1566-1625)를 둘러싸고 권력 암투가 계속되었다. 특히 제임스 6세의 섭정이었던 몰톤(Earl of Morton)은 장로제를 폐지하고 감독제를 스코틀랜드에 소개하였다. 엔드류 멜빌이 귀국한 때가 바로 교회개혁이 다시 위기를 맞게 되었을 때였다. 이제 스코틀랜드에서 장로(교회)제도를 지켜가며 개혁교회를 확고히 다져가는 일은 멜빌에게 주어진 몫이었다.

2. 멜빌의 개혁활동

스코틀랜드로 돌아간 멜빌은 곧 글라스고대학 총장으로 임명되었고, 1580년에는 세인트 엔드류스대학으로 옮겨가 성 메리대학의 교수 겸 교목으로 임명되었다. 그는 교수 혹은 학교행정 책임자로 활동하면서 언어, 철학, 신학 등 여러 분야의 교과과정을 확립하고 교육의 쇄신을 추진했다. 역사적으로 볼 때 장로교회는 교육을 강조하였고, '교회 옆에는 학교를' 이라는 이름으로 앎을 경시하지 않았음으로

---

11) 이상규, 264-66.

장로교 신앙에 기초한 스코틀랜드가 유럽의 나라 중 문맹율이 가장 낮은 나라가 된 것으로 알려져 있다. 이런 여정에서 낙스와 멜빌의 기여가 적지 않았다. 후일의 이야기이지만 스코틀랜드의 첫 해외 선교사였던 알렉산더 두프(Alexander Duff, 1806-1878)는 선교지에서 학교를 설립한 첫 인물로서 미션스쿨의 창시자가 된 것이 이런 교육중심 문화의 소산이 아닌가 생각된다. 어떻든 멜빌은 대학 행정 책임자로서 활동하는 한편 낙스를 계승하여 장로교 신학과 정치제도를 확립하게 된다.

그의 활동을 몇 가지로 정리하면 아래와 같다. 우선 그는 감독제의 부활을 거부하고 장로제 확립에 기여하였다. 그가 조국으로 돌아왔을 때 낙스는 이미 세상을 떠났고, 섭정 몰톤(Morton, 섭정기간 1572-1580)은 장로제를 피하고 감독제의 부활을 꿈꾸고 있었다. 숨은 의도는 성직록이 교회 개혁 세력에게로 넘어가는 것을 막기 위한 의도였다. 말하자면 형식상의 주교를 임명하고 자신이 실권을 장악하려는 시도였다. 이런 상황에서 멜빌은 스코틀랜드 교회 지도자로 부상했고, 무엇보다도 감독제 거부운동을 추진했다. 그는 곧 '장로제 신수론'(長老制 神授論)을 제창하고, 감독제 폐지를 위한 청원운동(anti-episcopal campaign)을 전개하였다. 이 운동의 이론적 근거는 성경이었다. 감독은 성경에 근거를 두고 있지 않고, 신약성경에서 감독(bishop)은 장로(presbyter)와 동의어에 불과하고, 감독은 장로보다 우월한 직임일 수 없다는 점에서 감독제는 양보할 수 없는 일이었다.[12] 멜빌은 교회의 직분은 오직 집사와 장로로 구성된다는 2직분론자였고, 감독을 장로와 구별되는 상위의 계층 구조로 이해하는 3직분을 거부한 것이다. 멜빌은 지혜롭고 논리 정연했을 뿐만 아니라 성경적 진리에 대해서는 비타협적이었다.

예상치 못한 멜빌의 강력한 장로제 신수론에 직면한 왕실은 세인트

---

12) Thomas M'Crie, *Life of Andrew Melville* (Edinburgh, 1856), 52.

엔드류스의 대주교 아담슨(Patrick Adamson)을 앞세워 멜빌과 그
추종자들을 견제하려고 하였고, 교회 내의 일부 세력을 규합하여 멜
빌에게 대항하게 하였으나 지지를 얻지 못했다. 결국 1580년 7월 던
디 시에서 개최된 총회에서 감독제도 폐지안이 통과되었다.

　멜빌은 감독제를 반대하는 동시에 낙스 시대에 작성되었던 '제
1치리서'를 개정하여 1578년 '제2치리서'(*The Second Book of
Discipline*)를 작성하여 의회에 제출하여 승인을 받았다. 제2치리
서는 어느 한 사람이 작성한 것이 아니라 30여명에 달하는 이들
에 의해 작성되었는데, 멜빌은 그 중 한사람이었다.[13] '제2치리서'
는 국왕이나 국가권력 기관이 교회 문제에 개입하거나 간섭하는 것
을 근원적으로 배제하고, 교회의 문제는 교회의 직분자들(church
officers)에 의해 다스려져야 한다고 주장했다. 또 장로와 감독은
동일한 직분임을 분명히 하고, 목사 상호 간의 평등성과 교회 법
정(church courts)를 규정한 것으로서 장로교제도의 특징을 반영
하고 있다. '제2치리서'는 교회의 자율과 독립성을 잘 표현한 것이
다. 그러나 '제2치리서'에서 규정한 바의 실행은 즉각적으로 이루어
지지 못했다. 1578년 멜빌 자신이 총회장으로 봉사하던 총회에 의
해 승인을 받았으나 1580년 이후 '제1치리서'에서 임시로 감독들
(superintendents)에게 위임했던 행정적 권세를 노회나 교회 법정
에로 이관하게 되었다.[14]
　'제2치리서'의 내용에 대해서는 제임스 컥(James Kirk)에 의해
잘 해설된 바 있고,[15] 국내에서의 경우 합동신학대학원의 이승구 교
수에 의해 간명하게 그리고 분명하게 신학적 의미가 해설된 된 바 있

---

13) *Dictionary of Scottish Church and History*, 765.
14) 이승구,
15) James Kirk, *The Second Book of Discipline* (Edinburgh: The Saint AndrewPress,
　　1980).

으므로[16] 여기서 다시 반복할 필요가 없을 것이다. 여기서는 각장의 내용을 함축한 제목을 소개하고자 한다. 1560년에 만들어진 제1치리서는 9개항(head)으로 구성되어 있었으나, 제2치리서는 다음과 같은 13개 항으로 구성되어 있다.

제1장: 교회와 그 정치체제(政體) 일반과 시민 정치 체제와의 차이
　　　에 대해서
제2장: 교회의 정체와 직임에 대하여
제3장: 교회적 직임을 얻고, 받아들여지는 방법에 대하여
제4장: 목사직에 대해서
제5장: 교회의 박사, 즉 교사직, 그리고 학교에 대하여
제6장: 장로들(elders)과 그들의 직임(office)에 대하여
제7장: 장로들의 모임, 회의체들, 그리고 치리에 관하여
제8장: 집사와 그 직임에 대해서
제9장: 교회의 재산(patrimony)과 그 분배에 관하여
제10장: 기독교적 통치자의 직임에 대하여
제11장: 여전히 교회에 남아 있는 개혁해야 할 점들에 대해서
제12장: 우리들이 갈망하는 개혁
제13장: 개혁이 지니는 모든 지위의 사람들에 대한 유용성에 대하여

이상과 같은 '제2치리서'에서 우선 교회와 세속정부, 곧 국가권력의 역할과 권한에 대한 경계선을 제시함으로써 국가권력의 교회 간섭이나 교회 문제에 대한 치리권 행사를 배제하여 교회의 자율과 독립성을 확보하였고,[17] 그리스도만이 교회의 유일한 머리(the only

spiritual king)라는 점을 적시한 후 제1장 12조에서 누구든지 "스
스로 교회의 머리"라고 부르는 것은 적 그리스도이며, 그 어떤 인간
이나 천사라도 그렇게 주장할 권리가 없다는 점을 분명히 하여 로마
가톨릭의 교황제나 영국교회의 감독제를 거부하고 있다.

낙스는 감독제도 그 자체를 인정한 것이 아니라 어쩔 수 없는 상황
에서 묵인할 수밖에 없었지만[18] 멜빌의 '제2치리서'는 제1치리서와
는 달리 감독정치는 성경에 위배되는 것으로 규정하고 이를 거부했
다. 4장 1항에서는 감독들(bishops) 목사들(ministers) 혹은 목회자
(pastors)들은 동일한 용어로 장로직에 대한 다른 표현으로 간주했
다. 이들은 회중을 말씀으로 돌보고 말씀으로 섬기고 말씀을 먹이는
자들이기 때문에 때로는 감독으로, 섬기는 이들로, 혹은 목회자들로
불리는데 영적 다스림의 위엄 때문에 장로들이라고도 부른다는 것이
다. 이런 직분이해는 칼빈의 생각과 동일하다.

또 7장에서는 교회의 회의체인 치리회를 4가지로 제시하는데, 곧
개별교회의 회의체인 당회, 특정지역의 회의체인 지역회, 전국적
인 회의체인 총회(national assembly), 그리고 한분 그리스도를 주
로 고백하는 모든 국가의 회의체인 국제총회가 있다고 말한다. 여기
서 말하는 특정 지역 회의체는 당시 상황으로 볼 때 한 사람의 주교
가 관리하던 주교구를 염두에 둔 것인데 지금의 노회에 해당한다고
볼 수 있다. 또 국제총회를 언급하고 있는 것은 장로교회의 국제적인
연대를 시사하는데, 당시 교황 한 사람의 절대적 통치에 대비되는 국
제적인 협의체를 염두에 두었던 것임을 알 수 있다. 이처럼 당회, 노
회 총회로 연결되는 교회 회의체 곧 치리제도는 오늘이 장로교 정치
제도의 근간을 이룬다. 이런 점에서 제2치리서가 '장로회주의의 대헌
장'으로 불리는 것은 매우 자연스러운 일이다.

18) W. L. Mathieson, *Polities and Religion: A Study in Scottish History from the Reformation to the Revolution*, vol. I (Edinburgh, 1902), 289. 홍치모, 58에서 중인.

Ⅳ. 제임스 6세 치하에서의 멜빌의 활동

그 동안 어린 국왕 제임스6세를 대신하여 몰톤이 섭정하였으나 제임스 6세가 14세가 된 1580년부터 왕이 직접 통치하면서 섭정 몰톤은 형식상 섭정직에서 물러났다. 그렇다고 해서 그의 영향력이 완전히 해제된 것은 아니었다. 그런데 제임스 6세는 몰톤보다 더 강력한 감독제 신봉자였고, 따라서 주교제도를 부활시키고자 했다. 어릴 때부터 왕권을 둘러싸고 벌어졌던 권력 암투를 경험하면서 제임스 6세는 '평화로운 행복'(Beati Pacifici)이 그의 좌우명이 되었다. 그리고 강력한 왕권의 확립이야말로 권력을 둘러싼 대립을 막을 수 있다고 보았으므로 절대 권력 장악을 이상으로 여기게 되어 절대군주제를 신봉하였다. 즉 그는 국왕은 지배자이며 신민은 복종자일 뿐이라는 것이 신이 정해준 하나님의 법(Divine law)이라고 믿었고, "국왕은 법이다"(Rex est lex)라고 하는 절대왕권의 이론적인 뒷받침인 '왕권신수설'(王權神授說, Theory of Divine Right of Kings)을 주장한 대표적인 인물이었다.[19] 이런 상황에서 제임스 6세와 멜빌 간의 대결은 불가피했다. 이제 멜빌은 새로운 도전 앞에 직면했다.

제임스 6세는 다시 감독제로 전환하기 위해 1584년 '암흑법'(Black Acts)을 제정했다. 암흑법이란 스코틀랜드에 감독제를 확립하고 국왕이 교회에 대한 지배권을 지난다는 법령이다. 이 법에 따르면 국왕은 교회의 머리이며, 왕권은 세속정부만이 아니라 교회에 대한 지배권, 곧 영적인 영역에도 통치권을 행사할 수 있고, 총회의 소집권은 국왕에게 있고, 모든 목사는 감독(주교)에게 복종해야 했다. 말하자면 에라스티안주의의 확립이었다. 또 1587년에는 교회재산 '폐기법'(Act of Revocation)을 선포하여 모든 재산을 왕에게 귀속시켰다.

---

19) 이상규, 『교회개혁과 부흥운동』(SFC, 2004), 204.

이런 발전에 대항하여 멜빌은 제임스 6세의 종교정책에 대해 강하게 반발하고 공개적으로 비난했다. 이렇게 되자 1584년 2월 멜빌은 국왕의 법정(privy council)에 소환되었다.[20] 멜빌은 국가와 종교, 정치와 교회는 엄격히 구별되어야 한다고 주장했으나 처벌은 불가피했다. 결국 멜빌은 잉글랜드 버윅(Berwick)으로의 은밀한 망명을 선택했다. 그로부터 약 2년 후 1585년 11월 멜빌은 다시 스코틀랜드로 돌아왔다. 국왕의 처벌 의지도 식었고 장로교총회에 대한 통제력이 확고하지 못했기 때문이다. 어떤 점에서 제임스 6세도 자신의 원활한 통치를 위해 장로교회 지도자들과의 타협이 필요했기 때문이었다. 그 결과 멜빌은 1586년 3월부터 세인트 엔드류스 대학 총장으로 복귀하였다. 그 이후에도 멜빌은 장로교제도의 확립과 교회의 자유를 지키기 위해 고투했다. 제임스 6세 국왕과도 여러 차례 대립하며 대면하였다.

그 결과로 1592년에는 '황금법'(*Golden Act*)이 제정되었다. 이 법은 이전의 암흑법을 무효화시키는 법령이었다. 이 법령을 통해 교회에 대한 세속 정부의 불간섭을 확정 지었고, 감독들의 사법권을 제거하고 제2치리서에 규정된 교회 법정을 승인 받았다. 황금법의 제정으로 장로제의 정착과 더불어 교회의 자유를 상당부분 확보한 것은 사실이지만 여전히 총회 개최 시기와 장소 선택권은 여전히 국왕의 수중에 있었다. 비록 형식적이긴 했으나 여전히 주교들이 존재하고 있었다.

멜빌의 장로교 신수론에 대항하여 제임스 6세는 왕권 신수론에 근거하여 감독제를 줄기차게 추진했다. 그러던 중 1595년 대법관 메이틀랜드(John Maitland)가 사망하자 제임스 6세는 후임자를 선정하지 않고, 1596년 8인의 대표를 선임하여 국가 재정을 관장케 했

---

20) *Dictionary of Scottish Church and History* (Edinburgh: T&T Clark, 1993), 557.

다. 그 중 네 사람이 가톨릭교도였는데 대표적 인물이 알렉산더 세톤 (Alexander Seton)이었다. 세톤은 대법관 자리까지 오르려했던 야심적인 가톨릭 교도였고 문제의 인물이었다. 이에 대해 총회는 멜빌과 조카 제임스 멜빌이 포함된 특사단을 왕이 체류하고 있던 폴크랜드(Faulkland) 궁으로 보내 항의하게 했다. 멜빌은 왕의 옷소매를 붙잡고 "하나님의 어리석은 종"(God's sillie vassal)이라고 외치면서 제 아무리 국왕이라고 하더라도 교회 내에서는 한갓 하나님의 나라의 한 사람의 백성에 지나지 않는다고 역설하였다.[21] 그럼에도 불구하고 왕이 교회에 대한 지배권을 포기하려하지 않자 멜빌은 1596년 개최된 장로교 총회에서 제임스 왕에게 다음과 같이 충고했다고 한다.

> 제가 전에 수차례 말씀드린바와 같이 지금도 말씀드립니다. 스코틀랜드에는 두 개의 왕국이 있고, 두 명의 왕이 있습니다. 이 나라의 머리인 제임스 왕과 교회의 머리인 예수 그리스도입니다. 제임스 왕은 그의 백성이요, 그의 왕국에서 왕도, 주도, 머리도 아니고 하나의 지체일 뿐입니다. … 우리는 폐하를 왕으로 섬기며 폐하에게 합당한 예우를 갖추며 복종할 것입니다. 그러나 거듭 말씀 드리지만 폐하께서는 교회의 머리가 아닙니다. 폐하께서는 우리가 찾고 있는 영생을 이 땅에 줄 수 없고, 우리에게서 빼앗아 가지도 못합니다. 그러므로 우리로 하여금 그리스도의 이름으로 자유로이 모이며, 교회 일에 참여할 수 있게 허락해 주시기를 바랍니다.[22]

이때의 총회에서 제임스 왕은 감독제를 고집하여 감독제 도입을 통해 의회를 장악하고자 했으므로 멜빌은 이처럼 강한 어조로 왕을

---

21) 홍치모, 61, 65.
22) Thomas M'Crie, 181. 오덕교, 175에서 중인.

비난했던 것이다. 이 일로 왕과의 관계가 급격히 냉각되었다. 왕은 교회에 대한 자신의 지배권을 과시하려는 의도에서 총회 장소를 임의로 변경하는가 하면 일정을 조정하기도 했다. 제임스 6세는 잉글랜드교회와 같은 정도의 감독제를 선호했다. 멜빌을 제거하기로 작정한 제임스 6세는 1598년 3월 던디에서 개최된 총회에서 멜빌의 총대건을 부정했다. 또 왕은 멜빌을 세인트 엔드류스 대학 총장직에서 해임했다.

V. 후기의 날들

제임스 6세는 1603년부터는 제임스 1세라는 이름으로 잉글랜드의 통치자가 된다. 그 동안 잉글랜드에서는 헨리 7세(1485-1509)에 이어 헨리 8세(1509-1547), 에드워드 6세(1547-1553), 메리(1553-1558)를 거쳐 1558년에는 엘리자베스가 왕이 되어 40여 년간 통치하고 1603년 3월 24일 사망했다. 이로서 튜더 왕가는 막을 내리게 된다. 그런데 엘리자베스는 서자(庶子)를 남기지 못하고 서거하였으므로 조카뻘 되는 스코틀랜드의 제임스 6세가 제임스 1세란 이름으로 영국의 왕으로 취임하게 된 것이다. 이때 제임스는 37세였고 1625년까지 22년간 통치하게 된다. 이로써 영국과 스코틀랜드는 제임스왕의 통치를 받게 되었는데 이것이 스튜어트왕가의 시작이었다.

그런데 제임스왕은 잉글랜드에서의 감독제에 깊이 동감했고, 교회의 수장으로 교회 모든 문제에 치리권을 행사할 수 있다는 점에 매우 감격했다. 그는 1598년 개최된 스코틀랜드 장로교 총회에 참석하여 "나는 로마 천주교회나 성공회의 감독제도를 도입할 생각이 없다"고 천명하고는 1599년에는 익명으로 『바실리콘 도론』(Basilicon Doron)을 출판하여 감독제를 통한 교회 지배를 주장하는 왕권신수설을 주장한 바 있는데, 잉글랜드 왕이 된 후 이런 신념은 더욱 확고

해 졌다. 장로교 제도는 왕권의 교회 간섭이나 지배를 근원적으로 배제 하지만 감독제는 왕권의 교회 지배를 허용하고 있었기 때문에 '왕권신수설'을 신봉하는 제임스왕은 감독제 하에 영국과 스코틀랜드의 교회를 통합하려는 계획을 가지고 있었다.

우선 잉글랜드에서도 정리가 필요했다. 그래서 제임스는 감독제를 지지하면서도 청교도들을 포용하기 위한 의도로 1604년 1월 소위 '헴톤궁 회의'(Hamton Court Conference)를 소집하였다. 18명의 국교회 성직자와 4명의 청교도 목사를 초청하였는데, 청교도 목사 4명은 감독제를 강력하게 반대하지 않을 것으로 판단되는 사람을 선별한 것이었다. 그러나 이 때 국교회 성직자들이 청교도 목사들과의 합석회의를 반대하였으므로 제임스왕은 양측을 별도로 불러 의견을 청취하였다. 국교회 성직자들에게는 엘리자베스 여왕 시대의 종교정책의 고수를 약속한 반면, 청교도 목사들과의 회합에서는 "주교 없이는 왕도 없다"(No Bishop, No kings)라고 선언함으로써 청교도들과는 완전히 결별하게 되었다. 특히 1604년 이후 국왕은 국교회 의식을 지키기를 거부한 청교도 목사 300명을 교회로부터 추방했다. 이로써 청교도는 왕의 입장에 반대하는 위치에 서게 되었다. 당시 하원에서는 청교도가 다수 의석을 차지하고 있었으므로 왕에게는 정치적 부담이 아닐 수 없었다. 그래서 왕은 의회 소집권이 왕에게 있다는 점을 들어 그의 22년간의 재임기간 중 의회를 3번밖에 소집하지 않았다. 감독제를 통해 영국과 스코틀랜드를 통치하기 위해서는 일관된 종교정책이 필요했는데 이미 영국에는 감독제가 정착되어 있었으나 장로교를 국교로 하고 있던 스코틀랜드에는 감독제도로의 전환이 용이한 일이 아니였다.

제임스는 '헴톤궁 회의'를 소집했던 그 해에 스코틀랜드에도 칼을 빼들었다. 1604년 애버딘에서 개최하기로 예정되어 있던 총회를 아무런 사전 통보나 협의 없이 일년 연기한다고 발표했다. 1년이 지나자 또 다시 연기를 선언했다. 교회에 대한 자신의 통치권을 보여주려는 의도였다. 이렇게 되자 멜빌을 비롯한 교회 지도자들은 반발했고, 멜빌은 임의로 총회를 소집하고 감독제 거부서명운동에 서명하고 이를 추진하고자 했다. 이제 멜빌을 제거할 때가 왔다고 간주하고 1606년 퍼스에서 개최된 스코틀랜드 의회에 멜빌을 소환했다. 멜빌과 그의 조카 제임스 멜빌 등이 런던으로 소환되었다. 결국 멜빌은 1607년 감옥으로 사용되던 런턴탑에 수감되었고, 그의 활동은 제약을 받았다. 그로부터 4년이 지난 1611년 석방되었으나 프랑스로 망명한다는 조건부 석방이었다. 스코틀랜드에 거주할 수 없었던 그는 프랑스 세단(Sedan)으로 가 세단대학의 성경신학교수직을 얻게 되었지만 그의 말년은 고신(孤身)의 날들이었다. 그는 다시 조국으로 돌아가지 못했고 11년간의 프랑스 생활을 마감하고 1622년 77세의 나이로 하나님의 부름을 받았다. 위대한 스코틀랜드교회 개혁자의 고신(苦辛)의 생애였다.

VI. 맺는 말: 멜빌의 유산

엔드류 멜빌은 낙스와 함께, 그리고 낙스를 계승한 스코틀랜드의 위대한 개혁자였다. 그는 장로교 제도의 정착을 위해 싸웠고, 국가권력의 교회 간섭을 배제하고 진정한 의미의 교회의 자유와 독립을 위해 싸웠다. 그것이 바로 감독제의 거부였고, 감독제를 거부할 뿐만 아니라 장로교 제도의 확립인 '제2치리서'의 작성과 승인이었다. 낙스와 멜빌의 싸움은 국가권력과 신교의 자유 문제였다. 이런 그의 일생의 헌신의 값으로 오늘 우리는 성경적인 장로교제도를 계승하고 이 제도의 유익을 누리게 된 것이다.

멜빌과 멜빌의 조카 제임스 멜빌, 존 포비(John Forbe of Alford) 등을 국외로 추방하고 귀족들과 목사들을 금품과 지위로 매수하고 야비한 수단과 방법을 동원하여 교회에 대한 통제권을 강화해 간 제임스 왕은 1610년에는 조직화된 감독제를 스코틀랜드 교회 안에 도

입하는데 성공하였다. 1618년 퍼스(Perth)에서 개최된 장로교총
회에서는 '퍼스 5개 조항'(*Five Articles of Perth*)을 통과시킴으로
써 감독제도로의 전환을 보다 구체화하였다. '퍼스 5개 조항'이란,
성찬을 받을 때 무릎을 꿇고 받는다(kneeling at Communion),
사적(私的) 성찬식(private Communion)을 허용한다, 사적 세례
(private Baptism)도 허용한다, 견신례(Confirmation by Bishop)
를 준수한다, 예수의 강림, 수난, 부활, 성령강림 등 성일을 준수한다
(observance of major Church festivals)는 내용인데 이것이 장로
교 원리와는 배치되는 것이었다.

'퍼스 5개 조항' 강요는 크게 두 가지 문제를 함의했다. 첫째는 근
원적인 문제로서 종교 문제는 국왕이 간섭할 문제가 아니라 총회의
자유로운 결정에 의해 처리되어야 한다는 점이고, 둘째는 5개 조항
내용이 로마 가톨릭 성향을 강하게 풍기고 있다는 점이었다.[23]

이런 상황에서 장로교회의 반발을 샀는데, 대표적 인물은 알렉산더
헨더슨(Alexander Henderson, 1583-1646)이었는데, 그는 파이프
성의 로쳐스(Leuchers)교회 목사였다. 이런 일련의 변화 속에서 스
코틀랜드 장로교는 국가 권력으로부터 교회의 독립을 유지하며 영적
자유를 지켜야 한다는 주장이 강하게 대두되었다. 이런 상황에서 일
어난 장로교제도 파수운동이 시작되었는데, 그것이 바로 언약도 운
동(Covenanters)이었다. 따지고 보면 이 운동은 낙스와 멜빌이 남
긴 신앙적 유산이었다.

---

23) 이상규, 『교회개혁과 부흥운동』, 210-11.

휘터커의
성경해석

한병수 (전주대학교, 교회사)

I. 서론

1548년에 영국의 랭카셔 지역에서 출생한 윌리엄 휘터커(William Whitaker, 1548-1595)[1]는 1569년에 그의 외삼촌 알렉산더 노웰(Alexander Nowell)의 조언과 후원으로 캐임브리지 트리니티 칼리지에 입학하여 1568년에 학부를 끝마쳤다. 당시 휘터커는 대학에서 라틴어와 헬라어의 지존으로 통하였다. 교회의 공동 기도서를 헬라어로 번역하고 노웰의 대요리 문답을 라틴어 원본에서 헬라어로 번역하여 노웰에게 헌정했을 정도였다. 교리에 대한 공적인 토론에 있어서는 늘 최고의 찬사를 석권했다. 17세기 최고의 전기작가 멜키오르 아담(Melchior Adam)은 휘터커가 교리와 품행의 성적에 있어서

---

1) 휘터커의 생애에 대해서는 Samuel Clarke, *The Marrow of Ecclesiastical Historie, conteined in the Lives of the Fathers, and Other Learned Men, and Famous Divines* (London, 1649), 374-78; J. Verheiden and H. Holland, *The History of the moderne Protestant Divines*, trans., Donald Lupton (London, 1637), 356-64; Melchior Adam, *Decades duæ continentes vitas theologorum exterorum principum* (Frankfurt: Jonae Rosae vidua, 1653), 163-77 쪽을 참조하라.

는 최다 수상자의 영예를 누렸다고 기록한다.[2] 또한 휘터커는 이후에
성경과 주석가들 및 중세의 학자들에 대한 지칠 줄 모르는 탐구심 때
문에 당시 트리니티 칼리지의 총장인 휘트기프트(John Whitgift)의
총애를 받았던 인물이다. 1576년에는 목회자로 안수를 받았고 1577
년에는 대학의 지정 설교자가 되어 사역했다. 1580년에는 캐임브리
지 대학에서 왕립 신학교수 지위를 취득했다. 당시 왕립 교수직을 가
진 사람들은 영국 전체에서 3명이었고 대학 안에서는 유일했을 정도
로 휘터커는 실력이 공인된 학자였다. 그리고 1580년부터 휘터커는
세인트 폴 주교좌 성당의 책임자로 사역하기 시작했고, 1586년에는
엘리자베스 여왕에 의해 케임브리지 세인트 존스 칼리지의 학장이
되었다. 물론 휘터커의 개혁주의 성향 때문에 그의 임직을 반대하는
이들의 저항도 만만치 않았지만 그의 학장직은 꺾을 수 없는 하나님
의 섭리였고 1595년 감기로 유명을 달리할 때까지 그 직무를 수행했
다. 아담의 기록에 의하면, 올바른 교리의 정립에 있어서든 "보편적
정통적 신앙의 진리"(veritatem catholicae & orthodoxae fidei)를
수호하기 위한 수고와 박학에 있어서든 휘터커는 교회의 모든 사안
에 있어서(in rem totius Christianae ecclesiae) 출중했다.[3]

휘터커의 집요한 신학적 관심사는 다른 동료들이 그러했던 것처럼
로마 가톨릭 교회의 개신교 공격을 방어하고 그 교회의 이단성을 지
적하는 것이었다. 특별히 당시 개신교를 이단으로 규정하고 성경과
교부들의 문헌에서 다양한 근거를 꼼꼼하고 치밀하게 제시한 가톨
릭 진영의 대표적인 논객들인 로버트 벨라르민(Robert Bellarmine,
1542-1621), 토마스 스테플턴(Thomas Stapleton, 1535-1598),
존 듀리(John Durie, 1544-1588)의 주장들을 논박했다. 휘터커의
논박은 공정하고 명료하고 논리적인 품위를 갖추었고 이에 대해서는

---

2) Melchior Adam, *Decades duæ continentes vitas theologorum*, 164.
3) Melchior Adam, *Decades duæ continentes vitas theologorum*, 164-65.

논적들도 존중했을 정도였다.[4] 휘터커의 저작들 중에서 『성경에 대한 논박』(*Disputatio de sacra scriptura*, 1588)은 개혁주의 진영의 성경관에 현저한 영향력을 행사했던 문헌이다. 멀러는 웨스트민스터 신앙고백서가 개신교 정통주의 시대에 작성된 "가장 위대한 고백적 문서"(the greatest confessional document)라고 말하면서 그 고백서의 신학적 토양이 되었던 사람들 중에 휘터커의 이름을 거명한 후,[5] 특별히 휘터커의 역작인 『성경에 대한 논박』은 동서방의 교부들과 중세 박사들과 로마 가톨릭 문헌들과 종교개혁 주역들의 주요 문헌들에 대한 섭렵에 기초하여 정립된 개혁주의 성경관의 표본이며 이는 유럽의 대륙 신학(특별히 마스트리히트와 마코비우스)에도 현저한 영향을 끼쳤다고 평가한다.[6]

휘터커의 이 논박서는 로마 가톨릭의 최대 변증가인 로버트 벨라르민(Robert Bellarmine)이 쓴 『논쟁서』(*Controversiarum*)의 반박서다. 휘터커는 이 변증가가 박학하고 천재성을 가졌으며 날카로운 통찰력과 광범위한 독서력을 지녔다고 인정했고, 무수히 많은 청중들이 이 변증가의 강연에 끌렸으며 분기별로 그 내용이 등사되어 보석처럼 소장될 정도로 로마 가톨릭의 신학적 표준으로 여겨지고 있다고 생각했다. 로마 가톨릭의 신학적 견해를 대표하던 벨라르민의 핵심적인 주장은 성경이 신앙과 삶의 규범이 아니라는 논점으로 요약

---

4) 그의 최대 논적인 벨라르민 추기경도 휘터커의 출중한 학식과 정교함을 존중하여 영국에서 입수한 그의 초상화를 자신의 서재에 내걸었을 정도였다. Samuel Clarke, *The Marrow of Ecclesiastical Historie, conteined in the Lives of the Fathers, and Other Learned Men, and Famous Divines* (London, 1649), 378.

5) Richard A. Muller, *Post-Reformation Reformed Dogmatics: Holy Scripture* (Grand Rapids: Baker Academic, 2003), 87. 이후로 PRRD 2:87 형식으로 표기한다.

6) Muller, PRRD 2:107-108; Samule Clarke, *The Marrow of Ecclesiastical Historie*, 375. 그러나 로마 가톨릭의 변증가 데이브 암스트롱(Dave Armstrong)의 평가는 정반대다. 휘터커의 "오직성경"(Sola Scriptura) 개념은 순환논리 오류에 빠진 모순적인 교설일 뿐이라고 비판한다. Dave Armstrong, *Pillars of Sola Scriptura: Replies to Whitaker, Goode, & Biblical "Proofs" for "Bible Alone"* (Lulu, 2012)를 참조하라.

된다. 이에 휘터커는 자신의 책에서 로마 가톨릭이 개신교의 발목에 채운 신학적인 트집의 족쇄를 끌러내기 위해 성경의 규범성 대목을 집요하게 변증한다.

휘터커의 반박은 주로 요한복음 5장 39절 "성경을 연구하라"(Ἐραυνᾶτε τὰς γραφάς)는 주님의 말씀에 기초한다. 성경의 단순한 읽기가 아니라 철저하게 연구하고 조사해야 한다는 이 말씀에 근거하여 휘터커는 다음과 같은 여섯 가지의 질문에 답하고자 한다: 어떠한 책들이 성경인가(성경의 정경성), 성경은 누구에게 주어진 경전인가(성경의 역본들), 성경은 어떠한 권위를 가졌는가(성경의 권위), 성경은 이해되는 것인가(성경의 명료성), 성경은 어떻게 해석해야 하는가(성경의 해석), 성경은 완전한가(성경의 완전성). 이상의 질문들에 대해 휘터커는 성경이 66권의 정경으로 이루어진 것이며, 성경은 유대인과 지성인이 아니라 모든 사람에게 주어진 하나님의 말씀이기 때문에 모든 자국어로 번역되는 것이 합당하며, 성경은 가신성과 권위를 가지되 그 권위는 성경 자체와 저자이신 성령에 주로 의존하며 교회의 증거에 의해서도 인정되고 있으며, 성경은 우리에게 큰 유익을 줄 정도로 충분히 이해될 수 있는 명료성을 가졌으며, 성경 해석학의 핵심은 성경이 성경을 해석하는 것이며, 성경은 거기에 다른 어떠한 것도 가감할 필요가 없도록 전적으로 완전하기 때문에 기록되지 않은 전통은 필수적인 것이 아니라고 답변한다.[7]

여기서 필자는 『성경에 대한 논박』에 소개된 휘터커의 방대한 성경론 중에서도 성경 해석학만 보다 세밀하게 다루고자 한다.[8] "성경을

---

7) William Whitaker, *Disputatio de sacra scriptura* (Cantabrigia, 1588), 1-2.
8) 휘터커의 해석학은 오늘날 성경 해석학의 현저한 발전에도 불구하고 본격적인 역사적 비평학 시대 이전의 해석학이 더 낫다는 스타인메츠(David Steinmetz) 주장의 한 사례를 제공한다. David Steinmetz, "The Superiority of Precritical Exegesis," *Theology Today* 37/ 1 (1980): 27- 38.

상고하라"는 주님의 말씀은 "우리 모두가 성경의 올바른 의미를 탐구해야 함"을 교훈한다.[9] 성경은 문자가 아니라 의미(sensus)이기 때문에 단순한 읽기가 아니라 탐구가 필요하다. 이러한 생각의 교부적 근거를 휘터커는 "경건이 공중의 소리가 아니라 그 소리가 전달하는 실체의 힘과 능력에 있다"는 바실의 말과 "복음은 성경의 문자가 아니라 의미에 있으며 표면이 아니라 골수에 있으며 언어의 잎사귀가 아니라 의미의 뿌리에 있다고 생각해야 한다"는 제롬의 교훈에서 찾는다.[10] 이로써 휘터커는 해석학의 성경적 근거와 교부적 전거를 확보한다. 성경의 문자에 담긴 의미를 찾아가는 해석학의 핵심을 휘터커는 두 가지로 구분한다. 첫째는 성경 해석의 권위이고 둘째는 해석의 수단이다. 본론은 이 두 가지의 주제로 채워진다.

II. 본론

1. 예비적인 논의

이러한 두 가지의 핵심적인 주제로 들어가기 전에 휘터커는 예비적인 논의로서 1)성경의 사중적인 의미와 2)문자적 의미에 근거한 신학적 논박과 3)성령 의존적인 해석학을 언급한다. 먼저 히포의 주교 어거스틴의 『믿음의 유익에 대하여』(De utilitate credendi)에 따르면, 성경의 의미는 행해져야 할 것과 행해지지 말아야 할 것을 가르치는 "역사에 따른"(secundum historiam) 해석과 어떠한 것이 왜 행해져야 하는지에 대한 이유를 가르치는 "원인론에 따른"(secundum aetiologiam) 해석과 신약과 구약의 일치를 가르치는 "비유에 따른"(secundum analogiam) 해석과 텍스트 자체가 문자 그대로 이

---

9) Whitaker, *Disputatio*, 298.
10) Whitaker, *Disputatio*, 298: "non in sono acris, sed in vi seu virtute rerum significatarum, pietatem esse…Ne putemus"

해되지 않고 상징적인 것으로 이해되는 "상징에 따른"(secundum allegoriam) 해석으로 풀어진다.[11] 오리겐을 비롯한 다른 교부들은 성경이 문자적 의미만이 아니라 비유적 의미와 풍유적 의미와 신비적 의미를 가진다고 주장한다. 그러나 벨라르민 구분법에 의하면, 그리스도 예수가 독생하신 하나님의 말씀이며 이 말씀은 인간적인 본성과 신적인 본성을 가졌기에 성경 텍스트의 의미도 눈에 보이는 가시적인 의미와 눈에 보이지 않는 영적인 의미로 구분되고 영적인 의미는 다시 풍유적인 의미와 교훈적인 의미와 종말적인 의미로 분류된다.[12]

성경에 풍유들과 도덕들과 신비들이 있다고 인정하는 휘터커는 이러한 벨라르민 구분법을 전적으로 거부하진 않는다. 다만 성경 텍스트에 하나의 의미가 아니라 복수의 의미가 있다는 주장은 거부한다. 그러면서 휘터커는 문자적 의미만이 "성경 텍스트의 단일하고 참되고 고유하고 순전한 의미"(unicum, verum, proprium, ac genuinum Scripturae sensum)라고 주장하며 비유적인 의미와 도덕적인 의미와 신비적인 의미는 모두 문자적인 의미의 다양한 적용(applicatio)일 뿐이라고 진술한다. 오리겐도 비록 대체로 터무니가 없는 주장들이 많지만 해석학에 있어서는 문자를 따라서 성경을 해석한 교부라고 휘터커는 이해한다. 휘터커는 "문자적 의미"가 성경 텍스트의 직접적인 의미라는 벨라르민의 주장을 거절하고 "텍스트 자체에서 비롯되는 의미"(qui ex ipsis verbis)가 바로 "문자적인 의미"의 뜻이라고 반박한다.[13]

---

11) 이러한 교부의 이해는 성경 전체가 아니라 주로 구약과 관계한다. Augustine, *De utilitate credendi*, *PL* 42, v.5: "Omnis igitur Scriptura, quae Testamentum Vetus vocatur, diligenter eam nosse cupientibus quadrifariam d traditur: secundum historiam, secundum aetiologiam, secundum analogiam, secundum allegoriam." 그러나 휘터커는 성경 전체의 해석학과 관련하여 교부를 인용하고 있다.
12) Whitaker, *Disputatio*, 299-300.
13) Whitaker, *Disputatio*, 300.

성경 텍스트의 사중적인 의미를 단일한 문자적 의미와 삼중적인 적용으로 재규정한 이후에 휘터커는 강하고 유효하고 효력적인 논증의 토대는 문자적인 의미이기 때문에 문자적인 의미가 아닌 적용된 의미에서 논거를 뽑아 로마 가톨릭과 논쟁하면 필패할 것이라고 조언한다. 예비적인 논의의 세번째 항목으로 휘터커는 사사로운 견해나 의미를 성경 텍스트에 강요하지 말고 성경의 저자이신 성령의 인도함을 받아 성경을 해석해야 한다는 점을 강조한다. 종합하면 휘터커의 성경 해석학은 개인의 사사로운 견해나 관점이나 기호가 아니라 오직 성경의 저자이신 성령을 따라 텍스트 자체에서 비롯되는 하나의 참되고 고유한 문자적 의미를 발견하고 다양하게 적용하는 것으로 구성되어 있다.[14]

2. 로마 가톨릭 해석학에 대한 반박

해석학의 본격적인 논의에서 휘터커는 성령의 인도함을 따라 하나님의 뜻을 발견하고 우리에게 적용하는 해석학의 문제를 다시 성경 해석의 권위(authoritas interpretandi scripturas)와 수단(media)으로 구분해서 논의한다. 로마 가톨릭은 성경을 해석하는 권위를 교회에게 돌리고 성경을 해석하는 것은 교회의 특별한 권리라고 주장한다. 이에 대해서는 휘터커도 성경의 해석자(interpres scripturae)는 교회이며 해석의 은사(donum interpretandi)는 교회에 있음을 인정한다. 그러나 해석의 권한과 권위가 사도권을 계승한 소수의 특정한 개인(특히 교황)에게 돌려지는 것은 전적으로 반대한다.

루방 가톨릭 대학의 스테플턴 교수는 성경의 권위를 교묘하게 로마교회 교황에게 돌리고자 했던 16세기 후반의 대표적인 인물이다. 그가 제안하는 성경 해석의 주의점은 다음과 같다. 1)교회의 적들에

---

14) Whitaker, *Disputatio*, 303-5.

게 자문을 구해서는 안된다. 2)개별적인 인물도 비록 아무리 박식하고 총명하다 할지라도 자문의 대상은 아니다. 자문을 구해야 할 대상은 공적인 자격을 갖춘 교사여야 한다. 3)교회의 사제들이 성경 텍스트의 해석에 대해 생각하고 믿고 결정한 것을 숙고해야 한다. 4)그들이 결정한 것은 주저하지 않고 수용하고 고수해야 한다. 다만 그들이 범교회적 일치 즉 교황의 권위에 자신을 순응시킬 경우 그리고 모든 사제들 사이에 일치가 이루어질 경우에 그렇다고 한다. 5)의심스런 부분에 대해서는 공의회를 소집하고 거기에서 우리의 의사를 표현해야 한다. 6)공의회를 소집하는 것이 대단히 힘들고 공의회가 최고의 권위를 가지지도 않았으며 심지어 오류를 범하기도 하기에 의심의 종식을 위해서는 최고의 목자 혹은 로마교회 머리(summum Pastorem ac Pontificem)가 내리는 판결을 기다려야 한다. 7)성경의 의미에 있어서는 교회가 채택한 의미를 수용하되 채택하는 정도만큼 수용해야 한다. 교회가 믿음의 규범으로 여기는 것을 우리도 믿음의 규범으로 간주해야 한다. 8)교회가 정죄하는 것은 정죄하고 교회가 이단들에 대항하여 고수하는 것은 고수해야 한다. 9)사제들이 곁들여서 말하고 쓰고 설명하는 것은 필연적인 수용의 대상이 아니다. 10)중세의 학자들은 성경 해석의 무오한 권위를 가지지 않았다. 11)사제가 사제의 자격으로(ex cathedra) 말하지 않은 것은 권위가 없고 우리가 필히 수용해야 하는 것도 아니다. 12)어떤 논거가 교부들의 모든 해석에서 즉각 만들어질 수는 없다. 13)우리는 교회의 어떤 직분자나 중세의 학자나 어떤 박사들의 말에 종속되지 말아야 한다. 14)우리는 교회에 의존해야 하고 교회의 권위를 존중해야 하고 교회의 결정에서 안식해야 한다. 이에 휘터커는 스테플턴 교수가 제안한 모든 주의점의 결론이 성경의 의미는 로마 가톨릭 교회에 달렸으며 여기서 교회는 결국 교황을 가리키는 것이라고 꼬집으며 대체로 거부했다. [15)]

성경의 해석권을 로마교회 수장인 교황에게 돌리려는 예수회 논객들은 구약과 신약과 교회의 관행과 사물의 이치에서 그 전거를 찾으려고 한다. 먼저 구약에 근거하여 다양한 논거들을 내세운다. 첫째, 벨라르민 추기경은 하나님의 백성이 교회의 형태를 갖춘 이후에는 모세가 가장 난해한 문제를 판결하는 최고의 재판관이 되었다고 주장한다. 이에 휘터커는 과연 모세는 하나님의 탁월한 지혜와 출중한 재능들을 선물로 받았고 하나님의 즉각적인 보내심을 받아 이스라엘 백성에게 칭송을 받았지만 교황은 그러한 조건을 구비하지 못했기에 모세의 경우를 교황에게 적용할 수는 없다고 반박한다. 그리고 모세는 자신의 제사장 직무에 대해 어떠한 후계자도 두지 않았다는 점을 지적한다. 이는 모세가 일반적인 제사장이 아니라 비상적인 제사장의 권위를 가졌기에 모세는 교황주의 인물들이 주장하는 상시적인 권위의 출처로 간주되지 않는다는 이야기다. 물론 모세는 최고의 심판자인 그리스도 예수의 모형이다. 그러나 지금은 모든 모형이 사라졌다. 이에 휘터커는 모형에서 논거를 뽑아내는 것은 어떠한 효력도 가지지 못한다고 비평한다.[16)]

둘째, 벨라르민 추기경은 "판결하기 어려운 일이 생기거든…레위 사람 제사장과 당시 판관에게 나아가서 물으라"(신17:8-9)는 구절에 근거하여 난해한 문제의 해결을 위해서는 사적인 지인들이 아니라 교황이나 사제들의 상위 판단력을 구하는 것이 성경적인 것이라고 주장한다. 이에 휘터커는 난제의 해결을 위해서는 성경 자체와 성경에서 명확하게 말씀해 주시는 하나님께 호소해야 한다고 반박한다. 물론 지혜롭고 현명하고 원숙한 지도자의 도움을 받는 것은 당연한 것이지만 하나의 조건이 충족될 경우에만 가하다고 설명한다.

---

15) Whitaker, *Disputatio*, 305-8.
16) Whitaker, *Disputatio*, 311-13.

즉 그 조건은 상위의 판결자가 율법의 판결을 따랐을 경우에만 가하다는 것이다. 이에 추기경은 "그들이 율법을 따라 너를 가르칠 것이라"(docuerint te secundum legem)는 구절이 히브리어 원문에는 없고 벌게이트 역본에만 있다고 주장한다. 그러나 휘터커는 벌게이트 역본이 로마 가톨릭 교회의 권위있는 성경이기 때문에 거기에 그 구절이 있다는 것으로도 충분한 반증이 된다고 설명한다. 추기경은 "율법에 따른다"는 것이 약속이지 절대적인 조건은 아니라고 말하지만, 휘터커는 율법의 경계선을 범하며 초법적인 판결권을 행사할 권한을 하나님은 어떤 이에게도 주신 일이 없기에 "율법에 따른다"는 조건은 절대적인 것이라고 반박한다.[17] "제사장 혹은 재판관을 경청해야 한다"(opertet audire sacerdotem aut iudicem)는 키프리안 주교의 말도 이런 맥락에서 이해해야 한다고 주장한다.[18]

셋째, 벨라르민 추기경은 "현자들의 말씀은 찌르는 채찍들과 같고 회중 스승들의 말씀들은 잘 박힌 못 같으니 다 한 목자가 주신 바니라"(전12:11)는 구절에 근거하여 현자들의 조언과 더불어 최고의 목자가 내리는 판결에 전적으로 묵종해야 한다고 주장한다. 이에 휘터커는 여기에 등장하는 "한 목자"는 교황이나 구약의 제사장이 아니라 "그리스도 자신"을 가리키는 말이라고 반박한다. 나아가 이 구절에 대해 제롬은 "비록 많은 자들이 하나님의 말씀을 가르치나 그 가르침의 유일한 저자 즉 하나님이 계시다"고 하였으며 다른 교부들은 "한 목자"를 성령으로 혹은 그리스도 예수로 여겼다는 증거를 제시한다.[19] 넷째에서 일곱번째 논증까지 벨라르민 어법과 휘터커의 반박들은 유사하다.

---

17) Whitaker, *Disputatio*, 313-14.
18) Whitaker, *Disputatio*, 314.
19) Whitaker, *Disputatio*, 315.

벨라르민 추기경은 신약에 근거하여 아홉개의 논거들을 제시한다. 첫째, 예수님이 베드로를 향해 "내가 천국의 열쇠를 네게 준다"(마 16:19)는 구절에 근거하여 성경 해석의 권위가 베드로와 그를 계승한 모든 자들에게 있다고 주장한다. 이에 휘터커는 1)"열쇠"가 성경을 해석하고 애매한 구절들을 여는 권위가 아니라 복음을 전파하는 권위를 가리키는 말이며, 2)베드로만 열쇠의 권위를 부여받지 않고 모든 사도들이 받았으며, 3)어거스틴의 말처럼 "베드로는 보편적 교회를 가리키기"(Petrum significasse universalem ecclesiam) 때문에 열쇠권은 교황만이 아니라 교회 전체에게 주어진 것이라고 반박한다.[20]

둘째, "교회의 말도 듣지 않거든 이방인과 세리와 같이 여기라"(마 18:17)는 구절에 근거하여 주님께서 이단과 같은 공적인 사안에 대해 말씀하신 "교회"는 신자들의 무리가 아니라 사제들과 주교들을 가리키는 것이라고 주장한다. 그러나 휘터커는 이 구절이 성경 해석학과 관련된 것이 아니라 형제애에 기초한 책망과 훈계에 대한 것이며, 여기서 "교회"는 그리스도 및 그의 말씀 때문에 권위를 얻는 곳이라고 설명한다.

셋째, "서기관들 및 바리새파 무리들이 모세의 자리에 앉았으니 무엇이든 그들이 너희에게 말하는 바는 행하고 지키라"(마23:2)는 구절에 근거하여 모세의 자리에 앉은 자들의 권위가 이렇다면 베드로의 자리에 앉은 자들의 권위는 더 크지 않느냐고 주장한다. 이에 휘터커는 모세의 자리에 앉았다는 것은 모세를 교사로서 따른다는 의미이며 모세의 자리는 권위를 가리키지 않고 모세에 의해 전달된 교리와 가르치는 직무를 의미하는 것이라고 반박한다. 교회의 모든 교

---

20) 신약에서 도출된 벨라르민의 논증들에 대해 Whitaker, *Disputatio*, 316-24을 참조하라.

사들은 모세가 전달한 교리를 올바르게 알고 가르쳐야 하는데 마태복음 5-7장에서 모세가 전하여 준 "율법의 올바른 의미"(verum legis sententiam)가 왜곡되자 예수님은 율법을 맡은 자들을 책망하며 율법의 보다 중요한 의와 인과 신을 전하셨다. 그러므로 우리는 교회의 교사들이 올바른 가르침을 전달할 때에만 경청해야 한다.

넷째, "요한의 아들 시몬아 네가 나를 사랑하느냐?… 내 양을 먹이라"(요21:16)는 구절에 근거하여 1)베드로에 대해 언급된 것들은 그를 계승한 자에게도 언급된 것이며, 2)"먹이라"는 행위는 가르치는 직무를 가리키며, 3)"양"은 모든 성도를 가리키는 것이라고 주장한다. 첫번째 논거에 대해 휘터커는 이 구절이 베드로에 대해서만 언급된 것이며, 비록 그를 계승한 자에게도 적용될 수 있겠지만 베드로를 닮아야만 비로소 적용이 가능하며, 교황에게 적용되는 것만이 아니라 모든 목자에게 적용되는 것이라고 설명한다. 두번째와 세번째 논거에 대해서는 휘터커도 동의한다. 다만 세번째 논거에 나오는 "양"에 대해서는 비록 모든 성도들을 가리키는 말이지만 베드로나 다른 사도들이 주님의 모든 양들을 먹인다는 의미가 아니라 각자의 분량대로 맡겨진 일부의 양들을 먹인다는 의미이기 때문에 주님께서 불특정 어법(indefinite)을 쓰셨다고 부언한다.

다섯째, "내가 너를 위하여 네 믿음이 떨어지지 않기를 기도했다"(눅22:32)는 구절에 근거하여 버나드의 입술을 빌려 베드로와 그를 계승한 자들이 공적인 직무로서 가르친 내용에는 오류가 없다고 주장한다. 그러나 휘터커는 이 구절이 시험에 빠져 예수님을 부인하게 될 베드로와 관련된 주님의 말씀이며, 비록 베드로와 그를 따른다는 교황들을 위한 말씀이라 할지라도 베드로가 주님을 부인하고 저주하는 타락에 빠졌다면 교황들도 타락할 수 있다는 의미이기 때문에 교황들도 오류에서 자유롭지 않다고 분석한다. 실제로 교황들은 자신의 직무를 수행함에 있어서 오류를 적잖게 범하였다. 그리고 휘터커는 모든 분쟁들의 최고 판결자가 되려면 오류가 전혀 없어야 하는데 전적으로 무오한 대제사장 되신 그리스도 자신과 성경만이 그런 최고의 판결자가 된다고 주장한다.

여섯째, "성령과 우리는 이 요긴한 것들 외에는 아무런 짐도 너희에게 지우지 아니하는 것이 옳은 줄 알았다"(행15:28)는 구절에 근거하여 1)신학적 논쟁이 벌어졌을 때에는 어떤 개인에게 찾아가지 않고 베드로가 이끄는 공의회에 호소해야 하며, 2)베드로와 그를 계승한 교황들이 이끄는 공의회는 항상 성령의 임재로 인해 오류가 없다고 주장한다. 이에 휘터커의 반론에 의하면, 1)분쟁의 해결은 성경 자체와 성경에서 말씀하고 계신 성령에게 의탁해야 하며, 2)예루살렘 공의회를 주재한 사람은 베드로가 아니라 야고보며, 3)예루살렘 공의회는 성경의 명백한 증언에 의해 성령의 임재와 주도적인 이끄심이 있었다는 것이 분명하나 베드로가 주재하지 않고 성령께서 이끄시지 않는 로마 가톨릭의 공의회는 예루살렘 공의회와 무관하다.

일곱째, "계시를 따라 [예루살렘 지역으로] 올라가 내가 이방인 가운데서 전파하는 복음을 그들에게 제시하되 유력한 자들에게 사사로이 한 것은"(갈2:2)에 근거하여, 바울의 복음은 베드로의 승인이 없었다면 교회에 수용되지 않았을 것이라고 주장한다. 그리고 믿음의 교리를 승인하는 것은 베드로의 특권이며 이후에는 그를 계승한 교황들의 특권이라 한다. 이에 휘터커는 먼저 바울이 예루살렘 지역으로 간 이유는 자신이 전파하는 복음을 교회 전체와 나누려고 한 것이지 베드로만 만나거나 그의 권위를 빌리려고 한 것이 아니라고 반박한다. 그리고 "유력한 자들"은 베드로만 가리키는 단수가 아니라 여러 유력자들(베드로, 요한, 야고보)를 가리키는 복수라고 지적한다. 그렇다면 교리의 승인이 베드로나 교황의 특권이란 주장도 거짓이다.

여덟째, "어떤 이에게는 성령으로 말미암아 지혜의 말씀을…어떤 이에게는 방언들의 해석함을 주신다"(고전12:8-10)는 말씀에 근거하여, "해석의 영은 모든 자들에게 주어지지 않았으며 그러므로 모든 자들이 성경을 해석할 수는 없다"고 주장한다. 이에 휘터커의 반론은 사실과 속임수의 교묘한 혼합을 주목한다. 즉 모든 사람들이 성경을 공적으로 해석하는 은사를 가지지는 않았다는 사실은 옳지만 그렇다고 해서 그런 은사가 없는 사람들은 성경을 해석하지 못한다는 결론에 도달하는 것은 아니라고 설명한다. 이는 성령의 가르침을 받는다면 누구든지 사적으로 성경을 해석할 수 있기 때문이다.

아홉째, "영을 다 믿지 말고 오직 영들이 하나님께 속하였나 분별하라"(요일4:1)는 구절에 근거하여, 개인은 성경의 해석자 혹은 판결자가 될 수 없다고 주장한다. 그러나 휘터커의 반론에 따르면, 이 구절은 모든 다른 영들 혹은 모든 교리들이 오직 성경과 성경 안에서 분명히 말씀하고 계시는 성령에 의해서만 판단을 받아야 한다는 것을 의미한다. 이렇게 구약에서 일곱 가지의 논거들과 신약에서 아홉 가지의 논거들을 제시한 이후에 벨라르민 추기경은 교회의 공의회들 및 관행들과 다양한 교부들과 황제들과 교황들의 증거와 사물의 이치를 토대로 교황이나 사제들의 교도적인 해석권을 변증한다. 그러나 휘터커는 이에 대해서도 사람이나 사람의 모임이나 사람들의 합의가 성경과 성경에서 말씀하고 계신 성령의 절대적인 권위를 대신할 수 없으며 그 권위를 능가하는 것도 아니라고 반박한다.[21]

---

21) Whitaker, *Disputatio*, 324-34. 이 항목에서 필자는 주로 휘터커의 글을 의역하며 요약했다.

3. 휘터커의 개혁주의 성경해석

(1) 해석의 권위

휘터커가 주장하는 성경 해석학의 핵심은 간단하다. "성경을 해석하는 최종적인 결정과 권위가 교회에게 돌려지지 않고 성경 자체 그리고 성경 안에서와 우리 안에서 동일한 것을 가르치는 성령에게 돌려야 한다"는 것이다.[22] 이를 입증하기 위해 휘터커는 열여섯 가지의 논거들을 제시한다. 첫째, "성경의 의미는 성경 자체이기 때문이다"(Sensus Scripturae est ipsa Scriptura). 이는 성경이 성경에 의해서 이해되기 때문에 제시된 논거이다.

둘째, "믿음을 생성하는 능력의 유일한 소유자가 성경을 해석하고 모든 분쟁들을 규정하고 판결하는 최고의 권위를 가졌기 때문이다." 믿음은 들음에서 나고 들음은 성경의 올바른 깨달음을 의미한다. 그러므로 성경이 믿음을 생성한다. 성경의 올바른 깨달음은 성령의 조명을 통해서만 가능하기 때문에 성령도 믿음을 생성하는 근원이다. 이처럼 성경과 성령 이외에 다른 누구도 이러한 능력을 소유하지 않았기에 최고의 권위는 성경과 성령에게 돌리는 게 마땅하다.

셋째, 분쟁의 최고 판결자와 성경의 합법적인 해석자는 세 가지의 요건을 갖추어야 하기 때문이다. 즉 1)그의 판결은 참되어야 하고 우리는 그것에 묵종해야 하며, 2)이 판결에 도전하는 것은 용납될 수 없으며, 3)그는 어떠한 선입견 혹은 편견에 의해서도 좌우되지 않아

---

22) Whitaker, *Disputatio*, 334: "Sententia nostra est, non oportere Ecclesiae tribui summumiudicium aeque authoritatem interpretandi Scripturas, sed Scripturae ipsi, & Spritui sancto, tum aperte in Scripturis loquenti, tum occulte easdem in cordibus nostris confirmanti."

야 한다. 성경과 성령 이외에 교회나 교황이나 교부나 공의회를 포함한 그 누구도 거짓된 인간이기 때문에 이러한 요건에 부합하지 못하므로 최고의 권위는 성경과 성령에게 돌림이 합당하다.

넷째, 성경은 저자에 의해서 가장 정확하고 올바르게 해석되고 성령은 성경의 저자이기 때문에 성령만을 최고의 해석자로 여김이 마땅하기 때문이다. 성경의 저자와 해석자인 성령은 자의로 말씀하지 않으시고 성경 안에서 말씀하기 때문에 결국 해석은 성경과 성령에게 의존한다.

다섯째, 로마 가톨릭 교회가 해석의 준거로 제시하는 "교부들의 일치"(consensus patrum)는 대체로 발견되지 않기 때문이다. 일례로서, "나는 육신에 속하여 죄 아래에 팔렸도다"(롬7:14) 구절의 화자가 중생한 자인지 아닌지에 대한 교부들의 견해는 갈라진다. 오리겐, 제롬, 아다나시우스, 암브로스 등은 화자가 중생하지 않은 자라고 해석하고, 어거스틴은 중생한 자라고 해석한다. "감독은 책망할 것이 없으며 한 아내의 남편이 되며"(딤전3:2)라는 구절의 해석에 있어서도, 제롬은 이 구절이 "두번 결혼한 사람보다 한번 결혼한 사람이 낫다는 것을 의미하지 않는다"고 하였으나 어거스틴은 이 구절이 일부일처 사상을 가르치고 있으며 보다 정확한 해석은 "교리교육 받은 사람이든 이방 사람이든 두번째 아내를 가진 자는 누구도 안수를 받지 못한다"는 것이라고 설명했다.[23] 바울의 베드로 책망에 대해서도, 크리소스톰과 제롬은 베드로의 위선을 덮는 방향으로 해석을 하였으나 어거스틴과 암브로스는 그 위선을 정죄하는 방향으로 해석했다. "율

---

23) Whitaker, *Disputatio*, 340; Jerome, *Commentaria in Epistolam ad Titum*, *PL* 26:564: "non omnem monogamum digamo putemus esse meliorem"; Augustine, *De bono coniugali*, *PL* 40:387: "Ecclesiae dispensatorem non liceat ordinari, nisi unius uxoris virum. Quod acutius intellexerunt, qui nec eum, qui catechumenus vel paganus habuerit alteram, ordinandum esse censuerunt."

법의 행위"에 대해서도 제롬은 의식들과 할례와 안식일 등이 그런 행위에 포함되는 것으로 보았으나 어거스틴과 암브로스는 십계명을 포함한 율법 전체라고 이해했다. 이처럼 교부들 사이에는 일치보다 불일치가 훨씬 더 빈번했다.

여섯째, 판결에 있어서 성경은 현재의 교회보다 더 큰 권위를 가지기 때문이다. 이는 "우리나 혹은 하늘에서 온 천사라도 우리가 너희에게 전한 복음 외에 다른 복음을 전하면 저주를 받는다"(갈1:8)는 바울의 글에서도 확인된다. 이는 교황주의 인물들이 지금의 교회보다 더 큰 권위를 부여하는 바울의 시대 교회도 만약 성경의 복음을 벗어나면 저주의 판결을 면하지 못한다는 이야기다. 만약 바울이 사도시대 교회의 그 누구보다 성경의 진리로서 복음을 더 높게 여겼다면 사도시대 교회의 권위보다 낮은 현재의 교회가 성경의 권위보다 낮다는 사실은 너무도 자명하다.

일곱째, 베뢰아 사람들은 바울의 가르침이 옳은지에 대해 성경을 깊이 상고했기 때문이다(행17:11). 이처럼 당시의 베뢰아 교회에서 바울의 가르침도 성경의 검증을 받았다면 모든 교회의 교리도 성경의 판단을 받는 게 마땅하다.

여덟째, "모든 것들을 분별하라"(살전5:21), "모든 영을 다 믿지는 말라"(요일4:1)는 사도들의 말처럼 교회의 모든 교리는 검증을 받아야 하기 때문이다. 로마 가톨릭은 모든 보편교회 지체들이 교리를 검증하는 것은 불가능한 일이기에 소수의 학자들이 검증해야 한다고 주장한다. 나아가 교황은 검증에 있어서 무오류한 분이라고 추앙한다. 비록 휘터커도 모든 사람들이 모든 교리를 검증하는 것이 불가능한 일임을 인정하나, 경건하고 신실한 모든 사람들은 검증할 수 있기 때문에 교리의 검증을 소수의 사제들과 교황의 고유한 특권으로 돌러서는 안된다고 주장한다. 교황의 무오성에 대해서는 거짓 선지자를 경계해야 한다는 주님의 말씀으로 응수한다. 거짓 선지자는 열매로 확인해야 하는데 거짓 선지자의 열매는 삶의 도덕성에 있어서도 추악한 열매를 맺고 성경의 해석과 설명에 있어서도 거짓된 열매를 맺는다고 설명한다.

아홉째, 만약 교부들과 공의회와 교황이 성경을 해석하는 최고의 권위를 가졌다면 우리의 믿음은 그들의 판결에 전적으로 의존해야 하겠으나 전제가 거짓이기 때문에 결론도 부당하다. 교황은 최고의 권위를 가지지 않았기에 누구도 그의 판결에 전적으로 의존하지 않는다는 것은 지당하다.

열번째, 법을 제정하신 분만이 법을 해석하는 최고의 권한을 소유하기 때문이다. 하나님의 말씀은 인간과의 합의가 아니라 하나님이 단독으로 제정하신 법이기 때문에 하나님 자신만이 최고의 성경 해석자가 되신다는 것은 사물의 이치에도 부합한다.

열한번째, 성경의 최고 판결권이 교회에 속했다면 교회의 권위가 성경의 권위보다 크다는 주장인데 이 주장은 성경 자체가 성경의 의미라는 사실에 의해 거절된다. 성경이 성경의 의미라면 성경의 최고 판결권은 교회가 아니라 성경에게 있다는 이야기다.

열두번째, 교황이 분쟁의 최종 판결자요 성경의 최고 해석자라 한다면 교황의 모든 결정은 성경만큼 권위를 갖는다는 말인데 이는 "다른 복음을 전하면 사도라도 저주를 받는다"는 사실에서 쉽게 반박된다. 교황주의 인물들은 교황의 권위가 사도권 계승에서 온다고 주장한다. 그러나 사도도 복음에 의해 판단을 받는다면 교황도 복음에 의해 판단을 받아야 한다는 것은 너무도 당연하다. 그러므로 교황의 권위는 성경의 권위에 종속된다.

열세번째, 어떠한 인간도 분쟁의 충분한 판결자나 성경의 충분한 해석자가 되지 못하므로 교황도 그러하다. 어떠한 인간도 자신의 권위로 분쟁을 해결하지 않고 다른 권위로 해결한다. 이것은 역사에 의해서도 증명된다. 니케아 교부들은 성경의 증거에 근거하여 아리우스 사상을 정죄했고, 마케도니우스, 네스토리우스, 유키테스 같은 인물들에 대해서도 교부들 자신의 권위가 아니라 성경의 권위로 정죄했다.

열네번째, 성경이 스스로를 해석하지 못하거나 분쟁을 판결하지 못한다면 성경이 애매하고 불완전한 것이라는 의미인데 이러한 사상과는 달리 성경은 모든 필수적인 것들에 있어서 명료하고 완전한다. 그러나 교황주의 진영은 성경의 필수적인 내용에 해당하는 구원에 대해서도 성경의 애매함과 불완전함 문제를 언급한다.

열다섯째, 모든 사람들은 각자 자신의 신앙과 분별력을 따라 판단하고 다른 사람의 의지나 기호에 의존하지 않으므로 교황은 교회의 분쟁에서 유일한 판결자가 아니다. 한 사람의 판단을 다른 사람에게 강요하는 것은 상식에도 어긋난다. 한 사람의 독립된 자율성과 판단력을 부정하는 처사이다.

열여섯째, "성경의 적법하고 안전한 해석은 성경 자체에 의한다"는 것은 건전한 교부들의 주장이다. 특별히 힐러리(Hilary of Poitiers)에 의하면, "최고의 독자는 말씀에 의미를 부과하는 자가 아니라 말씀에서 그 의미를 기대하는 자"이며, "하나님은 자신에 대해 합당한 증인이며 자신에 의해서가 아니면 알려지지 않는 분이시다."[24] 재세례를 거부하는 옵타투스(Optatus of Milevis) 논법도 같은 맥락이

다. "이 논쟁에는 어떤 판결자가 있어야만 한다. 그가 기독인일 경
우, 쌍방의 합의에 의해서는 승인되지 않을 것인데 이는 진리가 각
진영의 열성에 의해 휘어질 것이기 때문이다. 이방인일 경우, 그는
기독교의 신비를 모르는 자이기에 부당하다. 유대인일 경우, 그는 기
독교 세례의 앙숙이다. 그러므로 이 땅에서는 이 사안에 대해 어떠한
판결도 내려질 수 없기에 판결자는 하늘에서 찾아져야 한다. 그러나
우리가 복음의 증거를 가지고 있다면 굳이 하늘의 문을 두드릴 이유
가 무엇인가? 이는 그 증거가 땅의 것을 하늘의 것과 비교할 수 있는
최적의 지점이기 때문이다." [25]

이처럼 해석의 최종적인 권위는 성경 자체에게 그리고 성경 안에서
말씀하고 계신 하나님 자신에게 돌려야 한다고 휘터커는 역설했다.

(2) 해석의 수단

해석의 권위 문제를 논의한 이후에 휘터커는 해석의 수단에 대한
논의를 이어간다. 해석의 수단이 필요한 이유는 성경이 자신의 "육
성"(vivam vocem)을 가지지는 않았기 때문이다. 그리스도 예수와
사도들이 이 땅에 있었다면 해석의 어떠한 수단도 필요하지 않았을
것이지만 사도시대 이후로는 그렇지가 않아서 교회는 성경의 올바른
의미를 발견하기 위해 언제나 해석의 수단을 사용해 왔다.

---

24) Hilary, *Tractatus super psalmos*, *PL* 9:802: "Optimus lector est, qui dictorum
   intelligentiam expectet, ex dictis potius, quam imponat"; idem., *De trinitate*, *PL*
   10:38: "Idoneus sibi testis est, qui nisi per se cognitus non est."
25) Optatus, *De schismate donatistarum adversus Parmenianum*, *PL* 11:1048:
   "Quaerendi sunt judices: si Christiani, de utraque parte dari non possunt; quia
   studiis veritas impeditur. De foris quaerendus est judex: si paganus, non potest
   Christiana nosse secreta: si Judaeus, inimicus est Christiani baptismatis: ergo in
   terris de hac re nullum poterit reperiri judicium; de coelo quaerendus est judex.
   Sed ut quid pulsamus ad coelum, cum habeamus hic in Evangelio testamentum?
   Quia hoc loco recte possunt terrena coelestibus comparari."

해석의 수단에 대한 성경적인 근거와 역사적인 근거를 언급하며 휘터커가 제시하는 첫번째 수단은 기도(preces)이다.[26] 그는 기도가 성경의 올바른 해석에 필수적인 것이라고 강조한다. 사실 사도들이 하나님의 교회를 정초하기 위해 다양하고 중차대한 다른 모든 일들을 다른 분들에게 위탁하고 전념했던 것은 말씀과 나란히 언급된 기도였다(행6:4). 순서에 있어서는 기도를 먼저 언급하고 말씀을 나중에 언급했을 정도로 기도를 앞세웠다. 이는 기도가 생략된 말씀 사역은 불가능한 것이라는 의미도 함축하고 있다.

휘터커는 기도가 성경 해석의 필수적인 수단인 이유를 "구하면 주실 것이라"(마7:7)는 주님의 약속과 "너희 중에 누구든지 지혜가 부족하거든 모든 사람에게 후히 주시고 꾸짖지 않으시는 하나님께 구하라 그리하면 주시리라"(약1:5)는 야고보의 권고에서 찾는다. 성경적인 근거를 제시한 이후에 그는 교부들의 사례도 언급한다. 히포의 교부는 이렇게 기록한다. "천상의 감미로운 삶을, 정독은 탐색하고 묵상은 발견하고 기도는 추구하고 관조는 음미한다. 이에 대하여 주님은 자신도 말씀한다. '구하라 그러면 너희에게 주실 것이요 찾으라 그러면 찾을 것이요 문을 두드리라 그러면 너희에게 열릴 것이니.' 정독으로 구하라 그리하면 묵상 속에서 찾을 것이다. 기도로 두드리라 그리하면 관조 속에서 너에게 열리리라. 정독은 입술에 융숭한 식탁을 배설하고 묵상은 물어뜯고 씹으며 기도는 식감을 획득하고 관

---

26) Whitaker, *Disputatio*, 348-49.
27) Augustine, *De Scala paradisi*, PL 40:998: "Beatae igitur vitae dulcedinem lectio inquirit, [H]meditatio invenit, oratio postulat, contemplatio degustat. Unde ipse Dominus dicit, Quaerite, et invenietis; pulsate et aperietur vobis. Quaerite legendo, et invenietis meditando. Pulsate orando, et aperietur vobis contemplando. Lectio quasi solidum cibum ori apponit; meditatio masticat et frangit; oratio saporem acquirit; contemplatio est ipsa dulcedo, quae jucundat et reficit. Lectio in cortice, meditatio in adipe, oratio in desiderii postulatione, contemplatio in adeptae dulcedinis delectatione."

조는 우리에게 쾌감과 활력을 주는 감미로움 자체이다. 정독은 소원
의 외면에 이르고 묵상은 소원의 살쩜에 이르고 기도는 소원의 간청
에 이르고 관조는 취득된 식감의 향유에 이른다."[27]

두번째 해석의 수단은 원어들(linguae originales)에 대한 지식이
다.[28] 성경을 올바르게 해석하기 위해서는 성령께서 사용하신 언어
에 능통해야 하기 때문이다. 이에 휘터커는 역본의 지류가 아니라 구
약의 히브리어 및 신약의 헬라어 원문의 샘으로 들어갈 것을 권면한
다. 적잖은 오류가 원어에 대한 무지에서 발생하기 때문에 성경 텍
스트 자체의 이해로 인해 적잖은 오류가 제거된다. 일례로서, 누가
복음 2장 14절의 "땅에서는 하나님이 기뻐하신 사람들 중에 평화"
라는 부분을 라틴 벌게이트 역본은 "땅에서는 선한 의지를 가진 사
람들(hominibus bonae voluntatis) 중에 평화"로 이해하나 원문의
"ἀνθρώποις εὐδοκίας"는 "선한 의지를 가진 사람들"이 아니라 "인간
을 향한 하나님의 자비로운 선하심"을 가리키는 것이라는 사실을 알
면 쉽게 교정된다. 그리고 "그리스도 예수 안에서 선한 일을 위하여
(ἐπὶ ἔργοις ἀγαθοῖς) 지으심을 받은 자"(엡2:10)라는 구절을 교황주
의 인물들은 벌게이트 역본이 "선행 속에서(in operibus bonis) 그리
스도 안에서 지으심을 받은 자"라고 번역해서 "선행으로 말미암아 우
리가 의롭게 된다"고 주장하게 되었지만 원문의 "ἐπὶ"가 "안에서"(in)
가 아니라 "~로 향하여, ~을 위하여"(ad)를 의미하는 것이라는 사실
을 알면 오류가 간단하게 교정된다. 역본들의 오류만이 아니라 교부
들의 실수도 원문에 대한 지식으로 극본된다.

해석의 세번째 수단은 성경 텍스트가 직설적인 것인지(propria) 아
니면 상징적인 것인지(figurata)에 대한 숙고이다.[29] 교황주의 학자

---

28) Whitaker, *Disputatio*, 349–50.

29) Whitaker, *Disputatio*, 351.

들은 성경의 상징적인 표현들을 직설적인 내용으로 오해하여, 이를
테면, 남편과 아내의 신비로운 하나됨이 그리스도 예수와 교회의 신
비로운 연합을 상징하는 것인데도 결혼식을 성례의 하나로 간주했
다. 이는 문장의 유형에 대한 무지 혹은 '고의적인 무시'에서 비롯된
오류이다.

　해석의 네번째 수단은 각각의 성경 텍스트가 가진 주제, 목적, 핵
심, 역사적인 배경 및 해당 텍스트의 전후 문맥(scopum, finem,
materiam, circumstantias, antecedentia & consequentia)에
대한 존중이다.[30] "사랑은 허다한 죄를 덮는다"(벧전4:8)는 말씀의
경우, 교황주의 학자들은 문맥적 해석을 외면하고 "사랑은 죄를 제
거하고 소멸하는 능력을 가졌기에 그것은 우리를 하나님 앞에서 의
롭게 만든다"(charitatem habere vim tollendi & extinguendi
peccata, atque ita nos coram Deo iustificandi)고 해석한다. 그
러나 휘터커는 베드로가 여기에서 말하고자 하는 문맥적 의미는 죄
의 사함이나 하나님 앞에서의 의롭다 함이 아니라 형제들 사이에 화
목을 도모하고 적개심을 없애라는 형제애를 권면하는 것이라고 해석
한다. "네가 생명으로 들어가고 싶다면 계명들을 지키라"(마19:17)
는 말씀을 교황주의 인물들은 문맥을 무시한 채 행위의 공로로 의롭
다 함을 얻는다는 주장의 근거로 해석하나 휘터커는 행위로 영원한
생명을 얻고자 하는 자들이 얼마나 온전한 의에서 동떨어져 있는지
를 깨닫게 하시려고 말씀하신 것이라고 해석한다.

　해석의 다섯번째 수단은 하나의 텍스트는 다른 본문과의 비교와
대조(comparandus & conferendus)이다.[31] 즉 보다 애매한 구절

---

30) Whitaker, *Disputatio*, 351-52.
31) Whitaker, *Disputatio*, 352.

은 보다 명료하고 덜 애매한 구절과 비교하면 보다 잘 해석된다. 믿음의 조상이 행위로 의롭게 되었다는 야고보서 2장 21절은 로마 가톨릭 학자들이 행위구원 사상의 근거로 삼는 것이지만 휘터커는 보다 명료한 해석을 위해 믿음의 조상이 "하나님을 믿으매 그것이 그에게 의로 여겨진 바 되었다"는 로마서 4장 3절과 비교해야 하고, 결국 '행함으로 의롭게 되었다'는 구절은 아브라함 소명 이후에 이루어진 사후적인 일로 이해해야 한다고 주장한다. 나아가 사도들이 칭의(justificatio)라는 동일한 말을 사용할 때에라도 다양한 의미로 쓰인다는 점을 지적하며, 야고보는 "의롭다고 공표되고 나타나는 것"(iustum declarari ac demonstrari)이라는 의미로 "의롭다 함"(iustificari)이라는 용어를 썼지만 바울은 "모든 죄에서 자유롭게 되는 것"(a peccatis omnibus absolvi)이라는 의미로 다르게 사용했에 동일한 단어의 다른 의미를 용례에 따라 구별해야 한다고 주장한다.

해석의 여섯번째 수단은 하나의 성경 텍스트를 유사한 구절(similibus)과 비교하는 것만이 아니라 이질적인 구절(dissimilibus)과도 비교해야 한다는 것이다.[32] 예를 들어, "인자의 살을 먹지 아니하고 인자의 피를 마시지 아니하면 너희 속에 생명이 없다"(요6:53)는 구절은 다소 이질적인 텍스트로 보이는 십계명의 제6계명과 비교해서 이해해야 한다고 휘터커는 주장한다. 즉 히포의 교부가 언급한 것처럼, 사람을 살인하는 것이 죄라면 사람의 살을 먹고 피를 마신다는 것은 너무도 잔혹한 죄이기에 예수님의 이 말씀은 직설적인 어법이 아니라 상징적인 표현으로 이해해야 한다. 이는 텍스트의 종류를 구분하는 단서를 이질적인 구절들 사이의 비교에서 찾은 경우이다.

---

32) Whitaker, *Disputatio*, 352-53.

해석의 일곱번째 수단은 모든 해석이 "믿음의 유비"(analogia fidei)와 일치해야 한다는 것이다.[33] 휘터커가 생각하는 "믿음의 유비"는 성경의 명백한 구절들에 담긴 "성경의 일관되고 항구적인 의미"(constans & perpetua sententia Scripturae)를 가리키며 사도신경, 주기도문, 십계명, 그리고 교리문답 전체가 여기에 해당된다. 이러한 유비와 상충되는 교리는 거짓으로 간주된다. 대표적인 사례로서, 로마 가톨릭 교회의 화체설과 루터파의 공재설은 믿음의 유비가 가르치는 바 주님께서 우리와 같은 몸을 가졌다는 사실과 충돌된다. 우리의 몸은 빵의 가변적인 물질에 감추어질 수 없으며 빵과 공존할 수도 없기 때문에 두 입장은 거절된다. 그리고 믿음의 유비는 그리스도 예수께서 하늘로 가셨다고 가르치기 때문에 빵 안에도 계시지 않고 빵과 더불어 계시지도 않으신다. 또한 믿음의 유비는 주께서 심판하러 오실 때에 하늘에서 오신다고 하셨지 성체에서 오신다고 가르치지 않기에 화체설과 공재설은 거절된다.

해석의 여덟번째 수단은 앞에서 언급한 수단들의 올바른 사용에 익숙하지 않은 분들의 경우 보다 잘 훈련된 지혜로운 사람들의 서적들과 주석들과 해설서를 참조하고 그런 사람들의 조언과 도움을 받아야 한다는 것이다.[34] 그러나 그들도 모두 유오류한 사람이기 때문에 과도한 의존은 경계해야 한다. 현자들의 해석이 성경의 권위 혹은 건전한 이성의 권위에 의해 지지될 경우에만 수용될 수 있다는 사실도 유념해야 한다. 당연히 그들이 성경과 대립되는 경우에는 아무리 지혜롭고 유명하고 많은 책들을 썼더라도 진리와는 무관한 자들로 간주해야 한다. 즉 그들의 조언과 지혜와 지식을 우리는 무작정 수용하지 않고 "언제나 신중하게 적절하게 지혜롭게"(caute semper,

---

33) Whitaker, *Disputatio*, 353.
34) Whitaker, *Disputatio*, 353-54.

modeste, ac sapienter) 사용해야 한다. 이는 마치 칼빈이 성경과
더불어 성경 안에서 성경을 통하여 생각하고 말하는 적정과 절도의
원리와도 일치한다.

　이상에서 휘터커가 제시한 해석의 수단들에 대해 로마 가톨릭의 논
객들은 촘촘한 반론을 제기한다. 첫째, 그들은 지금까지 언급한 여
덟 가지의 수단들을 존중하는 듯하면서 자신들이 제시한 믿음의 규
범, 교회의 관행, 교부들의 일치, 공의회의 특정한 해석에 그 수단들
이 굴복해야 한다(subjici)고 주장한다. 둘째, 언급된 수단들은 모든
이단들과 유대인과 이방인 모두가 채택하는 것이지만 자신들의 수단
들은 정통적인 교회에만 어울리는 고유한 것이라고 주장한다. 이에
휘터커는 성경을 해석하는 수단은 고유한 것이 아니라 명료하고 공
적인 성격을 가져야만 하고 이단들이 이 수단을 활용할 수는 있어도
그들의 이단적인 교설이 증명될 수는 없다고 반박한다. 왜냐하면 성
경은 "보편적인 교회의 방패요 보루"지만 동시에 "모든 이단들의 형
틀과 패망"이기 때문이다.[35] 셋째, 교회는 공적인 신앙과 행습에 있
어서 무오하기 때문에 휘터커가 제시하는 수단들은 인간적인 것이고
자신들의 것들은 성스러운 것이라고 주장한다. 그러나 휘터커의 반
박에 따르면, 교회의 행습은 인간의 습관이며 교부들의 생각은 인간
의 견해이며 공의회의 결정은 인간의 판결이고 교황의 교령은 한 개
인의 의지이기 때문에 오히려 로마 가톨릭의 수단들이 인간적인 것
이다.

(3) 성경의 자기해석

　휘터커에 의하면, 성경을 해석하는 이 모든 수단들은 다음과 같은

---

35) Whitaker, *Disputatio*, 355: "Scripturae vero sunt Catholicorum praesidia ac
　propugnacula, haereticorum omnium crux atque exitium."

결론으로 귀결된다: "성경은 그 자체의 해석자다"(Scripturam esse sui ipsius interpretem). 다시 말하면 휘터커가 제시한 모든 해석의 수단들은 성경의 자체 해석을 실현하는 도구들인 셈이다. 이는 해석의 도구들을 성경의 자가해석 정신이 구현되는 방향으로 사용해야 한다는 뜻이기도 하다. 성경의 최고 해석자는 성경 자체라는 것이 휘터커의 확신이다. "성경은 우리가 성경의 자체 해석력에 주의만 기울이면 참으로 가장 명료하고 명확하게(clarissime & luculentissime) 해석된다."

물론 성경에는 난해한 구절들도 많다. 그러나 그 의미가 인접한 구절들에 의해 즉각 드러나는 경우들도 있고 다양한 구절들의 협력에 의해 벗겨지는 경우들도 있다. "너희를 떠낸 반석과 너희를 파낸 우묵한 구덩이를 생각하여 보라"는 이사야서 51장 1절은 그 의미가 명료하지 않다. 그러나 이어지는 구절 "너희의 조상 아브라함과 너희를 낳은 사라를 생각하여 보라"(사51:2)에서 "반석"과 "구덩이"가 "아브라함"과 "사라"를 상징하는 표현임이 드러난다. 창세기 11장 1절과 6절, 15장 2절과 3절, 이사야 1장 2절과 3절 등도 그러하다. 성경의 애매한 구절들이 명료한 구절들에 의해 풀어지는 경우는 다음과 같다. "나는 스스로 있는 자니라"(출3:14)는 말씀은 그 정확한 의미가 쉽게 파악되지 않는 구절이다. 그러나 이러한 해석의 난해함은 "나 이전에는 지음을 받은 신이 없었으며, 나 이후에도 없으리라"(사43:10), "나는 처음이요 또 나중이라"(사48:12) 같은 명료한 구절들에 의해 쉽게 해소된다. 출애굽기 20장 4절과 신명기 7장 3절도 서로 의미의 애매함을 벗겨주는 단짝이다.[36]

성경을 성경으로 해석하는 범례는 그리스도 안에서 발견된다. 마태

36) Whitaker, *Disputatio*, 365-66.

복음 4장에서 그는 자신을 시험하기 위해 사탄에 의해 저질러진 성경의 오용을 성경의 권위로 압도했다. 마태복음 19장에서는 모세법의 그릇된 해석으로 모세의 이혼법을 성경의 다른 구절들로 바르게 해석하여 이혼의 음탕한 관습을 승인한 유대인의 왜곡을 질타했다. 휘터커에 의하면, 이는 성경을 고문하여 다양한 교설을 뽑아내는 사악한 무리들의 광기를 거부하고 제압하되 교회로 하여금 성경의 증언들을 서로 비교하고 능숙하게 적용하고 정확하게 이해하는(inter se collatis, sciteque adhibitis, & recte intellectis) 방식으로 그리 해야 한다는 주님의 교육이다. 성경 자체를 가지고 성경을 다루고 숙독하고 숙고하고 탐색하고 탐구하고 배우며 성경의 어떠한 해석자도 성령 자신보다 더 좋다고 생각하지 않는 이러한 해석학은 주님의 전유물이 아니라 사도들도 (로마서, 고린도서, 갈라디아서, 히브리서 및 거의 모든 서신들 안에서) 적극 활용했던 것이라고 휘터커는 분석한다.[37]

그리스도 예수와 사도들을 이어 교부들도 성경의 해석자는 성령과 성경 자체라는 사상에 입각한 해석학을 옹호하고 있음을 휘터커는 여러 교부들을 언급하며 논증한다. 바실은 우리에게 "모든 낱말과 음절에 감추어진 의미를 찾으라"고 권면한다.[38] 그 이유는 우리를 부르신 목적, 성경을 우리에게 주신 목적은 우리가 하나님을 닮는 것(similes Deo)인데 하나님 닮음은 지식 없이는 이루어질 수 없으며 지식은 교육에서 오며 교육의 시작은 언술이며 그 언술은 낱말과 음절로 구성되어 있기 때문이다. 낱말과 음절의 기본적인 중요성을 언급한 바실은 무엇이든 성경에서 애매하게 쓰여진 낱말이나 음절이나 구절은 명확하고 명증적인 다른 구절들에 의해서 벗겨져야 한다고

---

37) Whitaker, *Disputatio*, 367.
38) Whitaker, *Disputatio*, 368; Basil, *De Spiritu Sancto*, *PG* 32:69-70.

주장했다.[39] 이레니우스는 모든 성경이 그 자체와 조화하고, 의미가 애매한 비유들은 명료하게 표상된 구절들과 절묘한 조화를 이루기 때문에 명료한 구절들에 의해 풀린다고 주장했다.[40] 오리겐은 "성경에서 우리가 추구하는 것의 발견은 동일한 주제에 관하여 기록된 여러 본문들의 예증으로 인해 용이하게 된다"고 가르쳤다. 터툴리안은 이렇게 기도했다. "오 진리여 일어나 [생겨난] 관례가 알지 못하는 당신의 성경 자체를 해명해 주옵소서. 이는 관례가 성경을 알았다면 존재하지 않았을 것이기 때문입니다."[41]

이러한 입장은 어거스틴, 힐러리, 암브로스, 시릴과 같은 교부들은 물론이고 중세의 요하네스 게르손(Johannes Gerson), 16세기 크레테의 주교 아우구스티누스 스테이키우스(Augustinus Steuchius), 올레아스트로 출신의 도미니칸 수도사 제롬(Hieronymus ab Oleastro)과 같은 로마 가톨릭 인물들에 의해서도 지지받고 있다는 사실을 휘터커는 구체적인 증거 문헌들을 일일이 제시하며 논증한다. 특별히 그는 성경의 해석과 관련하여 저자이신 하나님에 대한 그들의 언급을 주목한다. 즉 그들은 하나님이 모든 세대의 독자들로 하여금 성경에 대한 무지로 인하여 고뇌에 빠지는 것을 원하실 만큼 무자비한 분은 아니라고 했다. 우리가 충분한 주의를 기울여도 여전히 해석되지 않을 만큼 난해한 어떤 문구를 하나님은 성경에 허락하신 적이 없다는 점에서 휘터커는 성경이 성경에 의해 해석되는 것은 저자의 의도라는 점을 특별히 스테우키우스의 입술을 빌어 강조한다.[42] 이러한 휘터커에 의하면, 성경은 성경 자체에 대해 최고의 해석자인

---

39) Basil, *Asceticon magnum sive Quaestiones*, cclxvii, *PG* 31:1263-1264.

40) Whitaker, *Disputatio*, 368; Irenaeus, *Adversus Haereses*, II.xxviii.3, *PG* 7:806: "omnis Scriptura a Deo nobis data consonans nobis invenietur, et parabolae his, quae manifeste dicta sunt, consonabunt, et manifeste dicta absolvent parabolas."

41) Whitaker, *Disputatio*, 368: "Exsurge, igitur, veritas…Ipsa scripturas tuas interpretare, quas consuetudo non novit; si enim nosset, nunquam esset."

동시에 해석의 최고 권위자다.

III. 결론

지금까지 우리는 휘터커의 성경 해석학을 요약하고 정리했다. 물론 그의 해석학은 해석의 인문학적 요소에 대해서는 대체로 침묵한다. 그러나 이것은 해석학에 있어서 인문학적 소양의 부재와 경시를 의미하지 않는다. 성경을 해석함에 있어서 히브리어 및 헬라어 원문의 능숙한 정독, 각 단어의 어원적 의미, 문법적인 이해, 인간 기록자의 어법, 각 권의 문헌적인 유형, 성경적 용례들의 비교, 기록 당시의 문화와 사회와 정치와 경제에 대한 역사적인 이해를 연구하는 인문학적 작업은 로마 가톨릭 교회와 개신교 모두에게 공통적인 해석의 준비였다. 두 진영은 이 문제로 갈등하지 않았기 때문에 언급의 필요성도 없었다. 휘터커가 해석의 인문학적 요소에 대해 침묵했던 것은 바로 그 시대의 논쟁적인 문맥이 이러했기 때문이다.

필자가 개혁주의 해석학을 대표하는 16-17세기 인물들 중에 휘터커를 탐구한 이유는 해석의 인문학적 작업만이 아니라 성경 자체와 성경의 저자이신 성령의 절대적인 권위를 존중하고 그 권위에 의존하여 하나님의 뜻을 발견하는 것을 해석의 최상위 목적으로 삼았다는 점의 회복이 오늘날 시급하기 때문이다. 예나 지금이나 성경은 성경의 의미이며 성경은 성경의 자체 주석이며 저자이신 성령은 성

---

42) Whitaker, *Disputatio*, 370: "Neque enim adeo inhumanus fuit Deus, ut voluerit huius rei ignoratione per omnes aetates homines torqueri; cum neque ullam in sacris Scripturis esse passus sit locum, quem si accurate pensitemus, interpretari non possimus…sacra Scriptura, cum explicare aliquid grande vult, seipsa acclarat, neque paritur errare auditorem." 휘터커의 Disputatio 의 영역자가 역자주로 지적한 것처럼 이 인용문이 스테우키우스의 글(*Commentaria in Pentateuchum Mosi*, 1569)에서는 발견되지 않고 인용문과 유사한 구절이 크리소스톰의 글(*Homilis in Genesin*, xiii, *PG* 53:108)에서 발견된다.

령의 최고 해석자다. 그러나 오늘날 일부 학자들은 성경을 해석함에 있어서 1세기에 저술된 성경 밖 문헌에서 발견되는 개념들과 논지들에 의존한다. 이러한 연구는 아마도 성경 자체는 더 이상 연구할 것이 없고 이제는 성경 밖으로 탐구의 시선을 돌려야 한다는 상황적 판단에서 '1세기의 문맥적 의미'라는 그럴듯한 명분으로 학적인 지성을 발휘한 결과라고 사료된다. 이는 해석의 인문학적 준비의 일환인 역사적 문맥 연구의 과잉에 불과하다.

성경의 의미를 동시대의 다른 문헌에서 정초된 개념이나 논지에 양도하는 것은 대단히 위험하다. 단순히 성경의 자체 가신성에 위배될 뿐만 아니라 성경의 주어를 무시하고 경멸하는 처사이기 때문이다. 성경의 주어는 하나님 자신이고 다른 모든 문헌은 비록 1세기에 출판된 것이라도 인간이 주어이다. 성경과 다른 모든 문헌들의 차이는 주어의 격차이다. 성경의 주어이신 하나님과 다른 문헌들의 저자인 인간 사이의 격차는 하늘과 땅의 무한한 격차이다. 성경에서 쓰여진 모든 단어들의 의미는 성경 자체에서 발견해야 한다. 성경의 개념을 다른 문헌의 개념과 다르다는 것은 상식적인 선에서만 보더라도 칸트의 "도덕"이 18세기에 쓰여진 다른 문헌들 안에서 정의된 "도덕"과 동일하지 않음과 일반이다. 사람들 사이에도 사용하는 용어와 표현의 의미는 동일하지 않다. 하물며 하나님의 말씀과 인간의 언어를 단어가 같다는 이유로 동일한 것처럼 여기는 것이 어찌 합당할 수 있겠는가!

이에 대하여 16-17세기 개혁주의 인물들의 입장은 단호했다. 즉 교회든 교황이든 공의회든 1세기의 문헌이든 성경의 권위와 성경의 최고 해석자인 성령의 권위를 능가하는 것은 없다는 것이다. 휘터커의 해석학은 이러한 입장을 잘 보여주는 하나의 대표적인 사례이다. 휘터커는 성경이 성경을 해석하는 원리의 구체적인 수단들을 탐구했다. 해석의 인문학적 소양을 갖추는 것도 버거운 오늘날의 신학계에 무리한 제안일 수 있겠으나 휘터커는 우리에게 성경의 자체 해석력이 존중되는 보다 정교하고 정밀하고 실질적인 해석학 도구들의 지속적인 발굴을 주문하고 있다. 성경이 성경을 해석하게 하는 것은 우리가 성경의 조화로운 일치와 저자의 절대적인 권위를 더욱 존중하고 저자이신 하나님을 더욱 닮아가서 결국 인간 해석자가 없어지는 집요한 자기부인 없이는 불가능한 일이겠다.

왈터 트래버스의
생애와 신학

김홍만 (사우스웨스턴 리폼드 신학대학원, 역사신학)

Ⅰ. 서론

영국의 청교도 운동은 엘리자베스(Elizabeth, 1533-1603) 여왕 시대로부터 시작되었다. 그리고 청교도 운동은 영국의 왕조와 대결하는 양상으로 진행되었다. 왜냐하면 청교도 운동은 국교회에 대한 교회 개혁 운동으로 시작되었기 때문이다. 따라서 청교도 운동을 영국 왕조와 관련하여 대략 3시기로 구분해본다면, 초기를 엘리자베스 여왕시대로 볼 수 있으며, 제임스(James, 1566-1625) 왕으로부터 찰스 1세와 올리버 크롬웰(Oliver Cromwell, 1599-1658)의 공화정 시대까지를 중기로 볼 수 있다. 그리고 청교도 운동의 후기는 찰스 2세의 즉위기간으로 간주할 수 있다. 물론 왕조와 관련하여 청교도 운동을 구분하는 또 하나의 이유는 신학적인 것으로서, 그 시대마

---

1) 청교도 운동의 시대적 구분은 한편으로 청교도 운동이 교회의 오류에 대한 개혁운동이었기 때문에, 청교도들이 강조하였던 신학적 내용이 분명하다. 초기 청교도 운동은 로마 가톨릭의 오류에 대한 개혁 이었으며, 중기는 알미니안주의에 대한 개혁이었다. 그리고 후기는 알미니안주의와 도덕률폐기론주의를 개혁하는 것이었다. (James Heron, *A Short History of Puritanism*, 1908) 참조.

다 영국 국교회가 강조했던 신학적인 내용들 때문이다.[1]

초기 청교도 운동이 엘리자베스 즉위기간에 일어났는데, 그녀는 1559년 부활절이 지난 후 의회를 소집하여 수장령을 통과시켰고, 또한 로마 가톨릭 교회와 개신교의 중간 형태를 취함으로 영국 국교회의 회복을 꾀하였다.[2] 그리고 엘리자베스는 통일령을 회복시켰고, 모든 성직자는 그것을 따라 제복을 입어야 했으며, 기도 문서를 사용해야 했다. 1566년 통일령의 효과적인 시행을 위해서 광고를 제정하는데, 1564년 이전에 받은 모든 설교 면허는 취소되고 오직 통일령에 동의하는 자들에게게만 설교할 수 있는 권한을 부여하였다. 바로 이 사건으로 인하여 조직적인 청교도 운동이 시작되었다.[3] 왜냐하면 그 당시 영국 국교회의 통일령이 성경적이지 않다고 생각한 목회자들은 그것에 동의 할 수 없었으며, 그로 인하여 설교권을 박탈당하였고, 따라서 영국 국교회에 대한 개혁의 목소리를 내었기 때문이다.

이렇게 엘리자베스 여왕시대에 일어난 청교도 운동의 시작에 있어서 신학적 기초를 놓은 주요한 인물로서는 토마스 카트라이트(Thomas Cartwright, 1535-1603), 그리고 왈터 트래버스(Walter Travers, ca 1548-1635), 윌리엄 풀크(William Fulke, ?-1589)를 들 수 있다.[4] 한편으로 지역적으로 초기 청교도를 언급할 때, 캠브리지의 로렌스 채덜톤(Lawrence Chaderton, 1536-1640), 옥스퍼드의 에드워즈 겔리브랜드(Edward Gellibrand), 런던의 트래버스로 지칭하였다.[5] 따라서 본 논문에서는 초기 청교도 운동의 주요

2) 중간 형태라고 하지만 로마 가톨릭과 교황에 대해서 우호적인 입장을 취하였다.
3) J. B. Marsden, *The History of the Early Puritans* (London: Hamilton, 1850), 49-60.
4) A. F. Scott Pearson, *Thomas Cartwright and Elizabethan Puritanism*, 1535-1603 (Cambridge: University Press, 1925) 참조.
5) Patrick Collinson, *The Elizabethan Puritan Movement* (London: Methuen, 1967), 326.

한 인물이면서, 런던 지역의 청교도 지도자이었던 트래버스의 생애
와 사상을 다루면서, 엘리자베스 여왕 시대에 시작된 청교도 운동의
신학적 내용을 살펴보려고 한다. 왜냐하면 초기 청교도 운동의 신학
자들 가운데, 트래버스는 대륙의 개혁자들과 교제를 하였을 뿐만 아
니라 대륙의 개혁자들의 신학에 대해서 연구한 인물로서, 그의 개혁
사상을 살펴봄으로써 초기 청교도 운동의 신학적으로 주안점으로 삼
았던 것이 무엇인가를 확인하고, 또한 영국 국교회에 적극적으로 반
대하면서 장로교 정치사상을 강조하였던 신학적 이유들을 드러내려
고 한다. 이렇게 하는 이유는 오늘날 이 시대에 교회 개혁을 위한 신
학적 통찰력과 적용 요소들을 얻고자 하는 것이다.

II. 트래버스의 생애

트래버스는 노팅햄의 경건한 가정의 장남으로 태어났다. 그는
1560년 캠브리지의 크라이스트스(Christ's) 대학에 입학하였으나 트
리니티(Trinity) 대학으로 옮겨서 공부하였고, 그곳에서 문학사 학위
를 받았다.[6] 트래버스는 대학에서 이미 학문적인 소양으로 이름이 났
으며, 청교도 정신을 가지고 있었다.[7] 1569년 그는 트리니티 대학의
수석 연구원이 되었는데, 카트라이트도 같은 대학의 연구원이었다.
그러나 영국 국교회의 신봉자인 존 휫기프트(John Whitgift)가 대
학의 부총장이 되면서, 1571년 트래버스는 대학을 그만두고 카트라
이트와 자신의 동생인 로버트 트래버스와 함께 제네바로 갔다.[8] 트래

---

6) Benjamin Brook, *The Lives of the Puritan* Vol. 2 (Morgan: Soli Deo Gloria, reprint 1994), 314.
7) 트리니티 대학의 연구원들 가운데 40명이 청교도들이었는데, 대표적인 인물로는 트래버스
와 카트라이트를 비롯해서 에드문드 체프만(Edmund Chapman), 윌리엄 휫태커(William Whitaker), 윌리엄 악스톤(William Axton), 로버트 존슨(Robert Johnson)등이 있었
다.(Patrick Collinson, *The Elizabethan Puritan Movement*, 128 참조)
8) Polly Ha, "Walter Travers" in *Puritans and Puritanism in Europe and America*, Vol 1 (Santa Barbara: Abc Clio, 2006), 248.

버스는 제네바에서 베자(Beza)와 스코트랜드 장로교 신학자인 엔드류 멜빌(Andrew Melville)과 교제하였다.[9] 트래버스는 베자의 가르침에 심취하였으며, 카트라이트와 멜빌과 함께 베자를 지지하는 학자들 가운데 하나였다.[10] 그는 제네바에 있는 동안 그의 첫 번째 장로교 정치에 대한 논거를 작성하였다. 트래버스는 제네바에서 캠브리지로 돌아와서 신학사 학위를 취득하였고, 1572년 써리(Surrey)에 세워진 영국 최초의 장로교회의 회원이 되었다.[11] 그 당시 영국 국교회는 목회자들에게 통일령에 서명할 것을 강력하게 요구하였다. 그래서 트래버스는 장로교 정치에 대한 논문인 *Explicatio*를 익명으로 1574년 출판하였다.[12] 물론 같은 해에 카트라이트도 장로교 정치를 지지하는 글인 *A full and plaine declaration of Ecclesiastical Discipline out of the word of God, and of discipline of church of England from the same*을 출판하였다.[13] 트래버스는 카트라이트와 비교할 때, 민주적 정치 부분에서 카트라이트보다 더 보수적이라고 평가를 받는다.[14]

트래버스는 영국 국교회의 전횡을 피해서 저지대 지방으로 갔다. 그는 안트워프(Antewarp)로 가서 자신의 책인 *Explicatio*에서 주장한 대로 장로교 방식으로 목사 안수를 받았다. 그는 1578년 5월 8일 노회로부터 안수를 받았는데, 5월 14일 대회는 그의 안수에 대해서 다음과 같이 증언하였다.

---

9) 엔드류 멜빌은 1569년에서 1574년까지 제네바에서 베자에게 교육 받았다. (Earnest Holloway III, *Andrew Melville and Humanism in Renaissance Scotland* 1545-1622, 2009) 참조.
10) Patrick Collinson, *The Elizabethan Puritan Movement*, 110.
11) Benjamin Brook, *The Lives of the Puritan* Vol. 2, 314.
12) 영어로는 1575년에 출판하였다.
13) Polly Ha, "Walter Travers," 248. 카트라이트는 트리니티 대학의 학장인 횟기프트와 논쟁을 하였으며, 이 당시는 에드문드 그린달(Edmund Grindal)이 켄터베리 대주교 이었다.
14) M.M. Knappen, *Tudor Puritanism* (Chicago: The University of Chicago Press, 1965), 248.

공정하고 이유 있게 하나님의 말씀의 사역자로 받아들여졌으며, 그의 부르심에 대해서 다음과 같이 증거 합니다. 우리는 1578년 5월 8일 안트 워프에서 12명의 하나님의 말씀의 사역자와 12명의 장로가 대회로 모여서 학식이 있으며, 경건하고 뛰어난 형제인 왈터 트래버스 박사를 만장일 치로 그리고 모든 사람의 열망대로, 우리의 관습인 기도와 손을 얹어 안 수함으로 하나님의 거룩한 말씀의 사역으로 받아들였습니다. 다음 주일 에는 사역자들의 요청에 따라서 영국인 회중 앞에서 설교할 것이며, 그는 전체 교회에 의해서 사역자로 인정되고 받아들여질 것입니다. 전능하신 하나님께서 이 형제의 영국인 교회 사역을 번성해주실 것이며, 큰 성공이 있기를 바라는 것은 우리의 간절한 기도입니다. 예수 그리스도의 이름으 로 기도합니다. 아멘.[15]

목사 안수를 받은 트래버스는 안트워프에 있는 영국인 교회에서 설 교자로 사역하였다.[16] 트래버스는 안트워프에서 영국으로 돌아갔다. 트래버스의 후임으로 카트라이트가 사역을 이어 받았다. 안트워프 교회는 장로교 방향으로 청교도 운동에 상당한 영향력을 미쳤다.[17]

영국으로 온 트래버스는 버레히(Burleigh) 경의 사목이 되었고, 그 의 아들인 로버트의 개인 교사가 되었다. 버레히 경은 국교회에 찬성 하지 않은 자로서 트래버스가 어려울 때 상당한 도움을 준 인물이었 다. 이런 상황 속에서 런던에 있는 탬플(Temple) 교회에 강사 자리 가 공석이 되었고, 버레히 경이 그를 추천하였다. 그 당시 링컨스 인 (Lincoln's Inn)의 강사였던 윌리엄 차르크(William Chark)도 트 래버스를 추천하였다.[18] 탬플 교회는 트래버스를 강사로 청빙하였

15) Benjamin Brook, *The Lives of the Puritan* Vol. 2, 314.
16) 안트워프의 영국인 교회는 영국 상인들로 구성된 교회이었다.
17) Samuel James Knox, *Walter Travers: Paragon of Elizabethan Puritanism* (London: Methuen, 1962), 44.
18) Patrick Collinson, *The Elizabethan Puritan Movement*, 202.

다. 트래버스는 청빙을 수락하였는데, 강사는 영국 국교회의 통일령에 서명하지 않아도 되었기 때문이었다.[19] 그 당시 템플 교회의 주임 신부는 알베이(Alvey)였는데, 트래버스와 매우 친밀한 관계에 있었다. 알베이와 트래버스는 교회 개혁에 같은 뜻을 가지고 수행하였으며, 특별히 그리스도인의 진정한 경건의 증진을 위해 함께 수고하였다. 그러나 1584년 알베이가 세상을 뜨게 되었다. 버레히 경의 추천으로 강사직을 감당하고 있었던 트래버스는 알베이의 후임으로 추천되었다. 그런데, 이 당시 대주교로서 영국 국교회에 강력한 영향력을 가지고 있었던 존 휫기프트(John Whitgift)가 트래버스의 지명을 반대하였다.[20] 휫기프트는 엘리자베스 여왕에게 트래버스는 교회를 분리시키는 자 중의 하나이며, 공동 기도 문서를 비난하는 자이며, 영국 국교회의 방법이 아닌 외국 교회에서 안수 받은 자라서 템플 교회에 적합한 자가 아니라고 보고하였다.[21] 트래버스는 자신의 사역의 적법성을 변호하였다. 결국 트래버스를 반대한 휫기프트는 리차드 후커(Richard Hooker, 1554-1600)를 템플 교회의 주임 신부로 지명하였다.[22] 1584년 12월 10일에 트래버스와 휫기프트는 람베스(Lambeth)에서 공동 기도문서에 대해서 공개토론회를 가졌다. 트래버스는 "공동기도서"(*Book of Common Prayer*)의 수정과 개혁을 주장하였고, 휫기프트는 트래버스의 주장에 대해서 반대하였다.[23] 그리고 트래버스는 휫기프트의 "3개 조항"(*Three Articles*)을 반대하였다. 이 논쟁에서 트래버스는 그 시대의 청교도의 대변자로서 역

19) Benjamin Brook, *The Lives of the Puritan* Vol. 2, 315.
20) 휫기프트는 1570년대로부터 1580년대에 캠브리지의 트리니티 대학의 학장으로 있으면서 카트라이트와 영국 국교회의 정치에 대해서 논쟁하였다. 휫기프트는 1583년에 캔더베리 대주교가 되어 1604년까지 그 직무에 있었다. (John Coffey and Paul Lim eds, Puritanism, 2008), 40 참조.
21) Benjamin Brook, *The Lives of the Puritan* Vol. 2, 315.
22) Polly Ha, "Walter Travers," 249.
23) Benjamin Brook, *The Lives of the Puritan* Vol. 2, 316.
24) Polly Ha, "Walter Travers," 249.

할을 하였다.[24] 후커는 탬플 교회의 주임 신부가 되었고, 트래버스는 약 2년간 그와 함께 사역하였다. 그러나 그 기간은 논쟁의 기간이었다. 논쟁이 계속되는 가운데, 휫기프트가 개입하여 트래버스의 목사 안수를 문제 삼아 그를 정직시켰다.[25]

트래버스가 정직 처분을 받아서 탬플 교회에서 더 이상 설교할 수 없게 되었을 당시에 카트라이트와 함께 세인트 엔드류스(St. Andrews) 대학의 신학부 교수로 초대 받았다.[26] 그러나 트래버스는 정중히 사양하였다.[27] 1591년에 트래버스가 장로교 정치를 주장하였던 책인 '치리서'(*Book of Discipline*)가 제소되었다. 트래버스는 핍박을 피해서 1592년 7월 22일에 런던을 떠나 다시 저지대 지방으로 갔다. 미들버그(Middleburg)에 있는 영국인 상인 중심으로 구성된 교회를 섬기기 위한 것이었다.[28] 이미 이 당시에 트래버스는 영국은 물론 대륙에서 인정을 받고 있었던 개혁자이었다. 1594년 트래버스가 캠브리지 대학에서 공부할 때, 동료이었던 아일랜드 듀브린(Dublin)의 대주교 로프투스(Loftus)가 트래버스를 듀브린의 트리니티(Trinity) 대학의 교무 처장으로 초대하였다. 그는 영국에서 자신의 사역의 회복에 대한 기대가 없었기에 로프투스의 초청을 받아들였다.[29]

트래버스는 듀브린의 트리니티 대학에서 매우 존경 받았다. 그가 트리니티 대학에서 가르칠 때 학생 중의 한 사람으로 제임스 우서(James Usher, 1581-1656)가 있었는데, 그는 1615년에 아

---

25) Polly Ha, "Walter Travers," 249.
26) 트래버스와 카트라이트 두 사람은 이미 영국 장로교회의 대표적인 신학자들이 되었다. (John Coffey and Paul Lim eds, Puritanism, 2008), 285 참조.
27) Benjamin Brook, *The Lives of the Puritan* Vol. 2, 329.
28) Polly Ha, "Walter Travers," 249.
29) Benjamin Brook, *The Lives of the Puritan* Vol. 2, 329.

일랜드의 신앙고백서(Irish Article)를 작성하였으며, 후에 말마그
(Armagh)의 대주교가 되었고, 1643년에서부터 1649년까지 열렸던
웨스트민스터 총회에 신학적으로 상당한 영향력을 주었던 인물이었
다. 트래버스는 나중에 아일랜드를 떠난 후에도 우서와 서신으로 교
제하였다. 트래버스가 트리니티 대학의 교무처장직을 감당하고 있을
때, 아일랜드에 전쟁이 일어났다. 트래버스는 할 수 없이 1598년에
영국으로 돌아갔다. 트래버스는 자신이 죽는 해인 1635년 1월까지
영국을 떠나지 않았다. 그의 말년의 대부분은 침묵하는 시간들이었
으며, 가난한 상태에 있었다. 트래버스가 말년에 정직 처분 당한 비
국교도로서 경제적으로 어려움을 당하였던 증거로서, 1624년 존 스
완(John Swan)이 세상을 떠나면서 50파운드 정도 되는 돈을 정직
처분을 당한 비국교도 목사들을 위해 사용해달라고 하는 유언을 남
겼는데, 트래버스는 이 가운데 5파운드를 1624년 3월 5일 받았다.[30]

   트래버스는 자신이 제네바에서 연구하였으며, 저지대 지방에서 사
역하였고, 아일랜드에서 교수로 있었다. 이러한 그의 배경은 말년에
도 대륙의 개혁자들과 계속해서 교제하였으며, 특별히 하인리히 불
링거와 같은 개혁자들에 대해서 연구를 계속하였다. 물론 그가 영
국에 있으면서 청교도들과 교제를 하였으며, 그 가운데 트래버스는
피에르 듀 모울린(Pierre Du Mouline)과 조한 하인리히 알스테드
(Johann Heinrich Alsted)과 신학적으로 교류하였다.[31] 그는 마지
막에 자신의 책들을 런던에 있는 시온(Zion) 대학의 도서관에 기증하
였다. 기증된 책들로부터 트래버스가 대륙의 신학자들에 대해서 상
당히 정통하였음을 알 수 있었다.[32] 그가 죽은 후에 그의 이름은 캠
브리지의 트리니티 대학 출신의 학문적으로 탁월하고, 경건한 목회

---

30) Benjamin Brook, *The Lives of the Puritan* Vol. 2, 329.
31) Polly Ha, "Walter Travers," 249.
32) Polly Ha, "Walter Travers," 249.

자 가운데 한 사람으로 등재되었다.[33]

III. 트래버스의 신학

트래버스의 신학은 그의 책인 *Explicatio*(Book of Discipline)와 횟기프트와의 논쟁, 그리고 후커의 논쟁으로부터 확인해 볼 수 있다.

1. 트래버스의 치리서

트래버스는 1574년과 1575년에 자신의 치리서인 *Explicatio*를 출판하였다. 이 책은 보통 '치리서'(*Book of Discipline*)로 불리어졌다.[34] 이 책은 1580년대에 이르러 청교도 운동에 중요한 역할을 하였는데, 그 당시에 라틴어로 된 이 책을 카트라이트가 영어로 번역한 것으로 알려져 있다.[35] 그 이 작품은 멜빌에 의해 스코트랜드 교회에 소개되었다. 이 책은 청교도들의 기도서에 해당되는 것으로 존 낙스(John Knox)의 '제네바 기도서'(*Geneva Prayer Book*)를 변형하여 공예배의 규정을 위해 작성된 것이었다.[36] 트래버스는 영국 국교회의 공동 기도서와 정치제도를 반대하고, 이것을 대체하기 위해서 작성하였던 것이다.

이 치리서는 우선 그리스도의 교회의 정치는 하나님께서 정하신 방식대로 해야 할 것을 주장하였다. 그리고 교구 중심의 감독제도는 성경적이지 않아서 거부되어야 하며, 진정한 주교는 목회자이고, 목회

---

33) Benjamin Brook, *The Lives of the Puritan* Vol. 2, 330.
34) Scott Pearson, *Thomas Cartwright and Elizabethan Puritanism 1535−1603* (Cambridge: University Press, 1925), 141.
35) 역사 속에서 이 책은 웨스트민스터 예배 정치 모범(1644)과 혼동되기도 하였다.
36) Steven Pass, *Ministers and Elders: The Birth of Presbyterianism* (Zomba: University of Malawi, 2007), 130.

자는 교사(Doctor)와 목사의 두 종류가 있는데, 교사는 하나님의 말
씀의 교리와 진정한 신앙을 가르치며, 목사는 말씀을 적용하고, 성
례를 행하며, 목양하는 것이라고 하였다.[37] 치리서는 다른 교회의 중
요한 직무로서 장로와 집사를 언급하면서, 장로는 당회(Consistory)
에서 목사와 함께 교회를 다스리며, 집사는 가난한 자들을 돌보는 것
이라고 하였다. 그리고 당회는 중요한 문제에 있어서 반드시 회중과
협의해야 하며 그것이 회중의 범위를 넘어선다면 노회에서 협의해
야 한다고 하였다.[38] 그리고 이 치리서는 목회자와 교사, 장로와 집
사들을 지명하기 위한 규칙을 담고 있으며, 진정한 교회는 반드시 치
리 장로와 (당회와 노회) 회의들에 의해서 다스려지는 것이라고 하였
다.[39]

트래버스의 치리서는 영국 국교회의 공동기도서와 정치제도를 반
대하는 문서 일뿐만 아니라 장로교 정치제도를 분명하게 설명하는
것이다. 엘리자베스 여왕 시대에 영국 국교회가 정치적으로는 로마
가톨릭으로 독립된 것으로 보이지만, 그 내용과 형식에 있어서 국교
회의 정치제도는 로마 가톨릭의 교구 감독 제도를 그대로 승계한 것
이다. 로마 가톨릭의 성직 계급 제도는 물론 이거니와 감독 정치제도
를 그대로 이어 받았으며, 더욱이 세속의 정부의 우두머리가 교회의
머리가 되어서 교회를 다스리는 체계이었다. 따라서 이미 대륙의 종
교 개혁을 맛본 트래버스에게는 영국 국교회의 정치제도를 받아들일
수 없었으며, 베자와 자신의 신학적인 동료들인 카트라이트, 멜빌의
가르침에 동일선 상에서 장로교 정치제도를 영국 국교회를 개혁하기

37) Scott Pearson, *Thomas Cartwright and Elizabethan Puritanism* 1535-1603, 143.
38) Scott Pearson, *Thomas Cartwright and Elizabethan Puritanism* 1535-1603, 143.
39) Scott Pearson, *Thomas Cartwright and Elizabethan Puritanism* 1535-1603, 156.

위한 것으로 제시하였던 것이다. 특별히 그가 치리서에서 교사, 목사, 장로 집사에 대한 직무를 상술한 것은 영국 국교회주의자들에게 도무지 받아들여질 수 없는 것으로 그에 대한 핍박을 불러오기에 충분하였던 것이다.

2. 존 휫기프트와의 논쟁

트래버스는 1584년 12월 10일 람베스에서 대주교인 휫기프트와 공개토론회를 가졌다. 휫기프트는 윈체스터(winchester)의 주교와 팀을 이루었고, 트래버스는 토마스 스파크(Thomas Spark)와 팀을 이루었다.[40] 한편으로 그래이 백작과 프란시스 경이 참관자로서 참여하였다.[41] 토의 주제는 영국 국교회의 공동기도서에 대한 것이었다. 공동기도서가 공 예배에서 외경의 사용을 말하고 있기 때문에, 그 문제가 먼저 다루어 졌다. 트래버스와 스파크는 공 예배 시에 신구약 성경의 중요한 부분을 누락시키고, 오류와 거짓 교리가 들어있는 외경을 읽는 것은 잘못된 것이라고 문제를 제시하였다. 이에 대해서 휫기프트는 외경이 성경의 부분이라고 주장하였고, 고대 교회로부터 읽어온 것이기 때문에 지금도 읽어야 한다고 대답하였다. 트래버스는 성경은 성령에 의해서 외경과 구별되며, 성경만이 하나님의 영감에 의해서 된 것이라고 하였다. 그러나 휫기프트는 외경도 하나님의 영감으로 된 것이며, 외경에 오류가 없고, 고대 교부들도 외경을 성경의 부분으로 간주했다고 대답하였다. 휫기프트의 이러한 주장에 대해서 트래버스와 스파크는 외경에 있는 오류들에 대해서 언급하였다. 특별히 공동기도서에서 낭독하라고 되어 있는 외경의 본문들

---

40) 토마스 스파크는 이 논쟁 이후에 청교도 운동의 지도자가 되어서, 1604년 햄튼 법정회의 (Hampton Court Conference)에 청교도 대표 중 하나로 참석하였다.

41) Benjamin Brook, *The Lives of the Puritan* Vol. 2, 316.

이 잘못되었다는 것을 지적하였다.[42] 트래버스는 공동기도서에 있는
외경의 본문들 가운데 유디스(Judith) 9장을 언급하였다. 그리고 이
본문을 창세기 49장과 비교하면서, 외경이 오류이며 이것은 미신적
인 것을 조장한다고 주장하였다.[43] 두 번째 논쟁의 주제는 사적인 세
례(private baptism)였다. 우선 스파크는 평신도 혹은 여성에 의해
서 베풀어지는 사적인 세례와 세례 받지 않은 아이들이 죽어갈 때 베
푸는 세례가 그 아이를 구원하는 것이 아니며, 이것은 모두 하나님의
말씀에 어긋나는 것이라고 하였다. 이에 대해서 횟기프트는 성례에
있어서 장소가 중요한 것이 아니며, 핍박의 시기에 사적인 세례가 행
해질 수 있으며, 자신은 여성에 의한 세례를 허락하지 않지만 그것이
불법이 아니라고 대답하였다. 그러면서 횟기프트는 아이가 죽을 때
세례를 베풀지 않는다면 그 아이의 영혼의 상태는 매우 의심스러운
상태가 될 것이라고 하였다. 이 논쟁에서 트래버스는 지금 논하고 있
는 것은 핍박의 시기가 아니라 평안의 시기라고 하면서 질문의 논지
에서 벗어나지 말라고 하였다.[44]

람베스에서의 논쟁은 12월 12일에 계속되었다. 먼저 횟기프트는
키프리안과 몇몇 교부들이 외경을 성경의 부분으로 인정한 것을 말
하였다. 그러나 트래버스는 몇몇 교부들이 외경을 성경에 속한 것으
로 주장한 것으로는 외경이 성경이란 증거가 될 수 없으며, 예수 그
리스도와 사도들이 외경에 대해서 침묵하고 있기 때문에 성경이 될
수 없다고 대답하였다. 트래버스는 계속해서 외경이 예언서의 부분
이 될 수 없다고 하였다. 한편으로 스파크는 공동기도서에 있는 로
마서 4장의 번역이 잘못되어 있음을 지적하였다.[45] 횟기프트는 핍박

42) Benjamin Brook, *The Lives of the Puritan* Vol. 2, 317.
43) Benjamin Brook, *The Lives of the Puritan* Vol. 2, 318.
44) Benjamin Brook, *The Lives of the Puritan* Vol. 2, 319.
45) Benjamin Brook, *The Lives of the Puritan* Vol. 2, 320.

의 시기에 사적인 세례가 불법이 아니라고 다시 주장하였다. 트래버스는 지금 영국 교회는 핍박의 시기가 아니어서 그 적용은 잘못된 것이라고 하면서, 성례는 하나님으로부터 그리고 교회로부터 부르심을 받은 자에 의해서 행해져야 한다고 하면서 히브리서 4장의 아론의 경우를 인용하였다. 그리고 성례는 성질상 하나님에 의해 보냄을 받은 권위 있는 자에 의해서 실행되어져야 한다고 말했다.[46]

사적인 세례에 대한 논쟁은 세례 시에 십자가 사용으로 이어졌다. 트래버스는 세례를 베풀 때 십자가의 사용은 우상적인 것으로서 미신을 조장할 수 있기 때문에 반드시 폐지해야 한다고 주장하였다. 트래버스는 하나님께서 정하신 것에 인간이 의식을 더하는 것은 미신적인 것이 되며, 외국의 개혁교회(reformed churches)들도 이것에 대해서 반대한다고 말하였다.[47] 트래버스는 공동기도서에 대해서 반대한다고 자신의 의견을 피력하였는데, 공동기도서는 적합하지 않은 사역을 정당화하고, 하나님의 말씀에 직접적으로 반대되기 때문이라고 하였다. 그리고 그는 성례에는 반드시 하나님의 말씀의 설교가 있어야 하는데, 예수 그리스도께서 가르치는 것과 세례를 주는 것을 묶어놓았기 때문이며, 이것을 분리하는 것은 합법적이지 않으며, 외국의 개혁교회들은 모두 이렇게 시행한다고 말하였다.[48] 계속해서 트래버스는 핍박의 시기에도 성례 시에 설교가 행하여졌기 때문에, 평안의 상태에서는 더욱 그렇게 시행되어야 한다고 말하였다.[49]

트래버스는 휫기프트와의 공개토론을 통해서 영국 국교회의 공동기도서에 대해서 공개적으로 그리고 직접적으로 반대하였다. 이 논

46) Benjamin Brook, *The Lives of the Puritan* Vol. 2, 321.
47) Benjamin Brook, *The Lives of the Puritan* Vol. 2, 322.
48) Benjamin Brook, *The Lives of the Puritan* Vol. 2, 323.
49) Benjamin Brook, *The Lives of the Puritan* Vol. 2, 324.

쟁에서 트래버스가 언급한 것은 국교회의 공동기도서가 오류가 있는 외경의 본문들을 공 예배 시에 낭독하는 것과 목회자가 아닌 개인이 베푸는 세례와 심지어 여성이 시행하는 세례와 죽어 가는 아이들에게 베푸는 세례가 잘못된 것이라고 지적하였다. 트래버스는 외경이 성령의 영감에 의한 것이 아니라는 것과 세례는 반드시 목회자가 베풀되 설교가 함께 행해져야 한다고 주장하였다. 또한 트래버스는 세례 시 십자가의 사용을 반대하였다.[50] 트래버스의 이러한 주장들은 대륙의 종교개혁자들이 로마 가톨릭의 오류에 대해서 지적한 것을 그대로 받은 것이었다. 특별히 트래버스는 대륙의 개혁교회들을 경험하였으며 로마 교회가 오류라는 것을 파악하고 있었기 때문에, 로마 교회의 형식과 내용을 승계한 영국 국교회의 공동기도서와 의식들을 수용할 수 없었던 것이다. 더욱이 트래버스가 휫기프트와 논쟁하면서 대륙의 개혁교회들의 사례를 들었는데, 그가 이렇게 말한 이유는 영국 국교회가 진정으로 로마 가톨릭교회로부터 개혁되었다면 의식적인 요소들을 개혁해야 할 뿐만 아니라 대륙의 개혁 교회들과의 연합을 위해서라도 공동기도서를 폐지해야 한다는 논리를 전개하였던 것이다.

3. 토마스 후커와의 논쟁

런던의 탬플 교회의 주임 신부로 토마스 후커가 부임하였고, 강사로 있었던 트래버스는 후커의 신학적 입장에 동의하지 않았지만 약 2년 동안 함께 사역하였다. 영국 국교회의 원칙에 충실했던 후커와 트

---

50) 엘리자베스 여왕시대의 청교도 운동은 트래버스가 주장한 것을 계속해서 여왕과 국교회에 요구하였다. 예를 들어, 1603년 스코트랜드의 제임스 6세가 엘리자베스의 왕위를 승계받기 위해 영국에 왔을 때, 1000명 가량의 청교도들이 왕에게 영국 국교회의 개혁을 위한 청원을 하였다. 이것을 천명의 청원(Millenary Petition)이라고 부르는데, 이 청원에서도 세례를 베풀 때 십자가 사용을 중단할 것과 성례 시에 설교의 필요성, 외경을 읽는 것을 요구하지 말 것, 교황의 의견을 가르치지 말 것을 요구하였다. (김홍만, 『청교도열전』, 2009) 참조.

래버스는 충돌 할 수밖에 없었다. 두 사람의 설교는 대부분 논쟁적이었다. 주일 오전에 행한 후커의 설교를 오후에 트래버스가 논박하였다. 그 논쟁의 대부분은 교리와 치리 그리고 교회의 의식들에 대한 것이었다.[51] 이러한 충돌 속에서 대주교인 휫기프트가 개입하여서 트래버스에게 정직 처분을 내렸다. 그러나 트래버스는 계속 설교하기로 마음을 먹었다. 정직 처분에도 불구하고 설교하기 위해 주일 오후에 강단에 올라가려고 하는데, 휫기프트의 직원이 강단으로 올라가는 계단에 막아서서 설교하지 못하는 일이 발생하였다. 그리고 직원은 회중에게 트래버스가 정직되었음을 알리고, 회중을 해산시켰다. 이때 직원은 그의 정직의 이유를 말하였는데, 그가 영국 국교회의 의식대로 안수를 받지 않았다는 것이었다. 따라서 트래버스는 자신의 정당성을 변호하기 위해서 'A Supplication to the Council'의 탄원서를 추밀원에 제출하였다.[52] 이러한 트래버스의 청교도 정신은 웨스트민스터 총회 당시에 하원이 그를 회상하게 만들었다.[53]

트래버스는 탄원서에서 우선 자신이 목사로서 정당하게 사역자로 부르심을 받을 것을 변호하였다. 그리고 켄터베리 대주교가 자신에 대해서 알고 있는 것은 잘못된 정보라고 말하였다.[54] 그리고 더욱 적극적으로 자신의 목사 안수에 대해서 변호하였는데, 자신이 영국 교회의 법에 따라서 목회자로서 그리고 설교자로서 합법적이라고 하였다. 그리고 자신은 성경에서 요구하는 합법적으로 부르심을 받은 목사라고 하였다. 왜냐하면 저지방 대회(national synods of Low Countries)의 규칙에 따라서 목사 안수를 받았는데, 이 규칙들은 프랑스와 스코트랜드 교회와 똑같은 것으로서, 합법적인 것이라고 하

51) Benjamin Brook, *The Lives of the Puritan* Vol. 2, 324.
52) Benjamin Brook, *The Lives of the Puritan* Vol. 2, 325.
53) Patrick Collinson, *The Elizabethan Puritan Movement*, 218.
54) Walter Travers, "A Supplication to the Council" in *The Works of Richard Hooker* Vol 2 (Oxford: Clarendon Press, 1865), 655.

였다.[55] 그리고 이 규칙이 영국 교회에서 마찬가지로 적용되어야 하는 것은 하나님의 말씀에 따른 것이며, 그리스도의 진정한 교회에서 성도의 교통이 있기 때문이라고 하였다. 이것은 마치 로마 교회의 법이 이태리에서 똑같이 실행되는 것과 같은 것이라고 하였다. 따라서 저지방의 대회에서 받은 자신의 목사 안수는 영국에서도 합법적인 것으로 인정되어야 하며, 이것을 거부하는 것은 교회를 나누는 위험한 것이라고 말했다.[56] 또한 트래버스는 자신이 설교 면허 없이 설교한다고 하는 고소에 대해서 자신이 런던의 주교로부터 설교할 수 있는 허락을 받고 한 것이라고 말하였다.[57]

트래버스는 자신의 목사 안수에 대해서 변호를 한 다음에, 후커와 함께 템플 교회에서 사역하면서 그와 신학적으로 충돌한 것에 대해서 서술하였다. 트래버스는 후커의 가르침이 올바르지 못하며 그것은 누룩과 같아서 영혼을 병들게 하는 것이라고 하였다. 물론 자신이 후커와 이러한 신학적 문제로 인하여 서로 토론하였으며, 논의하였고, 이것을 공개하는 것에는 아무 문제가 없다고 하였다. 트래버스는 후커의 예정론에 대한 가르침에 대해서 문제 제기를 하였다. 후커는 하나님의 말씀에 있는 대로 예정론을 가르치지 않았는데, 이것은 고라당의 반역 같이 교회를 어지럽히는 것이라고 말했다.[58] 트래버스가 두 번째로 후커의 가르침에 대해서 문제를 제기한 것은 구원의 확신 교리이었다. 트래버스에 의하면 후커는 로마 교회가 그리스도의 진정한 교회이며, 진리에 대한 고백으로 거룩한 교회이며, 비록 순수하지 않고, 완전하지 않지만 하나님께서 아들로 우리에게 계시해준 것이며, 그렇기 때문에 로마 교회의 미신적인 관습이 있을지라도 죽

---

55) Walter Travers, "A Supplication to the Council," 657.
56) Walter Travers, "A Supplication to the Council," 658.
57) Walter Travers, "A Supplication to the Council," 659.
58) Walter Travers, "A Supplication to the Council," 662.

은 수천의 주교들은 구원 받았는데, 그들의 무지가 그들을 용서하기 때문이라는 것을 공개적으로 가르치고 있다고 하였다. 그러나 트래버스는 자신이 기회가 있을 때마다 후커에게 말하였는데, 로마 교회에서 칭의가 부분적으로 행위에 의해서 된다고 가르치고 또한 그것을 믿고 있다가 무지 가운데 죽은 이들은 성경에 의하면 구원받았다고 할 수 없음을 설명해주었다고 하였다. 더욱이 그들의 무지가 하나님 앞에서 변명할 수 있는 것이 아님을 후커에게 말했다고 하였다.[59] 트래버스는 후커가 갈라디아 교회의 예를 들어 로마 교회에 대해 말한 것을 언급하였는데, 갈라디아인들이 구원에 있어서 할례가 필요하다는 가르침을 받아들여도 그들은 그리스도에 대한 믿음이 있어서 구원 받는 것과 같이 로마 교회가 부분적으로 행위에 의하여 칭의가 이루어진다는 견해를 가지고 있어도 그들이 자신들의 오류에 대해서 일반적인 회개가 있으며, 그리스도에 대한 믿음이 있어서 구원받는 것과 같은 것이라고 하였다.[60]

트래버스는 후커가 로마 교회를 진정한 그리스도의 교회로 보고 있는 증거들을 계속해서 청원서에 서술하였다. 트래버스에 의하면 후커는 동정녀 마리아가 죄 없이 태어났다는 것을 가르치고 있다고 증거 하였다. 후커는 트랜트 공의회의 선언을 받아들여서 마리아가 죄 없이 태어났다고 하였으며, 또한 토마스 아퀴나스의 가르침을 따라 그리스도는 오직 원죄만을 제거하시며, 나머지 죄는 우리가 제거해야 한다는 것을 가르쳤고, 트랜트 공의회가 가르치는 대로, 하나님의 눈앞에 우리가 의로워지는 것은 내적인 의로움이어서 반드시 우리의

---

59) Walter Travers, "A Supplication to the Council," 663.
60) Walter Travers, "A Supplication to the Council," 664.
61) Walter Travers, "A Supplication to the Council," 665. 후커의 이 가르침은 이 시대의 후커 지지자인 톰 라이트에 의해서 '바울의 새 관점'(New Perspective on Paul)이란 가르침으로 다시 유행하고 있다. 라이트는 후커를 위대한 성공회 신학자 리차드 후커라고 말하며, 특별히 그의 이신 칭의 가르침을 강조하면서 자신은 그 가르침 선상에 있다고 주장하였다. (N. T. Wright, *What Saint Paul Really Said*, 1997), 159 참조.

행위로 의로워지는 것이 필요하다는 것을 주장하였다고 하였다.[61] 트래버스는 계속해서 후커가 갈라디아 교회나 로마 교회가 이신칭의 가르침의 근본을 직접적으로 버리지 않았기 때문에 그들은 구원 받았다는 주장을 하였다고 청원서에서 언급하였다.[62] 트래버스는 후커의 가르침이 위험한 가르침이며, 그래서 자신이 후커의 가르침에 대해서 문제를 제기한 것이라고 하였다. 트래버스는 청원서의 후반부에 이르러서 로마 교회의 오류에 대해서 열거하였는데, 하나님께 명령하지 않은 것을 의식으로 만들어 행하고 있으며, 미사, 순례 의식, 연옥과 같은 것은 갈라디아인들이 할례에 참여하는 것과 같은 것이라고 하였다.[63] 트래버스는 행위에 의한 칭의를 받아들이는 것은 그리스도인의 믿음의 근거를 내던지는 것이라고 논박하였다.[64]

트래버스의 이러한 청원서에 대해서, 후커는 켄터베리 대주교인 횟기프트에게 자신을 변호하는 답변을 보내었다. 후커는 트래버스가 제기한 문제들에 대해서 조항을 달아서 논박하였다. 후커는 자신의 예정론에 대해서 언급하였는데, 구체적으로 말하지 않고, 복음을 고백하는 모든 교회가 가르치는 것을 했을 뿐이라고 하였다.[65] 구원의 확신에 대해서도 후커는 확신을 위해서 기도해야 한다고 일반적인 언급으로 트레버스가 제기한 문제에 대해서 즉답을 회피하였다.[66] 후커는 동정녀 마리아에 대해서는, "모든 사람이 죄인이지만 마리아는 예외"라고 분명히 자신의 견해를 말하였다.[67] 한편으로, 후커는 그리

---

62) Walter Travers, "A Supplication to the Council," 666.
63) Walter Travers, "A Supplication to the Council," 669.
64) Walter Travers, "A Supplication to the Council," 669.
65) Richard Hooker, "Mr. Hooker's Answer to the Supplication that Mr. Travers made to the Council" in *The Works of Richard Hooker* Vol 2 (Oxford: Clarendon Press, 1865), 677, 678.
66) Richard Hooker, "Mr. Hooker's Answer to the Supplication that Mr. Travers made to the Council," 679.
67) Richard Hooker, "Mr. Hooker's Answer to the Supplication that Mr. Travers made to the Council," 683.

스도의 의에 대한 트래버스의 논지에 반박하면서, 자신의 견해를 분명하게 말하였다: "그리스도가 우리의 의의 은덕적인 원인일지라도, 그것은 건강을 위한 약과 같아서, 존재가 되게 해서 고치는 것이 아니라 적용되는 것이다. 그의 은덕의 적용이 없으면 생명도 없고, 의롭다 함도 없는 것이다."[68] 그리스도의 은덕의 적용이라고 하는 후커의 말은 트래버스가 지적한 대로, 행위에 의해서 의롭게 되는 것을 의미하는 것이다. 즉, 후커는 분명히 로마 교회의 이신칭의 교리를 따르고 있었던 것이다. 후커는 유기 교리에 대해서 모호하게 설명하였는데, 하나님께서 자신의 뜻의 만족을 위해 영원한 고통 가운데 던져 넣지 않는다고 말하였다.[69] 후커의 답변은 구체적인 서술이었던 트래버스의 청원서에 비해서 모호하고, 정확하게 서술하는 것을 피하는 것들이 대부분이었다. 이것은 후커가 신학적으로나 의식적으로 로마 교회에 우호적이었으며, 한편으로 영국 국교회의 그 당시의 신학을 나타내는 것이었다.

트래버스와 후커와의 논쟁은 신학적인 것들이었다. 트래버스는 그 당시의 개혁교회의 신학을 변호하는 것이었으며, 후커는 로마 교회에 우호적인 영국 국교회의 신학을 드러낸 것이었다. 트래버스는 영국 교회가 대륙의 개혁교회와 같이 완전히 개혁되기를 추구하였던 것이다. 그래서 자신의 목사 안수에 대해서 변호할 때, 진정한 교회와 거짓 교회의 구도로 설명하였고, 개혁교회는 진정한 교회를 추구하는 것이며, 진정한 교회 속에서 성도의 교통이 있는 것으로서, 영국 교회가 그러한 개혁 교회와 동일선상에 그리고 연합되어지기를 원하였던 것이다. 그리고 거짓 교회인 로마 교회로부터 완전히 개혁

---

68) Richard Hooker, "Mr. Hooker's Answer to the Supplication that Mr. Travers made to the Council," 683.
69) Richard Hooker, "Mr. Hooker's Answer to the Supplication that Mr. Travers made to the Council," 692.

된 교회가 되기를 바랐다. 그래서 트래버스는 영국 국교회 속에 자리를 잡고 있는 로마 교회의 가르침에 대해서 논박하였던 것이다. 영국 국교회는 예정, 이신 칭의, 구원의 확신, 원죄의 교리에 대해서 오류들을 받아들이고 있었다. 이것의 원인은 로마 교회의 가르침을 수용한 것에 있었다. 따라서 트래버스는 개혁교회의 가르침들을 강조하여 가르쳤던 것이며, 영국 국교회가 오류를 버리고 바른 가르침으로 돌아오기를 강조했던 것이다.

Ⅳ. 결론

트래버스는 엘리자베스 시대의 청교도로서, 그 당시 영국 국교회를 향하여 개혁운동을 하였던 인물이었다. 그는 캠브리지 대학에 있을 때부터 청교도 운동에 영향을 받았으며, 유럽 대륙으로 건너가서, 제네바와 저지대 지방의 개혁교회를 직접 경험하였다. 이렇게 유럽 대륙에서 개혁 교회가 가르치는 것과 교회 정치에 대해서 영향을 받은 그는 영국 국교회의 통일령을 받아들일 수 없었고, 국교회의 개혁을 위한 목소리를 냈던 것이다. 영국 국교회를 향한 그의 개혁의 목소리는 우선 교회 정치에 관한 것이었다. 그는 치리서를 출판하여 영국 국교회의 감독 정치를 비판하였고, 공동기도서의 사용의 폐지를 요구하였다. 그리고 그는 장로 정치를 주장하였다. 템플 교회의 임직 문제로 촉발된 휫기프트와의 논쟁에서는 공동기도서가 외경의 본문을 사용하고 있는 문제를 제기하였고, 사적인 세례의 폐지와 세례시에 십자가 사용을 금해야 한다고 주장하였다. 또한 템플 교회의 주임 신부인 후커와의 논쟁에서는 예정론과 로마 교회 주교들의 구원에 관련한 것과 로마 교회의 이신 칭의 교리와 마리아의 원죄에 대해서 문제를 제기하였다. 트래버스와 논쟁하였던 휫기프트와 후커는 영국 국교회에 중요한 인물들이었다. 휫기프트는 켄터베리 대주교이었으며, 후커는 여왕에 의해서 템플 교회의 주임 신부가 되었기 때문이다. 즉, 그 당시 영국 국교회의 신학적 특징들을 가지고 있었던 인물들이었다. 따라서 트래버스가 이들에게 제기한 문제들은 그 당시 영국 국교회의 신학적인 입장에 대한 것들이었다. 더욱이 트래버스가 국교회를 향하여 제기한 문제들은 영국 국교회가 대륙의 개혁교회들과 공동 전선에 있지 않고 로마 가톨릭 교회의 의식은 물론 이거니와 그 가르침까지 받아들이고 있다는 것을 반증하는 것이었다. 엘리자베스 여왕 시대의 영국 국교회는 정치적으로는 로마 교회로부터 독립되었지만, 실제적인 예배 의식들과 가르침은 로마 교회와 연속선상에 있었던 것이다. 따라서 트래버스는 영국 교회가 대륙의 개혁교회와 연합되어 질 것을 강조하였고, 로마 교회로부터 개혁되어야 할 것을 주장하였던 것이다.

한편으로 트래버스의 교회 개혁을 위한 활동으로부터 엘리자베스 여왕시대의 청교도 운동의 특징과 휫기프트가 켄터베리 대주교로 있었던 시대(1583-1604)의 청교도 운동의 강조점들을 확인해 볼 수 있다. 트래버스 보다 먼저 개혁운동을 전개하였던 토마스 베콘(Thomas Becon, 1511-1570)은 로마 가톨릭의 미사가 오류임을 말하였고, 휫기프트에 의해 정직 처분을 당하였던 크리스토퍼 굳맨(Christopher Goodman, 1519-1602)은 교황주의와 우상을 금하는 법들을 취소하지 말라고 하였다. 또한 트래버스와 같이 캠브리지에서 연구원으로 있었으며, 저지대 지방에서 사역으로 관련이 있었고, 휫기프트로 부터 박해를 받았던 카트라이트도 로마 가톨릭의 오류와 미신적인 것을 파헤쳤다. 트래버스와 그 당시 청교도들은 영국 국교회가 로마 가톨릭의 의식들과 가르침을 그대로 유지하는 것에 대해서 하나의 개혁의 목소리를 내었던 것이다. 이러한 교회 개혁의 요구에 대해서 영국 국교회는 정치적으로 개혁자들의 입을 막았다. 따라서 트래버스는 정직 처분을 받았고, 영국을 떠나기도 했다. 그럼에도 불구하고, 그는 자신의 개혁신학을 절충하거나 혹은 포기하지 않았다. 왜냐하면 그것이 성경적이라는 확신이 있었으며, 영국 국교회와 로마 교회가 오류 가운데 있다는 것을 누구보다 잘 알고 있었기 때문이다.[70]

트래버스의 개혁 사상과 그의 논고로부터 이 시대의 교회 개혁을 위한 신학적 조망을 얻을 수 있다. 교회 개혁이란 우선 교회의 문제들을 신학적으로 정확하게 파악하고 있는 것으로부터 시작된다. 교회의 문제가 성경에서 벗어난 오류로부터 온다는 것을 알고, 오류가 교회의 경건을 무너트리고, 교인들로 하여금 거짓 신앙에 있게 하는 것을 인식해야 한다. 그리고 교회 개혁을 위해서 바른 교리를 회복하여 가르치는 것이 개혁의 실제적 수단임을 알아야 한다. 트래버스는 이것을 깨닫고 있었으며, 자신에게 물리적 어려움이 있어도 교회 개혁을 위해서 진정한 바른 교리를 통해 진정한 교회를 세우기 위해서 수고하였던 것이다. 오늘날 이러한 신학적 태도가 한국 교회 개혁을 위해 필요한 것이다.

---

70) 오늘날 톰 라이트가 주장하는 바울의 새 관점은 트래버스와 논쟁하였던 후커의 가르침으로부터 온 것이다. 후커는 로마 가톨릭의 이신 칭의 교리를 받아들였다. 바울의 새 관점을 강조하고 있는 톰 라이트도 로마 가톨릭적인 이신 칭의 견해를 가지고 있다. 따라서, 개혁신학의 관점에서 후커와 톰 라이트의 주장은 오류에 해당되는 것이다.

스코틀랜드 최초의 언약신학자, 로버트 롤록의 생애와 신학

우병훈 (고신대학교, 교의학)

Ⅰ.롤록의 생애

1. 롤록의 교육 과정

로버트 롤록(Robert Rollock, 1555-1599)은 에딘버러 대학의 초대 학장을 지낸 사람이며, 다양한 성경 주석을 남겼을 뿐 아니라 비교적 이른 시기에 개혁주의 언약 신학을 세웠던 스코틀랜드의 개혁신학자와 목회자이다.[1]

롤록[2]은 스털링 근처 파위스(Powis)의 지주였던 아버지 데이빗 롤록(1579년 사망)과 어머니 메리 리빙스턴의 아들로 태어났다.[3] 아버지가 죽을 때 즈음인 1579년 5월 14일에 롤록의 남동생인 토마스가 태어났다고 전해진다. 그 외에도 롤록은 누이 4명(엘리자베스, 마가렛, 크리스티아나, 바바라)이 있었다. 아버지 데이빗 롤록은 아들에게 인문학을 부지런히 가르치고자 했고, 아들 로버트 롤록도 이에 부응하여 열심히 공부했다. 아버지는 그를 스털링까지 보내어 고전학을 공부하게 했다. 스털링에서 롤록은 조지 뷰캐넌(George

1) 롤록의 전기에 대해서는 아래 자료들이 가장 중요하다. James Kirk, "Rollock, Robert (1555-1599)," in *Oxford Dictionary of National Biography* (Oxford: Oxford University Press, 2004); Henry Charteris, "Narratio vitae et obitus sanctissimi doctissimique viri D. Roberti Rolloci," in *Select Works of Robert Rollock*, ed. William M. Gunn (Edinburgh: The Wodrow Society, 1849), 1:xli-lvi와 이것을 William M. Gunn이 영어로 번역한 "Narrative of the Life and Death of Robert Rollock," *Select Works of Robert Rollock*, 1:lviiii-lxxxvii; Thomas Finlayson Henderson, "Rollock or Rollok, Robert (1555?-1599)," in *Dictionary of National Biography* (1885-1900), Volume 49. 롤록에 대해서 직간접적으로 다루는 현대의 문헌들은 아래와 같다. John Macleod, "The Successors of Knox," *The Evangelical Quarterly* 11, no. 3 (1939): 207-29; Mark W. Karlberg, "Reformed Interpretation of the Mosaic Covenant," *The Westminster Theological Journal* 43, no. 1 (September 1980): 1-57; Robert Letham, "The Foedus Operum: Some Factors Accounting for Its Development," *The Sixteenth Century Journal* 14, no. 4 (1983): 457-67; Irena Backus, "Piscator Misconstrued: Some Remarks on Robert Rollock's 'Logical Analysis' of Hebrews 9," *Journal of Medieval and Renaissance Studies* 14, no. 1 (1984): 113-19; C Harinck, *De Schotse Verbondsleer – van Robert Rollock Tot Thomas Boston* (Utrecht: De Banier, 1986); Mark Garner, "Preaching as a Communicative Event: A Discourse Analysis of Sermons by Robert Rollock (1555-1599)," *Reformation & Renaissance Review* 9, no. 1 (April 2007): 45-70; A. C. Denlinger, "Robert Rollock's Catechism on God's Covenants," *Mid-America Journal of Theology* 20 (2009): 105-29; J. V. Fesko, "Romans 8.29-30 and the Question of the Ordo Salutis," *Journal of Reformed Theology* 8, no. 1 (2014): 35-60. 이와 함께 Richard A. Muller, *Post-Reformation Reformed Dogmatics: The Rise and Development of Reformed Orthodoxy, ca. 1520 to ca. 1725*, vol. 2 (Grand Rapids: Baker Books, 2003)도 롤록의 성경관에 대해서 여러 곳에서 아주 자세히 다루고 있으며, 조엘 비키, 마크 존스, 『청교도 신학의 모든 것』, 김귀탁 옮김(부흥과개혁사, 2015)도 여러 교리들과 관련하여 롤록을 다뤄주고 있다. 롤록의 언약 신학에 대해서는 위에 있는 Denlinger의 논문과 함께 아래 박사논문을 보라. A. A. Woolsey, "Unity and Continuity in Covenantal Thought: A Study in the Reformed Tradition to the Westminster Assembly," 2 vols. (Ph.D. diss., University of Glasgow, 1988), 제19장. 이 박사논문은 아래와 같이 책으로 출간되었는데 내용은 거의 비슷하다. A. A. Woolsey, *Unity and Continuity in Covenantal Thought: A Study in the Reformed Tradition to the Westminster Assembly* (Grand Rapids, MI: Reformation Heritage Books, 2012).

2) 롤록의 이름은 Rollock, Rollok, Rolloc 등으로 표현되었다. 롤록 자신은 Rollok이라는 표기를 선호했다. 그러나 19세기 중반 이후로는 Rollock라는 표기로 고정되었다. Charteris, "Narrative of the Life and Death of Robert Rollock," 1:lviiii.

3) 롤록의 생애에 대해서는 아래 세 문헌을 많이 참조했다. Henderson, "Rollock or Rollok, Robert"; Kirk, "Rollock, Robert (1555-1599)"; Charteris, "Narratio vitae et obitus sanctissimi doctissimique viri D. Roberti Rolloci," 1:xli-lvi (영역: Charteris, "Narrative of the Life and Death of Robert Rollock," 1:lviiii-lxxxvii). 사실 롤록의 전기는 차테리스(Charteris)가 쓴 것이 유일하며, 커크(Kirk)의 것을 포함한 다른 모든 전기적 자료들은 모두 차테리스의 전기에 주로 의존한다. Woolsey, "Unity and Continuity in Covenantal Thought," 2:280n2. 이 글에서는 커크의 글을 기본적으로 따라가면서, 필요할 때마다 차테리스의 글을 넣었는데, 주로 차테리스의 글을 인용할 때만 각주를 표기했다. 커크의 글은 짧으므로(본문만 약 2쪽 분량) 쉽게 위치를 찾을 수 있기 때문이다. 그리고 커크의 글은 인터넷에서 보는 것으로, 보통 다른 학자들도 커크의 글을 인용할 때에는 페이지를 기입하지 않는다.

Buchanan)의 조카였던 토마스 뷰캐넌(Thomas Buchanan)에게서 배웠는데, 토마스 뷰캐넌은 당대 최고의 시인이었다.[4] 스승 뷰캐넌은 인품과 학식 모두에서 탁월했을 뿐 아니라 롤록에게 훌륭한 선생이 되어 주었기에 롤록은 그를 깊이 존경했다. 롤록이 고전학적인 지식에서 괄목할 만한 성장을 이룬 것은 이런 사제지간의 긴밀한 관계 때문이었다. 나중에 롤록은 『데살로니가전서 주석』을 썼을 때에 토마스 뷰캐넌에게 헌정한다.[5]

고전학에서 충분한 발전을 보이자 아버지 롤록은 아들을 1574년에 세인트 엔드류스 대학의 세인트 살바토르 칼리지에 입학시켰다. 당시에 담당교수(regent)는 존 카(John Carr)였다. 카는 탁월한 학자였고, 롤록은 철학을 열심히 공부했다. 롤록은 학우들 중에 단연 최고의 성적을 거두었다.[6] 그는 학부를 1576년에 마쳤으며, 아마도 이듬해인 1577년에 석사를 취득한 것으로 보인다. 이후에 그는 세인트

---

4) Charteris, "Narrative of the Life and Death of Robert Rollock," 1:lx. 토마스 뷰캐넌에 대해서는 알려진 바가 별로 없다. 조지 뷰캐넌(1506-1582)은 스코틀랜드 역사학자, 인문학자, 신학자이다. 케이스 브라운에 따르면, 그는 16세기 스코틀랜드에서 가장 탁월한 지성인이었다. 그는 영국 왕이 스코틀랜드 교회에 간섭하는 것을 반대하는 이론을 전개하여 스코틀랜드 종교개혁에 큰 영향을 미쳤다. Keith M. Brown, "Reformation to Union, 1560-1707," in R. A. Houston and W. W. J. Knox, eds., *The New Penguin History of Scotland* (2001), 182-275(특히 185); Aeneas James George Mackay, "George Buchanan," in *Dictionary of National Biography* (1901) [https://en.wikisource.org/wiki/Buchanan,_George_(1506-1582)_(DNB00), 2016.1.15. 접속]
5) Charteris, "Narrative of the Life and Death of Robert Rollock," 1:lxi.
6) Charteris, "Narrative of the Life and Death of Robert Rollock," 1:lxi.
7) 제임스 멜빌(1556-1614)은 스코틀랜드 목회자이며 교회개혁자였다. 그는 몬트로스와 세인트 엔드류스 대학에서 공부하고, 글래스고 대학에서도 공부하였다. 이후에 이 대학의 교수가 되었다. 그가 글래스고 대학에서 공부할 때 그의 삼촌 엔드류 멜빌(1545-1622)이 학장(principal)이었다. 엔드류 멜빌은 스코틀랜드의 교회개혁자이며 탁월한 신학자였다. 그는 30년이 넘게 교회개혁에 앞장서서 영국 국왕이 스코틀랜드 교회의 총회에 간섭하는 것을 지속적으로 막아냈다. 그는 스코틀랜드 교회개혁의 위대한 기념물인 "제2치리서(The Second Book of Discipline)"의 형성에 큰 영향을 미쳤으며, 많은 사람들에 의해 존 낙스의 진정한 후계자이자 스코틀랜드 장로교회의 아버지로 여겨진다. Thomas M'Crie, *The Life of Andrew Melville* (Edinburgh: Printed for William Blackwood and John Murray, 1819); R. M. Healey, "Andrew Melville," in Walter A. Elwell, *Evangelical Dictionary of Theology*, Second Edition (Grand Rapids, MI: Baker Academic, 2001), 757.

살바토르 칼리지에서 가르치는 한편, 세인트 메리 칼리지에서 신학을 계속 공부했다. 거기서 롤록은 제임스 멜빌(James Melville)에게서 히브리어를 배웠다.[7] 신학 공부를 마친 후에 그는 에딘버러에 있는 그레이프리아스 교회(Greyfriars Kirk)에서 1598년부터 목회를 시작했다. 롤록은 세인트 엔드류스에서 성경문헌학을 공부했는데, 이 학문은 엔드류 멜빌이 세인트 메리 칼리지의 주요과목으로 선정한 것이었다.[8]

2. 롤록의 교수 사역

(1) 에딘버러 대학의 설립

1558년에 로버트 리드(Robert Reid) 주교가 남긴 유산과 클레멘트 리틀(Clement Little)이 기증한 장서(藏書)를 기반으로 에딘버러에 칼리지를 세울 수 있게 되자 제임스 로손(James Lawson)은 롤록을 그 칼리지의 담당 교수로 추천한다.[9] 제임스 로손은 존 낙스가 자신의 후임 목회자로 에딘버러에 임명한 사람이었고, 엔드류 멜빌과는 장로교 동맹을 맺은 사람이었다. 에딘버러 시의회는 세인트 엔드류스에 있던 롤록에게 사람을 보내어 임명장을 받아들일 것을 요청했고 1583년 9월 14일에 롤록은 이 새로운 칼리지의 운영을 담당할 것을 수락한다. 10월에 바로 수업이 시작되었고, 11월에는 던컨 나이른(Duncan Nairn)이라는 새로운 교수도 왔다. 나이른은 엔드류

---

8) 이 시대 스코틀랜드 교회의 역사에 대해서는 아래 책들을 보라. D. Calderwood, *The History of the Kirk of Scotland*, ed. T. Thomson and D. Laing, 8 vols. (Edinburgh: The Wodrow Society, 1842-9), 롤록에 대해서는 제 5권; J. Row, *The History of the Kirk of Scotland, from the Year 1558 to August 1637*, ed. D. Laing (Edinburgh: The Wodrow Society, 1842), 롤록에 대해서는 제 4권.

9) 클레멘트 리틀과 에딘버러 대학의 관계에 대해서는 J. Kirk, "Clement Little's Edinburgh," in *Edinburgh University Library, 1580-1980: A Collection of Historical Essays*, ed. J. R. Guild and A. Law (1982), 1-42를 보라.

멜빌이 대학장으로 있던 글래스고 대학에서 교육을 받았는데, 1580
년 졸업생들 가운데 가장 좋은 성적을 받은 사람이었다.[10] 나이른은
학생들에게 고전학을 아주 정밀하게 가르쳤다. 이렇게 하여 에딘버
러 대학이 시작된 것이다.[11]

(2) 신학 교과 과정

롤록은 이 새로운 칼리지의 학풍을 처음부터 올바로 세우기 위해서
매우 엄격한 교육을 실시했다. 그는 학생들이 열심히 공부하는 것도
중요하지만, 배우는 이의 기본자세가 매우 중요하다고 생각했다. 학
생들이 느슨한 태도를 보이면 그는 가차 없이 지도하여 바로 잡으려
했다. 물론 롤록은 아주 온화한 내면의 소유자였기에 엄격함과 부드
러움을 적절하게 잘 조화시킬 수 있었다.[12]

롤록이 구성한 신학 교과 과정은 다음과 같았다.[13] 우선 1학년 때
는 그리스어와 라틴어를 배우고, 라무스(Ramus)의 논리학을 배운
다. 롤록은 주로 아리스토텔레스의 그리스어를 학생들에게 직접 소
리 내어 읽어주었다.[14] 당시 신학 교육은 특히 라틴어 교육을 매우
중요시 했는데 본격적인 신학수업이 라틴어로 진행되었기 때문이

---

10) 안타깝게도 나이른은 1586년 초에 사망했다. Charteris, "Narrative of the Life and
 Death of Robert Rollock," 1:lxv.
11) 이 시대 스코틀랜드의 대학들에 대해서는 Kirk, "Rollock, Robert(1555-1599)"가 제
 시하는 다음 문헌들을 보라. J. Durkan and J. Kirk, The University of Glasgow,
 1451-1577 (1977); J. Kirk, "'Melvillian' Reform in the Scottish Universities,"
 The Renaissance in Scotland: Studies in Literature, Religion, History, and
 Culture Offered to John Durkan, ed. A. A. MacDonald and others (1994), 276-
 300; Fasti Scot., new edn, vol. 1; J. M. Anderson, ed., Early Records of the
 University of St Andrews, Scottish History Society, 3rd ser., 8 (1926).
12) Charteris, "Narrative of the Life and Death of Robert Rollock," 1:lxv.
13) B. Hoon Woo, "The Understanding of Gisbertus Voetius and René Descartes
 on the Relationship of Faith and Reason, and Theology and Philosophy,"
 Westminster Theological Journal 75, no. 1 (2013): 45-63.
14) Charteris, "Narrative of the Life and Death of Robert Rollock," 1:lxvi.

다.[15] 라무스의 논리학은 프랑스 위그노 라무스가 개발한 논리학인데 이에 대해서는 이하에서 따로 설명하겠다. 이러한 기초교육과 함께 롤록은 신학 2학년생들에게 그리스-로마의 고전작품들을 읽혔다. 오메르 탈론(Omer Talon, 약 1510-1562)의 수사학이나 조지 카산더(George Cassander, 1513-1566)의 수사학, 아리스토텔레스의 철학 작품들이 그것이었다.[16] 신학 2학년생들은 수학 역시도 배웠다.

3학년이 되면 히브리어 문법, 논리적 분석을 배웠고, 아리스토텔레스의 다른 작품들도 배웠다. 롤록은 아리스토텔레스의 작품들 중에서 특히 "오르가논(Organon)", 『니코마코스 윤리학』, 『물리학』 등을 매우 중요하게 다루었다.[17] "오르가논"이란 "도구"라는 의미인데, 1. 『범주론』(Categoriae), 2. 『명제론』(De interpretatione-최근에는 『해석론』이라고 하기도 함), 3. 『분석론 전서』(Analytica priora), 4. 『분석론 후서』(Analytica posteriora), 5. 『변증론』(Topica-

---

15) 당시에 신학생은 보통 입학할 때부터 라틴어 실력을 점검 받았다. William M. Taylor, *The Scottish Pulpit from the Reformation to the Present Day* (New York: Harper, 1887), 111-12. 초기 근대 개혁신학에서 신학 언어를 라틴어로 통일해서 쓴 것은 매우 큰 의의가 있다. 용어의 정의나 개념 정립에 있어서 당시의 모든 신학자들이 공통의 언어를 사용하였기에 불필요한 오해를 줄일 수 있었기 때문이다. 16-17세기의 신학교육의 방법론과 그 교과 과정을 일별(一瞥)한 다음 논문을 보라. Woo, "The Understanding of Gisbertus Voetius and René Descartes on the Relationship of Faith and Reason, and Theology and Philosophy," 56-57.

16) 탈론은 프랑스 인문학자였는데 라무스와 가까운 동료였다. 그러다보니 그의 작품은 때로 라무스의 그것과 헷갈리기도 한다. 이 두 사람의 관계에 대해서는 Walter J. Ong, *Ramus and Talon Inventory: A Short-Title Inventory of the Published Works of Peter Ramus (1515-1572) and of Omer Talon (ca. 1510-1562) in Their Original and in Their Variously Altered Forms* (Cambridge, MA: Harvard University Press, 1958)를 보라. 반면, 카산더는 벨기에의 인문학자로서 가톨릭 교도였다. 그는 자신이 무척이나 존경했던 에라스무스의 예를 따라 가톨릭과 개신교를 화해시켜 보려고 했지만 결국 포기하고 말았고, 상호 관용하는 선에서 머무르는 것 정도가 최선이라 여겼던 것 같다. Gary Remer, *Humanism and the Rhetoric of Toleration* (University Park: Pennsylvania State University Press, 1996), 104-5.

17) 아리스토텔레스, 『(오르가논) 범주론·명제론』, 김진성 역주(이제이북스, 2005)의 서문 참조. 한편, 『니코마코스 윤리학』은 아주 오랫동안 영향을 미쳤다. 심지어 헤르만 바빙크(1854-1921)도 자신의 윤리학을 구성할 때에 『니코마코스 윤리학』을 기본적으로 참조한 것을 볼 수 있다. Dirk van Keulen, "Herman Bavinck on the Imitation of Christ," *Scottish Bulletin of Evangelical Theology* 29, no. 1 (2011): 78-91.

『토피카』라고 부르기도 함), 6. 『소피스트적 논박』(De Sophisticis Elenchis)의 여섯 작품을 가리킨다. 이 여섯 작품은 논리학과 학문 방법론의 기본 "도구"가 된다는 뜻에서 고대로부터 "오르가논"이라고 불렀다. 여기에 더하여, 신학 3학년생들은 논리학, 윤리학, 물리학에서 여러 논제(論題)들을 배웠고, 주일에는 신학의 공통논제(共通論題, loci communes)에 대한 강의를 들었다.[18]

4학년 때는 논리학, 물리학, 지리학, 신학을 심층적으로 배웠다. 이런 교과 과정은 당시 스코틀랜드의 다른 대학들의 그것과 비슷하다. 특히 라무스의 논리와 탈론의 수사학은 멜빌이 글래스고 대학에서 가르쳤던 모델을 많이 따라갔다. 하지만 롤록이 새로 개설한 과목이 있었는데 그것은 해부학(解剖學)이었다. 이것은 그가 에딘버러에서 처음 시작한 것으로서 인문주의의 영향이 크다.

토요일 오후가 되면 롤록은 학생들에게 베자(Theodore Beza, 1519-1605)의 『질문들』(Quaestiones)을 직접 소리 내어 읽어주었다. 이것은 학생들이 "경건의 생생한 이슬"을 마시게 해 주기 위함이었다.[19] 주일 오전에도 아침 7시부터 학생들이 설교를 들으러 가는 시간인 8시 30분까지 베자의 『질문들』을 읽어주었다. 그리고 주일 설교가 마치면 그는 학생들에게 오전에 들었던 설교를 반복하여 기억하도록 시켰고, 그 설교가 과연 그러한지 성경을 가지고 체크하도록 지시했다. 주일 오후에는 하이델베르크 교리문답을 가르쳐 주었는데, 주로 관련된 성경본문들을 주해하는 방식으로 가르쳤다.[20] 이렇게 4년간의 교과 과정이 끝나면 학생 개별적으로 아주 주의 깊은 시

---

18) 멜랑흐톤(1497-1560)의 책 Loci Communes(1521)를 『신학총론』이라고 번역하지만 사실 신학에서 반드시 알아야 할 기본적인 주제들을 뜻하는 "공통논제"라는 번역어가 더 적합하다. 한편 멜랑흐톤은 이 논제들을 로마서에서 취했으며, 성경 전체를 이해하기 위한 기초적 지식으로 보았다.

19) Charteris, "Narrative of the Life and Death of Robert Rollock," 1:lxv: "the enlivening dews of piety."

20) Charteris, "Narrative of the Life and Death of Robert Rollock," 1:lxvi.

21) Charteris, "Narrative of the Life and Death of Robert Rollock," 1:lxvi.

험을 치르게 하고 그것을 다 통과하여야 인문학 석사학위(Master of Arts)를 수여했다.[21]

이 정도만 살펴보더라도 롤록이 에딘버러 대학의 초기에 얼마나 철저하게 신학생들을 지도했는지 알 수 있다. 하지만 이것은 롤록만이 그랬던 것은 아니다. 당시에 스코틀랜드 장로교인들이 지도했던 신학교들은 신앙과 규율에 있어 매우 엄격했으며 엄청난 분량의 학습을 시켰다. 라틴어는 기본이었고,[22] 수사학, 윤리학, 물리학, 지리학, 역사학, 헬라어와 히브리어 등도 지속적으로 공부해야 했다. 보통 목

---

22) 라틴어로 진행되는 신학 수업은 심지어 아브라함 카이퍼(1837-1920) 때까지도 있었다. 이런 전통은 아마도 19세기 말쯤에 사라진 것으로 보인다. 카이퍼의 라틴어 실력에 대해서는 Frank Vandenberg, *Abraham Kuyper: A Biography* (Ontario: Paideia Press, 1978), 14, 24, 29, 34 등을 보라.

23) 스코틀랜드 장로교 신학자 데이빗 딕슨(David Dickson, c.1583-1663)의 때에는 6년이 기본이었다. 오늘날처럼 대학에 여름과 겨울에 긴 방학이 도입된 것은 현대에 와서 생긴 일이다. 이에 대해서는 Taylor, *The Scottish Pulpit from the Reformation to the Present Day*, 111-12를 보라.

24) 한 예로, 푸치우스(Gisbertus Voetius, 1589-1676)의 『선별된 신학 논제』(*Selectarum disputationum theologicarum* [Utrecht: J. a Waesberge, 1648]), 1권 2장에서는 푸치우스의 신학 교육론이 나온다. 그는 "부패한 신학은 어디서 기원하는가?"하는 내용을 적은 다음에, 참된 스콜라 신학이 갖춰야 할 요소를 아래와 같이 적고 있다. 첫째, 신학을 제대로 하려면 관련된 학문을 깊이 공부해야 하고, 방법론을 제대로 알고 있어야 한다. 관련된 학문이란, 철학, 논리학, 물리학, 형이상학, 윤리학, 정치학 등이다. 그리고 신학 방법론도 잘 알고 있어야 하는데, 여기에 대해서는 토마스 아퀴나스의 책들을 소개하고 있다. 둘째, 신학을 제대로 하려면 용어와 정의와 구분을 잘 파악하고 있어야 한다. 신학 용어들이 가진 의미들을 정확하게 파악하고 있어야 하며, 신학이 지닌 신비적 측면에 대해서도 이해해야 하고, 건전한 신학을 분별할 수 있는 안목이 있어야 한다. 셋째, 신학을 제대로 하려면 논쟁술과 변증술을 익혀야 한다. 수사학이나 시학에 대한 폭넓은 이해가 있어야 하며, 적절한 장소에 적절한 화법을 구사할 수 있어야 한다. 넷째, 신학을 제대로 하려면 표현도 잘 구사해야 한다. 언제나 판에 박힌 듯한 표현만 쓰거나, 저속하고 거친 표현들을 쓰지 말고, 문제에 있어서도 아름다운 표현법들을 연구해야 한다. 다섯째, 신학을 제대로 하려면 텍스트 분석 능력과 사태 파악 능력이 탁월해야 한다. 이를 위해서 논리를 숙달해야 하며, 무엇보다 주어진 텍스트 및 주제와 관련하여 성경을 잘 제시할 수 있어야 한다. 적절한 성경 주석 능력이 없이는 신학을 제대로 할 수 없다. 이런 실력들을 바탕으로 하여 신학의 초자연적인 다양한 주제들 즉, 하나님의 은혜, 하나님의 단순성, 무한성, 삼위일체, 그리스도의 위격, 부활 등등에 대한 주제들을 탐구해 나가야 한다. 물론 푸치우스는 신앙의 실천과 경건의 훈련을 매우 강조한다. 그리고 거듭 교회를 돌보는 일에 힘써야 할 것을 강조한다. 신학의 배움이 많은 부분 사변적이고 관념적이기 때문에, 실천과 경건과 교회 섬김을 놓치면 제대로 된 신학을 할 수 없다고 말한다. 16-17세기의 개혁주의 신학은 이러한 철저한 신학교육의 바탕 위에 세워진 것임을 기억할 필요가 있다.

사가 되기 전까지 이런 과정이 긴 방학 없이 4년 내지 6년 동안 이어졌다.[23] 이처럼 엄격하고 철저한 신학교육이 16-17세기 개신교 신학교들의 중요한 특징이었음을 여러 문헌들을 통해 알 수 있다.[24]

에딘버러 대학의 최초의 졸업생 48명이 1587년에 배출되었을 때에, 시의회와 장로회는 롤록이 계속해서 신학 교수 사역과 설교 사역을 하도록 합의했다. 롤록이 제임스 바론의 딸 헬렌 바론과 결혼한 것도 이 무렵이었다.[25] 롤록은 에딘버러에 돈 역병으로 학교를 휴교한 1585년 5월부터 1586년 2월 사이의 기간을 제외하고는, 1598년 그 자신이 병으로 외부 출입이 불가능해질 때까지 계속해서 이렇게 신학생들을 교육했다.[26] 비록 교회에서 매주 설교하고 스코틀랜드 장로교회의 총회장도 지냈지만,[27] 롤록의 주된 사역지는 바로 에딘버러 대학이었다.

(3) 대학 졸업생들에게 주는 권면

롤록이 대학을 졸업하는 학생들에게 연설한 내용을 보면 그가 평소 신학 교육에서 중요하게 여겼던 것을 알 수 있다.[28] 롤록은 부지런한 신학 공부를 강조했지만, 경건한 삶의 엄숙함을 더욱 강조했다. 그는 학생들에게 자신이 얼마나 큰 열성과 열심으로 학생들의 안녕에 신경을 쓰고 있는지 말했다. 특히 그는 그들의 영적인 복지(福祉)에 큰

---

25) Charteris, "Narrative of the Life and Death of Robert Rollock," 1:lxvi, lxviii.
26) Charteris, "Narrative of the Life and Death of Robert Rollock," 1:lxxvi.
27) Charteris, "Narrative of the Life and Death of Robert Rollock," 1:lxxi-lxxii, lxxv. 롤록은 1597년 던디(Dundee)에서 총회장직을 맡았는데, 그 총회에는 왕이 참석했다. 롤록의 총회장직에 대해서 일각에서는 왕을 너무 쉽게 따른다고 비판하였지만(예를 들어, Calderwood, *The History of the Kirk*, 5:650), 꼭 그렇게 만은 볼 수 없다. 1595년에 롤록은 제임스 6세를 비판하였다. 그리고 국교회의 주교들도 비판하였다. 따라서 롤록은 나름대로 강단(剛斷)이 있는 교회의 지도자였다. Kirk, "Rollock, Robert(1555-1599)"의 마지막 부분 참조.
28) 롤록이 졸업생들에게 주는 권면은 Charteris, "Narrative of the Life and Death of Robert Rollock," 1:lxvi-lxvii에 요약되어 있다.

관심을 가지고 있었다. 이 세상에서 하는 여러 가지 학문 연구, 신학
연구, 기타 모든 활동들이 다만 잠시적(暫時的)일 뿐이다. 신자는 이
세상보다는 장차 누릴 미래적 복락과 영광을 더욱 사모해야 한다. 롤
록은 신학생들에게 학문 연구를 매우 강조했지만, 일관성 있고 존경
스런 삶을 더욱 강하게 요구했다. 신학생들은 장차 교회와 국가에 기
여하는 사람이 되어야 하기 때문이다.

롤록은 학생들에게 바울의 권면을 항상 기억하라고 충고했다. 시간
은 짧다. 따라서 이 세상을 오용하지 말고 잘 이용해야 한다.[29] 롤록
에 따르면, 바울은 우리가 이 세상의 것에 주의를 줄 수 있지만, 우
리의 시민권이 하늘에 있음을 기억하는 한에서만 그러하다고 가르쳤
다. 비록 학생들이 세상의 학문을 부지런히 연마해야 하지만, 그들의
정서는 하늘에 있어서 하나님과 하나님의 뜻과 영광만을 열렬하게
붙들어야 한다. 학생들은 다시 오실 우리 주 예수 그리스도를 바라보
아야 한다. 때가 이르면 주님은 우리 몸을 그의 몸과 같이 변화시키
실 것이다. 학생들은 고집스러운 불경건한 삶을 거부해야 한다. 그
끝은 파멸이기 때문이다. 졸업생들에게 주는 마지막 권면으로 롤록
은 삶의 경건과 거룩함에 대해 매우 진지하게 얘기했다. 그들은 참되
고 순수한 경건과 그들이 배운 진리와 어릴 적부터 교육 받았던 바를
인내하면서 끝까지 지켜나가야 한다. 롤록의 졸업 연설은 평소에 그
가 신학 교육을 어떤 원칙 아래에서 이끌어 갔는지 잘 보여준다. 그

29) 여기서 우리는 "이용"과 "즐김"을 구분했던 아우구스티누스의 모티프를 발견한다. "즐
김(혹은 향유)"이란 라틴어로 "프루이(frui)"라고 하며, "이용"은 "우티(uti)"라고 한
다. 아우구스티누스는 인간이 다른 높은 목적을 위해 뭔가를 사용하고 누리는 것을 "이
용하는 것(uti)"이라고 했고, 그 자체의 목적을 위해 뭔가를 누리는 것을 "즐기는 것
혹은 향유하는 것(frui)"라고 했다. Raymond Canning, "Uti/frui," ed. Allan D.
Fitzgerald, *Augustine through the Ages: An Encyclopedia* (Grand Rapids, MI:
Eerdmans, 1999), 859-61; 아우구스티누스, 『기독교적 가르침에 대하여』(*De doctrina
Christiana*), 제1권 참조.
30) 이것은 16-17세기 청교도들의 일반적인 경향성이다. 비키, 존스, 『청교도 신학의 모든
것』, 1108: "우리는 청교도가 우리에게 교리와 경건이 관련되어 있으되, 필수적으로 관련
되어 있다는 것을 보여 준 것에 감사하지 않으면 안 된다(강조는 저자들의 것)."

것은 학문과 경건을 동시에 강조하는 것이지만, 무게중심은 후자에
더 가까웠다. 경건한 삶을 위한 신학이 바로 롤록이 추구했던 신학의
본모습이었던 것이다.[30]

II. 롤록의 성경론과 주석법

1. 성경론

이제 롤록의 신학에서 특히 중요한 것 두 가지 즉, 그의 성경론과
언약론을 고찰해 보자. 롤록은 첫 졸업생들을 배출한 1587년 이후
로는 철학을 가르치지 않고 신학 교육 특히 성경 교육에 매진했고,
직접 주석들도 쓰고 출간했다.[31] 롤록의 성경관은 『효과적인 부르심
에 대한 논문』(*A Treatise of Effectual Calling*)에 잘 표현되어 있
다.[32] 가톨릭 신학자 로버트 벨라르민(Robert Bellarmine)을 반대
하는 이 글에서 성경의 본질과 속성을 논하면서, 롤록은 10가지 주제
를 질문 형식으로 제시한 다음에 하나씩 다룬다.[33] 그 열 가지 질문
은 아래와 같다.

---

31) 철학은 이제 필립 히슬로프(Philip Hislop)에게 맡겼다. 히슬로프는 1587년에 교수가 된
사람으로서, 1589년에 샌즈(Sands)에게 교수직을 물려주고 독일로 떠날 때까지 가르쳤다.
히슬로프는 아주 탁월한 수학자였다. Charteris, "Narrative of the Life and Death of
Robert Rollock," 1:lxviii.

32) Muller, *Post-Reformation Reformed Dogmatics*, 2:115-116에 잘 설명되어 있다.

33) 로버트 벨라르민(1542-1621)은 이탈리아의 예수회 주교였으며, 반동종교개혁(the
Counter-Reformation)의 중요한 인물이었다. 17세기 개혁파 신학자들은 벨라르민을 주
요한 공격 대상으로 삼았다. 당시에 그에 대해 반대하여 작성된 개혁신학자들의 작품들은
아래와 같다. William Ames, *Bellarminus Enervatus*, 4 vols. (Amsterdami: Ulderici
Balck, 1625-1626); William Ames, *Bellarmine Disarmed Divided into Four
Volumes*, trans. Douglas Horton (Cambridge, MA, 1969). 벨라르민에 대한 현대
의 연구서들은 아래와 같다. James Brodrick, *Robert Bellarmine, Saint and Scholar*
(London: Burns & Oates, 1961); Peter Godman, The Saint as Censor: *Robert
Bellarmine Between Inquisition and Index* (Leiden: Brill, 2000). B. Hoon Woo,
"The *Pactum Salutis* in the Theologies of Witsius, Owen, Dickson, Goodwin, and
Cocceius" (Ph.D. diss. Calvin Theological Seminary, 2015), 325n28도 참조하라.

첫 번째는 "예언적이고 사도적인 성경이 하나님의 말씀인가?"이다. 두 번째는 "어떻게 이 성경이 하나님이 말씀이 될 수 있는가?"이다. 세 번째는 "성경의 고대성에 대한 것"이다. 네 번째는 "성경의 명료성과 명증성에 대한 것"이다. 다섯 번째는 "성경의 단순성과 평이성에 대한 것"이다. 여섯 번째는 "성경의 생명성과 생명을 일깨우는 능력에 대한 것"이다. 일곱 번째는 "성경의 단순하고도 분명한 필수성에 대한 것"이다. 여덟 번째는 "성경의 완전성과 충분성인데, 이것은 기록이 안 된 진리들이나 전통들이나 그 어떤 것이 없더라도 성경은 충분하며 완전하다는 것"이다. 아홉 번째는 "성경이 모든 논쟁들을 결정하는 재판관이 될 수 있는가?"하는 문제이다. 열 번째는 "예언적이고 사도적인 성경이 탁월성의 최상의 자리에 있어야 하며, 교회 위에 있는 권위의 자리에 있어야 하는가?"하는 문제이다.[34]

롤록은 이 열 가지 질문들 중에서 앞의 두 질문이 가장 중요하다고 주장한다. 그리고 이 질문들에 대해 하나씩 답변한다. 성경은 하나님의 말씀이다. 그것은 성령께서 영감을 통하여 하나님의 말씀을 계시하신 책이기 때문이다. 성경은 가장 오래된 것이다. 태초부터의 말씀을 담고 있기 때문이다. 성경은 가장 명료하다. 자증적(自證的)이기 때문이다.[35] 성경은 가장 단순하고 순수하다. 성경은 가장 강력하다. 성경은 가장 필수적이다. 성경은 가장 완전하다. 성경은 예외 없이 모든 논쟁들의 가장 위대한 최고의 재판관이다. 성경은 가장 탁월

---

34) Rollock, "A Treatise of Our Effectual Calling," in *Select Works of Robert Rollock*, 1:63-64.

35) 롤록의 생각에 대한 자세한 설명은 Muller, *Post-Reformation Reformed Dogmatics*, 2:116 참조.

36) Rollock, "A Treatise of Our Effectual Calling," 1:64.

37) Rollock, "A Treatise of Our Effectual Calling," 1:94; Michael Horton, *The Christian Faith: A Systematic Theology for Pilgrims on the Way* (Grand Rapids, MI: Zondervan, 2011), 158에도 인용됨. 한글 번역은 마이클 호튼, 『언약적 관점에서 본 개혁주의 조직신학』, 이용중 옮김 (부흥과개혁사, 2012), 164-65.

하여 최고의 권위를 가진다. [36)]

특별히 롤록은 성경을 하나님의 영감 받은 계시라고 부르면서 성경이야말로 모든 종교적 토론의 유일한 심판자라고 말했다. 그는 "내가 성경이라는 단어로 뜻하는 바는 성경의 내용을 뜻할 뿐 아니라, 신적 영감에 의한 계시의 형식을 또한 말하는 것이다."라고 적었다. [37)] 롤록은 성경을 성령 위에 두지 않으려고 조심했다. 성경이 성령 위에 있다고 한다면 그것은 하나의 독립된 권위가 될 것이다. 하지만 그는 이렇게 적고 있다.

> 또한, 우리가 성경에 대해 그것이 모든 논쟁들의 심판자라고 말할 때에 이렇게 [즉, 성경이 성령과 독립된 권위를 가지는 양] 말하는 것은 부적절하다. 왜냐하면 적절하게 말하자면, 성령이 심판자이기 때문이다. 심판자는 인격체이어야 하기 때문인데, 성령은 삼위일체의 세 번째 위격이시다. 따라서 성경이 심판자라고 말하는 것은 적절하지 않다. 그러나 성경은 심판자가 주신 음성이자 판결문이며, 성령께서 판단을 내리시는 주된 도구이자 수단이다. 이를 통해 성령은 우리를 가르치시고, 우리 마음속에 믿음을 일으키신다. [38)]

롤록이 성경을 이해할 때 성경의 내용과 그것을 주신 성령을 따로 떼어서 생각하지 않았다. 하나님께서 불러주신 것을 성경 기자(記者)들이 단지 기계적으로 받아 적은 것이 성경이 아니었다. 성경은 하나님의 영감으로 기록되었기에, 성경이 사용되는 곳에는 성령님의 역사가 반드시 필요하다. 성령님은 성경을 통해 우리를 가르치시고 믿음을 일으키시며, 신앙과 신학에서 우리가 바른 길을 찾도록 하신다.

성경과 성령의 이러한 균형 감각 속에서 롤록은 로마 가톨릭뿐 아니라 종교개혁 일각의 극단적인 경향을 모두 배척한다. 로마 가톨릭

38) Rollock, "A Treatise of Our Effectual Calling," 1:94-95; Horton, *The Christian Faith*, 158에서 재인용.

은 교회의 권위를 내세우면서 성경의 권위를 객관화시키려고 시도했
다. 반대로, 종교개혁의 극단주의자들은 계시를 주관화시킴으로써
자신들의 주장을 관철시키려고 시도했다.[39] 롤록은 이 둘을 모두 반
대했다. 특히 자신의 글이 가톨릭을 겨냥하고 있으므로, 롤록은 교회
의 권위를 성경 위에 두려는 시도에 대해서 더욱 많은 지면을 할애하
여 비판한다. 성경이 기록될 때에 하나님은 인간의 말들을 취하여 그
말들이 하나님의 말씀이 되도록 성령을 통하여 역사하셨다. 그리고
성경을 읽거나 들을 때에 성령의 내적 조명을 통하여 성경이 명백하
게 깨달아지게 하셨다. 따라서 성경이 불분명하다고 주장하면서 교
권주의적 직제(職制)의 필요성을 내세우는 로마 가톨릭은 잘못되었
다. 롤록은 그들의 견해에 대항하여 성경이 원래부터 명료하다고 주
장했다. 만일 성경을 이해하지 못한다면 성경에서 듣지 않으려는 완
고한 고집이 문제이지 성경 자체가 문제인 것은 아니다.[40] 이처럼 롤
록은 성경의 권위를 가장 우위에 두었고, 성경을 통한 계시를 성령님
의 사역과 결합시켜서 이해했다.

2. 성경 주석과 라무스주의(Ramism)

롤록은 성경의 본문에서 권고, 믿어야 할 바, 경고 등을 발견할 수
있다고 보았다.[41] 그는 성경에 대한 논리적 분석도 시도했는데, 특히
바울 서신을 주석할 때에는 라무스주의를 적용했다.[42] 롤록의 제자였
던 페름(Ferme)에 의하면 그는 라무스의 『변증론』(Dialectica)을 매
우 강조하였고, 라무스의 방법론을 논리학에 정말 탁월하게 적용하

---

39) 대표적으로 1524년 무렵 독일의 토마스 뮌처(Thomas Muntzer)와 츠비카우(Zwickau)
   선지자들이 그런 자들일 것이다. 또한 재침례파와 일각에서도 그런 경향을 보였다.
40) Rollock, "A Treatise of Our Effectual Calling," 1:87. Muller, *Post-Reformation
   Reformed Dogmatics*, 2:368에 나오는 설명을 보라.
41) Charteris, "Narrative of the Life and Death of Robert Rollock," 1:lxx.
42) 이에 대해서는 Kirk, "Rollock, Robert(1555-1599)"에 잘 나온다.

였다. 페름에 따르면, 롤록은 라무스를 모르는 사람은 종합적 추론이든 분석적 추론이든 그 어떤 추론에 있어서 탁월해질 수가 없다고 주장했다.[43]

라무스주의는 프랑스의 개혁파 교회인 위그노 소속의 페트루스 라무스(Petrus Ramus, 1515-1572)가 개발한 논리학과 수사학과 교수법(敎授法)을 뜻한다.[44] 초기 근대에 라무스주의는 그 이전의 아리스토텔레스주의 논리학과 수사학을 점차 대체했다. 그렇다고 해서 아리스토텔레스가 교과 과정에서 사라진 것으로 착각해서는 안된다. 당시의 신학교육은 아리스토텔레스의 철학을 4년 내내 배웠기 때문이다. 다만 라무스주의는 주로 아리스토텔레스의 논리학과 수사학 부분을 대체했고, 그 외의 영역에서는 여전히 아리스토텔레스가 교육되었다.

라무스주의의 특징은 두 가지이다. 첫째는 모든 주제들을 둘로 나눈다는 것이다. 이것은 인간 이성의 자연적인 흐름을 따른 것으로, 이렇게 주제들을 분류하면 나중에 자동으로 기억이 나기에, 암기가

---

43) C. Ferme, *A Logical Analysis of the Epistle of Paul to the Romans*, ed. W. L. Alexander (Wodrow Society, 1850), 12.25-26. Kirk, "Rollock, Robert(1555-1599)"에서 재인용.

44) 라무스와 라무스주의에 대해서는 아래 책을 보라. Walter J. Ong, *Ramus: Method, and the Decay of Dialogue, from the Art of Discourse to the Art of Reason* (New York: Octagon Books, 1974). 라무스는 프랑스 가톨릭이 위그노들(프랑스의 칼빈주의자들)을 박해했던 바톨로뮤 대학살(1572) 때에 살해당했다. 라무스의 문헌들의 전파에 대해서는 아래 논문을 보라. Joseph S. Freedman, "The Diffusion of the Writings of Petrus Ramus in Central Europe, C.1570-C.1630," *Renaissance Quarterly* 46, no. 1 (April 1, 1993): 98-152.

45) Walter J. Ong, Rhetoric, *Romance, and Technology: Studies in the Interaction of Expression and Culture* (Ithaca: Cornell University Press, 1971), 81-89(특히 83).

46) Michael Losonsky, "Language and Logic," in *The Cambridge Companion to Early Modern Philosophy*, ed. Donald Rutherford (Cambridge, UK: Cambridge University Press, 2006), 174-78(특히 176); James Crosswhite, *The Rhetoric of Reason: Writing and the Attractions of Argument*, Rhetoric of the Human Sciences (Madison, WI: University of Wisconsin Press, 1996), 234-37(특히 235). 라무스식 나무 도표는 포르퓌리우스식 나무 도표(Porphyrian tree)나 이원식 나무 도표(binary tree)를 대표하는 말이 되었다.

따로 필요 없다고 보았다.[45] 둘째는 말로 설명하는 대신에 그림을 그려서 설명하는 방식이다. 특히 하나의 개념이 둘로 점점 분화되는 과정을 그린 "라무스식 나무 도표(the Ramean tree)"는 라무스주의자들뿐 아니라 일반 학교 교육에서 매우 유행했다.[46]

롤록은 라무스의 방법론을 처음에는 교수로서, 나중에는 대학의 학장으로서 에딘버러 대학에 적극 도입하였다.[47] 롤록은 라무스주의 방법론을 사용하여 『로마서 변증론적 분해(1593)』혹은 『로마서 분석적 주석(1595)』, 『빌레몬서 분석 주석(1598, 1601)』, 『갈라디아서 분석 주석(1603)』, 『히브리서 분석 주석(1605, 1610)』등을 썼다.[48] 이 주석 작품들은 제네바, 하이델베르크, 헤르보른 등에서 1590년부터 1634년에 걸쳐 40쇄가 넘게 인쇄되었다. 특히 그의 『에베소서 주석(1590)』과 『로마서 주석(1593)』은 베자에게서 "고상한 표현과 간결하면서도 건전한 판단에 있어서 이 두 책을 뛰어넘는 그 어떤 작품도 주석에 있어서는 읽어본 일이 없다."라는 극찬을 받았다.[49]

---

47) Carl L. Beckwith, Timothy George, and Scott M. Manetsch, eds., Ezekiel, *Daniel: Old Testament*, vol. 12, Reformation Commentary on Scripture (Downers Grove, IL: IVP Academic, 2012), 439.

48) Rollock, *Analysis dialectica Roberti Rolloci Scoti . . . in Pauli Apostoli Epistolam ad Romanos* (Edinburgh: Robert Waldegrave, 1593); Rollock, *In Epistolam S. Pauli apostoli ad Romanos, Roberti Rolloci Scoti, Edinburgensis Ecclesiae Ministri, Commentarius, Analytica Methodo Conscriptus, Altera editio emendatior, et indice Auctior* (Genève: François Le Preux, 1595); Rollock, *In epistolam Pauli apostoli ad Philemonen Analysis Logica* (Edinburgh: Waldegrave, 1598 [1601 ed. Piscator]), Rollock, *Analysis Logica Epistolae Pauli Apostoli ad Galatas* (Herbornae Nassoviorum: Corvinus, 1603); Rollock, *Analysis Logica in Epistolam ad Hebraeos*, ed. Henry Charteris (Genevae: Jacob Stoer, 1610 [1605]). Kirk, "Rollock, Robert(1555-1599)"에서는 롤록의 첫 번째 로마서 주석의 출간 연대를 1594년으로 잡고 있으나, Denlinger, "Robert Rollock's Catechism on God's Covenants," 109n9가 제시하듯 1593년이 옳다. 제네바에서 출간된 판본도 키크가 제시한 1596년보다도, 1595년이 더 적절하다. 물론 인쇄본이 있을 수 있지만, 그 중에서도 먼저 나온 것을 제시해 주는 것이 바람직하다. 그리고 무엇보다 키크는 로마서 주석 Analysis dialectica와 In Epistolam이 다른 것처럼 쓰고 있지만, 사실 내용은 거의 같다. 다만 후자가 전자보다 편집과정에서 쪽수가 많이 늘어났고, 성경신학적 혹은 교의학적 주제어 인덱스를 주석 앞부분에 넣었다는 점이 차이가 난다.

49) Charteris, "Narrative of the Life and Death of Robert Rollock," 1:lxxiii에 실린 베자의 말.

실제로 『로마서 주석(1595)』을 보면 그의 주석이 얼마나 탁월한지 알 수 있다. 앞부분을 조금 소개하면, 먼저 롤록은 로마서 1-16장 전체의 내용을 분석적으로 간략히 설명한다. 그 다음에 로마서에 나오는 핵심 주제들을 알파벳 순서로 제시하여 성경신학적 혹은 교의학적 주제별로 중요한 내용들을 살펴보도록 돕는다. 예를 들어서 "아브라함의 의(Abrhami iustitia)", "첫 번째 및 두 번째 아담에 대한 고찰(Adami primi & secundi consideratio)" 등이 그런 주제들이다. 그런 다음에 한 장씩 주석을 한다. 한 예로, 1장 주석을 읽어보면, 로마서의 한 장을 크게 몇 단락으로 나누고, 그 중에 한 단락을 몇 개의 소주제로 나누고, 그 다음에 한 절씩 설명하는데, 그 한 절을 다시 몇 개의 키워드를 중심으로 나누어서 설명하는 것을 볼 수 있다. 그렇게 하여 간결하면서도 명료한 주석들을 제시한다.[50] 글만 읽어도 마치 거대한 라무스식 나무 도표를 연상할 수 있게끔 만들었다. 이렇게 하여 롤록은 라무스주의를 성경 주석에 탁월하게 결합시켜서 신학생들과 신자들이 성경을 보다 깊이 이해하고 잘 외우도록 배려했다.

III. 롤록의 언약신학

1. 『하나님의 언약에 대한 몇몇 질문들과 대답들(1596)』

롤록은 언약이라는 주제를 신학의 중심주제로 제시한 첫 번째 스

---

50) Rollock, *In Epistolam S. Pauli apostoli ad Romanos, Roberti Rolloci Scoti, Edinburgensis Ecclesiae Ministri, Commentarius, Analytica Methodo Conscriptus. Altera editio emendatior, et indice Auctior*, 1-27과 1쪽 앞에 있는 서론과 주제 인덱스를 보라(이 부분은 쪽 번호가 안 매겨져 있다).

51) 롤록의 언약신학에 대해서는 아래 두 문헌을 많이 참조했다. Denlinger, "Robert Rollock's Catechism on God's Covenants," 105-29; Woolsey, "Unity and Continuity in Covenantal Thought: A Study in the Reformed Tradition to the Westminster Assembly," 2:255-90.

코틀랜드 신학자이다.[51] 롤록은 라무스의 방법론을 언약론에도 적용하여 언약신학을 상당히 정교하게 만들었다. 그의 언약론은 이후 개혁파의 언약론에 중요한 참조점이 되었다. 그의 언약신학이 가장 잘 나타난 작품은 102개의 질문과 답변을 담아 교리문답식으로 구성한 『하나님의 언약에 대한 몇몇 질문들과 대답들(Quaestiones et responsiones aliquot de Foedere Dei, 1596)』이다(이하에서 『하나님의 언약』으로 약칭). 이 작품은 『로마서 주석(1593)』과 『효과적인 부르심에 대한 논문(1597)』 사이에 나왔다.[52] 이때까지 많은 학자들은 주로 『효과적인 부르심에 대한 논문』을 중심으로 롤록의 언약신학을 연구했다.[53] 하지만 롤록의 언약신학이 가장 잘 나타난 곳은 『하나님의 언약』이다. 아래에서는 이 작품을 중심으로 롤록의 언약사상을 좀 더 깊이 살펴보고자 한다.[54]

2. 라무스의 방법과 "행위언약"

먼저 『하나님의 언약』의 구조적 특징을 보자. 라무스주의의 대가(大家)인 사람답게 롤록은 전체 구조를 "행위언약과 은혜언약의 이분

52) 롤록은 루터나 칼빈처럼 『로마서 주석』을 매우 이른 시기에 작성하였다. 이처럼 역사 속의 여러 탁월한 성경 주석가들이 로마서 주석을 신학적 커리어의 이른 시기에 (혹은, 자신의 주석들 중에 가장 먼저) 쓰고 다음 작업들을 이어갔다는 점은 시사하는 바가 매우 크다. 로마서가 성경을 보는 관점과 신학을 풀어내는 기초를 제공한 것이다.
53) Robert Letham, "The Foedus Operum: Some Factors Accounting for Its Development," *Sixteenth Century Journal* 14, no. 4 (1983): 457-67; David A. Weir, *The Origins of the Federal Theology in Sixteenth-Century Reformation Thought* (Oxford, England: Clarendon Press, 1990), 153, 157, 159.
54) 이 작품은 라틴어로 되어 있고 EEBO(Early English Books Online)에서 다운로드 받을 수 있다. 이 작품 전체에 대한 영어 번역은 Denlinger, "Robert Rollock's Catechism on God's Covenants," 109-29에 나와 있다. 본고에서는 라틴어 원전에서 직접 번역하되 필요한 경우 덴링거의 번역을 참조하여 옮기기도 한다. 이하에서 인용할 때에는 괄호 안에 문답 번호를 적는다. 가령 "(1문답)"은 『하나님의 언약』의 제 1문답을 가리킨다.
55) 이 부분을 Denlinger, "Robert Rollock's Catechism on God's Covenants"에서는 전혀 지적하지 않는다. 롤록의 작품은 어떤 작품이든 간에 라무스의 방법론을 우선적으로 가정하고 고찰해야 한다.

(二分) 구도"로 설정했다.[55] 타락 전 언약을 "행위언약"으로 규정하고 "은혜언약의 짝이 되는 언약"으로서 아주 자세하게 다룬 것은 언약신학의 역사에서 아주 중대한 발전이라고 할 수 있다. 많은 현대 학자들은 타락 전 언약을 가장 최초로 폭넓게 다룬 사람은 우르시누스였다고 지적한다(*Catechesis Major* [1584]).[56] 비슷한 시기에 올레비아누스도 역시 타락 전 언약을 언급했다(*De substanta foederis* [1585]). 하지만 올레비아누스는 타락 전 언약("창조 언약")을 은혜언약의 짝이 되는 언약으로 기술하지 않았다.[57] 비슷한 시기에 더 들리 펜너가 최초로 타락 전 언약을 "행위언약(foedus operum)"이란 말로 규정했다(*Sacra Theologia* [1585]).[58] 윌리엄 퍼킨스도 역시 "행위언약(covenant of works)"이라는 용어를 사용했다(*Golden Chaine* [1591]). 하지만 그들은 행위언약을 은혜언약과 비교하면서 길게 논하지는 않았다. 이와 대조적으로, 롤록은 타락 전 언약을 1596년에 나온 이 작품 『하나님의 언약』에서 행위언약을 은혜언약과 대비하여 행위언약을 매우 길게 설명하고 있다.[59] 이런 점만 고려하더라도 롤록을 스코틀랜드 최초의 언약신학자로 보는 것은 크게 무

---

56) 이에 대해서는 이견(異見)이 있긴 하지만 우르시누스로 보는 것이 옳은 것 같다. 타락 전 언약을 다룬 신학자들의 역사를 다룬 책, David A. Weir, *The Origins of the Federal Theology in Sixteenth-Century Reformation Thought* (Oxford, England: Clarendon Press, 1990), 101에서 그렇게 말한다. 그러나 그 이전에 비써는 다른 견해를 내놓았다. 그는 우르시누스가 직접 편찬한 작품에는 타락 전 언약이라는 모티프가 안 나온다고 주장했다. Derk Visser, "The Covenant in Zacharias Ursinus," *Sixteenth Century Journal* 18 (1987): 531-44. 멀러는 우르시누스가 타락 전 언약이 창조 개념 안에 뿌리 내리고 있음을 말한 것으로 본다. Richard A. Muller, "The Covenant of Works and the Stability of Divine Law in Seventeenth-Century Reformed Orthodoxy: A Study in the Theology of Herman Witsius and Wilhelmus à Brakel," *Calvin Theological Journal* 29, no. 1 (1994): 89.

57) 올레비아누스의 언약신학에 대해서는 아래 책이 가장 기본서이다. Lyle Bierma, *German Calvinism in the Confessional Age: The Covenant Theology of Caspar Olevianus* (Grand Rapids: Baker, 1996), 타락 전 언약에 대해서는 특히 112-20을 보라. Weir, *The Origins of the Federal Theology*, 137-38도 비어마의 견해를 그대로 받아들이고 있다.

58) 이에 대한 자세한 소개는 Weir, *The Origins of the Federal Theology*, 138-45를 보라.

59) Denlinger, "Robert Rollock's Catechism on God's Covenants," 106-7을 참조.

리가 없어 보인다.

3. 언약의 정의와 종류

롤록은 언약에 대해서 "하나님께서 특정 조건 하에서 인간에게 선한 것을 약속하시는 것으로서, 인간은 그 조건을 수락한다"라고 정의한다(1문답). 언약의 정의를 "약속과 동의"라고 보는 셈인데, 이 두 요소는 개혁주의 신학에서 언약을 정의 내릴 때 사용하는 가장 간단하면서도 핵심적인 요소이다. 하나님께서 인간과 맺으신 언약은 이중적(duplex)인데 그것은 행위언약과 은혜언약이다(문답3).

4. 행위언약의 정의와 근거와 조건

이 두 언약들 중에 자연언약 혹은 행위언약은 "선행(善行)을 조건으로 하여 하나님께서 인간에게 영생을 주시기로 한 언약"이다(문답3). 이 선행은 인간이 가진 "본성(natura)"의 덕들에서 나오는 행위들이다.[60] 인간은 이 선행이라는 조건을 받아들인다(3문답). 롤록은 여기에서 레위기 18:5, 로마서 10:5, 갈라디아서 3:12를 제시한다.[61] 행위언약에 한 가지 중대한 경고가 덧붙여졌는데(4문답), 그것은 율법에 기록된 대로 모든 것을 행하지 않는 자는 저주를 받는다는

---

60) 라틴어 "나투라(natura)"는 본성이나 자연을 모두 뜻한다. 그래서 성염은 아우구스티누스 작품들을 번역하면서 natura를 "자연본성(自然本性)"이라는 역어(譯語)로 옮기고 있다. 아우구스티누스, 『신국론』, 제 1-10권, 성염 역주(분도출판사, 2004), 487(4.23.4), 552n58(5.9.4) 등 참조.

61) 초기 근대(16-17세기) 개혁파 신학자들이 성경 주석에서 교리를 도출하는 네 단계의 과정([1] 가장 직접적인 구절을 상세히 주석하고, [2] 이때 중요한 신학 개념들을 찾고, [3] 그 개념들과 관련된 구절들을 다시 찾아 간단히 주석하고, [4] 첫째와 셋째 단계의 주석을 종합하여 교리를 형성함)에 대해서는 아래 글들을 보라. Woo, "The *Pactum Salutis* in the Theologies of Witsius, Owen, Dickson, Goodwin, and Cocceius," 2.2, 2.3; 우병훈, "개혁신학에서의 구속언약", 「re」통권25(2015년 3월호): 7-10. 초기 근대의 개혁신학의 통일성은 이러한 주석방법론의 통일성에 크게 근거하고 있다.

사실이다(5문답; 창 2:17, 신 27:26, 갈 3:10). 행위언약의 근거는 하나님께서 창조 시에 인간에게 주셨던 "선하고 거룩하고 올곧은 본성(Natura bona, sancta, & integra)"이다(6문답, 8문답도 참조). 행위언약의 조건은 그 본성에서 나오는 "거룩하고, 의롭고, 완전한 행위(opera naturae sancta, iusta, perfecta)"이다(6문답). 이것이 행위언약의 조건이라면 그 약속은 "영원히 지속되는 복된 삶"이다(7문답; 롬 10:5, 갈 3:12). 이 조건에서 말하는 선행이란 인간의 본성에서 나오는 덕들이며, 이 조건에서 배제하는 것은 그리스도를 믿는 믿음, 그리고 은혜와 중생에서부터 나오는 선행이다(8-9문답). 그런 것들이 배제되는 까닭은 인간 본성의 덕들은 믿음과 은혜에서 나오는 덕들과는 공존할 수 없기 때문이다(10문답). "행위언약의 조건의 주요한 요소들(capita conditionis huius foederis)"은 십계명의 개별 항목들이다(11문답). 그런 까닭에, 율법이 새겨진 돌판들이 "언약의 돌판들"이라고 불리는 것이다(11문답; 출 19, 20, 22:15, 히 9:4).

행위언약의 조건들은 결코 공로적이지 않다. 다만 인간이 창조주 하나님께 돌려드려야 할 감사를 증거할 뿐이다(12문답; 롬 11:35, 눅 17:10).[62] 타락 전의 거룩한 본성에서부터 나오는 선행은 온전한데도 불구하고 그것이 공로가 될 수 없는 까닭은 그것은 당연히 해야

---

62) 전통적으로 개혁신학은 신자들의 선행(善行)을 믿음의 결과이자 열매, 신앙의 표와 인, 믿음과 영생의 길, 하나님의 은혜를 받아 누리는 방도(方道), 선택의 목적, 무엇보다 감사의 방편(方便)으로 보았다. 비키, 존스, 『청교도 신학의 모든 것』, 제 19장(364, 368쪽 등) 참조. 웨스트민스터 대교리문답(이하에서 "대"로 약칭) 역시 성화(聖化)의 삶을 감사(感謝)의 열매이자 표현으로 묘사한다(대69, 75, 167). 중생한 사람들은 "자신들의 순종의 법칙인 도덕법을 따름으로써 감사를 표시"한다(대97). 그리고 대교리문답은 아담을 비롯한 모든 인간들에게 주신 도덕법의 요약은 십계명이라고 한다(대98). 도덕법에 대해 설명하는 대교리문답 92문답에 나오는 근거구절(창 1:26, 27; 롬 2:14, 15; 10:5; 창 2:17)을 중심으로 보자면, "도덕법"이라는 넓은 범주가 있는데, 도덕법이 타락 전 아담에게 주어졌을 때에는 "생명의 언약"에 나오는 계명들로 구체화되었고, 도덕법이 그 이후 모세와 이스라엘 백성들에게 주어졌을 때에는 "십계명"으로 요약되었으며, 도덕법이 모든 인간들에게 주어진 것으로 표현될 때에는 양심에 새겨진 "율법의 행위들"이라고 봐야 한다는 것을 알 수 있다. 롤록의 견해도 이와 크게 다르지 않다.

할 일을 하는 것이기 때문이다(13문답). 이 언약이 행위언약이라고 불리는 이유는 언약의 조건이 선한 본성에서부터 나오는 "행위"이기 때문이다(14문답). 이 언약은 인간이 창조되었을 때 곧장 체결되었다 (15문답; 창 1:27ff, 2:15ff).[63] 하나님은 인간의 마음속에 하나님의 율법을 새기시고, 그것을 지키게 하셨는데, 인간은 그 조건을 수락했다(16문답; 창 2:15ff). "도덕법(lex moralis)"은 인간의 마음에 창조 때부터 새겨져 있어서 본성 자체로 언약의 조건들은 알려지게 되어 있다(17문답). 그 법에 대한 지식은 타락 이후에도 여전히 남아 있는 것이다(17문답; 롬 1:19, 32, 2:14).

5. 행위언약의 갱신?

그렇다면 행위언약은 계속 갱신되는가? 이 질문에 대해 롤록은 행위언약은 창조와 타락 때로부터 그리스도께서 오실 때까지 계속 갱신되었다고 주장한다(18문답). 그것은 처음에는 하나님의 목소리로 주어졌고, 그 다음에는 하나님 자신의 손으로 돌판에 새겨졌으며, 그 이후에 모세에 의해 전달되었고, 마지막으로 선지자들에 의해서 각각의 장소와 순서에 따라 반복되었다(18문답). 여기서 우리는 타락 전 아담에게 주셨던 언약(행위언약)이 모세에게 주신 언약(시내산 언약)에서 과연 "갱신(republication)"이 되었는지 아닌지에 대한 현대의 토론을 떠올리게 된다.[64] 여기서 그 토론을 다 다룰 수는 없지만 롤록의 입장만을 소개하자면, 시내산 언약은 한편으로는 행위언약의 갱신이지만, 다른 한편으로는 은혜언약이라는 것이다.

롤록의 설명은 다음과 같다. 행위언약은 출애굽기 19-20장에서

---

63) 일반적으로 개혁신학은 아래 구절들에서 행위언약의 근거를 찾았다. 창 1:26-27; 레 18:4-5; 마 19:16-17; 22:37-39; 롬 1:17; 2:14-15; 5:12-21; 7:10; 8:3-4; 10:5; 갈 3:11-12; 4:4-5, 호 6:7; 욥 31:33, 이 중에서 호 6:7과 욥 31:33의 구절은 핵심구절이라기보다는 보충구절로 생각될 때가 많았다. Muller, "The Covenant of Works and the Stability of Divine Law," 90.

갱신되었다(19문답). 행위언약에서는 법(도덕법)이 먼저 주어지고 언약이 세워졌지만, 시내산 언약에서는 언약이 체결된 후에 법(율법)이 주어졌는데, 이러한 순서는 별로 상관이 없다(20문답). 중요한 것은 행위언약이 이렇게 갱신되는 까닭은 인간이 선행을 통하여 구원 받을 수 있음을 보여주기 위함이 아니라는 사실이다(21문답). 행위언약이 갱신되는 목적은 은혜언약을 예비하기 위해서이다(22문답). 택자들은 갱신된 행위언약 하에서 은혜언약을 예비할 수 있게 된다(23문답). 은혜언약도 역시 구약 시대의 하나님의 백성들과 체결된 것이다 (24문답; 창 3:15,[65] 49:10, 22:18, 26:4).

---

64) 메리디쓰 클라인(Meredith Kline)은 시내산 언약을 행위언약의 갱신으로 보았다. 하지만 존 머레이(John Murray)는 시내산 언약이 은혜언약의 순수한 시행이라고 주장했다. 이를 비교한 논문은 Jeong Koo Jeon, *Covenant Theology: John Murray's and Meredith G. Kline's Response to the Historical Development of Federal Theology in Reformed Thought* (Lanham, Maryland: Rowman and Littlefield, 2004). 이후로 지금까지 계속 논쟁 중이다. 관련 문헌 중에 중요한 것은 아래와 같다. Bryan D. Estelle, J. V. Fesko, and David VanDrunen, eds., *The Law Is Not of Faith: Essays on Works and Grace in the Mosaic Covenant* (Phillipsburg, NJ: P&R Publishing, 2009), 이 책의 저자들 대부분이 모세 언약이 행위 언약의 "갱신(republication)"이라는 주장을 펼친다; John V. Fesko, "Calvin and Witsius on the Mosaic Covenant," in *The Law Is Not of Faith*, 25–43; Mark W. Karlberg, "The Mosaic Covenant and the Concept of Works in Reformed Hermeneutics: A Historical-Critical Analysis with Particular Attention to Early Covenant Eschatology" (Ph.D. diss., Westminster Theological Seminary, 1980); Mark W Karlberg, "Reformed Interpretation of the Mosaic Covenant," *The Westminster Theological Journal* 43, no. 1 (September 1980): 1–57; Mark W. Karlberg, "Moses and Christ: The Place of Law in Seventeenth-Century Puritanism," *Trinity Journal* 10 (1989): 11–32; Mark W. Karlberg, *Covenant Theology in Reformed Perspective: Collected Essays and Book Reviews in Historical, Biblical, and Systematic Theology* (Eugene, OR: Wipf and Stock, 2000); Mark W. Karlberg, "Recovering the Mosaic Covenant as Law and Gospel: J. Mark Beach, John H. Sailhamer, and Jason C. Meyer as Representative Expositors," *The Evangelical Quarterly* 83, no. 3 (July 2011): 233–50; Cornelis P. Venema, "The Mosaic Covenant: A 'Republication' of the Covenant of Works?," *Mid-America Journal of Theology* 21 (January 1, 2010): 35–101, 여기서 베네마는 Estelle, Fesko, and VanDrunen, eds., *The Law Is Not of Faith*를 비판적으로 평가한다.
65) 라틴어 원문에도, 멘링거의 번역에도 창 3:5라고 되어 있는데, 창 3:15의 오기(誤記)임이 거의 확실하다. 많은 개혁신학자들이 은혜언약이 창 3:15의 원시복음(元始福音; protoevangelium)에서 주어졌다고 보았다.

인간은 행위언약에서 실패했다(25문답). 인간은 창조 직후에, 행위언약이 성립된 직후에 얼마 안 가서 타락했다(26문답; 창 3:1ff, 롬 5:12ff). 타락 이후에 인간은 다시 언약을 받을 자격이 없다(27문답). 그래서 만일 인간을 그 상태로 두었다면 인간은 육체적 죽음과 영적인 죽음이라는 두 가지 죽음을 겪게 될 것이다(28문답; 창 2:17, 3:7ff, 롬 5:12).[66] 물론 인간이 즉시로 죽지는 않았다. 그러나 그 죽음은 때가 되면 임할 것이었다. 인간의 육체는 결국 죽을 것이며, 인간의 영혼은 하나님의 형상을 상실했다. 하나님의 형상이란 하나님으로부터 받은 생명을 뜻한다. 그 생명은 거룩, 의, 지혜에서 탁월한 생명이었다(29문답; 창 3:7, 고전 15:42, 43, 고후 5:4, 엡 2:1, 골 2:13). 우리는 행위언약과 관련한 교리들을 구약에서 얻을 수 있다고 말하면서 롤록은 행위언약에 대한 가르침(1-30문답)을 마친다(30문답).

다시 정리해 보면, 행위언약은 시내산 언약에서뿐 아니라, 구약 시대 모든 하나님의 백성들과 더불어 각 시대마다 갱신되는데, 그 까닭은 그들이 은혜언약을 예비하기 위함이었다. 시내산 언약이 행위언약의 갱신인가 아닌가 하는 문제로 다시 돌아가 보자면, 롤록은 분명히 시내산 언약이 행위언약의 갱신이라고 보았다고 말해야 한다. 그러나 그것은 비단 시내산 언약에서만 갱신되었던 것이 아니다. 구약 시대 교회와 사람들에게 행위언약이 계속해서 갱신된다.[67] 그런데 행위언약이 갱신되는 까닭은 은혜언약을 예비하기 위해서이다. 택자들이라면 행위언약을 통하여 은혜언약을 예비하게 된다(23문답). 따라서 시내산 언약은 행위언약의 갱신이면서 동시에 그 때 있었던 택자들에게는 은혜언약이 주어진 사건이었다. 바로 이것이 시내산 언약

---

66) 28문답에서는 '육체의 죽음'과 '육체와 영혼의 죽음'이 두 가지 죽음이라고 했는데, 29문답에서는 '육적인 죽음과 영적인 죽음'이라고 표현했다.
67) 구약 시대 "모든 사람들"인지, 구약 시대 "모든 하나님의 백성들"인지 분명하지 않다. "고대의 교회와 사람들"과 함께 갱신된다고 하니까(21문답), 아마도 "모든 사람들"을 뜻하는 것이 맞을 것 같다.

의 성격에 대한 롤록의 견해이다.

6. 은혜언약의 정의와 근거와 조건

타락한 인간은 더 이상 구원을 생각할 수 없다(31문답). 오직 하나
님의 선행하는 은혜와 자비로만 구원 받을 수 있다(32문답). 하나님
의 선행하는 은혜란 다름 아니라 하나님께서 자신의 아들 예수 그리
스도를 중보자로 주신 것이다(33문답). 비록 인간의 타락 직후에 그
리스도께서 곧장 육신을 입고 나타나시진 않았지만, 때가 이르렀을
때에 육신을 입고 나타나셨다(34-35문답). 중보자께서는 자신을 인
간의 죄에 내어주셨고, 인간이 겪는 육적이고 영적인 죽음을 경험하
셨다(36문답; 신 21:23, 갈 3:13). 예수 그리스도께서는 우리를 위
하여 행위언약과 율법 안으로 들어오셨고, 그 둘을 능동적으로 또한
수동적으로 성취하셨다(37-43문답; 갈 4:4-5).[68] 그리스도의 선행
은 우리 구원을 이루기 위한 근거가 되며, 그의 수난과 죽음은 우리
구원을 위한 공로가 된다(44-49문답). 그리스도는 죽음의 효력으로
써 하나님의 진노를 만족시킬 뿐 아니라, 새로운 은혜와 자비를 공로
적으로 획득하셨다(50-51문답). 새 언약에 의한 화해는 이렇게 하여
주어진다(52-53문답).

새 언약이란 은혜언약(foedus gratiae) 혹은 은혜로운 언약
(foedus gratuitum)을 가리킨다(54문답). 은혜언약의 근거는 그리
스도의 만족을 이루는 공로적 죽음이며, 또한 하나님의 자비이다(56

---

68) 그리스도께서 율법을 지키셔야 했는가 아닌가에 대해서, 톰 라이트는 그리스도께서 율
법을 완수할 필요가 없으셨다고 한다. 율법을 완수하게 될 경우 율법주의를 벗어날 수 없
다는 논리이다. N. T. Wright, *Justification: God's Plan & Paul's Vision* (Downers
Grove: IVP Academic, 2009), 135. 그러나 이런 설명은 갈 4:4와 5:3을 설명해 줄 수
없다. Woo, "The *Pactum Salutis* in the Theologies of Witsius, Owen, Dickson,
Goodwin, and Cocceius," 2.2.7에 나오는 그리스도와 율법 간의 관계에 대한 설명을 보
라.

문답). 행위언약의 근거가 인간에게 주어진 본성이라 한다면, 은혜
언약의 근거는 은혜이다(57문답). 은혜언약의 약속은 의와 영생이
다(58-60문답). 은혜언약의 조건은 중보자에 대한 신앙이다(62문
답; 롬 10:6, 갈 3:14). 신앙은 은혜로 주어진다(63문답). 은혜언약
의 조건은 타락한 인간의 본성에서 나오는 행위를 배제한다(64문답).
은혜언약의 조건은 중생한 자의 행위 역시도 배제한다(65문답). 오
직 믿음만이 은혜언약의 조건이 되는데, 오직 믿음만이 칭의를 일으
키기 때문이다(66문답). 다른 말로 하자면, 십자가에 달리신 그리스
도만이 은혜언약의 근거와 조건이 되며, 그 성취의 이유가 된다(67-
68문답). 그리스도의 공로를 떠나서는 어떤 공로도 있을 수 없다(69
문답). 은혜라는 말 자체가 은혜언약의 공로가 오직 예수 그리스도께
있음을 보여준다(70문답).

그렇다면 신자의 행위는 어떤 의미가 있는가? 그것은 하나님께 감
사하는 길이 된다(71문답). 영생을 행위에 대한 보상(merces)으로
주신다는 개념은 행위언약에도 맞지 않고 은혜언약에도 맞지 않다
(72-73문답). 신자에게 영생이라는 보상을 약속하신 까닭은 이미 의
롭게 되고 중생한 자가 선행에 열심을 내도록 격려하기 위함이다(74
문답). 세 가지 종류의 약속이 신약 성경에 나오는데, 행위언약의 약
속, 은혜언약의 약속, 이미 중생한 자들에게 주시는 약속이 그것이다
(75-76문답).

7. 은혜언약과 행위언약

은혜언약의 조건의 주요 부분은 하나님, 중보자 그리스도, 중보자
의 유익들에 대한 것들이다(77문답). 이 새 언약이 은혜언약이라 불
리는 까닭은 그 언약의 조건이 없거나 그저 주어지기 때문이다(78문
답). 은혜언약의 최초 체결은 인간이 타락한 직후에 이뤄졌다(79문
답; 창 3:15). 이 은혜언약 역시 그때부터 그리스도께서 오실 때까지

지속적으로 갱신되었다(81문답). 은혜언약의 본질은 항상 동일하며 다만 그때그때의 "우유적(偶有的) 상황에 있어서(accidente)" 달라졌을 뿐이다(82문답). 따라서 "구약"도 넓은 의미에서는 율법 혹은 행위언약뿐 아니라 은혜언약 역시 가리킬 수 있다(83문답). 구약 시대 사람들도 은혜언약을 받은 것이다(84문답). 사도는 이 복음을 그리스도의 낮아지심과 높아지심을 가지고 설명했는데, 이미 구약 성경에 예언된 것이었다(85-86문답). 선지자들 중에는 하박국(2:4)과 요엘(2:32)이 가장 분명하게 은혜언약을 선포했다(87문답; 롬 1:17, 10:11). 행위언약이 갱신되었던 목적은 은혜언약을 예비하기 위함이었는데 은혜언약이 갱신되었던 목적은 믿음에 의한 칭의와 생명을 위함이었다(88-89문답). 행위언약이 파기된 이후에는 은혜언약을 받지 못하면 구원 받지 못한다(90문답). 은혜언약은 아담과 그의 후손을 위해 체결되었기 때문이다(91문답).

민은 이후에 다시 옛 생활로 돌이키면 안 된다(92문답; 히 6:6, 12:17).[69] 그렇게 할 경우 다시 죄 용서를 받을 수 없다(93문답). 은혜언약을 파기하면 또 다시 주어지는 세 번째 언약이 없기 때문이다(94문답). 희생 없이는 언약의 갱신이 없는데, 그리스도의 희생을 무시한 자들에게는 새로운 희생이 주어지지 않으며, 따라서 그들을 위한 구원이 있을 수 없다(95문답). 만일 은혜언약을 받은 이후에 믿음을 상실했다고 한다면, 사실 원래부터 은혜언약을 참된 믿음으로 받은 것이 아니라, 일시적이고 가식적인 믿음으로 받은 것이었다고 봐야 한다(96문답).

은혜언약 안에 있는 사람에게는 행위언약은 이미 폐기되었다. 그러나 율법은 육체의 정욕을 죽이는 데 여전히 쓸모가 있다(97문답).[70] 죄인에게 공포(恐怖)를 주어 경각심을 갖게 하는 데 있어 행위언약은

69) 이 구절들에 대한 롤록의 히브리서 주석(Rollock, *Analysis Logica in Epistolam ad Hebraeos*)을 참조하라.
70) 율법의 제3용도를 말한다.

여전히 쓸모가 있다(98문답). 행위언약이 파기될 때에 도덕법 역시 파기되지만, 행위언약이 성화의 삶에 쓸모가 있는 만큼은 도덕법 역시 쓸모가 있다(99문답). 도덕법은 행위언약에 봉사하는 방식이 아닌 방식으로 사용될 수 있다(100문답). 그 방식이란 그리스도 안에서 은혜언약에 봉사하는 방식인데, 이제는 돌에 새겨진 율법이 아니라 마음에 새겨진 율법으로서 도덕법은 지속된다(101문답; 렘 31:33, 롬 3:31, 고후 3:2). 이러한 은혜언약에 대한 가르침은 구약 성경과 신약 성경에 나타나는데, 신약 성경에 더욱 분명하게 나타나며, 사도신경도 역시 은혜언약에 대한 요약적 가르침을 담고 있다(102문답). 이처럼 롤록의 『하나님의 언약』은 은혜언약에 대해서도 매우 자세하고 정확한 가르침들을 제공해 준다(31-101문답).

Ⅳ. 나오면서

이 글에서는 스코틀랜드 최초의 언약신학자라고 불리기에 전혀 손색이 없는 롤록의 생애와 신학에 대해서 다루었다. 전체를 다시 요약할 필요는 없다. 다만 평소 롤록이 자주 사용했던 라무스식 나무 도표로 이 글 전체를 일별하는 것도 나쁘지 않으리라 생각한다.

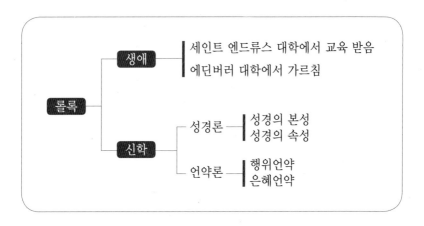

아일랜드의 위대한 교회 지도자 제임스 어셔의 생애와 사상

김요섭 (총신대신학대학원, 역사신학)

Ⅰ. 들어가는 말

아일랜드는 오랜 기간 잉글랜드의 정치적 지배를 받으며 복합적인 정치적 관계를 형성하고 있었고 16세기 아일랜드의 종교개혁 운동은 이와 같은 두 나라 사이의 관계 속에서 전개되었다. 지정학적인 위치와 문화적 배경으로 인해 아일랜드는 16세기 후반까지 여전히 로마가톨릭이 대다수의 주민들의 신앙을 지배했다. 아일랜드의 종교개혁이 본격적으로 시작된 것은 16세기 후반에 잉글랜드 청교도들과 스코틀랜드의 장로교인들이 유입되어 활동하면서부터였다. 엘리자베스 이후 잉글랜드 왕실은 교황청과의 정치적 관계를 근절하기 위해 아일랜드에서도 국교회 동화 정책을 펼쳤고 스코틀랜드와 잉글랜드의 이주민들은 이 정책의 실현을 위해 주도적인 역할을 감당했다. 그러나 오랜 아일랜드와 잉글랜드의 문화적 차이와 정치적 관계, 그리고 잉글랜드 개신교도들 사이에 벌어진 국교회파와 청교도들 사이의 갈등은 아일랜드 종교개혁이 확립되는 데 있어 큰 장애물이었다.

아르마(Armagh)의 대주교(Archbishop)이자 아일랜드 전체의 수

석주교(Primate)였던 제임스 어셔(James Ussher, 1581-1656)
는 이와 같은 혼란의 시기에 아일랜드의 종교개혁을 위해 중요한 역
할을 감당한 인물이었다. 아일랜드 교회를 대표하는 위치에 서기 전
부터 어셔는 평생의 사명을 고국 아일랜드를 바른 성경적 신학 위에
서 개혁하는 것이라고 여겼다. 그는 정통 칼빈주의 청교도 사상 위에
서 로마 가톨릭의 잔재를 척결하고 알미니우스주의의 오류를 반박하
려 했으며 아일랜드의 복잡한 정치적 상황 속에서 교회의 개혁을 확
립하려 했다. 어셔는 끝까지 잉글랜드 왕실에 충성하는 신하로 남기
를 원했지만 민주적 의사 결정이 가능한 주교제도의 제한(reduction
of episcopacy)을 시행하는 교회 제도를 제안했으며 더불어 잉글랜
드 왕실로부터 일정한 독립성을 가진 아일랜드의 교회를 세우고자
했다. 이와 같은 어려운 시대적 사명을 수행함에 있어 어셔는 뛰어난
학문적 역량뿐 아니라 탁월한 정치 외교적 수완까지 발휘했던 17세
기 아일랜드의 영적 지도자였다.

　본 논문은 어셔의 생애와 사상을 간략히 검토하기 위해 먼저 그의
생애를 초기 그의 교육 배경, 1620년대 이후 그의 아일랜드에서의
활동, 그리고 1640년대 이후 그의 잉글랜드에서의 후기 활동으로 나
누어 검토하고자 한다.[1] 그리고 각 세 시기의 전환기 가운데 어셔가
맞닥뜨린 시대적 도전이 무엇이었으며 이 도전에 대응해 그가 아일
랜드와 잉글랜드의 종교개혁을 위해 제시했던 신학적 주장들과 정책
적 대안들이 무엇이었는지 살펴 볼 것이다. 본 논문은 이어서 '아일
랜드 신조'(The Irish Articles)의 예정론과 교회론을 관련 신조들과

1) 어셔의 생애에 대한 검토는 그의 장례식을 집례했던 버나드(Nicholas Bernard)의 1656년
전기인 The life and death of the most reverend and learned father of our church
Dr James Usher (Dublin, 1656)과 아일랜드의 시대 상황에 대한 검토를 배경으로 청교
도로서의 어셔를 조망한 그리벤(Crawford Gribben)의 The Irish Puritanism: James
Ussher and the Reformation of the Church (Eugene: Wipf and Stock, 2003), 그
리고 좀 더 역사학적 시각에서 비평적으로 어셔의 생애와 사상을 연구한 포드(Alan Ford)
의 James Ussher: Theology, History, and Politics in Early-Modern Ireland and
England (Oxford: Oxford University Press, 2009)를 참고한다.

비교 분석함으로써 어셔의 신학 사상을 살피려 한다. 아일랜드 신조는 어셔의 젊은 시절 공동체적 작업의 결과로 완성된 문서이지만 이후 그의 종교개혁 신학 전반을 잘 예고했을 뿐 아니라 이후 그가 추진했던 아일랜드의 종교개혁을 위한 신학적 기초를 가장 분명히 천명했다는 점에서 그의 신학을 잘 요약하고 있는 문헌이라고 볼 수 있다. 더 나아가 이 신조는 이후 웨스트민스터 신앙고백에까지 직접적인 영향을 주었다는 측면에서 어셔의 신학적 유산을 평가할 수 있는 자료로서 그 역사적 가치도 지니고 있다. 특히 본 논문에서 살피고자 하는 아일랜드 신조의 예정론과 교회론은 각각 1618년 도르트 회의가 구체적인 입장을 내놓기 이전 알미니우스주의에 대한 칼빈주의적 반박이었다는 점과, 로마 가톨릭의 교황제도뿐 아니라 잉글랜드 국교회주의와 차별되는 청교도적 교회 이해를 제시했다는 점에서 주목할 만한 주제라고 말할 수 있다. 논문의 결론은 어셔가 아일랜드와 잉글랜드 청교도 신학과 종교개혁 운동이 남겨 준 역사적 유산을 간단히 평가할 것이다.

II. 제임스 어셔의 생애

1. 가정 배경과 신학 교육

어셔는 1581년 1월 4일 더블린의 명망가 집안에서 태어났다. 그의 어머니 마가렛의 조부는 아일랜드 의회의 대변인이었던 제임스 스태니헐스트(James Stanihurst)였으며 아버지 알란드 어셔(Arland Ussher)는 아일랜드 대법원 서기였다. 또 어셔의 삼촌인 헨리 어셔(Henry Ussher, c.1550-1613)는 캠브리지와 파리 그리고 옥스포드에서 공부한 후 아일랜드 종교개혁을 위해 목회자가 되어 1595년부터 1613년까지 아르마의 대주교이자 아일랜드의 수석주교를 역임했던 인물이었다.[2] 비록 어셔의 외가는 끝까지 로마 가톨릭 신앙을

버리지 않았지만 그는 이와 같은 부요한 가정환경 속에서 어린 시절
부터 높은 수준의 교육과 경건한 신앙생활을 배울 수 있었다.[3] 어셔
와 그의 동생 암브로스(Ambrose Ussher)가 이후 뛰어난 히브리어
학자가 된 것은 그들의 가정 배경을 볼 때 결코 우연이 아니었다. 어
셔는 특히 어려서부터 다양한 언어를 읽고 사용하는데 탁월한 재능
을 보였다. 특히 그에게 성경을 가르쳐 주고 그 성경을 바르게 이해
하는 데 큰 도움을 준 사람은 맹인이었던 그의 이모였다. 어셔의 이
모는 거의 외우다시피 한 성경 구절을 통해 조카들에게 성경을 가르
쳐 주었고 이렇게 철저하게 배운 성경 지식은 이후 어셔의 신학 연구
와 목회적 활동의 자양분이 되었다.[4]

어셔는 더블린에 있던 초급 라틴어 학교에 입학해 그곳에서 신학
과 신앙에 큰 영향을 준 훌륭한 교사들을 만났다. 그들은 스코틀랜드
로부터 그들의 청교도적 신앙으로 인해 아일랜드로 피난 와있던 풀
러턴(James Fullerton)과 해밀턴(James Hamilton)이었다. 이들
은 글래스고우 대학에서 멜빌(Andrew Melville)에게 신학을 배운
신실한 칼빈주의자들이었으며 장로교주의자들이었다.[5] 어셔는 이들
의 가르침 속에서 학문적 훈련뿐 아니라 인격적인 신앙의 확신도 경
험할 수 있었다. 라틴어 학교를 졸업한 이후 어셔는 1594년 13세의
나이로 설립된 지 3년밖에 되지 않은 더블린 트리니티 대학(Trinity
College Dublin)에 입학했다. 트리니티 대학은 잉글랜드에 비해 상
대적으로 낙후되어 있던 아일랜드의 인문학과 개신교 신학을 증진시
키기 위해 청교도들이 주축이 되어 설립한 학교였다. 트리니티 대학

---

2) 헨리 어셔는 캠브리지와 옥스포드에서 각각 로저 캘리(Roger Kelley)와 로렌스 험프리
  (Laurence Humphrey) 등을 통해 청교도 신학을 접했고 그의 전임 아르마 주교였던 로프
  투스(Adam Loftus)가 도입한 아일랜드의 종교개혁 정책을 계승해 그 정착과 확대에 지대한
  역할을 감당했다. Ford, 23-25.
3) 어셔의 외삼촌 리처드 스태니헐스트(Richard Stainhurt)는 당대에 가장 유명한 예수회 저
  술가였으며 루벵 대학의 강사였다. Ford, 37, Gribben, 25-26.
4) Gribben, 26.
5) Ford, 25.

은 어셔에게 수준 높은 인문주의 사상을 접할 기회를 제공했을 뿐 아니라 종교개혁 신학을 체계적으로 배울 수 있는 터전이 되었다.[6]

어셔가 출생하여 학문 훈련을 받고 있던 16세기 말 아일랜드는 잉글랜드 왕실이 신앙의 일치(conformity)를 위해 도입하려 개신교 신학과 예배 형식, 그리고 잉글랜드 국교가 추구했던 개신교적 치리 제도가 아직 잘 자리를 잡지 못한 상황이었다. 이와 같은 종교적 혼란 상황의 가장 큰 원인은 무엇보다 아일랜드가 오랜 기간 잉글랜드의 지배를 받아온 역사적 배경 때문이었다. 본래 켈트 문화를 바탕으로 한 아일랜드 토착민들(the Irish)과 11세기부터 아일랜드로 이민을 온 잉글랜드 이주민들(the Old English) 사이의 문화적 사회적 갈등은 16세기에도 계속되고 있었다. 이 때 16세기 이후 새롭게 이주한 개신교 잉글랜드 이주민들(the New English)은 그들의 신앙적 정체성을 내세워 정치 경제적 기득권을 누리고 있던 기존의 로마 가톨릭 잉글랜드 이주민들과 경쟁했다.[7] 그러나 종교개혁 이후 치열하게 전개되던 로마 가톨릭 진영과 개신교 진영의 치열한 신학적, 교회적 논쟁은 정작 농촌 지역 인구의 대부분을 차지했던 토착민들에게는 직접적인 신앙의 문제로 다가오지 않았다. 16세기 후반 아일랜드의 기독교 신앙은 여전히 로마 가톨릭 신앙과 켈트의 전통 종교 의식이 혼합된 형태였다. 그러므로 기존 잉글랜드 이주민들이 드리던 라틴어 미사를 폐지하고 영어로 예배를 드리라는 새로운 잉글랜드 이주민들의 정책은 토착민들이 보기에는 하나의 외국에서 또 다른 외국어로의 전환에 불과했다.[8]

---

6) 트리니티 대학이 장로교주의적 신학을 지지했는지는 불명확하지만 칼빈주의적 청교도주의를 근간으로 했고 어셔가 이곳에서 자신의 신학의 기초를 확립했음은 확실하다. Bernard, 26-27.

7) 아일랜드 로마 가톨릭 세력과 새로운 잉글랜드 개신교도들 사이의 갈등은 국교회의 일치를 강제하는 과정에서 발발한 1594년의 "9년 전쟁"(The Nine Years War)으로 비화되었다. Ford, 29-30.

8) Gribben, 17-18.

아일랜드의 토착화된 기독교 신앙의 특징은 개신교 설교자들이 칭의 교리를 영어로 설명하는 데 한계를 겪게 한 가장 큰 이유였다. 또왕실의 종교 일치 정책과 개신교 이주민들의 노력에도 불구하고 아일랜드 주민들의 신앙은 여전히 교황에게 충성하는 로마 가톨릭적경향이 더 컸다. 그 결과 아일랜드가 1536년 헨리 8세의 수장령을공식적으로 받아들였음에도 불구하고 종교개혁 신학과 성경적 예배및 교회 제도가 정착되는 데에는 실제적으로 많은 어려움이 따랐다.[9]아일랜드의 개신교인들은 잉글랜드와 같은 수준의 종교개혁을 아일랜드에서도 완수하기 위하여 가장 먼저 바른 복음을 전할 수 있는 설교자들을 양성할 고등 교육 기관을 설립하고자 했다. 그 노력의 결과가 곧 1591년 트리니티 대학의 설립이었다.[10] 더블린 시 성벽 밖에옛 수도원 자리에 설립된 트리니티 대학의 교육 목적은 아일랜드에서 복음 설교의 사역을 감당할 젊은 사역자들을 교육하고 양성하는것이었다.[11]

트리니티 대학의 최초의 학생들 가운데 한 명이었던 어셔는 이곳에서 라미즘(Ramism)을 통해 신학과 학문을 익혔다. 라미즘은1572년 성바돌로뮤 학살 사건 때 순교한 프랑스의 칼빈주의자 라메(Pierre de la Ramée, Peter Ramus, 1515-1572)가 제시한 철학적 방법론으로서 복잡한 아리스토텔레스의 논리학을 좀 더 간략하게정리하여 개념들과 공리들을 구별하고 구분하는 학문과 교육의 방법론이었다. 비록 라미즘이 논리적 방법론이기는 했지만 그 방법론의바탕에는 논리와 학문이 그 자체를 위해 존립하는 것이 아니라 성경의 진리를 더 선명하고 설득력 있게 제시하는 데 기여해야 한다는 신학적 이해가 자리 잡고 있었다.[12] 어셔는 트리니티에서 공부하면서

---

9) Ford, 17-18.
10) Gribben, 21-22.
11) Ford, 27.
12) Ford, 39-40.

자신의 신학적 논의를 체계적이며 설득력 있게 제시하는 논리적 방법론을 익혔다. 그러나 무엇보다 트리니티 대학에서 어셔에게 가장 큰 영향을 준 것은 그가 배운 종교개혁 신학의 구체적 내용이었다. 그가 접했던 신학은 이 대학 신학 교수들이 지니고 있던 칼빈주의였으며 그 가운데에서도 잉글랜드와 스코틀랜드에서 발전한 청교도 사상이었다. 어셔가 접한 청교도 칼빈주의 신학자들의 신학적 강조점은 은혜의 우선성과 말씀의 권위, 그리고 이와 대비되는 인간의 전적인 무능력과 죄성이었다.[13] 어셔는 신학적 연구와 더불어 어린 시절 이모로부터 배웠던 성경 연구에 대한 열심을 잃지 않았다. 그는 대학 재학 중 개인적인 성경 연구에 심취해 15세 때 스스로 창조로부터 이스라엘 왕들까지 이어지는 구약 연대기 저술을 완성하기도 했다.[14]

잠시 법학을 공부하기 원했던 아버지가 1598년 8월 갑작스럽게 사망한 후 어셔는 신학 공부를 계속해 1598년 학사 학위를 받고 1600년 석사 학위를 받았다.[15] 석사 과정에 있으면서 어셔는 아주 의미 있는 학문적 경험을 할 수 있었다. 그것은 1600년 6월 27일 더블린에서 유명한 예수회 설교자이며 어셔의 외가 쪽 친척이기도 했던 피츠시몬(Henry Fitzsimmon)과 벌인 신학 토론이었다. 당시 피츠시몬은 34세의 야심 찬 로마 가톨릭 신학자로서 대륙의 대학에서 신학 연구를 마친 후 아일랜드로 들어와 아일랜드를 로마 가톨릭 신앙으로 회복시키려는 원대한 "선교"의 꿈을 가지고 활동하고 있었다. 피츠시몬은 그의 설교 활동이 당국의 정책에 위배되었던 관계로 더블린 감옥에 수감되어 있었다. 정치적 억압이 아닌 신학적 토론을 통해 피츠시몬의 로마 가톨릭 사상을 논박하고자 했던 개신교 진영은 그의 논쟁 상대로 20세에 불과한 석사 과정 학생 어셔를 내세웠다. 어

---

13) 포드는 홈스(Matthias Holmes), 트래버스(Walter Travers), 템플(William Temple) 등 트리니티 대학의 초기 학장(Provost)들의 신학적 배경을 제시하면서 이 대학의 신학이 청교도적 칼빈주의와 장로교주의를 강하게 드러내고 있다고 분석한다. Ford, 41-42.
14) Gribben, 26.
15) Bernard, 25.

셔는 더블린 성에서 매주 열린 신학 논쟁에서 교황이 성경이 말하는 적그리스도임을 강력하게 주장하며 피츠시몬과 격론을 펼쳤고 그 내용은 이후 소책자의 형태로 출판되었다. 비록 이 논쟁의 승패를 평가하는 것은 불가능하다. 그러나 적어도 그가 이 논쟁을 통해 종교개혁을 위한 학문적 논쟁의 가치와 바람직한 토론의 정신을 잘 배울 수 있었음은 분명하다. 또 이 논쟁을 통해 젊은 학생 어셔의 탁월한 신학적 역량이 아일랜드 전역에 알려진 것도 확실하다.[16]

어셔는 1602년 5월 트리니티 대학 교회의 부제(deacon)로 서품받았다.[17] 그를 부제로 서품한 인물은 다름 아닌 그의 삼촌 헨리 어셔였다. 당시 아일랜드의 수석주교였던 헨리는 트리니티 대학과 대학 교회를 아일랜드 종교개혁의 산실로 만들고자 최선의 노력을 경주하고 있었다. 어셔가 이 때 삼촌에 의해 서품을 받았다는 것은 그가 본격적으로 종교개혁 신학을 받아들이고 아일랜드 교회의 개혁을 위해 헌신하기로 했음을 분명히 한 것이었다. 어셔는 트리니티 대학 교회에서 정기적인 칼빈주의와 청교도적 관점에서 로마 가톨릭 교리를 반박하고 바른 교리를 강의하는 설교 사역을 정기적으로 담당했으며, 자신의 신학 연구와 트리니티 대학 도서관을 위해 여러 차례 잉글랜드를 방문하여 신학 서적들을 수집하는 등 학문적 활동을 계속했다.[18]

2. 아일랜드 교회의 지도자

트리니티를 졸업한 이후 어셔의 지위는 학계와 교계 모두에서 빠른 속도로 높아졌다. 학계에서는 1607년에는 모교 트리티의 신학 논쟁 교수(Professor of Theological Controversies)가 되었으며 같은

16) Ford, 13-14.
17) Bernard, 30, 33.
18) Ford, 33.

해 신학사를 취득하고 1612년에는 신학 박사 학위를 취득한 후 3년 후 1615년에는 이 대학의 부학장(Vice-Chancellor), 그리고 1616년 부총장(Vice-Provost)에 취임했다. 단 15년만에 신입 학생의 신분에서 부총장에 이른 빠른 승진은 20세 때 그가 신학 논쟁을 통해 보여준 학문적 역량에도 불구하고 너무도 예외적인 것이었다. 이는 그의 학문적 탁월함뿐 아니라 다양한 견해들을 잘 포괄하여 설득할 줄 알았던 어셔의 행정적 역량이 인정을 받은 결과였다.[19]

어셔는 부총장으로서 종교개혁 신학과 청교도 사상으로 트리니티 대학의 교육 내용을 공고히 하기 위하여 잉글랜드에서 유능한 학자들을 초빙하려 했다. 그가 관심을 기울였던 프레스턴(John Preston)의 논쟁 교수직 초빙은 성공을 거두지 못했지만 4년 만에 어셔의 뒤를 이어 이 교수직을 맡게 된 호일(Joshua Hoyle, d.1654)은 훌륭한 청교도 신학자로서 어셔의 기대를 따라 트리니티 대학에 청교도 신학을 확고히 하는데 기여했다.[20] 어셔가 추진해 성공한 청교도의 신학 교수직 임명은 로마 가톨릭과의 갈등을 고려해 분명한 청교도의 교수직 임명을 꺼려했던 이전 트리니티 대학의 성향과는 분명히 대조되는 개혁적 정책의 성과였다.[21]

다른 한편 어셔는 교계에서 1605년 더블린 세인트 패트릭 대성당의 고문관(chancellor)에 임명되었다. 그는 이곳에서 아일랜드 교회 전체의 현실을 파악하고 종교개혁 신학에 따른 교회 개혁을 계획하기 시작했다. 이곳에서 그의 행정적, 목회적 역량을 널리 인정받은 어셔는 1621년 미스(Meath)의 주교가 되어 아일랜드 교회의 중요한 지도자로서 사역하게 되었다. 그 이전 어셔가 1619년 잉글랜드를 방문했을 때 그를 만났던 제임스 1세는 어셔의 학식과 인격에 깊은 감

---

19) Gribben, 28.
20) 호일은 이미 그의 청교도 신앙을 뚜렷이 주장한 바 있었으며 이후 웨스트민스터 회의에 참석했던 분명한 청교도였다. Gribben, 29.
21) 1590년대 학장으로 추천을 받은 트래버스는 그가 잉글랜드 청교도들의 분파적인 성향을 가지고 있지 않음을 아일랜드 교회에 설득해야만 했다. Ford, 45-46.

명을 받았고 그 결과 사망하기 며칠 전 어셔를 아르마의 대주교에 임
명했다. 자신을 임직한 삼촌 헨리가 1603년까지 맡았었던 아르마의
대주교직은 아일랜드 교회를 대표하는 수석 주교직이기도 했다. 이
제 어셔는 1625년 초대 아르마 대주교였던 성 패트릭으로부터 계산
할 때 100번째 대주교로 취임하여 이제 아일랜드 교회 전체의 종교
개혁을 총 지휘하는 중책을 담당하게 되었다.[22]

대주교로서 어셔는 무엇보다 여전히 아일랜드 주민에게 광범위한
영향력을 발휘하고 있는 로마 가톨릭 세력과 신앙을 칼빈주의 신앙
으로 개혁하는 일에 최선을 다했다. 그러나 어셔가 취한 방법은 정치
적 억압보다는 유능한 설교자들의 사역을 통한 목회적 설득이었다.
특히 그는 자신의 교구인 아르마가 속해 있는 아일랜드 북동부 얼스
터(Ulster) 지역의 종교개혁을 위해 스코틀랜드에서 유능한 칼빈주
의 목사들을 영입하는 데 주력했다. 당시 얼스터 지역은 1607년 스
페인의 군사적 지원을 등에 업고 로마 가톨릭의 복원을 추진했던 영
주들의 반란이 실패하고 그들이 도주한 이후 정치적 공백 상태에 놓
여 있었다. 이에 잉글랜드는 얼스터 지역에 잉글랜드뿐 아니라 스코
틀랜드 사람들을 이주시키는 정책을 시행했고 이 지역에 남아 있던
친 잉글랜드적인 아일랜드 영주들 역시 새로운 인구의 유입을 통한
경제적 활력을 기대하며 이들을 환영했다. 어셔가 보기에 이런 상황
은 이 지역에 개신교 신앙을 정착시킬 수 있는 좋은 기회였다.[23] 어
셔의 노력의 결과로 얼스터의 많은 교구들이 1620년대 후반부터 점
차 청교도적이며 장로교적인 목회자들로 채워졌다.[24] 스코틀랜드로
부터 온 목회자들은 열정적인 설교를 통해 북동부 아일랜드의 부흥

---

22) Gribben, 28.
23) Gribben, 29-30.
24) 한 예로 1622년 다운(Down) 교구는 전체 18명의 목회자들 가운데 10명이, 코너
(Connor) 교구는 전체 21명 가운데 13명이 스코틀랜드 출신 목사들이었다. 1613년까지는
단지 3명에 불과했던 아일랜드 내 스코틀랜드 출신 주교들이 1634년에는 6명으로 늘어났
다. Gribben, 31-32.

운동을 일으켰으며 이들을 통해 어셔가 기대했던 아일랜드 종교개혁
은 많은 동력을 얻을 수 있었다.[25]

그러나 1620년대 중반 이후 잉글랜드와 스페인의 정치적 갈등이
고조되면서 아일랜드는 다시 한 번 군사적 위협에 놓이게 되었다. 스
페인과의 정치적 타협을 모색하던 국왕 찰스 1세는 1626년 로마 가
톨릭 신앙과 미사의 자유를 일부 인정하는 "관용령"(The Graces)
을 발표했다.[26] 국왕의 포용적 종교 정책은 이제까지 추진되고 있
던 어셔의 개혁 정책에 새로운 도전이었다. 어셔는 이런 상황을 단순
히 정치적으로만 해석한 것이 아니라 자신의 칼빈주의 신앙의 관점
에서 하나님의 교회를 위협하는 적그리스도의 영적인 도전으로 간주
했다. 어셔는 왕에 대한 충성을 저버리지는 않았지만 여러 차례 설
교와 저술들을 통해 왕의 포용적인 종교 정책을 비판했다.[27] 어셔는
국가의 종교 포용 정책에 대한 아일랜드 교회 전체의 공식적인 반대
를 표명할 필요를 느꼈다. 그 결과 1626년 11월 26일 자신의 집에
소집한 아일랜드 주교 모임을 통해 "아일랜드 대주교와 주교들의 판
단"(Judgment of Archbishop and Bishops of Ireland)을 발표했
다. 이 발표문은 "교황주의자들의 종교는 미신이며 우상숭배이다. 그
들의 신앙과 교리는 오류이며 이단이다. 그들의 신앙과 교리 양 측면
에서 배교적이다. 따라서 그들에게 관용을 베풀거나 그들의 신앙을
자유롭게 실행하고 그들의 신앙과 교리를 자유롭게 고백할 수 있게
허용하는 중대한 죄"라고 선언했다.[28] 어셔를 비롯한 여러 주교들의

---

25) 블레어(Robert Blair)와 리빙스턴(John Livingstone), 그리고 존 낙스의 손자였던 웰
시(Joshua Welsh)같은 목사들은 열정적인 설교와 체계적인 교리 교육을 통해 "Six Mile
Water Revival"이라고 불리는 1620년대 후반부터 1630년대 초까지 전개된 얼스터 지역
의 부흥 운동을 이끌었다. 이 부흥 운동은 기본적으로 연속 성경 강해와 시편 찬송, 그리고
성찬의 빈번한 시행을 강조하는 스코틀랜드 장로교회의 예배의 도입과 정착으로 이루어졌
다. Gribben, 57-62.
26) Gribben, 63.
27) 한 예로 1626년 6월 25일 왕 앞에서 전한 설교에서 고린도전서 14장 33절을 근거로 잉글
랜드와 아일랜드에서의 확고한 종교개혁 정책을 촉구했다. Ford, 140-44.

반대로 인해 결국 왕의 "관용령"은 일단 1627년 아일랜드 의회에서 승인을 받지 못했다. 이처럼 어셔는 정치적 목적을 위해 분명한 종교개혁의 확립에 미온적이었던 잉글랜드 왕실에 맞서 칼빈주의 신학에 입각한 아일랜드의 종교개혁에 대한 확고한 의지를 굽히지 않았다.[29]

1620년대의 혼란한 시대적 상황 속에서 어셔는 로마 가톨릭주의자들의 주장에 맞서 아일랜드의 종교개혁을 역사적으로 변호하고 신학적으로 확립하는 데 주력했다. 특히 학교와 교구의 개혁을 위해 어셔는 두 가지 학문적 작업이 필요함을 절감했다. 첫째, 아일랜드 교회가 추진하는 종교개혁 신학과 새로운 교회 제도가 결코 새로운 것이 아니라는 역사적 변증이었다. 이를 위해 어셔는 여러 소책자를 통해 트렌트 회의가 확정한 로마 가톨릭의 신학과 교회론이 초대 교회의 가르침을 벗어난 이단적인 입장임을 주장했다. 더불어 초기 아일랜드와 영국 교회의 가르침과 교회 모습은 당시 로마 가톨릭이 아니라 개혁 교회의 가르침과 더 유사함을 주장했다. 그가 발표한 소책자들은 "종교의 대화"(*A Discourse of the Religion Anciently Professed by the Irish and British*)로 묶여 1631년 출판되었다.[30] 둘째, 그의 신학적 과제는 종교개혁 신학과 개혁적 교회 제도는 성경의 가르침에 합당하다는 신학적 증명이었다. 어셔는 특히 예수회의 논쟁 신학자인 벨라르민(Robert Bellarmine, 1542-1621)에 맞서 젊은 시절부터 많은 논쟁을 펼쳤다. 특히 벨라르민이 1586년부터 1593년 사이에 잉골슈타트에서 출판한 "기독교 신앙논쟁에 대한 토론"(*Disputationes de controversiis Christianae fidei*)에 맞서 어셔가 저술한 "권위 있는 성경 본에 대한 토론"은 그를 벨라르민과 맞

---

28) Ford, 146.
29) Ford, 150.
30) 이와 더불어 900년 교회 역사를 검토하여 종교개혁의 역사성을 변증한 "계승"(De successione)이라는 작품에서 그는 종교개혁 신앙과 교회의 모습이야 말로 중세 시대 로마 가톨릭으로 변질되기 이전 아일랜드 초기 교회의 모습이라고 주장했다. Ford, 72-74.

서는 개신교 진영의 신학자로 인식시켜 주었다.[31]

그러나 1630년대에 접어들자 아일랜드 교회의 종교개혁은 로드
(William Laud, 1573-1645)가 캔터베리 대주교에 취임하여 찰스
1세가 원했던 강력한 국교회 정책을 강요하면서 새로운 도전에 직면
했다.[32] 1629년부터 3년간 아일랜드는 잉글랜드의 총독(The Lord
Deputy)이 부재한 정치적 공백 상황이 발생했다. 정부의 지원이 원
활하지 않은 상황을 극복하고자 어셔는 1633년 캔터베리 대주교로
취임한 로드와 공조해 국교 정책을 받아들이지 않는 로마 가톨릭 신
자들에게 벌금을 부과함으로써 아일랜드의 개신교를 확립하려 했다.
그러나 1633년 새로 부임한 총독 웬트워스(Thomas Wentworth,
1593-1641)는 종교개혁의 확립에 관심이 없었다. 그는 아일랜드 교
회의 경제적 자립을 구실로 내세워 벌금 부과를 거절했고 로마 가톨
릭 신자들의 종교적 자유를 보장하려 했다. 새 총독은 더블린에 새로
운 극장을 건립하는 문제를 두고도 어셔와 대립했다. 청교도 정신을
따라 어셔는 극장 출입을 일종의 죄악으로 간주했기 때문이었다.[33]

어셔는 총독뿐 아니라 결국 로드의 국교회 정책과도 갈등을 빚었
다. 이는 엄격한 칼빈주의를 견지한 어셔와 달리 로드는 강력한 국
교회 제도에 대한 입장뿐 아니라 이를 위해서라면 알미니안주의자
들도 포용할 수 있다는 느슨한 신학적 견해를 가지고 있었기 때문이
다.[34] 어셔의 지지를 힘입어 로드는 1633년 트리니티 대학의 총장
(Chancellor)이 되었지만 로드가 진행한 정책은 어셔의 기대와 어긋
났다. 어셔는 교회 제도와 관련해 청교도적 관점에서 교회와 국가의

31) Ford, 60.
32) 로드는 1611년 옥스포드의 세인트존스 대학의 학장으로 취임하면서 기존 로마 가톨릭 예
    식의 회복과 더불어 영국 교회의 정체성을 중세 로마 가톨릭과의 단절이 아닌 연속성에 찾
    아야 한다고 주장하여 찰스 1세의 주목을 받았고 그 결과 1626년 바스와 웰스의 주교,
    1628년 런던 주교를 거쳐 캔터베리 대주교에 임명되었다. Gribben, 54.
33) Ford, 150-51.
34) Ford, 152-54.

구별을 이해했고 또 이미 많이 유입되어 있던 스코틀랜드 목회자들
의 장로교주의적 교회 운영을 허용했다. 그러나 왕이 수장이 되는 강
력한 위계질서 체계를 통해 교회를 통제하려 했던 로드는 아일랜드
교회의 자율성을 보장하려는 어셔의 이해와는 달랐다.[35]

어셔는 잉글랜드 왕실에서 임명 받은 대주교로서 교회 제도에 있
어 국왕이 교회의 수장이라는 주장을 거부하지 않았다. 그는 왕이 복
음을 증거하고 죄를 책망하는 교회의 역할을 보호하는 의무에 충실
하다면 교회의 수장으로서 역할을 잘 수행하는 것이라고 생각했기
때문이다.[36] 그러나 어셔는 교회와 국가의 일정한 구별 역시 중시했
다. 따라서 그는 아일랜드 내의 장로교회들의 자율적 운영을 허용했
을 뿐 아니라 주교가 자신의 교구에서 장로회를 운영하는 수정된 방
식의 주교제도를 시행해야 한다고 생각하고 있었다. 어셔에게 중요
한 것은 로마 가톨릭의 잘못된 신학을 반박하고 예수 그리스도의 주
권이 말씀 사역을 통해 구현되는 것이었다. 그러므로 어셔가 로드의
국교회 정책을 반대한 것은 국교회 제도 자체 때문은 아니었다. 어셔
가 받아들일 수 없는 것은 왕이 그렇게 결정했다면 로마 가톨릭 신앙
에 대한 허용도 수용해야 한다는 로드의 교회론적 입장이었다. 어셔
는 제도와 신학을 구별하여 바른 종교개혁 신학을 지킬 수 있다면 제
도적 문제는 융통성을 가질 수 있다는 중도적인 입장을 취했다. 그러
나 어셔가 보기에 로마 가톨릭의 오류와 미신을 간과하거나 용납하
는 것은 그리스도의 교회에 속하는 왕이 절대로 허락해서는 안 되는
큰 죄악이었다.

결국 1630년대 로드의 국교회 정책에 대해 어셔가 느낀 심각한 문
제는 바른 교리를 지키는 문제였다. 로드의 국교회 정책은 결국 알

---

35) 스코틀랜드의 목회자들이 아일랜드 얼스터로 이주한 가장 큰 이유는 제임스 1세가 로마
가톨릭적인 예전과 목회자 임직을 규정한 '펄스조항'(Articles of Perth)을 1618년을 강요
했기 때문이었다. 찰스 1세와 로드의 종교 정책은 펄스 조항을 계승해 강화시킨 형태였다.
Gribben, 52.
36) Gribben, 64.

미니우스주의를 둘러싼 신학적 갈등으로 이어졌다. 국교회 정책을 확립하려 했던 다운 교구의 주교 에클린(Robert Echlin)은 1632년 칼빈주의자이며 장로교주의자로서 얼스터 부흥운동을 이끌었던 스코틀랜드 출신 목회자들을 해임했다. 데리의 주교 브램홀(John Bramhall)은 공공연히 국교회정책에 우호적이지 않은 청교도 목회자들의 교리와 예배를 비난했다.[37] 이처럼 로드를 따르는 아일랜드의 주교들은 정치적인 목적을 가지고 정통 칼빈주의 목회자들의 사역을 봉쇄하고 이미 1618년 도르트 회의를 통해 공식적으로 거절된 알미니우스주의를 정책적 필요에 따라 허용하려 했다.

새로운 트리니티 대학의 학장 임명 문제는 어셔의 청교도 신학과 로드의 국교회 정책이 포용한 알미니우스주의가 실질적으로 충돌한 사안이었다. 어셔는 아일랜드의 목회자들을 양성할 책임이 있는 트리니티 대학의 학장으로 십스(Richard Sibbes, 1577-1635)나 메드(Joseph Mede, 1586-1639)와 같은 청교도 칼빈주의자를 초빙하려 했다. 그러나 로드는 트리니티 대학 내의 교수진의 권한을 약화시키고 자신과 국왕의 결정권을 강화하는 방향으로 규정을 수정했고 학장의 임명권을 왕에게 전적으로 귀속시켰다. 그 결과 1634년 임명된 학장 채플(William Chappell, 1582-1649)은 공공연한 알미니우스주의자였다.[38] 설립 이후 수 십 년 간 아일랜드 교회를 위해 정통 칼빈주의에 입각한 청교도적 신앙으로 목회자들을 양성하기 위해 노력했던 어셔와 트리니티 대학의 노력은 위기에 처했다. 어셔가 볼 때 이처럼 알미니우스주의까지 정치적 필요에 따라 허용하는 것은 교회 제도에 대한 융통성과 그 성격이 다른 아일랜드 교회의 개혁에 대한

37) Gribben, 65.
38) Ford, 163.
39) 제임스 1세는 이미 1622년 근본적으로 민주주의적 정책을 선호하는 청교도들의 세력화를 억제하기 위해 도르트 회의가 확정한 예정 교리에 대한 공적인 언급이나 교육을 금지한 바 있다. 많은 청교도들은 칼빈주의적 입장을 약화시키려 한 로드의 국교회 정책의 밑바탕에는 알미니우스주의자들의 신학적 이해가 있다고 판단했다. Gribben, 54.

근본적인 도전이었다.[39] 어셔는 '도르트 신조'(*Canons of Dort*)의 제한 속죄에 대해서는 전적으로 동의하지 않았지만 근본적으로 알미니우스주의자들의 예정론 이해를 거절했다.[40] 정통 칼빈주의에 입각해 알미니우스주의를 거절하는 그의 입장은 이미 1615년 아일랜드 교회가 공인한 아일랜드 신조에서부터 확고하게 정리된 어셔의 신학적 입장이었다. 1630년대 후반 어셔의 정책적, 신학적 과제는 알미니우스 사상에 맞서 정통 칼빈주의를 확고히 하며 바른 신학을 세우기 위해 아일랜드 교회의 일정한 독립성을 확보하는 것이었다. 그러나 안타깝게도 바른 신학에 집중하고자 했던 어셔의 노력은 1640년대에 들어서면서 잉글랜드 내의 왕당파와 의회파 사이에 치열한 갈등이 전쟁으로까지 치닫게 되자 설득력을 가질 수 없는 이상적인 중재안으로 여겨졌다. 트리니티 대학은 알미니우스주의를 용납하면서부터 바른 신학에 기초해 복음을 신실하게 설교하는 목회자 양성보다는 국가 교회의 충성하는 종교인을 양성하는 기관으로 전락해 갔다.

3. 격동의 시대 교회의 신학자

1640년 60세의 어셔는 아일랜드를 떠나 잉글랜드에 정착했다. 본래 일시적인 방문으로 계획했던 잉글랜드 방문은 1641년 아일랜드에서의 폭동으로 인해 영구적인 것이 되고 말았다. 평소 아일랜드 교회의 지도자로서의 그의 위상뿐 아니라 어셔의 학식과 온건한 정책에 대한 존경을 가지고 있던 찰스 1세와 잉글랜드 의회의 청교도들 모두 그에게 많은 기대를 가졌다. 그 결과 폭동으로 인해 사라진 어셔의 수입원을 확보하기 위해 의회는 매년 400파운드의 급여를 보장

---

40) 어셔는 "가설적으로 그리스도의 속죄는 보편적이지만, 실제로 그 적용은 제한된다"고 주장했다. Ford, 108-9.

했고 찰스 1세 역시 공석이었던 칼라일(Carlisle) 주교직을 주어 생활을 지원했다.[41] 그러나 어셔는 잉글랜드에서 교회 행정가나 정치가로서의 활동을 펼치기보다는 학문적 작업에 집중했다.

어셔는 잉글랜드에서도 신학적으로는 로마 가톨릭과 알미니우스주의 모두를 단호하게 거절했지만 제도적으로는 충성스러운 왕의 신하로서 남고자 했다. 이에 왕당파와 의회파의 치열한 정치적 갈등 속에서 그가 제시한 교회 제도의 대안은 제한적 주교제(Reduction of Episcopacy)였다. 1641년 즈음 발표한 저술을 통해 어셔는 사도행전 20장에 나타난 바울의 에베소 장로들과의 대화를 성경적 근거를 들어 교회 운영에 있어 주교의 독단적 치리가 아닌 성도들의 대표와의 협의 기구를 통한 민주적 운영이 성경이 보여주는 교회 제도라고 주장했다.[42] 어셔는 한 국가 교회의 수장이 왕이라는 점을 인정할 수 있지만 그 역할은 제한적인 것이라고 여겼다. 또 개 교회의 치리에 있어서도 주교의 권한은 반드시 다른 목회자들과의 민주적 협의를 통해 실행되어야 한다고 보았다.[43] 어셔의 이와 같은 제한적 주교 제도 주장은 국교회주의자들이나 장로교주의자들 양쪽의 견해로부터 공격을 당할 소지가 있었다. 그러나 어셔의 영향력과 학문을 높이 평가했던 양측은 어셔를 공격하기보다 그의 주장이 모두 자신들의 입장을 지지한다고 해석했다.

1642년 왕당파와 의회파 사이의 내전이 발생하자 어셔는 더 이상 중도적인 입장을 취할 수가 없었다. 어셔는 왕에 대한 충성을 지키기로 했다. 그것이 그가 새로운 교회의 제도와 그 근거가 되는 신학을 정립하기 위해 소집한 웨스트민스터 회의에 참석하지 않은 이유였다. 그러나 웨스트민스터 회의에 참석한 청교도들은 모두 어셔의 신

---

41) Ford, 223-24.
42) Ford 240.
43) 포드는 어셔에게 있어 국교회 제도와 청교도 신앙와 예배는 서로 분리할 필요가 없는 개신교의 요소였다고 평가한다. Ford, 56.

학을 존중했고 그가 작성한 아일랜드 신앙고백을 웨스트민스터 신앙
고백의 각 조항들을 위한 직접적인 기초 자료로 사용했다.[44]

그러나 청교도 전쟁으로 불리는 잉글랜드 내전에서 의회파가 승리
하면서 왕에 대한 충성을 저버리지 않은 어셔의 입지는 날로 좁아졌
다. 어셔는 옥스포드를 떠나 브리스톨, 카디프, 그리고 세인트 도나
츠까지 거주지를 옮겨야 했다. 어셔는 여전히 찰스 1세의 신임을 받
았을 뿐 아니라 연금 상태에 있는 왕에게 제한적 주교제를 지지할 것
을 조언함으로써 의회파와의 갈등을 중재하려 노력했다.[45] 어셔의 노
력에도 불구하고 크롬웰(Olive Cromwell, 1599-1658)의 강경파가
정권을 잡은 의회파는 다시 한 번 군사를 일으킨 찰스 1세를 체포해
재판에 회부했고 왕을 반역 혐의로 1649년 1월 30일 참수했다. 어셔
는 왕을 처형한 의회파의 결정에 큰 충격을 받았지만 의회파의 정책
에 정치적인 입장을 드러내 맞서지는 않았다. 의회파 역시 왕의 대한
어셔의 변함없는 충성심 때문에 그를 경계했지만 그의 국제적 명성
과 청교도 신앙을 존중해 구체적 처벌을 내리지는 않았다.[46]

어셔의 우려처럼 크롬웰의 강경한 공화국 정책은 잉글랜드 내의 청
교도들을 분열시켰을 뿐 아니라 스코틀랜드에서도 반발을 불러 일으
켰고 결국 청교도들 사이의 내전으로 이어졌다. 어셔의 고국 아일랜
드도 왕의 처형으로 인해 일대 혼란이 일어났다. 스코틀랜드와 달리
교파를 막론하고 왕에 대한 충성심을 가졌던 아일랜드는 로마 가톨
릭과 국교회주의자들뿐 아니라 장로교주의자들까지도 크롬웰에 맞서
봉기했다. 1649년 크롬웰은 아일랜드의 봉기에 맞서 군대를 일으켜
신앙의 이름으로 드록헤다(Drogheda)와 웩스포드(Wexford) 등 주

---

44) Gribben, 86.
45) 찰스는 어셔의 제안에 따라 잉글랜드에서의 장로교회의 독립성을 인정한 의회의 "뉴캐슬
   제안"(Newcastle Propositions)을 받아들였다. 그러나 왕의 목적은 분쟁의 종식이 아니
   라 청교도들 사이의 분열 조장해 그 사이에 자신의 정치적 영향력을 회복하려는 것이었다.
   Gribben, 88.
46) Ford, 270.

요 거점 도시들을 잔인하게 진압했다. 크롬웰과 의회군의 잔인한 진압은 특히 같은 개신교 신앙을 가졌다고 생각해 왔던 아일랜드 청교도들과 스코틀랜드 장로교인들에게 씻을 수 없는 상처를 남겼다. 그리고 그 결과 1650년대 이후 아일랜드의 종교개혁은 이제 로마 가톨릭의 우상숭배를 신앙적으로 극복하고 바른 개혁교회를 세우려는 노력이 아니라 잉글랜드 의회파의 정책에 대한 의견 차이로 서로 대립하는 정치적 분열의 혼란에 빠지고 말았다. 이 혼란 가운데 아일랜드만의 독립된 개신교회를 구축하려는 분리주의자들이 득세했으며 여전히 아일랜드에서 소수에 머물러 있던 청교도 목회자들과 교회들 사이에서도 정치적 입장에 따른 갈등과 분열이 커져갔다.[47]

1646년 6월부터 어셔는 그의 친구였던 피터버러 공작부인(Duchess of Peterborough) 엘리자베스의 보호 하에 런던 근교 서리의 레이게이트(Reigate, Surrey)에 머물렀고 이듬해부터는 근처 링컨 여관(Lincoln's Inn)에서 정기적인 설교사역도 시작했다.[48] 노년의 어셔는 혼란에 빠진 고향 아일랜드로 돌아가 활동할 수는 없었지만 잉글랜드에서 국교회주의자와 장로교주의자, 그리고 회중주의자들 모두에게 존경을 받으면서 자신의 청교도 사상과 연구를 계속할 수 있었다. 크롬웰은 왕에 대한 어셔의 충성심을 잘 알고 있었지만 그의 학식과 청교도 신학을 존경했기 때문에 그의 활동과 급여를 보호해 주었다. 이렇게 혼란스러운 잉글랜드의 정치적 상황 속에서도 어셔는 자신의 신학 연구를 계속 진행했다. 이 시기 그의 연구는 논쟁적, 정치적 영역보다는 젊은 시절부터 관심을 가졌던 성경과 교부 연구에 집중되었다.

특히 어셔는 1650년과 1654년 발표한 그의 구약 연대기 연구

---

47) Gribben, 95-108.
48) 어셔는 예수회 신학자와의 논쟁 과정에서 독실한 청교도 신앙을 가졌던 공작부인의 호의를 얻었다. 그는 거처 근처의 교회에서뿐 아니라 오웬(John Owen)이 부총장으로 있던 시기 옥스포드 대학에서 설교했다. Gribben, 108-9.

를 통해 우주의 창조가 주전 4004년 10월 22이라고 주장했다. 그
의 연대기 연구는 『우주의 첫 기원들로부터 연역한 구약 연대기』
(*Annales veteris testamenti, a prima mundi origine deducti*)가
1650에 출판되고 그 『후편 연대기』(*Annalium pars posterior...*)가
1654년 출판되는 결과로 나타났다. 어셔의 연대기적 연구는 비슷한
시기 캠브리지의 신학자 라이트푸트(John Lightfoot)의 연대기와
더불어 오늘날까지 "젊은 지구 창조론"(Young Earth Creationism)
의 중요한 역사적 근거로 이해되었다. 물론 다른 한편 어셔의 연대
기 연구는 근대 물리학의 연구 결과와 충돌하는 비과학적 주장이라
고 비판 받기도 했다. 그러나 어셔의 연대기 연구와 그 결과는 당시
독특한 것은 아니었으며 많은 신학자들과 과학자들 역시 비슷한 연
구를 수행했다. 한 예로 뉴턴(Isaac Newton)은 연대기 연구를 통해
지구의 창조가 대략 주전 4000년경이라고 주장하기도 했다. 어셔의
연대기 연구는 페르시아와 헬라 제국의 역사, 그리고 로마 제국의 역
사의 중요한 사건들이 발생한 연도를 추정하는 데 있어서 상당히 정
확한 계산을 했다는 측면에서는 역사학적 연구로서의 가치를 가지고
있다.[49]

어셔는 다시 한 번 자신의 교구였던 아일랜드를 방문하고자 하는
소원을 이루지 못하고 1656년 3월 20일 75세를 일기로 세상을 떠났
다. 세상을 떠나기 전날까지 어셔는 자신의 연구와 근처 환자를 심방
하여 위로하는 목회의 책무를 다했다. 단 하루 앓고 난 후 이튿날 오
후 숨을 거두면서 어셔가 남긴 유언은 "오 주님, 나를 용서해 주소
서. 특별히 태만의 죄를 용서해 주소서"였다. 그 누구보다 가장 부지
런히 목회와 학문 연구에 힘썼던 어셔가 자신의 가장 큰 죄를 태만이
었다고 회고한 것은 아마도 자신의 기대와 달리 더 큰 혼란에 빠져들

---

49) James Barr, *Biblical Chronology: Legend Or Science?* (London: University of
London, 1987), 19.

어 간 잉글랜드와 아일랜드의 영적 상황에 대한 책임감 때문이었을 것이다. 그의 가족들과 지인들은 소박한 장례를 준비했지만 크롬웰은 아일랜드 수석주교에 어울리는 국가 장례를 추진했고 어셔는 웨스트민스터 사원의 성 에라스무스 채플에 그의 스승 풀러턴 곁에 묻혔다.[50]

III. 어셔의 예정론과 교회론

1. '아일랜드 신조'의 의의

아일랜드의 수석 대주교이며 트리니티 대학의 부총장으로서 어셔가 평생에 걸쳐 주력했던 신학적 작업은 두 가지였다. 그 하나는 여전히 아일랜드에 큰 영향력을 끼치고 있는 로마 가톨릭의 오류에 맞서 청교도 신앙에 입각한 종교개혁 신학을 확립하는 것이었다. 두 번째는 정치 세력과 결탁하여 종교개혁 신앙을 혼란하게 하는 알미니우스주의를 반박하고 칼빈주의 신학을 공고히 하는 것이었다. 어셔는 많은 공무와 이주 생활에도 불구하고 꾸준히 스스로의 연구를 계속하여 많은 저술을 남겼다. 그러나 어셔의 신학 사상을 가장 선명하고 압축적으로 발견할 수 있는 작품은 '아일랜드 신조'라고 말할 수 있다.[51] 이 신조는 어셔가 주축이 되어 1571년 잉글랜드 의회가 종교개혁의 신학적 기준으로서 채택한 '39개조'(*The Thirty-Nine Articles*)가 가지고 있는 모호함을 극복하고 분명한 청교도적 종교개혁 신학을 확립하기 위해 작성되었다. 이미 잉글랜드의 청교도들은 '39조'의 신학적 모호함을 극복하기 위해 대주교 위트기프트가 주도

---

50) Gribben, 109-10.
51) James개혁과 신앙고백서들의 공동체적 성격을 고려할 때 아일랜드 신조 역시 어셔의 단독 저술이라고 볼 수는 없다. 그러나 많은 학자들은 내용과 저술의 정황을 고려할 때 어셔가 이 신조의 주 저자임을 받아들인다. Ford, 86-87.

해 1595년 '람베스 신조'(*Lambeth Articles*)를 작성했으나 이 신조
는 제임스 1세의 포용적 종교정책에 막혀 의회의 공식적 승인을 받지
못했다. 제임스 1세의 유보적인 태도에 맞서 아일랜드의 청교도들은
독자적인 신조 작성에 필요성을 느꼈고 그 결과 1615년 소집된 아일
랜드 교회의 총회(Convocation)는 어셔가 작성한 '아일랜드 신조'를
39개조와 더불어 공식적 표준문서로 인정했다.

전체 19장 104조로 이루어진 '아일랜드 신조'는 기본적으로 '람베
스 신조'를 기초로 했다. 그러나 핵심적인 사항에서 좀 더 선명하게
청교도 신학과 정통 칼빈주의의 입장을 분명히 드러낸다. 그 가운데
로마 가톨릭의 입장을 반대하는 예정론과 교회론은 어셔의 청교도적
신학을 분명히 보여주며 이후 본격화된 알미니우스주의와의 논쟁에
있어 더 선명해진 그의 칼빈주의 사상을 잘 보여준다.

2. '아일랜드 신조'의 예정론

'아일랜드 신조'는 3장의 11조부터 17조까지에 걸쳐 하나님의 영원
한 작정과 예정에 대해 설명한다. 그 가운데 11조는 먼저 예정에 있
어 하나님의 주권적 계획을 강조한다. "하나님께서는 모든 영원 전부
터 그의 변함없는 계획에 의해 시간 속에서 이루어질 모든 것들 정하
셨다. 그러나 이러함에 있어 이상적인 피조물들의 의지에 어떤 손상
을 끼치지 않으셨고 이차적 원인의 자유와 우연성을 제거하지 않으
셨고 도리어 확립하셨다."[53] 이어지는 12조는 선택과 유기의 이중 예
정과 그 수의 확정성을 분명히 말하며 다시 한 번 하나님의 주권을

---

52) Gribben, 38.
53) The Irish Articles, 21, in Philip Schaff, *The Creeds of Christendom, vol. III: The Evangelical Protestant Creeds* (Grand Rapids: Baker, 1983), 528. '아일랜드 신조'는 이후 IA.로 표기하고 '람베스 신조'는 LA.로 표기하며, '39조'는 EA.로 표기한 후 해당 조항을 표기한다. 각 신조들의 출처인 Schaff의 책은 CC.와 권수를 표기하고 페이지를 밝힌다.

강조한다. "동일한 영원한 계획에 의해 하나님께서는 어떤 사람은 생명으로 예정하셨고 어떤 사람은 사망으로 유기하셨다. 양쪽에는 오직 하나님께만 알려진 어떤 수의 사람들이 있으며 그 수는 증가하거나 감소하지 않는다."[54] 이상의 두 조항은 예정에 있어 하나님의 주권과 이중 예정을 강조한 '람베스 신조'를 요약 정리한 것이다.[55] 그러나 '람베스 신조'가 이중예정 자체에 집중하는 서술인데 반해 '아일랜드 신조'는 항상 각 조항의 첫 머리의 하나님의 주권적이며 비밀한 계획을 강조하는 서술상의 특징을 보여준다. 예정에 있어 불가해적인 측면과 확정성을 강조하는 서술은 구원 역사에 있어 하나님의 주권을 강조하는 칼빈주의 신학의 요점을 더 선명하게 한 진술이라고 분석할 수 있다.

'아일랜드 신조' 14조는 예정의 원인에 대한 알미니우스주의자들이 주장을 직접적으로 반박한다.

하나님을 생명의 예정으로 이끈 원인은 믿음을 미리 아심이나, 견인이나, 선한 행위들과 같은 예정된 사람에게 속하는 그 어떤 것도 아니며, 다만 하나님 자신의 선한 호의일 뿐이다. 모든 일들은 그의 영광을 드러내기 위해 정해져 있으며 그의 영광은 그의 자비와 그의 공의의 행하심 모두에서 나타난다. 하나님의 천상의 지혜로 볼 때 어떤 수를 선택하여 그의 감당할 수 없는 자비를 베푸시며, 남은 자들은 그의 공의의 안목에 따라 남겨 두신다.[56]

여기에서 '아일랜드 신앙고백'은 비교적 간략한 '람베스 신조'의 내용을 더 확대하여 상세히 진술한다. '람베스 신조' 1조는 다음과 같

54) IA. 23, CC.3: 528.
55) "1. 하나님께서는 영원 전부터 어떤 사람들은 생명으로 예정하셨으며, 어떤 사람들은 유기하셨다... 3. 예정된 사람들의 수는 예정되어 있으며 증가하거나 감소할 수 없다." LA. 1.3, CC.3: 523.
56) IA. 19, CC.3: 529.

다. "생명으로의 예정의 동력인 혹은 효력인은 믿음에 대한 예지, 혹은 견인, 혹은 선행과 같은 예정된 사람에게 속하는 그 어떤 것도 아니며 다만 하나님의 선하신 의지와 기뻐하심이다."[57] '아일랜드 신조'는 예정의 원인과 관련해 다시 한 번 하나님의 지혜와 공의, 그리고 영광을 강조함으로써 더 분명히 칼빈주의적 강조점을 부각시키고 있으며 이 점에 있어서 알미니우스주의가 주장하는 예지예정론을 거부하는 신학적 목적을 선명하게 밝히고 있다.

예정에 대해 언급하는 15조는 끝으로 예정의 실천적 의미를 다음과 같이 강조한다.

> 이와 같이 이루어진 생명으로의 예정된 자들은 그의 성령이 합당한 때에 일하심으로써 하나님의 목적에 따른 소명을 받게 되며, 은혜를 따라 소명에 순종하게 된다. 그들은 아무 공로 없이 칭의되며, 양자됨으로써 하나님의 아들들이 되며, 그의 독생자 예수 그리스도의 형상을 닮게 되며, 선한 행위들 안에서 경건하게 살아간다. 그리고 마침내 하나님의 자비로 인해 영원한 복락을 얻는다. "그러나 구원으로 예정되지 않은 자들은 결국 그들의 죄 때문에 저주를 받게 된다."[58]

이처럼 '아일랜드 신조'가 예정의 실천적 의미와 신자의 소명과 순종의 책임을 강조하는 것은 삶 속에서 구체적으로 믿음의 실천을 강조했던 청교도적 이해를 반영한 것으로 볼 수 있다.

요약하면 '아일랜드 신조'는 '39개조'와 '람베스 신조'에서 분명하게 드러내지 못한 예정에 있어서의 하나님의 주권과 구원의 확정성을 더 분명히 설명하고 더 나아가 예정된 구원의 은혜를 받은 신자의 삶의 책임을 강조한다. 이런 측면에서 '아일랜드 신조'는 한층 더 발전

---

57) *LA*, 2, *CC*,3: 523.
58) *IA*, 15, *CC*,3: 529.

된 칼빈주의적이며 청교도적인 신앙고백이라고 볼 수 있으며 알미니우스주의의 도전에 대한 효과적인 대응을 마련했다고 평가할 수 있다. 실제로 '아일랜드 신조'는 1620년대 중반 이후 아일랜드뿐 아니라 스코틀랜드와 잉글랜드에서도 국교회주의자들의 정치적 필요에 따라 허용된 알미니우스주의를 논박하는 데 있어 중요한 역할을 감당했다.[59]

3. '아일랜드 신조'의 교회론

'아일랜드 신조'는 13장에서 68조와 74조까지 교회의 정의와 사역에 대해 설명하고 이어 14장에서는 75조부터 80조까지 교회의 권위와 공회의 권위를 다루며 로마 가톨릭의 교황제도를 비판한다. 13장에서 발견할 수 있는 '아일랜드 신조'의 교회 정의는 먼저 하나님의 선택에 기초한 비가시적 교회에 대한 칼빈의 교회 정의를 따른다.

> 그 밖에는 구원이 없는 하나의 보편교회가 있을 뿐이다. 그 교회는 하나의 머리 곧 그리스도 예수 아래에서 과거에 있었고, 지금 있으며, 또 앞으로 하나의 몸으로 함께 모이게 될 모든 성도들의 우주적인 공동체이다. 그 일부는 이미 하늘에서 승리적 공동체이며 또 다른 일부는 아직 시장에서 전투적 공동체이다. 그리고 이 교회는 오직 그리고 모든 하나님에 의해 구원으로 선택된 자들로 이루어져 있으며 그의 성령의 능력으로 거듭났기 때문에 (그들의 수는 오직 하나님 자신에게만 알려져 있다), 보편적이며 우주적, 그리고 비가시적 교회라고 불린다.[60]

---

59) 치체스터의 주교이었던 칼턴(George Carleton)은 1625년 알미니우스주의자 몬테규(Richard Montagu)와의 논쟁을 위해 '아일랜드 신조'의 복사본을 보낼 줄 것을 어셔에게 부탁했다. 또 다른 칼빈주의자 루스(Francis Rous)는 알미니우스주의를 반박하는 글에서 '아일랜드 신조' 15조의 권위를 언급하며 하나님의 예지가 예정의 근거라는 주장을 반박했다. Ford, 137-38.
60) *IA*, 68, *CC*, 3: 538.

비가시적 교회를 설명함에 있어 교회의 머리이신 예수 그리스도의 유일성을 강조하며 하나님의 선택과 종말론적인 성격을 말하는 것은 모두 칼빈주의의 교회론과 일관되어 있다.

이어서 69조는 가시적 교회의 정의와 그 표지를 설명한다.

> 그러나 개별적이고 가시적인 교회들은 (그리스도에 대한 신앙을 고백하고 구원의 외적인 방편 아래에서 살아가는 자들로 이루어진다) 그 수가 많다. 그 중에는 얼마나 그리스도의 제정에 따라서 하나님의 말씀이 가르쳐지고, 성례들이 집행되며, 열쇠들의 권한이 신실하게 사용되는가 여부에 따라 그 교회들이 얼마나 더 순수한지 판단할 수 있다.[61]

가시적 교회의 성격에 대한 설명과 그 세 가지 표지에 대한 진술은 가시적 교회의 절대적 권위가 아닌 사역적 권위를 강조하며 가시적 교회가 지향해야 할 순수성의 표지가 무엇인지를 밝힌다. 교회의 순수성의 평가 표지에 대한 '아일랜드 신조'의 진술은 '웨스트민스터 신앙고백'의 해당 조항의 기초를 제공했다.[62] 그리고 세 가지 평가적 표지를 통해 가시적 교회의 순수성의 정도를 표현한 것은 두 가지 표지만을 언급하며 가시적 교회의 권위를 제시하는 잉글랜드 교회의 '39개조'와는 달리 그리스도의 유일한 권위에 상대적인 권위를 가지는 가시적 교회 권위의 의존성을 드러낸 것으로 볼 수 있다.[63]

'아일랜드 신조'의 교회론에서 특히 주목되는 진술상의 특징은 목회자의 자격과 권한을 다룬 71조에서 발견된다. "어떤 사람이 먼저 합법적으로 소명을 받고 그 직분을 수행하기 위해 보냄을 받지 않은

---

61) *IA*. 69, *CC*.3: 538.
62) *Westminster Confession of Faith*, 25:4, *CC*.3: 658.
63) "그리스도의 가시적 교회는 이 모든 일에 있어 필요한 것에 대한 그리스도의 제정에 따라 하나님의 순수한 말씀이 선포되고, 성례들이 합법적으로 시행되는 곳에 모인 신실한 자들의 공동체이다." *EA*. 19, *CC*.3: 499.

한, 교회 안에서 공적 설교와 성례의 집행을 위한 직분을 맡는 것은 합법적이지 않다."[64] 이 조항에서 '아일랜드 신조'는 '39개조'에서 쓰인 주교(Bishops), 사제(Priests), 부제(Deacons) 등의 용어를 사용하지 않고 통칭하여 "목회자"(ministers)라는 용어를 사용한다. 그리고 그 내용에 있어서도 말씀의 선포와 성례의 시행이라는 목회적 사역의 합법적 시행을 목회자의 권한의 한계로 진술한다. 포드는 이와 같은 목회자에 대한 이해는 국교회주의와 대조되는 청교도적 목사 이해를 반영한 것이라고 설득력 있게 주장한다.[65] 이와 같은 가시적 교회의 권위가 갖는 상대성과 의존성에 대한 이해는 74조에서도 다시 한 번 나타난다.

그의 백성들이 그들이 알게 된 모든 죄들을 어떤 유한한 사람에게 특별히 고백해야 할 의무를 갖게 하는 것은 하나님께서 기뻐하시는 바가 아니다. 그러나 어떤 사람이 그 양심에 어떤 특별한 이유로 가책을 느낄 때에는 경건하고 학식이 있는 목회자를 통해 조언을 받고 위로를 얻을 수 있다.[66]

'아일랜드 신앙고백'의 77조가 개별 교회의 권한을 강조한 것 역시 국교회주의적 교회 이해와는 차이를 보이는 청교도적 교회 이해의 반영이라고 볼 수 있다. 잉글랜드 교회의 '39개조'는 34조에서 의식의 제정과 수정에 대해 다음과 같은 내용을 말했다.

어떤 사람이든 그의 개인적인 판단에 따라 고의적으로 또 의도적으로 하나님의 말씀에 위배되지 않으며 공동의 권위에 의해 승인되고 제정된 교회의 전통들이나 의식들을 공개적으로 거절하면 다른 사람들이 같은

---

64) *IA*. 71. *CC*.3: 539.
65) Ford. 91.
66) *IA*. 74. *CC*.3: 539.

일을 저지르는 데 두려움을 느낄 수 있도록 공개적으로 책망 받아야 한다. 그가 교회의 공적인 질서를 위반하고, 집권자의 권위를 손상시키며, 약한 형제들의 양심에 상처를 주었기 때문이다.[67]

이에 반해 '아일랜드 신조'는 위와 같은 내용을 생략하고 의식의 제정과 수정, 및 폐지에 대해 다음과 같이 간략히 진술한다. "모든 개별적 교회는 그것들이 불필요하거나 오용될 경우 여러 의식들과 다른 교회적인 행사들을 제정하고 변경하고 제거할 수 있는 권한을 가진다. 그리고 품위와 질서와 교화를 증진시키기 위해 다른 의식들을 제정할 권위를 가진다."[68] '39개조'의 이해와 달리 개교회가 판단하여 불필요하며 오용된 의식을 폐지할 수 있다는 '아일랜드 신조'의 이해는 아일랜드 교회의 자율성을 강조함과 동시에 여전히 로마 가톨릭적이며 토착적인 종교 의식들을 개혁하겠다는 종교개혁적 의지를 드러낸 것이기도 하다.[69]

로마 가톨릭의 교황제도에 대한 반대는 '아일랜드 신조'에서 더 상세하게 강조된다. "지금 그리스도의 보편적 교회와 모든 왕들과 제후들 위에 최고의 머리가 되려 하는 로마 주교의 권력은 찬탈된 권력이며 하나님의 말씀과 초대 교회의 사례에도 위배된다."[70] 80조는 더 나아가 교회의 유일한 머리이신 그리스도의 권위를 손상시키는 로마 가톨릭의 교황 수위권 주장을 단순한 오류가 아니라 치명적인 죄악이라고 선언한다. "로마의 그리스도의 보편적 교회의 최고의 머리와는 너무나 거리가 멀다. 그의 행위들과 가르침들은 분명하게 그가 성경에서 이미 예언한 죄악의 사람임을 드러낸다. '주께서 그의 입의 영으로 그를 삼키시며, 그가 오시는 밝음으로써 그를 폐하실 것이

---

67) *EA*, 34, *CC*,3: 509.
68) *IA*, 77, *CC*,3: 540.
69) Ford, 93.
70) *IA*, 79, *CC*,3: 540.

라.'"[71] 평생에 걸쳐 로마 가톨릭의 오류와 미신을 극복하려는 어셔의 종교개혁의 의지와 그 신학적 근거는 이미 아일랜드 신조에서 이렇게 선언되었다. 어셔가 볼 때 이처럼 중요한 시대적 대의 앞에서 정치적 상황에 따라 개신교 진영 안에서 발생한 국교회주의와 분리주의 사이의 갈등은 참으로 안타까운 것이 아닐 수 없었다.[72]

요약하면 '아일랜드 신조'는 칼빈주의적 입장에서 교회를 정의하고 가시적 교회의 목회적 역할에 따르는 권위와 그 한계를 분명히 진술한다. 또 청교도적 입장을 따라 목회자의 역할과 개교회의 권한을 설명하며 로마 가톨릭의 교회론을 비판하고 그리스도께서 유일한 머리가 되시는 교회를 세우는 종교개혁 교회론을 잘 제시했다.[73]

IV. 맺는 말

어셔는 잉글랜드 왕을 비롯한 국교회주의자뿐 아니라 장로교주의자들과 분리주의적 청교도, 심지어 그의 대적이었던 로마 가톨릭주의자들에게까지 인품과 학식에서 존경을 받았다. 이점에 있어서 그가 17세 아일랜드가 낳은 가장 위대한 교회의 지도자였음은 부인할 수 없다. 그러나 그를 감독 제도를 지지한 국교회주의자로 보아야 할 것인가 아니면 대의제도를 추구한 장로교주의자로 보아야 할 것인가, 또 그를 어떤 의미에서 청교도라고 부를 수 있을까 등과 같은 질문은 어셔 생전부터 오늘날까지 해결되지 않는 논란거리로 남아있

---

71) *IA*. 80, *CC*.3: 540.
72) Ford, 280.
73) 아일랜드 신조는 성례에 대한 진술과 신구약 성경의 통일성에 관련한 언약신학에 있어서도 칼빈주의와 청교도 신학의 특징들을 잘 반영한다. Ford. 96-98.
74) 17세기부터 어셔가 세상을 떠난 직후 그의 생애와 사상을 소개한 버나드와 파(Richard Parr)는 각각 어셔를 경건한 칼빈주의자와 교파적 경향과 무관한 반가톨릭적 개혁주의자로 상반되게 평가했다. 20세기의 전기 작가들 역시 낙스(R.B. Knox)와 같이 어셔가 청교도라는 전통적 주장에 이의를 제기하는 평가와 그리벤과 같이 어셔를 복음적 청교도로 이해하는 견해가 상존한다. Ford. 5-7.

다.[74] 이 논란은 무엇보다도 아르마의 대주교이자 아일랜드 교회의 수석주교로서 감독제도 하에서 중직을 수행했던 어셔의 활동과 로마 가톨릭뿐 아니라 아르미니우스주의를 강력하게 비판하면서 종교개혁의 실질적 확립을 추구했던 그의 칼빈주의 청교도 신학 사이의 모순적 관계를 어떻게 이해하는가의 문제와 관련된다. 평생 왕에 대한 충성과 주교로서의 신분에 충실하려 했던 어셔의 태도에 무게를 둔다면 과연 그를 국가에 대한 교회의 독립성을 추구했던 청교도에 포함시킬 수 없을지 모른다. 그러나 '아일랜드 신조'의 중요 교리적 진술에서 확인할 수 있듯이 어셔가 평생 놓치지 않은 신학적 강조점에 무게를 둔다면 그를 정통 칼빈주의자이며 청교도적 신앙을 소유한 인물로 평가하는 데 어려움이 없을 것이다.

그러나 어셔에 대한 최종적 판단의 여부는 반드시 어셔가 17세기 초 아일랜드라는 독특한 시대적 상황 속에서 활동했다는 시대적 배경을 염두에 두고 이루어져야 한다. 아일랜드의 종교개혁이라는 자신의 사명 앞에서 어셔는 바른 칼빈주의 신학과 청교도 신앙에 따른 교회의 개혁에 평생을 바치고자 했고 이 시대적 사명 앞에서 교회 제도를 둘러싸고 벌어진 잉글랜드 개신교 내의 정치적 논쟁은 큰 의미는 아니었을 수 있기 때문이다. 어셔는 내전으로 비화된 시대의 격랑 앞에서 자신이 기대했던 아일랜드의 종교개혁이 열매를 맺는 모습을 목격하지는 못했다. 그러나 이런 어려움 속에서도 교회의 지도자로서 끝까지 최선을 다해 고민하며, 항상 성경의 가르침을 붙잡고 연구하며 남긴 그의 신학적 유산들과 목회적 모범들은 청교도 정신을 가지고 교회와 사회를 새롭게 하고자 하는 개혁 교회들이 잊지 말아야 할 귀중한 신앙의 유산으로 남아 있다.

알렉산더 핸더슨의
(Alexander Henderson, 1583-1646)
생애와 신학

김중락 (경북대학교, 역사교육)

I. 서론

1637년부터 이후 십 년 동안 스코틀랜드는 국가적으로 교회개혁에 총력을 기울였다. 국왕 찰스 1세(Charles I)의 위협과 전쟁에도 불구하고 스코틀랜드는 그들의 장로교회를 완전하게 개혁하였을 뿐 아니라 잉글랜드 교회조차 장로교회로 만들기 위해 총력을 기울였다. 아마도 스코틀랜드 역사상 이 시기처럼 잉글랜드에 대해 영적, 정치적 그리고 군사적 우위를 점한 적은 없었을 것이다. 스코틀랜드의 요청에 의해 잉글랜드의 장기의회가 소집되었고, 그들의 군사적 지원으로 잉글랜드 의회는 국왕 군에게 승리할 수 있었다. 그리고 스코틀랜드는 웨스트민스터 총회에 특사를 파견하였으며, 그들의 주도 하에 전 세계 장로교회의 4대 표준문서인 웨스트민스터 신앙고백서, 예배모범, 장로교회 정치, 대소요리문답서를 만들어냈다.

이 위대한 업적의 중심에는 당시 스코틀랜드 교회를 대표하는 인물이었던 알렉산더 핸더슨(Alexander henderson)이 있었다. 목회자였고 신학자였으며 정치인이었던 핸더슨은 영국혁명의 모든 단계 속에서 가장 중요한 역할을 수행한 인물이기도 했다. 그가 없었다면 스코틀랜드 장로교회의 개혁도, 웨스트민스터 총회도 없었을 것이다. 그는 당대에도 모두가 존경하는 인물이었고, 오늘날도 모든 장로교회가 기릴 정도로 위대한 업적을 남긴 인물이었다.

그럼에도 불구하고 지금까지 핸더슨에 대한 연구는 미미한 수준에서 이루어졌으며, 그마저도 대부분의 경우 학문적이라기보다는 전기적 글에 불과하다. 아주 최근에 출판된 찰스 잭슨(Charles Jackson)의 연구는 지금까지의 연구부족을 보상하고도 남음이 있을 정도로 학문적 접근이며 총체적 접근이기는 하지만, 이 역시 일부분을 제외하고는 핸더슨에 대해 피상적인 접근을 하고 있다는 인상을 준다.[1]

II. 핸더슨의 생애: 주교주의자에서 장로교회 수호자로의 변신

핸더슨은 1583년 스코틀랜드 파이프(Fife) 지역 크리치(Creich)의 명망 있는 집안에서 태어났다고 알려져 있다. 이를 제외하고는 핸더슨의 가정, 특히 부모에 대해 알 수 있는 정보는 존재하지 않는다. 이후 그의 행적은 1599년 15세가 된 핸더슨이 스코틀랜드 최고 대학인 세인트 엔드류스(St. Andrews) 대학에 입학하였을 때 나타난다. 대학에서 핸더슨은 상당히 우수한 성적을 취득하였고, 1603년 졸업과 동시에 아마도 교양학부에서 가르치는 자리를 얻었던 것으로 보인다. 1610년에는 수사학 교수로 정식 임명되었는데, 1611년 5월 14일 대학이 국왕에게 보내는 감사편지에는 그의 이름이 교수명단에 들어있음을 볼 수 있다.[2]

핸더슨이 목회자로 나선 것은 1612년(또는 1615년)경이었다. 당

---

1) L. Charles Jackson, *Riots, Revolutions, and the Scottish Covenanters: The Work of Alexander Henderson* (Reformation Heritage Books, 2015). 본 저자는 이 글이 거의 완성되었을 때 이 자료의 존재를 알게 되었고 뒤늦게 자료에 접근할 수 있었다. 이 자료를 통해 많은 보완을 하였으나 지면과 시간의 제약 상 크게 반영하지는 못했음을 밝혀둔다.
2) James Reid, *Memoirs of the Westminster Divines* (Banner of Truth, 1983), 284.

시 스코틀랜드 교회는 국왕 제임스 6세의 반 장로교회 정책으로 큰
고통을 받고 있었다. 16세기 말부터 장로회 제도에 큰 반감을 가지
고 있던 그는 스코틀랜드 교회에 주교(감독)를 임명함으로써 장로회
제도를 왜곡시키고 있었다.[3] 또한 제임스는 총회의 날짜와 장소를
마음대로 변경함으로써 교회에 대한 최고 결정권이 국왕에게 있음
을 보여주고자 하였다. 1604년 햄프톤 궁전 회의(Hampton Court
Conference)에서 제임스는 "장로교회와 군주제는 신과 악마만큼
잘 어울리는 한 쌍이다"라는 말을 할 정도로 장로회제도를 혐오하
고 있었다.[4] 제임스 치세 동안 스코틀랜드 장로교회는 장로회제도
와 주교제도가 혼합된 "장로회 조직 내의 주교제"(episcopacy-in-
presbytery)라는 기형적 구조를 가지고 있었던 것이다.[5]

그러나 당시 스코틀랜드 교회는 국왕에게 대항할 만한 힘이 없었으
며, 저항을 이끌 만한 지도자도 없었다. 『제2치리서』를 초안하고 제
임스에 대한 저항을 이끌던 엔드류 멜빌(Andrew Melville, 1545-
1622)이 있었으나, 그는 1606년 런던탑에 투옥되었다가 1611년 해
외로 추방되었다.[6] 1603년 왕실통합으로 잉글랜드 왕관까지 확보함

---

3) 제임스는 1584년 이른바 '암흑법'(Black Acts)을 통해 스코틀랜드에 주교제를 재도입하
였다. 이에 대한 자세한 논의는 Gordon Donaldson, "The Attitude of Whitgift and
Bancroft to the Scottish Church", Transactions of the Royal Historical Society,
4th Series, 24 (1942), 95-154을 참조하라.

4) Patrick Collinson, "The Jacobean Religious Settlement: The Hampton Court
Conference" in H. Tomlinson, ed., Before the English Civil War (London:
Macmillan, 1983), 42에서 재인용. 1604년 햄프톤 궁전 회의는 제임스의 잉글랜드 왕
위 즉위를 계기로 주교제 등 잉글랜드 교회제도를 개혁하려는 잉글랜드 청교도들의 청원
에 의해 제임스가 소집한 종교회의이다. 이 회의에 대한 자세한 분석은 M. A. Campbell,
"The Hampton Court Conference, January 1604", Records of the Scottish Church
History Society, 21 (1983), 27-41; M. H. Curtis, "Hampton Court Conference and
Its Aftermath", History, 46 (1961), 1-16.을 보라.

5) A. I. Dunlop, "The Polity of the Scottish Church", Records of the Scottish Church
History Society, 12 (1954-56), 161-84; G. Donaldson, The Scottish Reformation
(Cambridge: Cambridge U. P., 1960), 220; W. R. Foster, "The Operation of the
Presbyteries in Scotland", Records of the Scottish Church History Society, 15
(1964-6), 21-33; W. R. Foster, The Church Before the Covenants (Scottish
Academic Press, 1975), 64-5.

으로써 더욱 강력한 왕권을 가지게 된 국왕은 이제 스코틀랜드 장로교회 구조를 해체시키기 위한 교회정책을 실시하였다. 국왕의 힘을 입은 스코틀랜드 주교들은 점차 노회(Presbytery)의 결정을 무시하며 자신들의 실권을 행사하기 시작하였다. 이를 비난하던 목회자들은 주교들의 강압적인 처벌을 받기도 하였는데, 가장 대표적인 피해자는 한때 총회장을 역임한 적이 있는 세인트 자일스(St. Giles) 교회의 목사 로버트 브루스(Robert Bruce)였다. 그는 1596년 국왕의 교회정책에 반대하다 추방되었으며, 1598년 귀국한 브루스에게 국왕은 평생 스코틀랜드 어느 곳에서도 설교를 할 수 없도록 하였으나, 브루스는 이를 무시하고 스코틀랜드 여러 지역에서 설교를 하였으며 심지어 스털링(Stirling) 지역에서는 목회를 하기도 하였다. 그로 인해 브루스는 인버네스(Inverness)에 감금당하기도 하였으나, 풀려나면 그는 또 다시 설교를 위해 전국을 누볐다.[7] 그가 설교하는 곳곳마다 수많은 청중이 모인 것으로 전해진다.

이러한 상황에서 핸더슨이 목회에 나선 것이다. 당시 핸더슨은 브루스와는 달리 스코틀랜드 교회의 상태에 대해 매우 낙관적으로 생각하고 있었던 것으로 보인다. 그는 주교제도에 대해 긍정적으로 생각하고 있었고 주교들에게도 신임을 받은 것으로 전해진다. 후일 주교 헨리 거스리(Henry Guthrie, 1600-1676)는 핸더슨에 대해 다음과 같이 평가하였다. "핸더슨 씨는 젊었을 때 대단히 주교주의자였고, 대학교수 시절 고전할 강의실에서 세인트 엔드류스 대주교 글래드스테인스(Gladstanes)가 후견인으로 삼았으며, 그를 매우 칭찬

---

6) 스코틀랜드 왕 제임스 6세는 잉글랜드의 제임스 1세로 즉위하였다. 역사가들은 그를 "제임스 6세 겸 1세"(James VI & I)라고 칭하고 있다.

7) 옥스퍼드 인명사전은 브루스에 대해 "그가 설교하는 곳마다 큰 청중이 모였으며, 그는 능력으로 설교하였고, 그의 삶은 설교와 동일하였고, 그의 영향력은 스코틀랜드 교회사에서 비교할 인물이 없다"고 평가하고 있다. James Kirk, "Bruce, Robert(1554-1631)", *Oxford Dictionary of National Biography* (online ed.). Oxford University Press. doi:10.1093/ref:odnb/3756.

하였다. 그 덕분에 그는 루차스(Leuchars) 교구의 목사로 임명되었다".[8] 후일 웨스트민스터 총회의 특사로 함께 활동한 조지 길레스피(George Gillespie)가 주교들의 추천으로 교구 목사에 임명되는 것을 거부한 것과 달리 핸더슨은 세인트 엔드류스 대주교의 호의로 교구를 얻게 된 것이다. 이러한 핸더슨이 후일 장로교의 가장 열정적 옹호자가 된 것은 참으로 놀라운 일이다.

그러나 핸더슨에게는 불행하게도 그의 교구민들은 장로교에 어느 정도 헌신된 사람들이었다. 교구민들은 노회가 아닌 대주교의 호의로 부임하는 핸더슨에 대해 거부감을 가지고 있었다. 그의 부임 날 교인들은 교회당 문을 걸어 잠가버렸고, 결국 핸더슨은 창문을 통해 교회당에 입장해야만 했다. 대주교의 임명을 받은 목사에 대하여 교인들이 분명한 거부의 의사를 표시한 것이었다. 이러한 교구민에 대해 핸더슨은 다음과 같이 기도했다고 전해진다. "불쌍하고 무지한 회중을 축복하소서. 하나님의 말씀을 이해하지 못하는 이들을 도우소서. 이들 중 많은 이들이 설교내용이 하나님의 말씀인지 알지 못하는 자들입니다." 아마도 핸더슨은 교구민들이 쓸데없는 일에 관심을 가지고 있다고 여긴 듯하다. 초기 핸더슨의 목회가 교인들과의 관계악화로 인하여 매우 어려웠음은 추정하기 어렵지 않다.

이러한 핸더슨이 확고한 장로회주의자가 된 일화는 무척 흥미롭다. 정확한 연대를 알 수는 없지만 순회 설교자인 로버트 브루스가 그의 교구 인근에 오자 핸더슨은 이 유명한 설교자의 설교를 듣고 싶어 몰래 찾아갔다고 전해진다. 브루스는 설교 본문은 요한복음 10장 1절이었다. "내가 진실로, 진실로 너희에게 이르노니 문을 통하여 양의 우리에 들어가지 아니하고 다른 데로 넘어가는 자는 절도며 강도요"[9] 당시 브루스가 장로교에 가장 헌신된 인물 중 하나였음을 고려

---

8) Henry Guthry, *The Memoirs of Henry Guthrie, late Bishop of Dunkeld* (Glasgow, 1747).
9) Reid, *Memoirs of the Westminster Divines Memoirs*, 288.

할 때, 그가 노회가 아니라 주교의 임명으로 부임한 목사는 진정한 목자가 아님을 겨냥하여 설교했을 가능성도 부인하기 어렵다. 이 설교는 핸더슨을 무척이나 부끄럽게 만든 듯하다. 당시 핸더슨은 틀림없이 자신이 처음 교구 교회에 어떻게 들어갔는지를 회상했을 것이다.[10] 교구민들에 대해 부끄러움을 느낀 핸더슨은 더욱 헌신된 자세로 목회를 한 것으로 전해진다.[11]

핸더슨이 장로교회 수호자로 변신하게 된 것은 아마도 이 시기 즈음인 것으로 알려져 있다. 학자인 그는 당시 교회의 갈등과 논쟁에 대해 깊이 연구하게 되었고, 장로회제도가 더 성경적이며 더 실제적인 것이라는 결론에 도달한 것으로 보인다. 이후 그는 그동안의 잘못을 뉘우치기라도 하듯이 변모하게 된 것이었다.[12] 핸더슨은 후일 자신의 변화에 대해 다음과 같이 회고하였다. "모호하고 그늘에 살기를 좋아하는 인물이 밝은 곳으로 나왔고, 고요함을 좋아하던 사람이 공적인 일을 하게 되었다. 이전에는 생각도 못했고 꿈도 꾸지 않았던 일을 하게 되었다." 조용한 신학자였던 핸더슨이 비로소 장로교 운동가로 변모하게 된 것이다.

핸더슨이 장로회제도 수호자로 이름을 남기게 된 것은 1618년 퍼스(Perth) 총회 이후였다. 제임스는 총회를 위협하여 소위 '퍼스 5개조'(*Five Articles of Perth*)를 통과시켰는데 그 중에는 성찬식에서 무릎을 꿇고 떡과 포도주를 받는 가톨릭 의식도 포함되어 있었다.[13] 제임스는 '퍼스 5개조'의 실천에 대해서는 어느 정도 자유를 부

---

10) Reid, *Memoirs of the Westminster Divines Memoirs*, 289.
11) Reid, *Memoirs of the Westminster Divines Memoirs*, 288.
12) Reid, *Memoirs of the Westminster Divines*, 290.
13) 퍼스 조항은 성찬식에서의 무릎 꿇기, 사적 성찬식과 세례허용, 주교에 의한 입교 (Episcopal confirmation), 그리스도의 생애 즉 탄생(Nativity), 죽음(Passon), 부활 (Resurrection), 승천(Ascension), 그리고 성령강림(Pentecost)을 기념하는 5개의 성축일 준수를 규정하고 있으며, 이를 [퍼스 5개조항]이라 칭한다. I. B. Cowan, "The Five Articles of Perth", in D. Shaw, ed., *Reformation and Revolution* (Edinburgh: Saint Andrew P., 1967), 160–77.

여했지만 총회는 이를 공식으로 받아들여야만 했다.[14] 당시 핸더슨은 퍼스 총회에서 용감하게 반대의사를 표현한 인물 중 한 사람이었다.[15] '퍼스 5개조'를 로마교회의 의식으로 규정한 그는 자신의 교구에서 이를 일절 지키지 않았다. 게다가 핸더슨은 1619년『퍼스 총회』 (Perth Assembly)라는 책을 써서 퍼스 총회가 무효라는 주장을 펼쳤고, 그로 인해 그는 세인트 엔드류스 대주교 법정으로부터 소환장을 받게 되었다. 그러나 기록은 핸더슨의 자기 변론이 너무나 논리적이었으므로 법정은 그에게 아무런 처벌도 내리지 못했다고 보고하고 있다.[16]

스코틀랜드 장로교회에 대한 박해는 핸더슨의 나이가 50대에 들어서면서 더욱 강화되었다. 1625년 왕위를 물려받은 찰스 1세는 1633년의 종교개혁을 '종교개악'이라 생각하는 인물인 윌리엄 로드 (William Laud)를 잉글랜드의 캔터베리 대주교로 임명하면서 노골적으로 반 장로교회 정책을 실시하기 시작하였다. 찰스와 로드는 철저한 아르미니우스주의자였다. 줄리안 데이비스(Julian Davies)는 찰스의 교회관을 로드의 아르미니우스주의와 구별하여 "찰스주의"(Carolinism)라 칭했으나 그들의 교회관 차이는 극히 미미하였다.[17] 대륙의 아르미니우스주의는 칼뱅의 예정설을 부인하는 교리에 집중하였지만 잉글랜드에 도입된 아르미니우스는 교리뿐 아니라 가톨릭적인 예배의식을 중시하는 쪽으로 발전되어 있었다.[18] 찰스와 로드가 추구한 변화는 예배와 성찬식에서 "질서와 고상함"(order and decency)이었으며, 그 핵심정책은 성찬대(the communion table)

---

14) David Claderwood, The Perth Assembly (Edinburgh, 1619), 7.
15) Reid, Memoirs of the Westminster Divines Memoirs, 291.
16) Reid, Memoirs of the Westminster Divines Memoirs, 291.
17) Julian Davies, The Caroline Captivity of the Church: Charles I and the Remoulding of Anglicanism, 1625-1641 (Oxford: Clarendon, 1992), ch. 1.
18) 잉글랜드의 아르미니우스주의에 대한 자세한 연구는 Nicholas Tyacke, Anti-Calvinists: the Rise of English Arminianism, c.1590-1640 (Oxford: Clarendon P., 1987)를 참조하라.

를 교회당의 동쪽 끝으로 옮기고 이를 울타리로 막아 제단(altar)으로 만드는 것이었다.[19] 이는 당시의 사람들에게는 분명 가톨릭으로의 복귀라고 오해할 수 있는 변화였다.

찰스와 로드의 정책은 찰스가 통치하는 세 왕국, 즉 잉글랜드와 스코틀랜드 그리고 아일랜드에 실시되었으나 그들의 주된 목표는 여전히 장로교회의 요소를 가지고 있는 스코틀랜드 교회였다. 그들은 스코틀랜드 장로교회를 완전히 붕괴시키고 잉글랜드 교회처럼 만들고자 하였던 것이다. 그들의 첫 시도는 스코틀랜드의 상황을 살피는 것이었다. 1633년 찰스 1세는 같은 해 캔터베리 대주교로 임명된 로드를 대동하여 에딘버러(Edinburgh)를 방문하였다. 스코틀랜드는 찰스가 태어난 곳이었지만 갓난아이 시절 런던으로 떠난 이후 한 번도 찾아오지 못했던 곳이었다. 이 방문의 공식적인 목적은 스코틀랜드에서의 왕위즉위식을 거행하기 위한 것이었으나, 그들의 숨겨진 방문목적은 이후 시행할 교회개혁 프로그램에 대한 스코틀랜드인들의 태도를 탐색하기 위한 것이었다. 에딘버러에서 가진 찰스의 스코틀랜드 왕위즉위식은 철저하게 잉글랜드 기도서에 의거하여 치러졌다.[20] 그리고 그들은 스코틀랜드인들의 저항이 그리 심하지 않다고 판단한 듯하다.

이후 찰스 1세는 기존 스코틀랜드 주교들에게 더욱 강력한 권한을 부여하였고, 빈자리에는 철저하게 아르미니우스주의자들을 임명하여 그의 정책을 뒷받침하도록 하였으며, 이에 반대하는 자들은 목회직에서 추방하였다. 1636년에는 그의 정책을 강화하는 『교회헌법』(the

---

19) 영국의 전통적인 교회 건물은 동서로 길게 건축되어 있으며, 동쪽 끝은 지상의 성지 예루살렘을 가리키고 있으며, 교회 건물 내에서 가장 성스러운 자리로 여겨졌다.

20) 즉위식의 구체적 의식에 대해서는 다음을 참고하라. John Morrill, "The National Covenant in its British Context", in J. S. Morrill, ed., *The Scottish National Covenant in its British Context* (Edinburgh: Edinburgh U. P., 1990), 2-4; J. Balfour, *Historical Works of Sir James Balfour*, 4 vols., ed. by J. Haig (Edinburgh, 1824-5), ii, 199.

Book of Canon)을 도입하였으며, 그 이듬해인 1637년에는『교회헌법』의 한층 더 강화된 형태인『공동기도서』(*the Book of Common Prayer*)를 도입하고 이를 강제적으로 사용하도록 하였다.[21] 스코틀랜드용『공동기도서』는 결국 큰 반발을 초래하였는데, 이는 잉글랜드의 『공동기도서』보다도 더욱 가톨릭적인 것이었다.

이러한 변화들은 스코틀랜드 장로교도들에게 있어서는 결코 수용할 수 없는 것이었다. 종교개혁 시초부터 잉글랜드의 『공동기도서』에 부정적인 시각을 가지고 있었던 스코틀랜드인들에게 있어 가톨릭적 요소가 한층 더 가미된 『공동기도서』는 더더욱 받아들이기 힘든 것이었다. 조지 길레스피가 전국적으로 유명한 인물이 된 것은 바로 이 『공동기도서』에 대한 그의 비판 덕분이었다. 그는『잉글랜드의 가톨릭 의식에 대한 비판』을 통해 찰스 1세의 교회정책과 주교제도를 맹비난하였다.[22] 길레스피와 함께 신학적 이론을 갖춘 핸더슨이 전국적인 장로교회 지도자로 등장하게 된 것은 이러한 상황에서이다. 1637년 핸더슨은 『공동기도서』도입에 반대하는 청원서에 앞장섰으며 당국에 대한 불복종 운동을 이끌었다.『법과 군주』(*Lex, Rex*)의 저자 사무엘 러더포드(Samuel Rutherford)에 따르면 당시 핸더슨은 이미 잉글랜드와 스코틀랜드에서 화제의 인물이 되어 있었다.[23]

이러한 스코틀랜드인들의 강력한 반발은 결국 "세인트 자일스(St.

---

21) 찰스가 도입한 교회헌법과 스코틀랜드『공동기도서』에 대한 연구에 대한 자세한 내용은 다음을 참조. 김중락, "순응인가, 상응인가?: 찰스 1세의 교회정책과 교회헌법",『영구연구』, 제22권(2009), 23-54; 김중락, "'고상함과 통일(decencie and uniformitie)'을 찾아서: 스코틀랜드 '공동기도서'와 찰스 1세의 이상적 교회",『서양사론』, 제102권(2009), 69-95.
22) 이 팸플릿은 스코틀랜드 교회에 큰 반향을 일으켰으나 네덜란드에서 무명으로 출판되었기 때문에 누가 저자인지는 초기에 알려지지 않았다. 곧 이 책의 저자가 25살의 젊은 길레스피라는 사실이 알려지면서 길레스피는 하루아침에 전국적인 인물이 되었다. George Gillespie, *A dispute against the English-Popish ceremonies, obtruded upon the Church of Scotland* (1637).
23) Samuel Rutherford, *Letters*, ed. by A. Bonar (Oliphant, Anderson & Ferrier, 1891), 204; Reid, *Memoirs of the Westminster Divines*, 293; David Stevenson, *Scottish Revolution 1637-1644: the Triumph of the Covenanters* (Newton Abbot, 1973), 59-60.

Giles) 폭동"으로 이어졌다. 1637년 7월 23일 주일, 스코틀랜드 에 딘버러(Edinburgh)의 가장 대표적인 교회인 세인트 자일스 대교회 당에는 스코틀랜드의 주요 주교들과 지역인사들이 특별한 예배를 위해 참석해 있었다. 이 예배는 국왕 찰스 1세의 명령에 따라 수 년 간 준비해온 스코틀랜드판 『공동기도서』에 따라 행해지도록 계획되어 있었다. 그러나 예배는 시작과 동시에 예배참석자들의 욕설과 고함 그리고 의자까지 집어던지는 폭동으로 번지고 말았는데, 이는 사실 우발적인 것이 아니라 장로교도들에 의해 사전에 치밀하게 계획된 것이었다. 물론 이 사건의 주도적인 인물 중 한 사람은 핸더슨이었 다.[24] 이 기도서 폭동은 스코틀랜드 혁명의 직접적인 도화선이자, 영 국 역사상 가장 큰 사건인 영국혁명(the British Revolution)의 시 발점이 되었다는 점에서 역사적 의미가 매우 큰 사건이라 하겠다.

수도에서 발생한 반대운동을 전국적인 국민운동으로 발전시킨 것 은 국민언약(the National Covenant)이었다. 1638년 2월 스코틀랜드의 장로교 지도자들과 귀족들은 에딘버러의 그레이프라이어 스(Greyfriers) 교회당에 모여 『국민언약』이라 불리는 서류에 서명 을 하였다. 이 『국민언약』은 당시 젊고 열정적인 변호사였던 와리스 톤 출신의 아치발트 존스톤(Archibald Johnston of Warriston) 과 핸더슨이 함께 초안한 문서로 가장 잘 개혁된 스코틀랜드 장로 교회를 수호한다는 결의를 담고 있었다.[25] 『국민언약』은 세 부분으 로 구성되어 있는데 그 첫 부분은 1580년 부정고백(the Negative Confession)으로 이는 제임스 6세가 장로교를 지키겠다는 언약이 다. 이것을 포함시킨 이유는 부왕이 한 약속을 국왕에게 상기시키고,

---

24) Guthry, *The Memoirs*, 23-24; Reid, *Memoirs of the Westminster Divines*, 292.
25) 『국민언약』의 전문은 Samuel Gardiner, ed., *The Constitutional Documents of the Puritan Revolution, 1625-1660* (Oxford, 1906 edn.), 124-34에 인쇄되어 있 다. 국민계약의 분석에 대해서는 Alan Macinnes, *Charles I and the Making of the Covenanting Movement, 1625-1641* (Edinburgh, 1991); John Morrill, ed., *The Scottish National Covenant in its British Context* (Edinburgh, 1990)을 보라.

『국민언약』이 언약의 갱신임을 의미한 것이다. 두 번째 부분은 스코틀랜드 장로교회에 대한 의회의 법을 나열한 것으로 스코틀랜드 국교회는 법적으로 장로교회임을 주장한 것이다. 마지막 세 번째 부분은 언약의 갱신과 관련된 결심을 표현한 것이다. 이 세 번째 부분은 핸더슨이 초안한 것으로 알려져 있다.[26] 핸더슨이 『국민언약』의 초안을 맡았다는 것은 당시 스코틀랜드 교회 내에서의 그의 위상과 신학적 위치를 설명해준다.

이 국민언약은 수도뿐 아니라 전 국민의 서명을 받기 위해 전국 교회로 보내졌다. 서명운동의 중심에 서 있었던 핸더슨은 전국을 순회하면서 언약의 필요성에 대해 설교하였다. 이 언약은 일부 고지대를 제외하고 스코틀랜드 전 국민의 호응을 얻었으며, 국민적 단결을 이끌어내는 데 중요한 역할을 하였다.[27] 스코틀랜드의 정국에 변화가 생기기 시작한 것은 이 때부터였다. 스코틀랜드는 국왕이 아닌 소수의 언약파 귀족들 및 장로교 지도자, 즉 언약파의 손에 들어가게 되었다. 이제 핸더슨은 언약파의 대표로서 스코틀랜드를 대표하는 인물이 된 것이다.

핸더슨을 위시한 혁명지도부가 취한 첫 조치는 이전에 국왕에 의해 도입된 모든 반 장로교회적 정책들을 폐기하는 것이었다. 그들은 국왕에게 스코틀랜드 교회의 총회소집을 요구하였고, 이들의 반발을 의식한 국왕 찰스 1세는 1618년 이후 허락하지 않았던 총회소집을 허용할 수밖에 없었다. 1638년 11월 글래스고(Glasgow)에서 열린 총회는 알렉산더 핸더슨을 총회장으로, 그리고 장로 아치발트 존스톤을 서기로 선출하였다. 엔드류 멜빌 이후 흔들리는 교회를 이끌어갈 새 지도자가 탄생한 것이었다. 총회장으로서 핸더슨이 행한 첫 사역은 총회에 대한 국왕의 간섭을 배제하는 것이었다. 당시 국왕은 글

---

26) Stevenson, *Scottish Revolution*, 84–85.

27) Reid, *Memoirs of the Westminster Divines*, 295.

래스고 총회에 특사를 보내 간섭하고자 하였지만 총회는 이러한 국왕의 간섭을 거부하고 꿋꿋이 장로교회 개혁을 추진하였다. 이에 11월 28일 국왕의 특사 해밀턴(Hamilton) 공작이 국왕의 이름으로 총회의 해산을 선언하였으나 총회장 핸더슨은 이를 단호히 거부하였다. 그리고는 일장연설을 통해 신하로서 국왕에 충성과 복종의 의무가 있으나 교회문제에 있어서는 그러한 의무가 없으며, 총회 참석자들은 그들의 왕 하나님께만 의무가 있다고 주장하였다.[28] 이러한 핸더슨의 연설은 총회의 참석자 모두에게 깊은 감동을 안겨주었다.

이제 글래스고 총회는 지금껏 유지되었던 반 장로교회적 요소를 일시에 제거하는 대대적인 개혁을 감행하였다. 총회는『공동기도서』및 '퍼스 5개조'의 도입이 불법임을 선언하였다. 또한 주교제도를 폐기하였으며, 총 14명의 대주교와 주교들에 대하여 불법적인 교회직분이라고 선언하였다. 이로써 스코틀랜드 교회는 1581년의 완벽한 장로회제도를 회복한 것이었다. 이 모든 조치들은 총회장 핸더슨의 확고한 결단과 지도력 하에 이루어진 것이었다. 핸더슨은 동요하는 총대들을 격려하였고, 총대들은 그로 인해 큰 격려를 받았다.[29] 핸더슨이라는 인물이 지니는 중요성은 당시 국왕과 가까운 인물들에게서도 인정이 되었다. 1638년 국왕의 이름으로 선포된『대선언』(*Large Declaration*)에서 월터 발칸퀼(Walter Balcanqual)은 핸더슨을 스코틀랜드에서 "가장 중요하고 가장 엄격한 언약파"라고 표현하였으며, 국왕의 특사였던 해밀턴 후작은 로드에게 보낸 편지에서 핸더슨은 "지금까지 조용한 성품이었지만 총회에서는 가장 격하고 열정적인 사람이었고, 온건함(moderation)이 없는 총회장(Moderate)"이라고 평가하였다. 이제 핸더슨은 스코틀랜드 내에서 친구와 적 모두가 인정하는 가장 영향력 있는 인물이 된 것이다.

---

28) Reid, *Memoirs of the Westminster Divines*, 300-3.
29) Reid, *Memoirs of the Westminster Divines*, 304.

III. 잉글랜드 교회의 개혁과 웨스트민스터 총회

글래스고 총회 이후 스코틀랜드 정국은 국왕과의 대립으로 혼란스러웠고 이는 결국 잉글랜드의 정국에도 직접적인 영향을 미치게 되었다. 1638년 글래스고 총회의 결정, 특히 주교제도의 폐지에 대하여 국왕 찰스 1세는 극도의 분노를 표출하였다. 그의 부왕 제임스 1세가 주교를 왕권의 기초로 여겼듯이 찰스 1세도 주교 없이 스코틀랜드 통치는 불가능하다고 여겼다. 결국 찰스는 잉글랜드에서 군대를 일으켜 스코틀랜드를 침공하기로 결정하였다. 찰스가 스코틀랜드 언약파에 대하여 일으킨 두 차례 전쟁은 이른바 '주교전쟁'(Bishop's Wars)이라 불린다. 1639년 초 찰스가 1차 주교전쟁을 준비하고 있는 가운데 언약파는 선전 팸플릿『잉글랜드 왕국의 모든 선한 기독교들을 위한 안내』(An Information to All Good Christians within the Kingdome of England)를 출판하였는데 이 역시 핸더슨의 작품으로 알려져 있다. 팸플릿이 조지 뷰캐넌(Georgy Buchanan)의 장로교 무력저항 이론을 반영하고 있다는 사실은 핸더슨이 철저한 장로교 이론가로 무장되어 있었음을 말해준다.

1639년 6월 국경도시 버윅(Berwick)에서 마주한 두 군대는 상대방의 군대에 대한 정보부족과 두려움으로 인해 싸움 없이 전쟁을 종결하였다. 1640년 여름 국왕은 2차 주교전쟁을 일으켰지만 잉글랜드 의회가 지원을 거부하였기 때문에 군사력은 미미하였다. 반면 스코틀랜드 언약파 군대는 지원자가 넘쳤고 군의 사기는 열정으로 넘쳤다. 그 해 8월 언약파 군대는 선수를 쳐서 국경인 트위드(Tweed) 강을 건너 잉글랜드로 진군하였다. 2차 주교전쟁 당시에도 언약파 지도자들은『우리의 잉글랜드 침공의 정당성』(The Lawfulness of our Expedition into England)이라는 팸플릿을 출판하였는데 이 역시 핸더슨이 초안한 것임은 말할 필요도 없다. 이처럼 핸더슨은 모든 일에서 없어서는 안 되는 중요한 인물이었다.

이 무렵 핸더슨과 언약파 지도자들은 스코틀랜드 장로교회의 순수함을 지키기 위해서는 잉글랜드 교회 역시 스코틀랜드와 마찬가지로 장로회제도를 수용해야 한다는 결론에 이르고 있었다. 당시 언약파의 선전문서인 『우리의 잉글랜드 침공의 정당성』에는 이러한 의도가 분명히 비치고 있다.

> 잉글랜드에 경건한 이들이 오랫동안 기도해오고, 염원해왔던 잉글랜드의 종교개혁은 이제 교리와 예배 그리고 규율에 있어서 완벽해질 것입니다. 교황당과 주교들 그리고 적그리스도의 위계질서에 속한 모든 구성원들, 그들의 우상과 미신 그리고 인간적으로 도입된 것들은 사라질 것입니다.[30]

이 내용은 스코틀랜드인들이 이제 자신들의 목표가 스코틀랜드 개혁교회만 지키는 것이 아니라 잉글랜드 교회도 완전히 개혁하겠다는 의지를 피력한 것이다. 혹자는 이를 당시 전쟁을 위한 선전에 불과하다고 할 수 있으나 그 이후의 스코틀랜드 지도자들의 행동을 보면 단순한 수사가 아니었음을 알 수 있다.

1640년 8월 스코틀랜드군은 뉴번(Newburn)에서 국왕군을 격파하였고 이에 국왕은 어쩔 수 없이 협상을 제의하였다. 그러나 언약파 지도자들은 믿을 수 없는 국왕이 아닌, 잉글랜드 의회와 평화협상을 하겠다는 조건을 내걸었다. 언약파의 의도는 잉글랜드 의회를 통해 잉글랜드 국교회를 장로회 체제로 개혁하는 것이었다. 언약파의 압력에 굴복한 국왕은 결국 잉글랜드 의회를 소집할 수밖에 없었는데 이 의회가 이후 20년 간 잉글랜드 교회를 개혁하는 '장기의회'(The Long Parliament)이다.[31] 스코틀랜드 언약파에게는 다행스럽게도

---

30) *Lawfulnesse of our Expedition into England Manifested* (Edinburgh, 1640), A.4.
31) 장기의회는 1640년 잠시 소집되었다가 해산된 단기의회(the Short Parliament)에 대비된 용어이다.

장기의회의 과반수는 국왕의 종교정책을 불신하는 청교도 성향의 의원들이었다.

장기의회와의 종전협상을 위해 스코틀랜드 평화협상단이 런던에 도착한 것은 의회소집 일주일 후인 1640년 11월 10일이었다. 물론 스코틀랜드의 평화협상단의 대표는 핸더슨이었다. 핸더슨 외에도 3명의 영향력 있는 목사들이 평화협상단에 포함되었는데, 협상단의 절반 이상이 스코틀랜드의 대표적 목사로 구성되었다는 사실은 당시 협상단의 의도가 무엇이었는지를 잘 보여준다. 그들의 공식적 사명은 평화협상이었으나 더 비밀스럽고 중요한 사명은 잉글랜드 교회를 장로교로 개혁시키는 것이었다. 핸더슨과 협상단은 1641년 『우리들의 요구』(Our Desires concerning Unity in Religion and Uniformity of Church Government)라는 문서를 제시하였는데 이 문서에는 스코틀랜드의 의도가 노골적으로 담겨 있다. 여기에는 잉글랜드와 스코틀랜드가 '하나의 신앙고백, 하나의 교리문답서, 하나의 예배모범서 그리고 같은 형태의 교회조직'을 가지는 것이 바람직하다는 내용이 포함되어 있었다. 이것은 하나의 거대한 영국 교회(British church)를 만들자는 것이 아니라 두 나라가 각각 자기의 교회를 지키되, 동일한 교회체제와 예배의식을 가지자는 것이었다.

물론 이 문서의 초안 역시 핸더슨의 작품이었다. 협상단은 그들이 스코틀랜드 교회의 형식을 강요하는 것이 아니라 제안하는 것이라고 완곡하게 표현하였으나 전쟁에서 승리한 군대를 이용해 은근한 압박을 가하고 있었음은 부인하기 힘든 상황이었다. 아이러니하게도 제임스의 반 장로교회 정책에 대하여 종교적 자유를 주장한 스코틀랜드인들이 이제는 반대로 잉글랜드에 스코틀랜드 교회의 형식을 강요하게 된 것이다.

스코틀랜드 협상단의 요구는 잉글랜드 의회 내 개혁파에게 큰 영향을 준 것으로 보인다. 1641년 5월 경 잉글랜드 의회의 하원은 스스로 교회개혁에 착수하게 되었으며, 주교제도의 폐지를 담고 있는 '뿌리와 가지 법안'(the Root-and Branch Bill)을 통과시켰다. 이에 대해 협상단의 일원이었던 베일리는 다음과 같이 희망에 찬 보고를 하고 있다. '하원은 하나님의 영광을 위해 주교제도를 없애는 법안을 이미 통과시켰으며, 상원도 그 법안을 곧 통과시킬 것입니다. 이 몹시 쓴 약을 삼키기 싫어하는 왕도 끝내는 추인을 하게 될 것입니다.'[32] 스코틀랜드 협상단은 6월 초 협상을 마무리하고 스코틀랜드로 귀국하는 배에서 국왕 찰스가 하사한 포도주와 맥주를 마시면서 그들이 이룬 성과를 자축하고 있었다. 베일리의 언급처럼 그들은 잉글랜드 교회가 곧 스코틀랜드 교회와 같이 장로교회로 개혁될 것이라고 굳게 믿었다.

그러나 스코틀랜드 협상단의 기대는 너무 성급한 것이었다. 잉글랜드는 1642년 초 주교제도를 지키려는 국왕파와 이를 없애려는 의회파 사이에 내전을 경험해야만 했다. 스코틀랜드 언약파에게는 우려스럽게도 초기 전황은 국왕파에 유리하게 돌아가고 있었다. 만일 국왕파가 내전에서 승리한다면 잉글랜드 교회의 개혁은 고사하고 스코틀랜드 교회마저 위협에 처할 수 있는 상황이었다. 1643년 8월 잉글랜드 의회와 스코틀랜드 언약파 사이에 체결된 '엄숙동맹과 언약'(The Solemn League and Covenant)은 이러한 상황에서 이루어진 것이다. 엄숙동맹과 언약은 스코틀랜드는 군사적으로 의회파를 돕고, 반면 잉글랜드 의회는 잉글랜드 교회를 스코틀랜드 교회의 모델을 따라 개혁한다는 약속을 포함하고 있었다. 만일 잉글랜드가 국왕군에게 승리한다면 잉글랜드 교회는 장로회제도를 수용한다는 굳은 확약이었다.

당시 잉글랜드 의회는 이미 교회개혁을 위해 웨스트민스터 총회를 소집해놓은 상황이었고 스코틀랜드 교회에도 총대의 파견을 요청한

---

32) Robert Baillie, *Letters and Journals*, 3 vols., ed. by D. Laing (Edinburgh, 1841-2), i, 356.

상황이었다. 스코틀랜드 교회는 곧바로 웨스트민스터 총회에 특사를 파견하였는데, 그들 중 핵심인물은 핸더슨과 로버트 베일리(Robert Baillie), 사무엘 러더포드(Samuel Rutherford), 조지 길레스피(George Gillespie)였다. 물론 핸더슨이 대표였다. 웨스트민스터의 총회에서 핸더슨의 위치는 독보적이었다. 그는 스코틀랜드 교회를 대표했을 뿐 아니라 뛰어난 학자로서도 명성을 지니고 있었다.

이러한 핸더슨이 스코틀랜드 특사들 중 가장 먼저 잉글랜드 하원에서 설교를 맡은 것은 당연한 것이라 여겨진다. 1643년 12월 27일 핸더슨은 하원의원들 앞에서 에스라 7장 23절을 통해 잉글랜드의 종교개혁을 독려하였다. "하나님의 전"은 올바른 종교개혁이었고, "삼가 행하라"는 『열심히 그리고 빠른 속도로 행하라』라고 해석되었다. "왕과 왕자의 나라"에 임할 "진노"는 잉글랜드에 내릴 진노였다. 그리고 추가하여 핸더슨은 지난 잉글랜드의 종교개혁은 "철저한 종교개혁"이 아니었기 때문에, 남아 있던 우상과 미신이 새 힘을 가지고 되돌아왔음을 상기시켰다.[33] 핸더슨은 잉글랜드 의원들에게 엄숙동맹과 언약에 따른 철저한 종교개혁을 요구한 것이었다.

핸더슨은 당시 웨스트민스터 총회에서 장로교 정치에 대해서도 신학적으로 가장 뛰어난 인물이었다. 그의 발언은 언제나 권위가 있었고 존중을 받았다. 그리고 스코틀랜드 교회에 대한 비난이 있으면 그는 열정적으로 그리고 대단한 박식함으로 변론하였다. 잉글랜드 독립파 목사들이 장로회 제도에 대하여 이의를 제기하자 핸더슨은 스코틀랜드 교회의 종교개혁에 대한 팸플릿을 집필하여 모든 오해를 불식시키고자 하였다. 1644년에 출판된 『스코틀랜드 종교개혁에 대한 오해와 편견』(Reformation of church-government in Scotland: cleered from some mistakes and prejudices)은 장로

---

33) Alexander Henderson, *A sermon preached to the honourable House of Commons* (London, 1644), 24.

회 제도가 성경적 교회제도라는 사실을 강조하였고, 만일 웨스트민스터 총회가 더 개선된 장로회 제도를 만들어내면 이를 받아들일 것이라는 겸손한 입장을 보이기도 하였다. 이 팸플릿은 런던 서점가에서 엄청난 인기를 보이기도 하였다.

핸더슨은 정치가로서의 역할도 뛰어난 인물이었다. 1645년 잉글랜드 의회는 욱스브릿지(Uxbridge)에서 국왕과 휴전 협상을 가졌는데 당시 의회의 휴전안은 스코틀랜드인이었던 핸더슨에 의해 만들어졌고 실제로 핸더슨은 의회 협상단의 일원으로 참여하였다. 이는 국왕의 요청이기도 하였다. 당시 국왕 찰스도 핸더슨의 영향력을 알고 있었기에 그의 중재를 통해 의회와의 전쟁을 중단하기를 원했으며, 잉글랜드 의회 역시 핸더슨을 전적으로 신뢰하고 있었다. 이 사실은 당시 잉글랜드 정국조차 핸더슨의 영향 아래 있었음을 말해주는 것이다.

핸더슨의 정치적 역할을 단적으로 보여주는 사건은 1646년 5월 국왕과의 단독협상이었다. 스코틀랜드 군대에 항복한 국왕은 핸더슨과의 대화를 요청하였고 핸더슨은 병들고 노쇠한 몸으로 런던을 떠나 뉴캐슬로 향했다. 핸더슨은 국왕 찰스에게 언약에 서명하고 잉글랜드에 장로회제도를 수용할 것을 권하였지만 찰스는 이를 거부하였다. 당시 핸더슨과 찰스가 주고받은 8편의 편지는 두 사람의 인간적인 친분에도 불구하고 교회관에 대해서는 극과 극이었음을 보여준다. 핸더슨과는 달리 찰스는 핸더슨을 이용하여 스코틀랜드의 지지를 얻는 데만 관심을 가지고 있었다.

한편 핸더슨은 뉴캐슬로의 여행과 국왕과의 고된 회담으로 극도로 병약해져 있었다. 이즈음 런던에 있었던 베일리의 편지는 핸더슨의 건강에 대한 이야기로 가득 차 있었다. 1646년 8월 4일 베일리는 핸더슨에 대한 편지에서 다음과 같은 기록을 남겼다. "목사님의 건강악화로 제 가슴이 많이 아픕니다. 하나님께서 목사님의 건강을 회복시켜 이 중요한 시기에 일을 계속하시도록 기도하고 있습니다. 우리는 어느 때보다도 목사님의 도움이 필요합니다". 베일리의 기도에도 불구하고 협상은 결국 실패하였고, 핸더슨의 건강은 회복이 불가능할 만큼 악화되었다. 핸더슨이 런던의 웨스트민스터 총회로 되돌아가지 않고 스코틀랜드로 돌아온 것은 이 때문이었다. 병들고 지친 핸더슨이 에딘버러에 도착한 것은 1646년 8월 11일이었다. 그리고 8월 18일, 핸더슨은 하나님의 부름을 받았다. 참으로 숨 가쁜 삶을 살아온 핸더슨이 한없이 평화로운 일주일을 보내고 하나님께 간 것이다. 그의 주검은 국민언약의 서명이 시작된 그레이프라이스 교회당 뜰에 묻혔다. 베일리는 핸더슨의 삶을 다음과 같이 표현하고 있다. "핸더슨은 삶도 마찬가지였지만 큰 겸손과 경건과 믿음 가운데 생을 다하였다."[34]

IV. 핸더슨의 신학

핸더슨은 스코틀랜드 교회의 종교개혁에 대해 정통한 교회사가였고, 장로교 교회학(ecclesiology)에 대해서는 동시대의 누구보다도 정통한 인물이었다. 핸더슨은 스코틀랜드 교회의 지도자였고 개혁가였으며, 중요한 문서들은 당대의 문장가였던 그의 손을 통해서 만들어졌다. 그러나 핸더슨은 사무엘 러더포드나 조지 길레스피와 같은 뛰어난 신학적 업적을 남기지는 않았다. 핸더슨의 글은 위대한 신학적인 작품이라기보다는 간략한 변증 중심의 팸플릿이 대부분이었다. 웨스트민스터 총회에서도 우리는 핸더슨의 발언이 논쟁에 기여한 부분을 찾기는 어렵다. 그럼에도 불구하고 우리는 수많은 팸플릿을 통해 핸더슨이 교회사와 장로교회학에 대하여 신학자 이상의 이론가였음을 확인할 수 있다.

---

34) *Letters and Journals*, ii, 232.

장로교회 저항사상

핸더슨의 첫 번째 팸플릿은 1638년 국민언약에 반대하는 아버딘 박사들(Aberdeen Doctors)의 글에 대한 반박문 『답변』(*Answers*) 이다. 1638년 여름 스코틀랜드의 북부 도시인 아버딘에서 국민언약 이 거부되자 혁명지도부는 몬트로스(Montrose) 백작과 핸더슨을 비 롯한 일부 목사들을 파견하였다. 당시 아버딘은 인구 6천 명 정도 의 비교적 큰 도시였으며, 국왕의 반 장로교회 정책에 대하여 우호 적인 성향을 가지고 있었다. 핸더슨 일행은 주일을 맞이해서도 도 시 내 어느 곳에서도 설교할 기회를 얻지 못했으며, 개인 저택의 발 코니에서 행인들을 향해 설교를 해야만 했다. 이러한 상황에서 아버 딘의 마리스찰 칼리지(Marischal College)와 킹스 칼리지(King's College)에 소속되어 있었던 6명의 반 장로교적 성향을 가진 신학자 들, 소위 "아버딘 박사"(Aberdeen Doctors)가 그들에게 국민언약에 대한 반박문 『최근 언약에 대한 전반적 요구』(*Generall Demands, Concerning the Late Covenant*)를 보내면서 지상 논쟁이 시작되 었다. 이에 핸더슨 일행은 『답변』으로 응수하였고, 아버딘 박사들은 『응답』(*Replies*)으로 재반박을 하였다.[35] 핸더슨 일행과 아버딘에서 박사들 사이에 벌어진 이 논쟁은 국가적인 논쟁으로 여겨졌다. 아버 딘 박사들에 대한 답변은 주로 핸더슨에 의해 만들어졌기 때문에 우 리는 여기에서 우리는 핸더슨의 사상을 엿볼 수 있다.[36]

---

35) 아버딘 박사들은 John Forbes, Robert Baron, James Sibbald, Alexander Scroggie, Alexander Ross and William Leslie를 지칭한다. 각자에 대해 자세한 소개는 다음을 참 조. D. Macmillan, *The Aberdeen Doctors* (London, 1909); G. D. Henderson, "The Aberdeen Doctors", Burning Bush, 79; J. D. Ogilvie, "The Aberdeen Doctors and the National Covenant", *Publications of the Edinburgh Bibliographical Society*, xi (1919-20), 73; D. Stewart, "The Aberdeen Doctors and the Covenanters", *Recolds of the Scottish Church History Society*, xxii (1984), 35.

36) Alexander Henderson & D. Dickson, *The Answers of Some Brethren concerning the late Covenant* (Edinburgh, 1638).

아버딘 박사들은 『최근 언약에 대한 전반적 요구』에서 총 14개의 질문형식으로 국민언약을 반박하였는데 국민언약은 국왕의 허락이 없는 불법적인 것이며, 양심을 강제하는 것이며, 1591년에 '부정언약'에 대해 자의적인 해석을 제시하고 있다는 것이었다.[37] 이에 핸더슨은 언약행위는 "교회와 왕국을 보호하기 위한 것"이며, 그들은 성경에 따라 "하나님이 허락하신 정당한 방법"을 사용하고 있다고 응답하였다.[38] 또한 핸더슨은 스코틀랜드의 국민언약과 혁명이 정당방위적인 것이라고 주장하였다. 핸더슨의 『답변』은 매우 짧은 문서였으므로 긴 신학적 논쟁을 담을 상황은 아니었다. 그러나 그의 짧은 글 속에서도 장로교회의 저항사상을 엿볼 수 있었으며, 이는 수년 뒤 웨스트민스터 총회의 동료인 러더퍼드의 『법과 군주』에서 정교하게 정리되었다.[39]

장로회 정치

장로회 정치에 대한 핸더슨의 시각은 1638년 글래스고 총회와 관련한 일련의 청원과 총회에서의 설교 그리고 1641년 그의 주도로 쓰인 『스코틀랜드 교회의 조직과 질서』(The Government and Order of the Church of Scotland)에서 잘 나타난다. 핸더슨에 있어서 스코틀랜드 교회를 어지럽힌 찰스와 주교들의 오류는 근본적으로 교리나 신학의 문제가 아니라 교회론(ecclesiology)의 문제였다. 그는 스코틀랜드와 잉글랜드가 하나님 앞에서 진정한 믿음을 소유하자면 성

---

37) 일명 『왕의 고백』(the King's Confession) 또는 『제2신앙고백서』라 불리는 『부정고백』은 1581년 당시 스코틀랜드 궁정 인물 중의 일부가 교황의 지령으로 스코틀랜드의 신교 고백서를 위장으로 받아들이고 있다는 의심에서 이들을 색출하고자 만들어진 것이며, 이는 (i) 스코틀랜드의 신앙고백서 재확인, (ii) 로마 가톨릭 교회에 대한 아주 강한 비난, (iii) 로마 교회의 어떠한 모습도 가지지 않는다는 선서, (iv) 국왕, 국가, 종교에 대한 충성 선서의 네 부분으로 나누어져 있다. Scottish Historical Documents, 150-53.
38) The Answers of Some Brethren, 4.
39) Samuel Rutherford, Lex, Rex (London, 1644).

경적인 교회론을 제대로 유지해야 한다고 믿고 있었다.[40] 핸더슨이 이후 자신의 전 생애와 글을 장로회 정치에 초점을 맞춘 것은 이 같은 이유에서였다.

핸더슨이 장로회 정치에서 가장 중요하게 여긴 것은 "자유로운 총회"였다. 제임스 1세의 치세뿐 아니라 찰스 1세의 치세 동안 스코틀랜드 교회의 총회 소집권은 교회가 아닌 국왕에게 있었다. 핸더슨은 이러한 상황이 스코틀랜드 교회의 순수성을 어지럽히는 것이라고 보았다. 1638년 4월 주요 언약파 지도자 중 한 사람인 아치발트 존스톤과 함께 쓴 호소문에서 핸더슨은 "교회법정(High Commission)의 테러가 목사들과 교수들의 머리위에 있는 한 스코틀랜드의 영원한 안정은 결코 이루어지지 않을 것"이라고 주장하였다.[41]

핸더슨이 언약파를 대표하여 1637년 여름부터 1638년 여름까지 국왕에게 보낸 청원들에는 어김없이 총회소집의 요청이 담겨 있었다. 그리고 그는 자유로운 총회만이 당시 스코틀랜드의 어지러운 국면을 해결하는 것이라고 주장하였다.[42] 핸더슨에게 있어 '자유로운 총회'는 국왕의 허락 없이 교회의 결정으로 소집되고, 의제가 결정되고, 해산되는 총회였다. 교회가 국왕의 간섭 없이 스스로 교회문제를 해결하는 것은 하나님이 허락하신 권리라고 여긴 것이다.[43] 1638년 6월 『청원』(Supplication)에서 핸더슨은 비록 국왕이 거부하더라도 교회는 스스로 모여 하나님의 일을 할 수 있는 하나님이 주신 권리가 있다고 주장하기도 하였다.[44] 이 무렵 핸더슨이 집필한 『총회 소집의 이유』(Reasons for a general assemblie)도 같은 입장을 담고 있

---

40) Jackson, *Riots, Revolutions, and the Scottish Covenanters*, 142

41) John Leslie, 6th Earl of Rothes, *A Relation of Proceedings of Proceedings Concerning the Affairs of the Kirk of Scotland from August 1637 to July 1638*, ed. by James Nairne (Edinburgh, 1830), 96.

42) Rothes, *Relation of Proceedings*, 102.

43) Jackson, *Riots, Revolutions, and the Scottish Covenanters*, 143.

44) Rothes, *Relation of Proceedings*, 154.

다. [45] 이 팸플릿에서 그는 "누구라도 국왕의 대권이 하나님의 대권보다 더 크다고 주장한다면 불경한 것"이며, 교회의 안전은 가장 높은 헌법이라고 주장하였다. [46] 핸더슨이 글래스고 총회에서 연설을 통해 목사들은 신하로서 국왕에게 충성과 복종을 할 의무가 있으나, 교회 문제에 있어서는 그러한 의무가 없으며 총회 참석자들은 그들의 왕 하나님께만 의무가 있다고 주장한 것도 같은 맥락에서라고 볼 수 있다. [47] 핸더슨에게 있어 국왕의 역할은 교회를 보호하는 것이지 교회 위에 권위를 가지는 것이 아니었다.

『스코틀랜드 교회의 조직과 질서』를 통해서 본 핸더슨의 장로교회론은『제2치리서』의 그것과 다르지 않다. 핸더슨이 더 강조한 부분은 왜 주교가 아니라 노회가 교회 치리회가 되어야 하는가에 대한 것이다. 핸더슨은 그리스도가 교회의 권한을 한 사람이 아니라 다수에게 위임하였음을 강조한다. [48] 한 사람인 주교보다 다수가 모인 노회(presbytery)에 권한이 주어질 때 독재의 위험성에서도 벗어날 수 있다. 따라서 교회 내 통치는 동등한 직분자인 목사와 장로들로 구성된 연합체를 통해서 일어나야만 한다. 이러한 점에서 노회제도는 성경적인 것인 동시에 가장 효율적이고 실제적인 것이다. [49]

V. 결론

1646년 잉글랜드 교회를 개혁하려는 핸더슨의 밤낮 없는 노력은 큰 열매를 맺지 못하고 있었다. 국왕은 항복하였음에도 불구하고 주교제도를 포기하지 않았고, 잉글랜드 의회는 언약까지 맺었음에도

---

45) Alexander Henderson, *Reasons for a general assemblie* (Edinburgh, 1638).
46) Henderson, *Reasons for a general assemblie*, 2.
47) 각주 28)을 참고.
48) Alexander Henderson, *The Unlawfullness and danger of limited prelacie* (London, 1641).
49) Jackson, *Riots, Revolutions, and the Scottish Covenanters*, 162.

정치권이 교회를 지배해야 한다는 에라스투스주의를 고집하고 있었다. 이 모든 일들은 환갑을 넘긴 핸더슨의 체력으로 감당하기에는 너무나 무거운 것들이었다. 핸더슨은 건강이 극도로 악화되자 웨스트민스터 총회의 일을 동료 특사들에게 맡기고 1646년 8월 11일 에딘버러로 돌아왔다. 그로부터 7일 후 그는 하나님의 부름을 받았다. 존 낙스(John Knox)가 그러하였듯이 핸더슨도 숨을 거두기 직전까지 자신의 길을 달려간 인물이었다.

존 낙스의 개혁과 엔드류 멜빌의 개혁이 제1, 제2의 스코틀랜드 종교개혁이었다면 핸더슨의 개혁은 제3의 스코틀랜드 종교개혁이라 부를 수 있을 것이다. 핸더슨은 스코틀랜드 교회야말로 가장 잘 개혁된 교회라고 확신했을 정도로 스코틀랜드의 종교개혁에 대하여 자랑스러워하였다. 자국교회의 종교개혁에 대한 이러한 믿음은 잉글랜드 교회를 개혁하려는 그의 노력에 대한 동력이 되었다. 핸더슨은 스코틀랜드 종교개혁의 의미를 감독제의 멍에를 지고 있던 교회를 구원하여 교회사의 새 시대로 들어가게 만든 사건으로 보았다.[50] 그에게 있어 스코틀랜드 종교개혁은 스코틀랜드뿐 아니라 신약시대 모든 교회가 본받아야 할 가장 잘 개혁된 교회를 만든 사건이었던 것이다.

그럼에도 불구하고 핸더슨은 스코틀랜드 교회가 완벽한 교회라고 믿지는 않았다. 핸더슨은 1644년 다음과 같은 글을 남겼다. "우리는 스코틀랜드 교회가 더 이상의 개혁이 필요하지 않을 정도로 절대적으로 순결하고 완벽하다고 믿을 만큼 무지하거나 교만하지 않다."[51] 다만 핸더슨은 스코틀랜드 교회는 현존하는 교회 가운데서는 가장 잘 개혁된 교회라고 믿었다. 핸더슨은 심지어 스코틀랜드 종교개혁을 칭송한 토마스 브라이트와 카트라이트와 같은 잉글랜드의 종교개혁자들의 글까지 언급하면서 자신의 주장을 확보하고자 하였다.[52]

---

50) Alexander Henderson, *Government and Order of the Church of Scotland* (Edinburgh, 1641), 1.
51) Henderson, Henderson, *Government and Order*, 15.

비록 위대한 신학적 업적은 없을지라도 그는 스코틀랜드 교회개혁을 위한 가장 중요한 지도자였고, 동력을 제공한 인물이었다. 그는 1630-40년대 스코틀랜드의 목소리였고, 대변인이었다. 모든 정치인들이 그를 주목하였고 심지어 국왕 역시도 그를 유일한 대화 상대자로 여겼다. 핸더슨은 개인적 삶의 마지막 단계인 웨스트민스터 총회에서도 불멸의 업적을 남기는 데 가장 중요한 기여를 하였다. 비록 총회의 표준문서를 만드는 작업에 있어 그 자신은 다른 스코틀랜드 특사들만큼 직접적으로 참여하지는 못했지만, 그의 존재 그 자체는 모든 일을 순조롭게 만드는 역할을 하였다. 핸더슨은 총회의 토론과 논쟁에 참여하였지만 그의 발언의 대부분은 올바른 교회조직을 세우는 것과 빠른 해결의 중요성을 강조한 것이었다.[53] 베일리는 핸더슨이 총회를 떠나 있으면 일의 진척이 느려졌고, 잘못되기도 했다고 기록하고 있다.[54] 이러한 점에서 모든 일에 있어 그의 존재 자체가 언제나 중요한 역할을 하였다고 말할 수 있다.

핸더슨은 그의 소망이었던 스코틀랜드 교회와 잉글랜드 교회의 일치가 왜곡되는 것을 보면서 절망 속에서 생을 마감하였다. 그러나 하나님은 그가 상상하지도 못할 정도의 것으로 그의 희생에 보상하였다. 비록 잉글랜드 교회는 아닐지라도 전 세계에 장로교가 전파되었고, 장로교회가 세워지는 곳마다 웨스트민스터 표준문서들이 수용되고 있다. 핸더슨과 동료 특사들의 수고는 잉글랜드 교회와의 일치가 아니라 세계 장로교회와의 일치라는 결과를 가져온 것이다.

---

52) Henderson, Henderson, *Government and Order*, 16.
53) Jackson, *Riots, Revolutions, and the Scottish Covenanters*, 234.
54) *Letters and Journals*, ii, 110.

사무엘 러더포드의
(Samuel Rutherford)
생애와 신학

안상혁 (합동신학대학원, 역사신학)

I. 사무엘 러더포드의 생애

필자는 17세기 스코틀랜드 개혁파 신학을 대표하는 러더포드의 생애를 먼저 간략하게 요약한 후에 그의 파란만장하면서도 올곧았던 삶을 좀 더 세분화하여 고찰할 것이다. 이어 이 글의 후반부에서는 러더포드의 개혁신학이 가진 몇 가지 주요한 특징들을 선별하여 다룰 것이다.

1. 러더포드의 생애 요약

러더포드는 1600년 스코틀랜드 록스버샤이어 니스벳(Nisbet, Roxburghshire)에서 태어났다.[1] 에딘버러 대학에서 공부한 후 그는 모교에서 라틴어를 가르쳤다. 1625년부터는 신학 수업을 시작했고 이 년 후 앤워스(Anwoth) 교구를 담당한 목사가 되었다. 러더포드는 잉글랜드 국교회에 반대한다는 이유로 1630년경부터 박해를 받기 시작했다. 1636년 설교권을 박탈당한 뒤 러더포드는 에딘버러에

서 애버딘으로 쫓겨 갔다. 얼마 후 스코틀랜드인들은 잉글랜드의 찰
스 1세와 로드 대주교의 핍박에 저항하기 위해 국민계약(National
Covenant) 운동을 시작했다. 스코틀랜드 교회 총회는 잉글랜드 국
교회에 강력히 저항하면서 장로교회를 복원시켰고, 당시 유배 중에
있던 러더포드를 세인트 엔드류스 대학의 교수로 임명했다. 곧 이
어 잉글랜드에서 청교도 혁명이 일어나고 장기의회가 웨스트민스터
회의를 소집했다. 러더포드는 스코틀랜드를 대표하는 네 명의 지도
자들과 더불어 회의에 참석하였다. 러더포드가 런던에 머무는 동안
(1643년 11월-1647년 10월) 저술한 문헌자료들 가운데 특히 두 권
의 저작이 후대에 널리 알려졌다. 그 하나는 『장로회들의 정당한 권
리』(The Due Right of Presbyteries, 1644)이다. "스코틀랜드 장
로교주의의 챔피언"이라는 명성에 걸맞게 러더포드는 이 책에서 장
로교 노회 정치를 성경적으로 적극 옹호하는 한편 독립파의 회중교
회론을 논박한다.[2] 또 다른 저작은 『법과 국왕』(Lex Rex, 1644)이
다. 이 책을 통해 러더포드는 통치자의 권력이 국민의 동의와 선택에
기초한다는 사상을 설파했다. 1651년 러더포드는 세인트 메리 대학
의 교장으로 임명받는다. 이후 왕정복고가 이루어진 1660년까지 14

1) 사무엘 러더포드의 생애를 다룬 연구자들로는 토머스 머리(1828), 엔드류 톰슨(1884), 로
버트 길모어(1904), J. 브랜트널(1981), 페이스 쿡(1992), 존 커피(1997), 킹슬리 렌델
(2003) 등이 있다. 이들이 저술한 책의 서지사항은 다음과 같다. Thomas Murray, The
Life of Rev. Samuel Rutherford (Edinburgh: William Oliphant & Sons, 1828);
Andrew Thomson, Samuel Rutherford (London: Hodder & Stoughton, 1884);
Robert Gilmour, Samuel Rutherford: A Study Biographical and Somewhat critical,
in the History of the Scottish Covenants (Edinburgh: Oliphant Anderson &
Ferrier, 1904); J. M. Brentnall, Samuel Rutherford in Aberdeen (Inverness: John
Eccies, c.1981); Faith Cook, Samuel Rutherford and His Friends (Edinburgh:
Banner of Truth, 1992); John Coffey, Politics, Religion and the British
Revolutions: The Mind of Samuel Rutherford (Cambridge: Cambridge University,
1997); Kingsley G. Rendell, Samuel Rutherford: A New Biography of the Man &
his Ministry (Fearn, Ross-shire: Christian Focus, 2003).
2) Samuel Rutherford, The Due Right of Presbyteries (London: E. Griffin, 1644).
Rendell, Samuel Rutherford: A New Biography, 75. 렌델에 따르면 러더포드는 장로교
주의를 주창한 지도자들 가운데 가장 탁월한 인물이었다. 같은책, 89.

년 동안 러더포드는 교수와 설교자로서 성실하게 사역한다. 1660년 말, 그의 공직은 박탈되었고 그는 국가 반역죄의 혐의를 받아 찰스 2세의 의회로부터 소환 명령을 받는다. 그러나 지병 때문에 소환에 응할 수 없었던 러더포드는 이듬해 3월 30일 세인트 메리 대학 안에 있던 자택에서 숨을 거둔다. 러더포드는 약 일만 페이지 분량의 신학 저술, 설교, 요리문답, 서한 등을 남겨놓았다.[3]

2. 시기구분

존 커피(John Coffey)와 킹슬리 렌델(Kingsley G. Rendell)은 러더포드의 생애를 각각 일곱 시기와 여섯 시기로 구분하였다. 필자는 커피와 렌델의 시기구분을 참고하고, 특히 러더포드가 살았던 지역과 사역, 그리고 역사적 정황에 따라 그의 생애를 다음의 다섯 시기로 구분하여 설명하고자 한다. 출생에서 에딘버러 대학 때까지의 초기 생애(1600-1626년), 앤워스에서의 목회사역과 애버딘에서 보낸 2년간의 망명시기(1627-1638년), 초기 국민계약 운동 시기(1638-1643년), 웨스트민스터 회의 시기(1643-1647년), 세인트 엔드류스 대학에서 교수사역을 시작한 이래 왕정복고 직후 사망할 때까지의 후기 사역(1647-1661년) 등이다.[4]

(1) 초기 생애, 1600-1626: "학업 및 교수사역"

주지하다시피 스코틀랜드는 이미 16세기 중엽 존 낙스(John Knox)의 교회개혁 운동과 더불어 로마 가톨릭 교회와 공식적으로

---

3) 이는 존 오웬이 남긴 문헌자료의 분량과 비슷하다. 그럼에도 러더포드는 학자들로부터 오 웬만큼의 관심을 받지 못했다고 가이 리처드는 아쉬움을 표현한다. Guy M. Richard, *The Supremacy of God in the Theology of Samuel Rutherford* (Milton Keynes: Paternoster, 2008), 2-3.

관계를 끊고 종교개혁을 단행한 개신교 국가가 되었다(1560년). 그러나 이후로도 스코틀랜드 교회는 로마교회의 잔재를 완전히 청산하지 못했던 잉글랜드 국교회의 종교적이며 정치적인 탄압에 저항해야만 했다. 러더포드는 잉글랜드의 종교개혁을 처음 시작했던 튜더(Tudor) 왕가의 마지막 여왕, 엘리자베스 1세의 통치기간 말년에 태어났다. 러더포드가 만 3세가 되었을 때, 스코틀랜드의 국왕 제임스 6세가 잉글랜드의 왕위를 계승하면서 새로운 스튜어트(Stuart) 왕조 통치기를 열었다. 러더포드는 일평생 스튜어트 왕가의 친가톨릭적이고 억압적인 국교회 정책과 더불어 투쟁하게 된다. 물론 러더포드만이 외로운 길을 걸었던 것은 아니었다. 러더포드 이전부터 스코틀랜드 곳곳에는 종교개혁의 정신을 계승하고 수호하고자 노력했던 수많은 인물들이 포진하고 있었다. 이들 가운데 하나인 데이비드 콜더우드 목사(David Calderwood, 1575-1650)는 러더포드의 어린 시절부터 그에게 많은 영향을 끼친 것으로 알려져 있다. 콜더우드 목사는 1604년부터 1617년까지 러더포드의 교구목사였다. 그는 1590년대 초, 에딘버러 대학에서 수학했으며 스코틀랜드 장로교주의를 수호한 대표적인 지도자들 가운데 한 명이었다. 특히 잉글랜드 정부에 맞서 스코틀랜드 교회의 자유를 옹호했던 엔드류 멜빌(Andrew Melville, 1545-1622)을 그는 적극적으로 지지하였다. 멜빌의 길을 따라 콜더우드 역시 제임스 6세(잉글랜드의 제임스 1세)에게 스코틀랜드 교회

---

4) 시기 구분과 관련하여 필자가 참조하여 인용한 자료는 다음과 같다. Coffey, *Politics, Religion and the British Revolutions*, 30-61; "Contents" in Rendell, *Samuel Rutherford: A New Biography*, 5. 커피는 러더포드의 생애를 다음 일곱 개의 시기로 세분한다. 초기 생애(1600-1617); 애딘버러 대학 시절(1617-1626); 앤워스 교구목회 시절(1627-1636); 애버딘에서의 망명시기(1636-1638); 언약도 혁명기(1638-1643); 웨스트민스터 회의(1643-1647); 세인트 엔드류스에서의 마지막 시기(1647-1661). 한편 렌델은 커피의 시기 구분에서 등장하는 처음 두 시기를 "학생과 교수"라는 소제목 하에 하나의 시기로 통합시켰다. 여기서 필자는 렌델의 시기구분에서 앤워스 목회사역과 애버딘에서의 망명시기까지 하나로 통합하여 러더포드의 전체 생애를 다섯 개의 시기로 구분하였다. 애버딘에서의 망명시기가 비교적 짧고, 망명기간에도 러더포드 목사는 서신교환을 통해 앤워스 교구를 돌아보는 등 앤워스 시기와의 연속성이 존재했음을 염두에 두었다.

의 종교적인 자유를 보장해 줄 것을 요구하였다. 그의 저항을 못마땅
하게 여긴 왕실은 1617년 콜드우드를 세인트 엔드류스의 고등 법원
으로 소환하였고 그의 성직을 박탈하였다. 공교롭게도 같은 해에 러
더포드는 에딘버러 대학에 입학하였다. 존 커피가 러더포드를 가리
켜 "콜더우드의 틀에서 주조된 멜빌주의자"라고 묘사한 것은 그리 큰
과장이 아닐 것이다.[5]

에딘버러에서 수학하던 시절 러더포드는 라틴어와 신학을 공부
했는데 그를 지도했던 교수들 가운데 엔드류 스티븐슨(Andrew
Stevenson), 엔드류 램지(Andrew Ramsay), 존 아담슨(John
Adamson) 등이 포함되어 있었다. 이들은 모두 잉글랜드 국교회에
반대하여 장로교주의를 지지했던 인물들이다. 또한 1622년 교장으
로 취임한 로버트 보이드(Robert Boyd)는 장로교도의 비밀집회 모
임(conventicles)을 옹호한 인물이었다. 이들 선생은 러더포드에게
적지 않은 영향력을 미친 것으로 보인다. 한편 캠퍼스 밖에서도 러
더포드는 개혁파 인사들과 친밀하게 교제했다. 예를 들어 러더포드
와 친분 관계를 맺었던 존 메인(John Mein)과 윌리엄 릭(William
Rigg) 등은 당시 장로교 비밀집회 모임의 급진적인 지도자들이었다.

에딘버러 대학에서 4년간의 수업을 마친 후에도 러더포드는 학업
을 지속했고, 1623년에는 모교에서 라틴어를 가르치는 교수직을 맡
게 되었다. 약 2년 동안 러더포드는 인문학과의 학과장으로 봉직했
는데 이 기간에 유팬 해밀턴(Euphan Hamiltion)과 만나 결혼한다.
그녀와의 혼인 관계를 둘러싼 스캔들 혹은 다른 이유로 인해 러더포
드는 교수직을 사임하고 1625년부터 신학 연구에 집중했다.[6] 1627
년 목회자로서의 훈련과정을 마친 러더포드는 정식으로 설교자가 되

---

5) Coffey, *Politics, Religion and the British Revolutions*, 31.
6) 러더포드의 교수직 사임 이유를 둘러싼 다양한 해석에 대해서는 다음을 참고하라. Rendell,
  Samuel Rutherford: A New Biography, 19-24.

었다. 설교자로서의 자질을 인정받은 러더포드는 앤워스의 교구목사 직 제안을 받아들여 목회자의 길을 걷게 된다.

러더포드의 에딘버러 대학 시절 스코틀랜드 교회에게 있어 가장 쟁점이 되었던 것은 '퍼스 5개 조항'(*The 5 Articles of Perth*)이었다.[7] 제임스 6세가 스코틀랜드 교회에 부과한 다섯 가지 조항은 다음의 내용을 포함했다. 성만찬 때 무릎을 꿇는 행위, 병자를 위한 사적인 성찬, 사적인 세례, 주교에 의한 입교, 성일(Holy Days)-크리스마스, 성금요일, 부활절, 승천일, 오순절 등-을 준수하는 규정 등이다. 1618년 스코틀랜드 교회의 총회는 퍼스에서 이 다섯 개의 조항들을 수용하는 결정을 내렸고, 이 결정은 1621년 스코틀랜드 의회에 의해 비준되었다.[8] 보이드와 많은 장로교 목사들은 '퍼스 5개 조항'을 반대했고, 이 때문에 그들은 성직 박탈되었다. 러더포드 역시 '퍼스 5개 조항'과 잉글랜드 국교회의 탄압에 대해 격렬하게 저항하는 운동에 가담하였다.

---

7) "퍼스 5개 조항"과 관련해서는 다음을 참고하라. Ian B. Cowan, "Reformation and Revolution," *Essays Presented to Hugh Watt, on the 60th anniversary of his ordination* (Edinburgh: Saint Andrew Press, 1967): 160-77; John D. Ford, "The Lawful Bonds of Scottish Society: The Five Articles of Perth, the Negative Confession and the national Covenant" *Historical Journal* 37:1(1994):45-64; idem, "Conformity in Conscience: The Structure of the Perth Articles Debate in Scotland, 1618-1638," *Journal of Ecclesiastical History* 46:2(1995): 256-77; Laura A. M. Stewart, "The Political Repercussions of the Five Articles of Perth: A Reassessment of James VI and I's Religious Policies in Scotland," *Sixteen Century Journal* 38:4(2007): 1013-36.

8) 1618년 8월 27일 스코트랜드 총회가 상기한 다섯 개의 조항을 수용할 수 밖에 없었던 이유에 관해 앨런 맥도널드와 라우라 스튜어트는 다음의 세 가지 요소를 지적한다. 첫째, 정부의 무자비한 위협, 둘째, 미래에 스코틀랜드 총회가 존립할 수 없을 것이라는 두려움, 셋째, 다섯 개의 조항이 현실적으로 강요되지는 않을 것이라는 기대 등이다. Alan R. MacDonald, *The Jacobean Kirk: Sovereignty, Polity and Liturgy* (Aldershot: Ashgate, 1998), 162-4; Stewart, "The Political Repercussions of the Five Articles of Perth," 1023. 이후 1621의 결정은 1690년 '신앙고백 비준법'(*The Confession of Faith Ratification Act*)에 의해 폐지되었다.

(2) 앤워스 교구목회와 망명시기, 1627-1638: "목사와 유배자"

앤워스에 도착한 러더포드는 목회자로서의 소명을 충실하게 감당하였다. 약 10년 기간의 목회사역을 통해 교구민은 러더포드의 탁월한 설교와 유익한 교리 교육뿐만 아니라 그의 경건한 삶과 교구민의 영혼에 대한 열정적인 목회적 돌봄을 통해 영적인 성장을 경험할 수 있었다. 그러나 러더포드 개인적으로는 적지 않은 고난을 감수해야 했던 시기이기도 하다. 앤워스 목회 사역을 하는 동안 러더포드는 그의 아내와 자녀들을 질병으로 잃었다. 오로지 한 명의 딸 아그네스만이 남았을 뿐이었다. 또한 러더포드는 잉글랜드 국교회에 저항했기 때문에 종교적이며 동시에 정치적인 박해를 받았다. 1630년과 1636년 두 차례에 걸쳐 에딘버러의 고등법원에 소환되어 심문을 받았다. 1636년 법원은 마침내 러더포드의 목사직과 설교권을 박탈했고 그를 애버딘에 유배시켰다.

이러한 사실은 러더포드가 스코틀랜드 교회의 신앙적인 자유와 진리를 수호하기 위해 얼마나 적극적이었는가를 시사해 준다. 실제로 러더포드 목사는 그의 교구를 잉글랜드 국교회 정책에 저항하는 일종의 교두보로 삼으려고 시도했다. 일례로 그는 앞서 소개한 "퍼스 5개 조항"에 대해 모든 교구민들이 투쟁할 것을 독려하는 설교를 지속적으로 행했으며, 장로교도의 비밀집회를 적극 옹호하였다. 러더포드가 법원에 의해 소환되고 결국 유배조치(1536)를 당한 것도 바로 이 때문이었다.

스코틀랜드 교회에 대한 잉글랜드 정부의 강경책은 결코 효과적이지 못했다. 러더포드가 애버딘에서 망명생활을 하는 동안(1636-1638) 스코틀랜드 전역에서 잉글랜드 국교회에 저항하는 움직임이 시작되었다. 급기야 이것은 소위 "국민 계약 운동"(National Covenanting movement)으로 명명된 대규모의 저항 운동으로 수렴되었다. 이것을 촉발시킨 근인은 1637년 7월 23일 세인트 자일스(St. Giles) 교회에서 발생했다. 이날 예배 인도자가 잉글랜드 국교회의 로드 주교가 강압적으로 도입한 새로운 공동 기도서를 읽기 시작하자 회중 가운데 앉아 있던 시장 상인 제니 게디스(Jenny Geddes)라는 여인이 자신의 작은 의자를 앞으로 내던지며 예배를 거부하는 사건이 일어났다. 이 날의 극적인 사건을 엔드류 톰슨은 다음과 같이 묘사한다.

> 1637년 7월 23일 역사적인 날이 왔다. 로드의 예식서가 에딘버러의 세인트 자일즈 고교회안으로 들어온 날이었다. … 주임 사제가 새로운 예복을 입고 등장해서 새로운 공동기도서를 읽기 시작하자마자 길거리에서 상품을 팔던 청과물 상인이었던 한 평범한 여인이 이 새로운 시도에 대해 분개하여 그녀가 앉아 있던 작은 의자를 집어 들고는 분노 섞인 경건치 않은 말을 내뱉으며 주임사제의 머리를 향해 냅다 던져버렸다. 그 의자는 사제의 머리를 살짝 빗나갔다. 이 행위는 큰 동요를 불러일으키는 신호탄이 되었다. … 그 가난한 여인의 즉흥적인 행동은 스코틀랜드의 예민한 심장부를 강타했다. … "나쁜 놈, 네 놈이 감히 내 앞에서 미사를 나불거리다니!" 그녀가 투박한 도릭 지방 사투리[동북부 스코틀랜드 방언]로 한 마디 크게 내지른 외침은 굉장한 힘이 있었다. 왜냐하면 그것은 그 땅의 수많은 사람들이 생각하고 느끼는 바를 정확히 반영하고 있었기 때문이었다.[9]

곧이어 이와 유사한 저항이 스코틀랜드 곳곳에서 목격되었다. 사실 러더포드는 벌써부터 새로운 공동기도서에 대한 반대 입장을 표명한 바 있었다. 한 걸음 더 나아가 앤워스 교구민들로 하여금 이에 대해 적극 투쟁할 것을 독려하고 있는 와중에 게디스 여인의 사건이 터진 것이었다. 게디스가 의자를 집어 던지기 열흘 전에 러더포드는 다음

9) Thomson, *The Life of Samuel Rutherford*, 65–66.

과 같은 편지를 앤워스 교인들에게 발송했다.

> 나무 제단 앞에 가증하게 머리 숙이라는 요구가 곧 여러분에게 주어질
> 것입니다. 증오하십시오! 또한 우상으로부터 스스로를 멀리하셔야 합니
> 다. 그 어떤 경우라도 이 새로운 족보 없는 공동예식서를 읽는 것을 듣지
> 않도록 하십시오. 그 안에는 온갖 더러운 이단사설과 교황주의적이고 미
> 신적인 오류들로 가득 차 있습니다. 이것은 그리스도께서 결코 보증하지
> 않는 내용들이며 설교말씀을 전복시키는 것들입니다. 이 개 같은 미사에
> 대해 여러분은 결코 순종하지 말아야 할 의무가 있습니다. 그것은 불법적
> 이고, 신성모독적이며 미신적인 것들입니다. … 여러분의 원수들을 대적
> 하는 여러분의 입장을 고수하시길 바랍니다.[10]

하루가 다르게 수많은 사람들이 국민계약 운동을 지지하기 시작
하자 이것은 삽시간에 혁명으로 변모되었다. 전국적 단위에서 이 움
직임을 조직적인 저항운동을 승격시키려는 노력이 시작되었다. 알
렉산더 헨더슨(Alexander Henderson), 조지 길레스피(George
Gillespi), 데이비드 딕슨(David Dickson) 등과 같은 유명 인사들과
더불어 러더포드 역시 이 과업에 함께 참여하였다. 이들은 스코틀랜
드를 위한 독립적인 비공식적 의회(the Tables)를 설립하였다. 1638
년 2월까지 이들은 "국민계약"을 정식으로 기초하고 여기에 서명하
였다.

(3) 국민계약 운동 시기, 1638-1643: "개혁가"

1638년, 러더포드의 애버딘에서의 유배생활은 끝이 났다. 스코틀

---

10) 1637년 7월 13일 날자로 러더포드가 그의 교구민에게 보낸 서한. Rutherford, *Letters
of Samuel Rutherford*, ed. by A.A. Bonar (Edinburgh and London: Oliphant
Anderson & Ferrier, 1891), 440.

랜드 총회는 잉글랜드 국교회제도의 폐지를 선언했고 러더포드에 관한 유배조치를 무효화시켰다. 총회는 러더포드를 세인트 메리 대학 신학부의 학장으로 임명했다. 이는 감독제의 폐지와 더불어 장로교 제도를 재확립하는 과정에서 러더포드가 중요한 역할을 감당할 것을 기대했기 때문이었다. 실제로 러더포드는 자신의 소명과 재능을 따라 스코틀랜드 교회의 이러한 기대에 잘 부응하였다. 적어도 세 가지 차원에서 이 시기 러더포드의 활동과 저작을 요약할 수 있다.

첫째, 1640년 애버딘에서 개최된 총회에서 러더포드는 당시 스코틀랜드와 아일랜드 곳곳에 퍼져있는 장로교도의 사적인 비밀 모임의 정당성을 옹호하였다. 하나님께 드리는 참된 예배와 바른 기도, 그리고 교인들 사이에 이루어지는 위로와 교제를 위해서도 이 모임들은 필요하다는 것이 러더포드와 로버트 블레어(Robert Blair) 그리고 딕슨의 주장이었다. 반면 핸더슨과 콜더우드, 그리고 핸리 거터리(Henry Gutherie) 등을 포함한 다수는 그것이 독립파나 브라운주의자들이 쉽게 빠지기 쉬운 분리주의의 오류와 연계될 수 있다는 사실을 지적하며 비밀 모임에 반대하였다. 마침내 러더포드는 스코틀랜드 교회의 하나 됨을 이루기 위한 취지에서 사적인 집회의 정당성을 옹호하던 그의 초기 입장을 철회하고 그것을 금지하는 애버딘 총회의 다음과 같은 결의에 동의하였다.[11]

고난 혹은 [교회의] 타락의 시기에 여러 가문들에 의해서 종교적인 행위를 목적으로 만들어진 사적인 모임들의 효과가 무엇이었든지 간에 (물론 이러한 예외적 시기에는 평소에는 허락되지 않았을 많은 것들[사적 집

---

11) 그러나 이 문제는 1641년과 43년 그리고 47년 총회에서 반복적으로 재론되었다. 한편 1640년 애버딘 총회의 결의는 다양한 방식으로 해석될 수 있는 여지를 남겨 두었다는 측면 역시 고려되어야 할 것이다. Murray, *The Life of Rev. Samuel Rutherford*, 177-86; George Grub, *An Ecclesiastical History of Scotland*, vol.3 (Edinburgh: Edmonston and Douglas, 1861), 69-85; Rendell, *Samuel Rutherford: A New Biography*, 57-59.

회]이 오히려 칭찬받아야 마땅할 것이다) 이제 하나님께서 우리에게 평화와 순수한 복음으로 복을 주신 이 시점에서는 사적인 모임들이 더 이상 허락될 수 없게 되었다. 왜냐하면 이것은 각 가정의 자율적인 [예배] 예식 행위를 방해하고, 공적인 [교회] 사역에 대한 편견을 양성하며, 지교회를 분열시키다가 시간이 흐름에 따라 마침내 전체 스코틀랜드 교회를 분리시켜버리는 경향을 가지고 있기 때문이다. 아울러 이것으로부터 야기되는 많은 위법행위들은 자연인의 마음을 완고하게 하며 경건한 자의 근심을 초래한다.[12]

둘째, 1642년 러더포드는 교회론과 관련한 첫 번째 저작『스코틀랜드에 바울의 장로회를 [세우기] 위한 평화롭고 온건한 변호』(*A Peaceable and Temperate Plea for Paul's Presbyterie in Scotland*)를 출판했다.[13] 장로교회의 성경적 근거를 밝히는 모두 스무 개의 변증으로 구성된 이 글의 서문에서 러더포드는 그가 상대하는 논객을 크게 두 그룹으로 구분한다. 첫째 그룹은 교황주의들 혹은 반기독교적인 주교들인데 이들은 모두 진리를 미워하는 무리이다. 이들은 논쟁에 있어 러더포드의 대적자들이다.[14] 반면 두 번째 그룹은 주로 잉글랜드의 독립파 혹은 회중교회주의자들인데 이들에 대한 루터포드의 태도는 첫 번째 그룹에 비해 매우 유화적이다. 이들을 가리켜 러더포드는 "친구들"이라 부른다. 다만 이들이 가지고 있는 교회론의 "솔직하면서도 거의 결점이 없는 오류들"을 교정하면서

---

12) Henry Guthrie, *Memoirs of Henry Guthry, late Bishop of Dunkel* (London: Printed for W. B., 1702), 68.

13) 이 책의 전체 원제는 다음과 같다. *A Peaceful and Temperate Plea for Paul's Presbyterie in Scotland, A Modest and Brotherly Dispute of the Government of the Church of Scotland wherein Our Discipline is Demonstrated to be the True Apostolick Way of Divine Truth and the Arguments on the contrary are friendly dissolved, the grounds of Separation and Indepencie of particular Congregations, in defence of Ecclesiasticall Presbyteires, Synods and Assemblies, are examined and tried* (London: Printed for John Bartlet, 1642).

14) 머리말을 참고하라. Rutherford, *A Peaceful and Temperate Plea*, A2-A5, a1-a3.

스코틀랜드 장로교회와 잉글랜드 안에 존재하는 개혁 교회 사이의 연합을 이루기 위해 러더포드는 노력한다.[15] 스무 개의 논제들 가운데는 "열쇠의 권세," "교회의 직원," "가견교회의 회원," "권징," "성례," "노회와 총회," "분리주의의 문제" 등과 같은 주요 쟁점들이 포함되었다. 토머스 머리(Thomas Murray)에 따르면 러더포드의 저작은 후일 잉글랜드 안으로 장로교회 체제를 소개하는 데 크게 공헌하였다.[16] 2년 후, 잉글랜드에서 웨스트민스터 회의가 진행되던 시기에 러더포드는 이 저작에서 다루었던 논의를 크게 확대하고 보다 정교하게 다듬어서 후일 러더포드의 장로교주의를 대표하는 저작으로 알려진 『장로회들의 정당한 권리』(*The Due Right of Presbyteries*, 1644)를 출판한다.

셋째, 1642년 잉글랜드 내전이 일어나자 잉글랜드 의회의 지도자들은 스코틀랜드 언약도와 더불어 "엄숙 동맹"(Solemn League and Covenant)을 체결한다. 잉글랜드 의회는 왕당파와 아일랜드에서 구교를 지지하는 군대와 더불어 전쟁을 치르기 위해 스코틀랜드의 군사적 지원을 절실하게 요청했다. 스코틀랜드 언약도는 잉글랜드 의회파를 원조하는 대가로서 스코틀랜드 안에 개혁교회의 독립성을 보장해 줄 것을 요구했다. 또한 그들은 잉글랜드 의회로부터 교회 개혁에 관한 다음과 같은 약속을 얻어냈다. 곧 잉글랜드와 아일랜드 안에서 "하나님의 말씀과 최선으로 개혁된 교회들의 모범을 따라" 교회 개혁을 추진할 것에 대한 보장이었다.[17]

---

15) Rutherford, *A Peaceful and Temperate Plea*, a2, a3.

16) Murray, *The Life of Rev. Samuel Rutherford*, 187.

17) *A Solemn League and Covenant for Reformation, and Defence of Religion, The Honour and Happinesse of the KING, And the Peace & Safety of the three Kingdoms of England, Scotland, and Ireland* (London: Printed for E. Husbands, 1643), 6. 왕정복고가 이루어진 후 엄숙동맹은 1661년 소요죄 법(Sedition Act)에 의해 불법적인 것으로 무효화 되었다.

　[우리는] 세 왕국에 존재하는 하나님의 교회들을 종교, 신앙고백, 교회
정부 형태, 공예배 모범, 그리고 교리교육 등에 있어서 최대한 연합과 통
일을 이루도록 노력할 것이다. 그리하여 우리와 우리의 후손들이 형제들
로서 믿음과 사랑 가운데 더불어 생활하고 또한 주님께서 우리 가운데 함
께 거하시기를 기뻐하시도록 한다.[18]

　주지하다시피 스코틀랜드 언약도와 잉글랜드 의회의 다수가 장로
교주의를 지지했음에도 상기한 내용에서는 '장로교'라는 단어가 명
시되지 않았다. 이에 근거해서 잉글랜드의 독립파와 회중교회주의
자들 역시 그들의 회중주의가 성경의 원리에 가장 부합하는 교회정
부 형태라고 주장할 여지가 마련되었다. 예상대로 웨스트민스터 회
의가 진행되는 동안 장로교주의자들과 회중교회주의자들 사이에 교
회론 논쟁이 가속화되었다. 특히 스코틀랜드 교회를 대표하여 회의
에 참석한 신학자들은 장로교회야말로 가장 성경적인 교회정부라는
사실을 잉글랜드 동료들에게 설득시키기 위해 특별한 노력을 기울였
다. 한편으로는 장로교주의의 성경적 정당성을 입증하고 다른 한편
으로는 독립파와 회중교회주의자들을 설득해야만 하는 중요한 과업
을 떠맡은 대표주자가 바로 러더포드였다. 아마도 커피가 옳게 지적
했듯이 1642년에 출판된 『평화롭고 온건한 변호』(A Peaceable and
Temperate Plea)의 영향력이 컸던 것으로 사료된다. 여기에서 러더
포드는 성경에 대한 해박한 지식뿐만 아니라 설득력 있는 논쟁가로
서의 면모도 훌륭하게 드러냈기 때문이었다.

　이처럼 러더포드 생애의 세 번째 시기(1638-1643)에서 러더포
드는 스코틀랜드 교회를 대표하는 인물로서 무대 전면에 등장했다.
물론 이 시기에도 러더포드는 개인적으로 크고 작은 어려움을 경험
했다. 1640년 러더포드는 경건한 여인으로 알려진 잔 엠마스(Jean

---

18) *A Solemn League and Covenant for Reformation*, 6.

M'Math)라는 이름의 과부와 두 번째 결혼을 해서 여섯 자녀를 출산
했다. 그런데 엠마스와의 관계로부터 얻은 여섯 자녀들 모두 러더포
드보다 먼저 세상을 떠났다.[19]

(4) 웨스트민스터 회의 시기, 1643-1647: "변증가"

1643년 러더포드는 로버트 베일리(Robert Baillie), 알렉산더 헨
더슨(Alexander Henderson), 조지 길레스피(George Gillespie) 등
과 더불어 스코틀랜드 총회를 대표하여 런던에서 개최된 웨스트민스
터 회의에 참석하였다. 존 라이트푸트(John Lightfoot)가 남긴 기록
에 따르면 1644년 12월까지의 회기 동안 러더포드는 열다섯 개의 중
요한 논제를 다루는 삼십 여 차례에 걸쳐 진행된 논의에 적극 참여하
였다. 또한 소요리문답 작성에도 영향을 미쳤다. 러더포드가 다룬 논
제들은 교회정부 형태로서의 장로교주의, 다스리는 장로, 안수, 교회
직원 선출, 출교, 초기 예루살렘 교회, 가견교회의 성격, 성례 등의
주제를 포함하고 있었으며 러더포드는 이와 관련한 성경해석, 신학,
그리고 실천적 견해를 설득력 있게 논증하였다.[20]

커피가 흥미롭게 지적한 바대로 스코틀랜드에서는 급진적인 혁명

---

19) Murray, *The Life of Rev. Samuel Rutherford*, 191-92; Rutherford, *Letters of Samuel Rutherford*, 16.

20) 다음을 참조하라. John Lightfoot, *Journal of the Proceedings of the Assembly of Divines from January 1ˢᵗ 1643 to December 31st 1644*, in *The Whole Works of John Lightfoot, D.D.*, vol.13, ed., John R. Pitman (London: J.F. Dove, 1824). 러더포드가 참여한 각 논제들은 다음과 같다(괄호 안의 페이지는 라이트푸트의 저널 페이지이다): 다스리는 장로(63, 261); 교회론의 제문제들에 대한 평신도 장로의 역할(78); 안수(99, 108, 225, 266); 특별한 경우들에 관한 적법성 논의(117); 출교(138, 140, 144, 146, 275); 장로들에게 순종해야할 근거(158); 장로회(교회)와 세속정부와의 관계(169); 장로교회로서의 예루살렘 교회(177, 183, 185, 188, 190, 198, 200); 사도로서의 고유한 역할과 장로로서 행한 사도의 일상적 사역 사이의 구분(198, 200); 총회(208, 255); '보편적 공교회'로서의 가견교회(215-16); 성만찬 예식(286-288, 290, 291, 293, 294); 세례(297, 298); 성직 후보자의 성경 읽기와 설교(283-284); 결혼(336, 338); 공예배 장소(342).

가로 활동했던 러더포드가 잉글랜드의 웨스트민스터 회의 때에는 회
중의 자율권을 강조한 독립파를 비판하며 엄밀한 장로교주의를 옹호
하는 "초 보수주의자"로서 활동하였다.[21] 한편 러더포드는 교회에 대
한 국가의 지배를 강조하는 에라스투스주의자들과도 논쟁했다. 러더
포드가 『장로회들의 정당한 권리』(The Due Right of Presbyteries,
1644)를 통해 장로교의 성경적 근거를 옹호했다면 1646년에 런던에
서 출간한 『교회 정부의 신적 권리와 수찬 정지』(The Divine Right
of Church Government and Excommunication)를 통해서는 교
회의 독립성을 변호하였다.[22] 러더포드가 보기에 잉글랜드의 장로교
도는 교회에 관한 국가의 간섭에 대해 지나치게 느슨한 태도를 취하
고 있었다. 이런 의미에서 잉글랜드의 장로교도 대부분은 에라스투
스주의의 영향권 아래에 있었다고 러더포드는 판단했다.[23] 러더포드
는 특히 두 왕국론의 신학적 입장에서 에라스투스주의를 비판했다.
하나님은 "검"을 통해 세속 왕국을 통치하신다. 반면 교회 안에서는
말씀과 성령 그리고 권징 등의 영적인 수단을 통해 통치하신다. 따라
서 세속 정부가 가지고 있는 "검"의 권세는 교회 안에서 이루어지는
영적인 치리를 대신할 수 없다.[24] 같은 맥락에서 수찬정지는 교회의
영적인 치리권에 고유하게 귀속되기 때문에 세속 관료에 의해서 집
행되어서도 안 된다고 러더포드는 주장했다.[25] 러더포드의 두 왕국론
은 같은 시기에 출판된 대표작 『법과 국왕』(Lex, Rex, 1644)에도 잘
드러나 있다. 여기서 러더포드는 계약 사상에 기초한 국민 재권 사상

---

21) Coffey, *Politics, Religion and the British Revolutions*, 53; Murray, *The Life of Rev. Samuel Rutherford*, 211-2.
22) Murray, *The Life of Rev. Samuel Rutherford*, 218; Coffey, *Politics, Religion and the British Revolutions*, 53.
23) Rendell, *Samuel Rutherford: A New Biography*, 70-72, 86.
24) Rutherford, *The Divine Right of Church Government and Excommunication* (London: John Field, 1645), B-B6, 417-18, 500, 510-78, 599-646.
25) Rutherford, *The Divine Right of Church Government*, 223-24, 226-29, 238-39, 394-95, 640.

을 주장하며 하나님과의 언약을 파기한 잉글랜드 정부에 대한 저항을 정당화 한 것으로 유명하다.

한편 잉글랜드에서 체류하며 경험한 것을 바탕으로 출판된 러더포드의 저작들 가운데는 『영적인 적그리스도에 대한 개관』(*Survey of the Spiritual Anti-Christ*, 1648)이 포함되어 있다. 1643년 가을, 러더포드가 런던에 도착했을 때 그는 런던 안에 너무나 많은 분파들과 이단적인 사상을 선전하는 종교집단이 활동하는 모습을 보고 충격을 받았다. 대표적으로는 율법폐기론자들, 신비주의 종파였던 "[사랑의] 가족주의자들"(*Familia Charitatis* 혹은 *Familists*), 아르미니우스주의, "소키누스주의"와 같은 "반삼위일체론자들," "반안식일주의자들," 종말론 이단이라고 할 수 있는 "제5왕국론자들"(Fifth Monarchy Men), 그리고 신비주의 집단이었던 "구도자들"(Seekers) 등이 러더포드의 주목을 끌었다. 러더포드는 『영적인 적그리스도에 대한 개관』에서 특히 율법폐기론과 신비주의 이단을 비판한다. 러더포드가 보기에 잉글랜드의 종교적 관용은 잉글랜드의 영적인 환경을—특히 의회과 군대 안에서—건강하지 못한 방향으로 이끌고 있었다. 러더포드가 장로교주의를 주창하면서 장로교 노회와 총회를 통한 권위적인 치리를 옹호한 데에는 온갖 이단 및 분파 운동에 대한 조직적인 규제의 필요성을 절감했던 이유도 있었던 것으로 보인다. 일례로, 1644년 3월 12일에 진행되었던 교회정부 논의에서 러더포드는 장로교 총회가 이단 문제를 해결해야 할 필요성을 언급했으며,[26] 후일 뉴잉글랜드 회중교회주의자들과의 논쟁에서도 장로교 노회가 교회의 스캔들과 이단 문제에 효과적으로 대처할 수 있다는 사실을 지적했다.[27]

---

26) Lightfoot, *Journal of the Proceedings of the Assembly of Divines*, 208.

27) Rutherford, *A Survey of the Survey of that Summe of Church-Discipline Penned by Mr. Thomas Hooker* (London: J.C. for Andr. Crook, 1658), 216, 238, 310, 456-73.

(5) 세인트 엔드류스에서의 후기 생애, 1647-1661: "항의자"

1646년 10월 잉글랜드 의회는 잉글랜드 국교회의 대주교와 주교
제도를 공식적으로 폐지하였다. 이듬해 11월 러더포드는 런던을 떠
나 세인트 엔드류스로 돌아왔다. 애딘버러 대학 신학부, 화란의 하더
와이크(Harderwijk) 대학과 위트레흐트(Utrecht) 대학이 그를 교수
로 초청했으나 러더포드는 세인트 엔드류스 대학에 남아 스코틀랜드
와 스코틀랜드 교회를 위해 일하기로 결정했다. 잉글랜드의 정치상
황이 미묘하게 변화되기 시작했기 때문에 러더포드는 지속적인 투쟁
의 필요성을 감지하고 있었다. 1648년 8월 찰스 1세의 군대가 프레
스톤에서 올리버 크롬웰 군대에 의해 격파되었을 때 처음에는 잉글
랜드 의회와 스코틀랜드의 언약도가 다 함께 기뻐했다. 커피에 따르
면 1649년과 50년 사이에 개혁된 교회에 대한 러더포드의 기대가 최
고조에 이르렀다.[28] 물론 이 기쁨은 오래가지 못했다. 왜냐하면 크롬
웰의 승리는 곧 잉글랜드 의회 안에서 독립파의 입지가 크게 강화됨
을 의미하는 것이었기 때문이었다. 실제로 장로교주의자들과 독립파
(혹은 회중교회주의자들) 사이의 갈등은 심화되었고, 이것은 스코틀
랜드 의회와 잉글랜드 의회 사이의 관계에도 부정적인 영향을 미쳤
다. 특히 스코틀랜드 의회가 잉글랜드 의회에게 기존의 합의사항을
이해할 것과 (이단에 대한) 종교적 관용 정책을 수정할 것, 그리고 조
속한 시일 내에 군대를 해산할 것 등을 요구하자 양국 의회의 갈등의
골은 더욱 깊어졌다. 우려는 이내 현실화되었다. 1649년 찰스 1세를
처형한 후 크롬웰은 이듬해 9월 3일 던바(Dunbar) 전투에서 언약도
의 군대까지 진압한 것이었다. 이날 윌리엄 거터리에게 보낸 서한에
서 러더포드는 "오호 통재라! 난 완전히 길을 잃었다. 천국에서의 나
의 기업은 사라졌고 나의 희망은 가련해졌도다!" 라고 기록하며 비통

---

28) Coffey, *Politics, Religion and the British Revolutions*, 55.

함을 토론했다.[29] 이윽고 1650년 12월, 스코틀랜드 총회는 특별 위원회의 온건한 결의안을 수용하기로 결정했다. 이 결의안은 스코틀랜드 군대의 문턱을 낮추어 최대한 모든 이들에게 기회를 주는 개방적인 정책을 제안한 것이었다. 이것은 스코틀랜드가 더 이상 국방 문제와 언약도의 대의를 서로 연계시키지 않고 따로 분리시킬 것이라는 사실을 의미했다. 이러한 총회의 결정은 스코틀랜드 교회 안에 내분을 일으켰다. 총회의 결정에 따라 결의안을 지지하는 사람들은 "결의파"(Resolutioners)로, 이 결정에 반대하며 국민계약 운동의 투쟁을 지속할 것을 주장한 사람들은 "항의파"(Protesters)로 불렸다. 1651년 1월 결의파는 찰스 2세가 스코틀랜드 왕위에 오르는 것을 지지했다.[30] 러더포드는 총회의 결의파에 반대하는 항의파의 입장을 지지했다. 따라서 1650년대 초부터 사망할 때까지 생애의 마지막 10년 동안 러더포드는 한편으로는 "결의파," "독립파," "잉글랜드 국교회" 등과 투쟁했고, 다른 한편으로는 스코틀랜드 장로교주의를 지속적으로 옹호하는 데 노력을 기울였다.

이 시기에 출판된 저작들 가운데 특히 두 개의 작품이 중요하다. 첫째는 『개봉된 생명의 언약』(The Covenant of Life Opened, 1655)이다. 러더포드의 언약사상을 요약하는 작품이다. 많은 개혁주의 언약신학자들은 성경의 언약을 크게 두 가지, 곧 행위언약과 은혜언약으로 구분한다. 또한 구속 언약(covenant of redemption)이 존재한다. 이것은 하나님께서 사람과 맺은 언약이 아니다. 영원하신 삼위 하나님 사이에 인간의 구원 문제를 두고 창세전에(벧전 1:20) 서로 언약을 맺으셨는데, 이것을 흔히 구속언약이라고 부른다. 상기한 저서에서 러더포드는 행위언약, 은혜언약, 구속언약 모두를 깊이

29) Rutherford, *Letters of Samuel Rutherford*, "Letter CCCXXX" (1650), 650. 던바에서의 패전에 대해 러더포드는 이것이 개혁을 온전하게 추진하지 못한 것에 대한 하나님의 심판이라고 생각했다.
30) Rendell, *Samuel Rutherford: A New Biography*, 114.

있게 다룬다. 개혁주의 전통에 속한 모든 신학자들이 이 세 가지 언약의 존재에 아무 이견 없이 동의하는 것은 아니기 때문에 러더포드의 저작은 더욱 의미가 있다. 특히 러더포드는 구속언약의 존재를 성경적으로 논증하는 데에 많은 지면을 할애한다. 또한 세 가지 언약을 논의하면서 공통적으로 아르미니우즈주의의 구원관을 논박하는 특징을 보여준다.

두 번째 저작은 『토마스 후커 씨의 「교회 치리 강요 고찰」에 대한 고찰 』(A Survey of the Survey of that Summe of Church-Discipline Penned by Mr. Thomas Hooker, 1658)이다. 이 책은 십여 년 전에 출판된 뉴잉글랜드 회중교회의 지도자 토마스 후커의 회중주의 변증서인 『교회 치리 강요 고찰』(A Survey of the Sum of Church Discipline, 1648)의 세부 논의를 조목별로 논박한 것이다. 이 과정에서 러더포드는 분리주의자들과 잉글랜드의 독립파 그리고 뉴잉글랜드의 회중교회주의자들을 (예전과 비교해 볼 때) 다소 강하게 비판한다. 동시에 스코틀랜드 국가교회로서의 장로교회가 가장 성경적이며 이상적인 교회정부의 모델임을 다시 한 번 변증하였다.

II. 사무엘 러더포드의 신학: 특징들

러더포드는 다른 개혁파 정통주의 신학자들이 저술한 것과 같은 조직신학 교과서를 저술하지는 않았다. 그럼에도 그가 남긴 여러 신학 논문들과 설교 그리고 서한 등을 통해 러더포드는 그의 신학이 가지고 있는 몇 가지 특징들을 독자들에게 인상 깊게 각인시켰다. 여기서는 그의 신학 사상에서 드러나는 주요한 특징 세 가지-작정신학(신론), 은혜언약의 통일성과 충분성(구원론), 장로교주의와 두 왕국론(교회론)-만을 선별하여 간략하게 소개하기로 한다.

1. 신론: 작정 신학

러더포드는 그의 신학 사상에서 하나님의 절대적인 주권을 부각시키는 특징을 가진다. 러더포드의 신학을 소개하면서 가이 리처드(Guy M. Richard)가 연구서의 제목을 『사무엘 러더포드 신학에 나타난 하나님의 최상권(最上權)』(*The Supremacy of God in the Theology of Samuel Rutherford*, 2008) 으로 정한 것은 정당한 선택이었다. 러더포드는 『아르미니우스주의 검토』(*Examen Arminianismi*(Utrecht, 1668))에서 전통적인 신론의 구분을 따라 하나님의 속성과 하나님의 의지를 나누어 논의한다. 또한 성경 주해에 무게중심을 두면서 삼위일체 교리를 전통적인 신앙고백의 노선을 따라 세밀하게 설명한다. 요컨대 러더포드의 신론에 있어 성경과 전통으로부터 벗어난 새로운 요소란 전혀 발견되지 않는다.[31] 다만 리처드가 옳게 관찰했듯이 러더포드는 아르미니우스주의의 도전을 의식하며 하나님의 지식(*scientia Dei*), 성자의 생득적 종속론(inherent subordinationism), 삼신론(tritheism)의 위험성 등의 주제를 자세하게 논의한다.[32] 특히 아르미니우스주의자들이 수용하고 가르친 중간지식(*scientia media*) 개념을 강하게 비판하면서, 그것은 하나님의 절대적인 주권적 작정과 의지를 우유적 존재(혹은 제2원인)에 해당하는 피조물의 의지에 종속시키는 신성모독적인 가르침이라고 강하게 선언한다.[33]

한편 하나님의 작정 교리에 관한 러더포드의 논의는 사변적이거나 논쟁적인 성격에 머물지 않는다. 이것은 러더포드가 하나님의 속성에 관한 논의 못지않게 하나님의 의지(*volutas Dei*), 특히 인간을 구원하시는 하나님의 의지를 더욱 부각시키는 것과 무관하지 않다. 또

---

31) Richard, *The Supremacy of God in the Theology of Samuel Rutherford*, 77.
32) 같은책, 77-94.
33) Rutherford, *Examen Arminianismi*, 163-64, 191-93.

한 (같은 맥락에서) 하나님의 많은 작정들 가운데 예정 작정(특히 타락 전 선택 작정)과 그 안에서는 특히 구속 언약 작정을 집중적으로 논의했다는 사실은 러더포드의 작정신학이 본질적으로 은혜롭다는 사실을 시사해 준다. 구속언약, 혹은 (러더포드가 즐겨 사용한 표현으로) "보증인 언약"(covenant of Suretyship)은 시간 안에서는 여호와와 그리스도 사이에 맺어진 언약으로 우리에게 계시되었으며 이 언약 안에서 그리스도는 왕, 선지자, 제사장의 삼중직에 임명된다. 한편 동일한 언약은 영원의 관점에서도 이해될 수 있다. 여기서는 영원하신 성부와 성자가 언약 당사자로 등장하는데 성부는 성자를 선택하시고 성자는 자발적으로 구원을 위한 사역을 담당하기로 동의하며 성자의 공로적 사역에 대한 정당한 몫으로서 성부는 성자에게 택자를 유업으로 주실 것을 약속하신다.[34] 요컨대 러더포드에게 있어 이러한 구속언약은 세 가지 중요한 의미를 갖는다. 첫째, 삼위 사이에 맺은 구속언약은 은혜언약의 영원하고 확실한 기초를 제공한다. 보다 구체적으로 말하면 구속언약은 그리스도께서 택자를 위해 이루신 만족(satisfaction)을 유효하게 하는 영원한 근거가 되며, 삼위 하나님이 택자와 더불어 맺으신 은혜언약에게 안정성을 부여한다. 둘째, 구속언약 안에서 그리스도가 택자를 구원하기 위한 모든 공로적 근거를 이미 마련했다는 사실은 인간의 예견된 믿음(혹은 자율적인 자기결정)에 근거한 신적인 선택을 주장하는 모든 이단적인 가르침을 논박한다. 마지막으로 러더포드의 구속언약 작정 교리는 인간의 구속사의 전 과정이 삼위 하나님의 영원하신 절대적이며 주권적인 작정에 기초하고 있음을 이해하기 쉽게 가르쳐 준다.[35]

---

34) Rutherford, *The Covenant of Life Opened* (Edinburgh: Andro Anderson, 1655), part II, 302-9.
35) 같은책, 228, 230-36, 260, 303, 308-9, 327-28. 이런 맥락에서 리처드는 (다소 과장된 표현이긴 하지만) 러더포드의 구속언약 교리는 하나님의 모든 작정을 포함하는 개념이라고까지 주장한다. Richard, *The Supremacy of God in the Theology of Samuel Rutherford*, 145-46.

2. 구원론: 은혜언약의 통일성과 충분성

일찍이 칼뱅은 타락 이후 성경에 등장하는 다양한 언약들을 설명하면서 이들 언약, 곧 아담 언약(창3:15), 노아 언약, 아브라함 언약, 시내산 언약, 다윗 언약, 그리고 새 언약 등은 그 "실재와 본질(substantia)"에 있어서 동일한 하나의 언약이라고 천명한바 있다. 다만 구속사의 경륜에 있어서 다양성이 존재할 따름인 것이다. 물론 여기서 말하는 언약의 본질이란 예수 그리스도를 가리킨다.[36] 같은 맥락에서 웨스트민스터 신앙고백서는 구약과 신약의 은혜언약을 단일한 것으로 규정하고 그 본질을 예수 그리스도라고 고백한다.[37] 개혁파 정통주의 신학을 집대성한 인물로 알려진 프렌시스코 튜레티니 역시 그의 『논박신학강요』(Institutio theologiae elencticae)에서 은혜 언약의 단일성 혹은 통일성을 주장한다.[38]

이런 맥락에서 보았을 때, 인간의 타락 이후 구약과 신약을 관통해서 흐르는 단 하나의 은혜언약이 존재한다고 러더포드가 말했을 때, 이것은 개혁파 신학 전통 안에서 보았을 땐, 전혀 새로운 주장이 아니었다.[39] 다만 두 가지 측면에서 러더포드가 가르친 은혜언약의 통일성이 가지고 있는 특징을 살펴볼 필요가 있다. 첫째, 러더포드는 시내산 언약을 "순수한" 은혜언약으로 규정한다. 이것은 한편으로는

---

36) Calvin, *Instituitio Christianae Religionis*(1559), 2.10.2. in *Joannis Calvini opera quae supersunt omnia* (Brunsvigae: Schwetschke, 1863) 2:313-14. 칼뱅의 라틴어 원문은 다음과 같다. Ac uno quidem verbo expediri utrumque potest. Patrum omnium foedus adeo substantia et re ipsa nihil a nostro differt, ut unum prorsus atque idem sit. Administratio tarnen variat. ([구약의] 모든 족장들과 맺은 언약은 그 실재와 본질(substantia)에 있어서 우리의 언약과 전혀 다른 것이 아니다. 그것은 모두 동일한 하나의 언약이다. 다만 경륜(administratio)에 있어서의 차이인 것이다).

37) *WCF*, 7.5-6. "따라서 본질에 있어서 서로 상이한 두 개의 은혜 언약이 존재하는 것이 아니라 다양한 경륜아래에 존재하는 동일한 하나의 (은혜) 언약이 존재한다." *WCF*, 7.6.

38) Francisco Turrettino, *Institutio Theologiae Elencticae*, 3 parts (Geneva: Apud Samuelem de Tournes, 1679-1685): 12.5.7; 12.7.18.

39) Rutherford, *The Covenant of Life Opened*, 60-65. 다음 논문을 참고하라. 한병수, "언약의 통일성: 칼빈과 러더포드 중심으로," 「개혁논총」 31 (2014):79-121.

러더포드의 은혜언약이 구약과 신약의 단절성을 주장하는 재세례파나 율법폐기론자의 입장을 반대한다는 사실을 의미한다. 다른 한편으로는 시내산 언약을 행위언약의 갱신으로 보는 견해나, 행위언약과 은혜언약의 혼합된 형태로 보는 (다수의 개혁파 신학자들의) 견해, 한 걸음 더 나아가 (은혜언약보다 열등한) 제3의 언약으로 파악하는 아르미니우스주의, 소키누스주의, 그리고 소뮈르 학파의 견해와도 차별화됨을 의미한다.[40] 둘째, 러더포드는 타락 이후에 성경에 계시된 은혜언약 뿐만 아니라 심지어 타락 이전에 하나님이 아담과 맺은 행위 언약 안에서도 "은혜"의 원리를 찾으려고 시도한다. 러더포드에 따르면 하나님은 처음부터 그리스도 안에서의 언약의 성취를 전제하고 아담과 행위언약을 맺으셨다. 아담은 애초부터 행위/율법이 아닌 은혜로 구원을 얻을 것이었다. 적어도 하나님의 영원한 작정과 의도의 지평에서 보았을 때는 행위언약 아래있는 아담의 상태는 임시 머물다가 지나가는 일종의 "여름 별장"이었던 것이다. 요컨대 러더포드의 언약신학의 거시적인 틀에서 보았을 때, 하나님의 구속언약 작정과 그리스도를 본질로 하는 언약의 통일성은 창조를 비롯하여 인류의 전 구속역사를 포괄하는 것이었다.[41]

러더포드는 은혜언약의 충분성(sufficiency)을 강조한 것으로도 잘

---

40) 시내산 언약에 대한 다양한 견해는 대략 다음의 네 가지로 분류될 수 있다. 첫째 시내산 언약은 행위 언약이라는 견해이다. 윌리엄 펨블, 존 프레스톤, 에드워드 피셔 등의 주장이다. 현대의 신학자로는 웨스트민스터 신학대학의 구약 교수인 메리데스 클라인이 모세 언약의 행위원리를 크게 강조한다. 둘째 시내산 언약은 순수한 은혜 언약이라는 견해이다. 존 볼, 앤소니 버지스, 제임스 어셔, 토머스 블레이크, 데이비드 딕슨, 프랜시스 로버츠 등의 학자들이 주장했다. 러더포드 또한 이 그룹의 대표적인 학자이다. 현대 신학자 중에는 존 머리와 에른스트 케빈 등이 이 견해를 따른다. 셋째, 시내산 언약은 제3의 언약이라는 견해이다. 존 카메론, 모이제 아미로, 요하네스 코케이우스 등이 대표적인 학자들이다. 넷째, 시내산 언약에는 행위와 은혜의 두 원리가 혼합된 형태로 존재하다는 견해이다. 프랜시스 튜레틴을 비롯하여 윌리엄 에임스, 토머스 후커, 레너드 리센, 토머스 보스틴 등이 이 견해를 따른다. 보다 상세한 논의를 위해서는 다음을 참조하라. 안상혁, 『언약신학: 쟁점으로 읽는다』 (수원: 영음사, 2014), 61~68. 또한 제5장을 참고하라.

41) 이러한 러더포드의 시각이 17세기 토머스 후커의 입장과 얼마나 상이한 입장이었는지에 대해서는 『언약신학: 쟁점으로 읽는다』의 제4장을 참고하라.

알려져 있다. 여기서 '충분성'이란 일찍이 아브라함과 맺으신 언약 속
에서 스스로를 "나는 전능한 하나님이라"고 계시하신 것 속에 드러났
다. 이는 타락한 자기 백성의 구원을 위해 모든 조건을 온전하게 성
취하시고 모든 필요를 채우시는 하나님을 보여준다. 물론 이것은 아
브라함에게 약속한 "씨," 곧 예수 그리스도 안에서 완전하게 성취되
었다.[42] 은혜언약의 충분성은 그리스도의 속죄사역의 충분성을 포함
하고 있으며, 이에 근거하여 러더포드는 율법주의자들(펠라기우스주
의자들)과 아르미니우스주의자들, 그리고 소키누스주의자들의 구원
론을 논박한다. 무엇보다 후자들의 보편속죄론은 그리스도의 희생의
불충분성을 함의하기 때문이다.[43] 한 걸음 더 나아가 러더포드는 동
일한 은혜언약의 충분성에 근거하여 율법폐기론자들의 입장 역시 폐
기시킨다. 무엇보다 은혜언약 안에 포함된 "삼중적 달콤함"-은혜언
약의 명령 안에 내재된 달콤함, 우리로 하여금 은혜언약의 조건을 수
행할 수 있도록 힘을 주시는 것 속에 담겨 있는 달콤함, 하나님과의
친밀한 교제 속에서 누리는 달콤함-은 신자로 하여금 성령의 새롭
게 하심 안에서 하나님의 율법을 자발적으로 수행하는 복음적 (혹은
초자연적) 순종을 가능케 한다.[44] 이런 맥락에서 러더포드가 『개봉
된 생명의 언약』제2부에서 은혜언약 안에 있는 신자의 성화의 삶 속
에서 마땅히 발견되는 스물네 가지나 되는 "죄죽임"의 열매를 언급한
것은 매우 통찰력 있는 적용이다.[45]

---

42) Rutherford, *The Covenant of Life Opened*, 58-61.
43) 같은책, 11-12, 238-39, 249-50, 303-4.
44) 같은책, 70-71, 198-99, 213.
45) Rutherford, *The Covenant of Life Opened*, Part II, 257-81. 죄죽임(mortification)
의 대상은 다음과 같다: 자아, 자신의 의지, 자기의 생명, 자신의 지혜, 학식, 돈, 명예, 상
처, 직분(권위), 쾌락, 세상, 피조물이 주는 안식, 용맹과 (가문의) 영예, 젊음과 관련된 즐
거움, 외면적인 규례(성전 예배), 우리 자신의 기도, 우리 자신이 만들어낸 믿음과 소망, 편
안함, 우리 자신이 만들어낸 은혜, 우리가 만들어 낸 천국의 즐거움, 문자적인 약속(그리스
도 자신의 것이 아님), 우리가 하나님을 (인위적으로) 빛내드리는 행위, 우리 자신이 원하
는 섭리적인 일들(좋은 날씨, 홍해의 기적, 원수를 무찌름 등), 죽은 예배(의식적, 형식적
예배) 등이다.

3. 교회론: 장로교주의와 두 왕국론

러더포드가 일평생 스코틀랜드 장로교회를 위해 투쟁한 사실은 그
의 생애를 요약한 부분에서 이미 살펴보았다. 또한 러더포드가 잉글
랜드 국교회주의자들은 물론 독립파와 뉴잉글랜드 회중교회주의자
들과 더불어 논쟁한 사실도 언급하였다. 여기서는 스코틀랜드 장로
교주의를 대표하는 러더포드와 뉴잉글랜드(비분리파) 회중주의를 대
표하는 토머스 후커 사이에 벌어진 역사적인 교회론 논쟁의 여러 쟁
점들 가운데 한 가지 핵심 논점만을 간추려보기로 한다.[46] 주지하다
시피 러더포드의 장로교주의와 후커의 회중주의의 핵심 쟁점은 가
견교회를 다스리는 치리권(열쇠의 권세)의 일차 담지자가 과연 누구
인가를 규정하는 데 있었다. 두 사람 모두 그리스도께서 열쇠의 권
세(마16:18-19) 지상교회 전체에게 주신 것을 인정한다. 그러나 가
견교회 안에서 그 열쇠를 일차적으로 받은 주체에 대해서 러더포드
는 교회의 직원(성직자) 혹은 가견교회를 대표하는 에큐메니컬 교회
회의를 가리킨 반면, 후커는 교회언약-가견교회의 형상인(formal
cause)에 해당함-을 맺은 회중-보다 정확한 후커의 표현으로는 "본
질적 총합으로서의 교회"(*Church as totum essentiale*)에게 있다
고 주장한다.[47] 같은 맥락에서 두 사람은 마태복음 16장에 등장하는
베드로의 역할에 대해서도 서로 다르게 해석한다. 후커는 베드로가
지교회의 "전체 신자"를 대표하여 열쇠를 받았다고 해석하는 반면,

---

46) 러더포드-후커 논쟁에 대한 보다 상세한 논의에 대해서는 『언약신학: 쟁점으로 읽는다』
개정판 (수원: 영음사, 2016)의 제7장과 제8장을 참고하라.

47) Rutherford, *The Due Right of Presbyteries*, 305. 후커에 따르면 지상교회는 "본질적
총합"으로서의 교회(회중)이 교회의 직원과 더불어 연합하여 비로소 온전한 형태의 "유기체
로서의 교회"(Church as copus organicum)을 이룬다. 한 가지 유의할 것은 이러한 구분
은 논리적인 구분이며 현실에서는 양자가 서로 분리되어 독립적으로 존재하지 않는다. 후
커는 가견교회 안에서 행사되는 치리권의 근원적인 기초가 회중에게 있음을 설명하는 해
석의 틀로서 이 구분을 활용한다. Thomas Hooker, *A Survey of the Sum of Church
Discipline* (London: John Bellamy, 1648), 17-18.

48) Rutherford, *The Due Right*, 1-4, 7-11.

러더포드는 베드로가 전체 사도, 곧 "교회의 지도자들"을 대표하여 열쇠를 받았다고 주장한다.[48] 여기서 한 가지 기억할 사실이 있다. 먼저 이러한 차이에 근거해서 후커의 회중교회는 성직자의 치리권을 부정했다고 생각할 수 없다는 것이다. 오히려 후커는 지교회 안에서 성직자의 치리를 이론적로도 옹호했을 뿐만 아니라 그의 회중교회 안에서 실제로 성직자와 다스리는 장로들(ruling elders)을 통한 치리가 이루어졌다. 다만 회중에 대한 그들의 치리권은 회중의 근원적 권력—혹은 후커의 표현으로 "판단의 권세"(power of judgment)—으로부터 위임받은 권리임을 후커는 강조한 것이다.[49] 마찬가지로 러더포드 역시 지교회에서의 치리가 회중의 의지에 반해서 이루어진다고 말하지 않았다. 오히려 (비록 회중교회주의자들을 만족시킬 만큼은 아니었으나) 회중의 "암묵적 동의"는 필수적인 요소임을 러더포드 역시 인정한다.[50]

이 시점에서 독자들은 한 가지 흥미로운 사실을 발견한다. 후커의 회중주의에서 말하는 치리권의 핵심 요소들—특히 회중의 근원적 권력과 직원이 행사하는 위임받은 권세의 개념—은 러더포드의『법과 국왕』에서도 동일하게 발견된다는 사실이다. 주지하다시피『법과 국왕』에서 러더포드는 국민재권 사상을 설파하였다. 국민은 일종의 자연적인 "계약"에 근거해서 국왕에게 권력을 양도하며 국왕의 위임받은 권력은 계약 조건에 종속된다(논제 XIV, XL). 또한 국민은 자신의 생명권과 같은 자연권까지 양도하는 것이 아니며 언제나 "근원적 권리"(fountain-power)를 유지한다(논제 X, XIX). 바로 이러한 국민의 "근원적 권력"에 기초해서 러더포드는 (계약을 파기한) 국왕에 대한 저항권을 정당화 한 것이다.

그렇다면 러더포드는『법과 국왕』에서 주장한 내용을 왜 그의 장로

49) Hooker, *A Survey of the Sum of Church Discipline*, 186-92; part III, 33-46.
50) Rutherford, *A Survey of the Survey*, 186, 188, 226.

교회 안에는 적용시키지 않았을까? 이에 대한 러더포드의 입장을 이해하기 위해 우리는 그의 두 왕국론을 다시 한 번 상기할 필요가 있다. 러더포드에 따르면 하나님께서 정하신 국가와 교회의 통치원리는 본질적으로 상이하다. 소위 국민의 "근원적 권력"은 교회 안에서는 결코 발견되지 않는다. 틀림없이 사울과 다윗을 왕으로 세울 때 하나님은 국민의 동의를 통하여 그들을 이스라엘의 왕으로 세우셨다. 그러나 제사장의 경우 성경은 하나님께서 그들을 직접 임명하고 백성 가운데 세우셨다고 증거한다. 애초부터 국가와 교회의 구분이 존재했던 것이다. 과연 구약과 신약 시대에 하나님은 백성의 동의를 구하지 않고 선지자와 사도를 친히 세우신 이후에 하나님의 교회에 직접 파송하셨다. 오히려 백성의 뜻에 반하여 그의 사역자들을 보내신 경우도 많이 있었다. 러더포드는 오늘날 교회의 성직자 역시 회중의 동의가 아닌 하나님의 직접적인 부르심에 근거하여 세워지는 것이라고 주장한다(논제 V, XIV, XIX, LXIV). 요컨대, 러더포드의 두 왕국론은 그의 장로교회 정치원리를 이해하는 데 있어서도 중요한 토대를 제공하는 것이다.[51]

III. 나가는 글

지금까지 필자는 러더포드의 생애와 신학을 각 시기의 쟁점과 주요한 특징을 따라 각각 간략하게 살펴보았다. 러더포드의 생애의 각 단계를 관통해서 드러나는 주요한 특징들 가운데 하나는 그의 신학적이며 실천적인 견해가 특정한 역사적 정황 속에서 형성되었으며, 시간이 흐름에 따라 점차 성숙했다는 사실이다. 첫째, 러더포드의 생애는 그의 종교적이며 정치적인 역사적 정황과의 역동적인 관련성 속

---

51) 보다 상세한 논의에 대해서는 다음 논문을 참고하라. 안상혁, "정교분리의 관점에서 조명한 사무엘 러더포드-토마스 후커의 17세기 교회론(교회정부) 논쟁" 「한국개혁신학」 47 (2015):184-217.

에서 형성되었다. 일례로 스코틀랜드 장로교회에 대한 그의 신념은 일평생에 걸친 잉글랜드 국교회와의 투쟁 속에서 점차 강화된 것이라고 말할 수 있다. 특히 국민계약 운동과 엄숙동맹의 역사적 현장에서 중요한 역할을 담당했던 경험은 러더포드의 신학이 사변화된 이론적 체계에 머물기보다는 오히려 현장에 깊이 뿌리를 내리는 실천적 성격을 띠도록 유도하였다.

둘째, 러더포드의 교회론 역시 역사적 정황 속에서 형성되며 시간이 흐름에 따라 차츰 정교화 되는 특징을 지닌다. 그와 더불어 웨스트민스터 회의에 참여했던 로버트 베일리(Robert Baillie)의 증언에 따르면, 러더포드는 회의 기간 내내 부지런히 잉글랜드의 교회적 정황을 살피고, 그날의 논의를 통해 새롭게 배우고 발견한 것을 정리한 것에 기초하여 『장로회들의 정당한 권리』 원고를 매일 수정 증보하였다.[52] 그 결과 불과 이 년 전에 출판된 저작–『평화롭고 온건한 변호』 –에 비해 논의의 범위와 수준이 눈에 띄게 발전했다. 그리고 십 사 년이 흐른 후에 출간된 『토마스 후커 씨의 「교회 치리 강요 고찰」에 대한 고찰』에서는 러더포드의 가장 완숙한 형태의 교회론이 더욱 폭넓게 전개되었다.

셋째, 성경적인 언약에 대한 러더포드의 관점 또한 성경에서뿐만 아니라 정치적, 사회적, 그리고 교회 환경과의 유기적 관련성 속에서 형성되고 성숙하였다. 오늘날 몇몇 학자들은 17세기 스코틀랜드의 독특한 역사적 정황 속에서 언약도가 '언약'(혹은 '계약')을 앞세워 종교적–정치적 혁명을 시도한 것으로 인해서 스코틀랜드의 언약신학은 사회–정치적인 색채에 의해 짙게 채색되었다고 주장하였다.[53] 일례로 제임스 B. 토란스는 스코틀랜드의 언약 개념은 일종의 정치

---

52) See Baillie's letter "For Mr. Blair" written on March 26th, 1644. Robert Baillie, *Letters and Journals of Robert Baillie*, vol.2 (Edinburgh: Printed for Robert Ogle, 1841), 159.

신학화 되었다고 판단하기까지 했다.[54] 그러나 이러한 해석은 러더포드의 언약신학에는 결코 적용될 수 없다. 러더포드에게 있어 언약 개념은 분명히 사회-정치적인 함의를 포함하는 것이었다. 그러나 러더포드는 성경적인 은혜 언약과 사회정치적인 계약 개념을 분명하게 구분 지었다. 이것은 언약 혹은 계약에 관한 러더포드의 두 개의 대표작 안에서 잘 예시되었다. 『개봉된 생명의 언약』이 성경적인 언약이 가지고 있는 은혜의 신학을 대변한다면, 『법과 국왕』은 계약 사상이 세속 국가의 영역에서 어떻게 적용될 수 있는지를 잘 보여주고 있다. 러더포드는 두 왕국론의 입장에서 교회와 국가의 영역을 세심하게 구분하였다는 사실은 이미 언급한 바 있다. 요컨대 성경적인 은혜 언약과 사회적인 계약 사상 사이에서 혼돈을 일으킨 것은 오늘날 몇몇 연구자들의 잘못이지 러더포드의 문제가 아니었던 것이다.

러더포드가 사망할 무렵의 역사적인 정황은 여러 면에서 그를 실망시켰다. 왕정복고와 더불어 개혁된 교회의 이상을 위한 그의 일평생의 투쟁은 실패로 돌아간 듯 보였다. 또한 회중교회주의자들과의 오랜 기간의 논쟁에도 불구하고 러더포드가 처음 기대했던 대로 그들은 설득되지 않았다. 1658년에 출간된 『토마스 후커 씨의 「교회 치리 강요 고찰」에 대한 고찰』의 머리말에서 러더포드는 끊임없이 무의미하게 진행되는 신학적 논쟁에 대한 환멸감을 토로했다. 이것은 십사 년 전에 출판한 『장로회들의 정당한 권리』의 머리말에서 동일한 저자가 논쟁을 통해 "새롭고 살아있는 진리"를 드러내고자 하는 야심

53) James B. Torrance, "Covenant or Contract? A Study in the Theological Background of Worship in Seventeenth-Century Scotland," *Scottish Journal of Theology* 23(1970): 51-76; idem, "The Covenant Concept in Scottish Theology and Politics," in *The Covenant Connection: From Federal Theology to Modern Federalism*, ed. Daniel J. Elazar (Oxford: Lexington Books, 2000): 140-62; A.T.B. McGowan, *The Federal Theology of Thomas Boston* (Edinburgh: Rutherford House, 1997), 6-8.

54) 토란스에 따르면 17세기 스코틀랜드인들에게 '언약' 개념은 오늘날 현대인에게 '노조,' '민권,' '임금 협상,' 등과 같은 개념이 가져다주는 정치적인 함의를 지녔다고 주장한다. Torrance, "Covenant of Contract?" 64.

찬 기대감을 표출했던 것과는 사뭇 대조를 이루었다.[55] 이러한 사실을 고려할 때 커피가 러더포드의 마지막을 다소 어둡게 채색한 것은 이해할 만하다.[56] 그러나 역사적 정황이 암울해졌다고 해서 러더포드가 그의 말년에 일종의 무기력증에 빠졌다고 생각하면 큰 오산이다. 1661년 2월 15일자로 제임스 거터리(James Gutherie)에게 보낸 그의 서한에서 러더포드는 최후의 순간까지 언약도의 대의를 위한 투쟁을 다짐하며 순교의 길로 나아가자는 굳은 의지를 표현한다. 또한 그의 사망 직전에 로버트 캠벨(Robert Campbell)에게 보낸 서한에서(1661년 3월 20일) 러더포드는 종교개혁과 언약도의 입장에서 교황주의자들에 대항하여 싸우는 열정적인 투쟁가의 모습을 보여주었다.[57] 물론 세상 왕국에 살면서 전투하는 교회가 경험하는 온갖 종류의 고난과 실패 그리고 나약함을 러더포드는 친히 경험하였다. 그러나 이러한 체험과 어려운 현실은 그를 절망으로 이끌지 못했다. 오히려 어두운 현실 속에서 러더포드는 교회의 참 소망과 구원의 영원한 근거가 되시는 예수 그리스도를 바라볼 수 있었다. 무엇보다 그의 언약신학이 이러한 그의 태도를 잘 증거하고 있다. 러더포드의 언약신학을 설명하면서 그가 수많은 신학적 논쟁들과 개인적인 고통으로부터 벗어나 하나님의 영원한 은혜 언약 안에서 일종의 안식처를 발견하려 했다고 해석한 렌덜의 설명은 나름 의미 있다고 사료된다.[58] 역시 같은 맥락에서 이 위대한 논쟁가는 무익한 신학 논쟁에 대한 환멸감을 토로한 직후에도 다음과 같이 마음에서 우러나오는 진실한 기도를 하나님과 독자들 앞에 조용히 고백한다.

55) Rutherford, *A Survey of the Survey*, A2; idem, *The Due Right of Presbyteries*, A3-A4
56) Coffey, *Politics, Religion and British Revolutions*, 257.
57) Rutherford, *Letters of Samuel Rutherford*, ed. A.A. Bonar (Edinburgh and London: Oliphant Anderson & Ferrier, 1891), 701-2 (James Gutherie), 703(Robert Campbell). 러더포드의 편지를 받고 수개월 후에 거터리는 애딘버러에서 처형되었다(1661년 6월 1일).
58) Rendell, *Samuel Rutherford: A New Biography*, 78, 119.

아, [우리 자신의] 견해들은 낮아지고 복음이 높아지기를! 파당과 당파는 무너지고 [오직] 그리스도가 우뚝 서시길! [우리의] 모든 이름과 분파와 길들은 낮아지고 오로지 주님만이 홀로 높아지시길! 그리하여 우리 모두 여호와만을 위해 쟁론하며, 동일하게 여호와를 예배할 수 있기를![59]

---

59) Rutherford, *A Survey of the Survey*, A2.

토마스 굿윈의
(Thomas Goodwin, 1600-1680)
생애와 신학

이성호 (고려신학대학원, 교회사)

Ⅰ.서론

1. 연구의 어려움

토마스 굿윈은 청교도 신학자이다. 한국 장로교회에서 청교도는 아주 긍정적으로 이해되지만 영국[1] 교회사에서 청교도들은 일반적으로 부정적 내지 소극적으로 받아들여진다.[2] 일단 그들은 소수파에 속하는 자들로 영국 국교회와의 경쟁에서 궁극적으로 밀려난 자들이다. 실제로 오늘날 영국에서 청교도의 전통을 유지하고 있는 교회는 거의 없거나 있어도 매우 미약한 실정이다.

청교도 자체를 규정하는 것은 매우 어려운 역사적 작업이다. 가장

---

1) 영국과 잉글랜드는 한국에서 동의어로 사용되지만 이 논문에서는 서로 구별할 필요가 있다. 17세기에 영국은 웨일스, 아일랜드, 스코틀랜드, 잉글랜드로 구성되어 있었다. 이 논문에서 사용되는 영국은 엄밀한 의미에서 잉글랜드를 의미한다. 하지만 필자는 "영국"이라는 용어를 쓰되 구분할 필요가 있을 때에는 "잉글랜드"라는 용어를 사용하도록 하겠다.
2) Joel Beeke 그리고 Mark Jones, 김귀탁 역, 『청교도 신학의 모든 것』(서울: 부흥과 개혁사, 2015), 14-15.

큰 이유는 청교도를 하나의 통일성 있는 개념으로 묶어내기가 쉽지 않기 때문이다. 대표적인 예로 청교도들은 신학적으로도 하나로 통일되어 있지 않았다. 아마 대부분의 사람들은 청교도의 신학은 개혁주의라고 알고 있을지 모른다. 실제로 대부분의 청교도들은 개혁파 신학을 견지하고 있었다. 하지만 청교도 중에는 칼빈주의와 정반대되는 알미니안 신학을 주장하는 사람도 있었다. 대표적인 인물이 종종 토마스 굿윈과 혼동되는 존 굿윈(John Goodwin)[3]이다.

청교도들 사이에서 가장 일치를 보지 못한 부분은 교회 정치에 대한 것이었다. 이들은 영국혁명 기간 동안 웨스트민스터 총회가 열렸을 때 노회파와 회중파로 나뉘어서 서로 격렬하게 논쟁을 벌였으며 결국 노회파가 승리를 하였으나 그 승리는 일시적인 것이었다. 토마스 굿윈은 소수파였던 회중파 교회의 대표적인 지도자였다. 학문이나 경건에서 탁월한 사람이었음에도 불구하고 영국 교회사에서 제대로 된 대접을 받을 수 없었다. 대표적인 예로 아직 까지도 그에 대한 제대로 된 전기가 별도로 출판되지 않았다.

2. 굿윈에 대한 연구서들

최근 들어 청교도 신학에 대한 관심이 늘면서 이들에 대한 연구가 활발하게 진행되고 있다. 가장 큰 이유 중에 하나는 종교개혁 이후의 개신교 정통주의 신학에 대해서 긍정적으로 바라보기 시작했기 때문이다. 이 점에 있어서는 리차드 멀러 교수의 공을 지적하지 않을 수 없다.[4] 그 이전까지만 하더라도 청교도 신학을 포함하여 종교개혁 이후의 신학을 부정적으로 보는 시각이 보편적이었다. 루터와 칼빈과

---

3) John Coffey, *John Goodwin and the Puritan Revolution: Religion and Intellectual Change in Seventeenth-Century England* (Woodbridge, UK ; Boydell Press, 2006).
4) 대표적인 저작은 4권으로 이루어진 *Post-Reformation Reformed Dogmatics* (Grand Rapids: Baker Academics,

같은 종교개혁가들의 경건한 신학을 후예들이 제대로 이해하지 못하고 세속적 철학이나 이성을 사용하여 사변화시키고 왜곡시켰다는 것이 핵심적이 이유였다. 이와 같은 주장에 대해서 멀러는 여러 권의 저술을 통하여 개신교 정통주의 신학을 역사적 맥락과 차이를 제대로 이해하지 못한 것이라고 비판하면서 후기 정통주의 신학을 변질이나 왜곡이 아닌 발전된 형태로 이해한다는 점을 강조하였다. 그 결과 후기 정통주의 신학을 긍정적인 측면에서 연구할 길이 열리게 되었다.

이와 같이 후기 종교개혁가들에 대한 제대로 된 연구가 지속적으로 이루어지고 있음에도 불구하고 토마스 굿윈에 대한 제대로 된 연구서는 최근까지 존재하지 않았다. 이 점에서 굿윈의 후배라고 할 수 있는 존 오웬에 대한 연구가 활발한 것과는 대조를 보인다. 2002년에 와서야 캠브리지 대학에서 그의 신학과 생애에 대한 본격적인 박사학위 논문이 로렌스에 의해서 최초로 작성되었다.[5] 이것은 굿윈이 그가 차지하고 있는 교회사적 위상에 비해서 얼마나 소홀히 여김을 당했는지를 단적으로 보여 준다.

물론 그 이전에도 굿윈에 대한 연구가 전혀 없었던 것은 아니다. 특히 그의 교회론은 노회파와의 관련 속에서 주된 연구의 관심이 되었다. 렘버트 카터는 노회파와 회중파의 격렬한 논쟁을 굿윈을 중심으로 서술하였다.[6] 아직까지도 굿윈의 교회론과 관련한 연구에서는 카터의 연구가 결정적이다. 본 논문도 토마스의 교회론을 다룰 때 카터의 연구에 많이 의존하였다. 최근에는 굿윈의 기독론에 대하여 그 당시 후기 개혁파 정통주의 신학의 맥락 속에서 마크 존스가 탁월한 연구를 수행하였다.[7] 그의 논문은 전반부에 그의 생애와 신학을 비평

---

5) T. M. Lawrence, "Transmission and Transformation: Thomas Goodwin and the Puritan Project" (Ph.D. diss., Cambridge University, 2002).

6) Rembert Byrd Carter, "The Presbyterian-Independent Controversy with Special Reference to Dr. Thomas Goodwin and the Years 1640-1660" (University of Edinburgh, 1961).

적으로 잘 요약해 주기 때문에 우리의 연구를 위해서 많은 도움을 준다. 위에 언급한 연구서들을 제외하면 굿윈에 대한 의미있는 연구서들은 아직 햇빛을 보고 있지 못한 상태이다. 이것은 앞으로 이 분야에 대한 연구가 많이 이루어져야 함을 의미한다.

II.생애[8]

1. 출생과 어린 시절

토마스 굿윈은 1600년 10월 5일 잉글랜드의 노어폭(Norfolk)의 롤스비(Rollsby)라는 아주 작은 마을에서 아버지 리차드와 어머니 캐더린 사이에서 장남으로 태어났다. 이 지역은 우리나라로 치면 경주쯤에 위치하고 있어서 유럽 대륙과 아주 가까운 거리에 있다. 이와 같은 지리적인 이유 때문에 이 지역은 비교적 개방적이고 대륙의 영향을 쉽게 받아들였다. 특별히 네덜란드의 영향을 많이 받았는데 스페인의 알바 공(Duke of Alva)의 대규모 박해가 있었을 때 많은 네덜란드 사람들이 이곳으로 피난민으로 오기도 하였다.[9] 이들의 상당수는 개혁파 신앙을 소유하고 있었다.

이런 배경 속에서 이 지역은 청교도들이 일찍부터 세력을 형성하고 있었다. 노어폭이 속한 주교 관구는 노어위치(Norwich)였는데 이

---

7) Mark Jones, "Why Heaven Kissed Earth: The Christology of Thomas Goodwin (1600–1680)" (University of Leiden, 2009). 이 논문은 다음 해에 비슷한 제목으로 출판되었다. *Why Heaven Kissed Earth: The Christology of the Puritan Reformed Orthodox Theologian, Thomas Goodwin* (1600–1680) (Göttingen: Vandenhoeck & Ruprecht, 2010).

8) 굿윈에 대한 제대로 된 전기는 아직 출간되지 않았다. 대부분의 연구들은 그의 전집 제2권에 실려 있는 2가지 자료에 의존하고 있다. 하나는 로버트 할리(Robert Halley)가 썼고 다른 하나는 그의 아들(역시 토마스라는 이름을 가짐)이 썼는데 둘 다 동일한 제목 "Memoir of Thomas Goodwin, D. D."로 실려있다. 로렌스는 가장 권위 있는 옥스퍼드 국립인명 대사전(*Oxford Dictionary of National Biography*)에 굿윈의 삶에 대하여 기고를 하였고, 존스의 학위 논문 역시 그의 생애를 이해하는데 도움을 준다.

9) *Works*, II: ix.

곳의 주교들은 비교적 청교도들에 대해 관용적이었다. 대표적인 예로 영국 혁명 직전에는 청교도들에 대해서 관대한 정책을 추구하였던 조셉 홀(Joseph Hall, 1574-1656)이 주교로 있었고, 1660년 왕정복고 이후에도 노회파의 뛰어난 지도자였던 에드워드 레이놀즈(Edward Reynolds, 1599-1676)가 주교로 있었다.

굿윈이 태어날 무렵 잉글랜드는 여전히 엘리자베스 여왕(재위기간 44년, 1558-1603년)이 통치하고 있던 시절이었다. 하지만 그녀는 후사가 없었기 때문에 잉글랜드의 미래는 다소 불안정적이었다. 굿윈이 3살 때 엘리자베스의 통치는 그녀의 죽음으로 막을 내리고 북쪽에 살고 있었던 제임스가 잉글랜드의 왕으로 즉위를 하였다. 갑자기 두 나라가 한 명의 왕을 소유하게 되는 기이한 일이 벌어진 것이다. 이것은 여전히 17세기에도 봉건적인 잔재가 그대로 남아 있다는 것을 보여주는 역사적 사건이라 하겠다.

엘리자베스 시절에 청교도들[10]은 국교도들과의 싸움에서 완전히 패배하고 말았다. 그들은 대륙의 개혁파 교회들처럼 영국교회를 말씀에 따라 보다 깨끗한 교회를 만들려고 하였지만 (그래서 청교도라는 별칭이 붙게 되었다) 왕의 권력을 힘에 업은 국교도들은 한 치의 양보도 허락하지 않았다. 청교도들은 수면 밑으로 잠수하게 되었고 설교 사역과 컨퍼런스를 통해 서로를 격려하면서 때를 기다렸다. 새 왕의 등극으로 이제 그 때가 왔다고 청교도들은 환호하였다.[11] 무엇보다도 제임스는 스코틀랜드의 장로교 전통에서 신앙생활을 하였다는 사실이 청교도들을 고무시켰다.

청교도들의 희망이 절망으로 바뀌는 것에 그렇게 오래 시간이 걸리지 않았다. 청교도들은 자신의 소망을 소위 "일천 인 청

10) 이 분야에 대해서는 Patrick Collinson의 고전적 연구서인 *The Elizabethan Puritan Movement* (London: Jonathan Cape, 1967)을 참조하라.
11) 초기 스튜어트 청교도에 대한 최근의 연구는 Tom Webster, "Early Stuart Puritanism," in *Cambridge Companion to Puritanism* (Cambridge: Cambridge University Press, 2008), 48-66을 참조하라.

원"(Millennial Petition)에 담아 왕에게 제출하였지만 아무런 긍정
적인 답을 얻지 못하였다. 성경을 새로 번역해 달라는 청원만큼은 받
아들여졌는데[12] 그것 역시 왕이 원해서라기보다는 청교도들에게 인
기가 있었던 제네바 성경이 마음이 들지 않았기 때문이었다. "주교
없이 왕도 없다(No Bishop, No King)"는 그 유명한 경구가 시사하
듯이 새 왕은 기존의 종교정책을 그대로 추진해 나갔다.

2. 교육

굿윈이 7살 때(1607년) 가족 전체가 노어리치 주교관구에 속한
킹스 린(King's Lynn)이라는 보다 큰 항구도시로 이사를 가게 되
었고 굿윈의 아버지는 그 도시에서 시의회 의원으로 일하게 되었
다. 그는 지금도 잘 보존되어 있는 성 니콜라스 교회에서 교구위원
(churchwarden)으로 영향력을 행사할 수 있는 위치에 있었다. 굿
윈은 자연스럽게 청교도적인 신앙을 부모로부터 물려받을 수 있었고
그와 동시에 부유한 부모님 덕택으로 그 당시 최고의 교육을 받을 수
있었다.

킹스 린에서 문법학교를 12살에 마치고 굿윈은 13세의 나이에 캠
브리지 대학의 크라이스트 칼리지에 입학을 하였다. 캠브리지는 킹
스 린에서 약 70 킬로미터 떨어진 거리에 비교적 가까이 위치하고 있
었다. 굿윈이 입학하기 이전부터 캠브리지는 청교도적인 전통이 강
하게 남아 있는 곳이었다. 청교도 신학의 창시자로 간주되는 윌리엄
퍼킨스(William Perkins, 1558-1602)는 알미니안주의를 반박하
면서 철저한 칼빈주의 신학을 캠브리지에서 가르친 대표적인 청교도
신학자이고, 주교제도를 반대하면서 장로교 신학의 기초를 제공하였

---

12) 킹제임스 성경이 바로 그 결과물이다. 1611년에 최종적으로 완성이 되어 출간되었으니 굿
윈은 11살 이후부터 이 성경을 읽기 시작했을 것이다.

던 토마스 카트라이트(Thomas Cartwright, 1535-1603) 역시 캠브리지에서 가르쳤다. 굿원은 캠브리지에서 배우는 동안 탁월한 설교가이자 온건한 청교도였던 리차드 십스의 설교를 자주 들을 수 있었다.[13] 비록 이들의 주장들은 왕과 국교회주의자들에 의해 거부되었지만 그들의 저서는 후배들에게 지속적인 영향을 미치고 있었다.

캠브리지에서 수학하기 시작하면서 굿원은 청교도에 대한 매력을 잃기 시작하였다. 그의 주 관심은 학문적 성공에 대한 야망이었다.[14] 실제로 그는 뛰어난 학문적 자질을 가지고 있었다. 17살에 학사(B.A) 자격을 취득하였고, 20살에 석사(M.A)를 취득하였으며 그해 강사로서 학생들에게 가르치기 시작하였다. 이것은 그가 선임 교수들에게 학문적 탁월성을 인정받은 것을 의미하였다. 그가 나중에 회중교회주의자들의 지도자가 될 수 있었던 이유도 그의 학문적 탁월성이 뒷받침되었기 때문이다.

3. 회심

비록 굿원은 초기에는 청교도에 대해서 흥미를 잃었지만 신학 노선에 있어서는 칼빈주의에 호감을 가지고 있었다. 그는 학교에 다니면서 칼빈의『기독교 강요』나 우르시누스의『하이델베르크 요리문답』을 읽고 감명을 받았을 뿐 아니라 도르트 회의에서 있었던 알미니안주의 논쟁을 잘 알고 있었다. 여기서 우리는 칼빈주의를 따른다고 해서

13) Mark E. Dever, *Richard Sibbes, Puritanism and Calvinism in Late Elizabethan and Early*, 66

14) T. M. Lawrence, "Goodwin, Thomas(1600-1680)," *Oxford Dictionary of National Biography* (Oxford: Oxford University Press, 2004).

15) 반대로 모든 청교도들이 개혁주의 신학을 고수한 것도 아니었다. 대륙에서 알미니안 논쟁이 본격적으로 벌어지기까지 영국교회의 신학자들은 일반적으로 칼빈주의적인 입장을 따르고 있었다. 영국교회는 도르트회의에 대표단을 파송할 정도였다. 하지만 1630년대가 되면 양 측 사이에 심각한 논쟁이 벌어졌고 심지어 왕이 논쟁을 금지할 정도였다. 하지만 알미니안주의자였던 윌리엄 로드가 캔터베리 대주교로 등극하면서(1633년) 영국교회의 신학은 알미니안주의가 주도하게 되었다.

반드시 그가 청교도일 것이라고 생각해서는 안 된다는 것을 다시 한 번 기억할 필요가 있다.[15] 그 당시 영국교회의 상당수의 성직자들은 칼빈신학을 따르면서도 청교도에 대해서 반감을 가지고 있었기 때문이다.

캠브리지에서 공부하는 동안 굿윈은 독특한 경험을 하게 된다. 그는 처음으로 성찬을 받기 위해서 준비하고 있었는데 그의 지도교수였던 윌리엄 파워(William Power)는 굿윈에게 성찬 참여를 허락하지 않았다. 이와 같은 엄격한 조치에 굿윈은 크게 실망하였고 그 이후부터 알미니안주의자였던 리차드 센하우스(Richard Senhouse)의 설교를 듣기 시작하였고 청교도들을 반박하는 설교를 해야 하겠다는 결심을 하게 되었다.[16] 하나님의 특별한 간섭이 없었다면 토마스는 아마도 자신이 가진 탁월한 능력으로 남은 생애를 청교도들을 비판하면서 살았을 지도 모른다.

굿윈의 회심은 하나님의 극적인 섭리 가운데 이루어졌다. 20살 되던 해 10월 2일 굿윈은 친구의 권유로 장례식에 참여하게 되었다. 그곳에서 그는 토마스 베인브리지(Thomas Bainbridge) 교수로부터 설교를 듣게 되었는데 그의 설교를 통해서 깊은 회심을 체험하게 되었다.[17] 설교 본문은 누가복음 19:41-42의 삭개오 사건에 관한 것이었고 설교의 핵심 주제는 개인적인 회개의 필요성에 관한 것이었다. 이 설교를 듣다가 굿윈은 하나님의 진노, 자신의 부패, 그리고 마침내 하나님의 은혜를 깊이 체험하였다.[18]

회심 사건은 그의 삶에 결정적인 영향을 미쳤다. 무엇보다도 그의

---

16) Joel Beeke 그리고 Mark Jones, *A Habitual Sight of Him: the Christ-Centered Piety of Thomas Goodwin* (Grand Rapids: Reformation Heritage Books, 2009), 8.
17) 베인브리지는 7년 뒤에 캠브리지의 총장(vice-chancellor)이 되게 된다. "vice-chancellor"를 보통 부총장이라고 번역하는데 이름이 주는 인상과 달리 실제적인 측면에서 총장이라고 할 수 있다. 반면에 "chancellor"는 주로 귀족들에게 주어지는 명예 호칭에 지나지 않는다.
18) Beeke 그리고 Jones, *A Habitual Sight of Him*, 9.

설교가 변했다. 국교회주의자들에게서 유행했던 세련된 설교보다는 그리스도의 인격과 사역이 설교의 중심을 차지하게 되었다.[19] 이 변화는 그의 전 저서 속에서 나타나 있다. 종종 비견되는 존 오웬이 성경 본문의 해석에 보다 철저하게 관심을 보였다면 굿원은 성경을 중생한 마음에서 나오는 통찰력을 가지고 해석하였다.[20] 이에 반해서 오웬은 자신의 경험을 그다지 신뢰하자 않았다. 이 점에서 두 회중교회 지도자들은 큰 대조를 보여 준다.

4. 박해와 네덜란드로의 피신

회심 이후에 굿원은 청교도적인 신앙을 가지게 되었지만 그는 여전히 영국교회에 속한 신실한 목회자였다. 그는 분리주의자들 (Separatists, 대표적으로 브라운주의자들)들과 같이 영국교회가 거짓교회라고 생각하지 않았으며 따라서 영국교회로부터 분리해야 한다는 생각을 한 번도 한 적이 없다. 심지어 네덜란드로 피난을 가서도 자신이 영국교회를 떠났다고 생각하지 않았다. 하지만 영국 교회에 충실하면서 그 교회를 순수한 하나님의 말씀에 따라 개혁하려는 굿원의 열망은 교회 당국에 의해서 거부되었다. 시간이 지날수록 영국교회는 종교개혁의 전통에서 멀어졌으며 심지어 로마 가톨릭 교회로 회귀하려는 움직임까지 일어나고 있었다.

오웬은 1622년에 부제(deacon)[21]로 임직을 받았고 3년 뒤 1625년에는 대학에서 설교권을 얻어서 성 안드레 교회[22]에서 설교를 하기 시작하였다. 그가 설교권을 얻기 위해서는 왕이 교회 문제에서 최

---

19) Beeke 그리고 Jones, *A Habitual Sight of Him*, 11.
20) Robert Halley, "Memoir of Dr. Thomas Goodwin," xlvii.
21) deacon의 기본적인 의미는 "섬기는 자"인데 장로교회에서는 평신도인 집사를 의미하지만 그 당시 영국교회에서는 사제를 돕는 부제를 의미하였다. 오늘날 한국 장로교회에서는 부목사에 가장 가까운 개념이다.
22) 이름은 교회이지만 사실상 캠브리지 대학에 소속된 칼리지라고 할 수 있다.

고의 권위를 갖는다는 것, 공동기도서(Book of Common Prayer)
가 하나님의 말씀에 부합하다는 것, 39개조 신조가 성경적 권위를 갖
는다는 것에 서명을 했다는 것을 의미한다.[23] 아직 이 시기만 하더라
도 제임스 왕의 통치 기간이기 때문에 청교도에 대한 탄압이 그렇게
심하지 않았다. 하지만 제임스가 죽고 그의 아들 찰스 1세가 왕위를
계승하고(1625년) 정권을 장악하자 상황은 악화되었다. 특히 찰스의
종교적 심복이었던 윌리엄 로드(William Laud)가 영국교회의 최고
지도자인 켄터베리의 대주교로 즉위하면서(1633년) 청교도에 대한
탄압이 본격화되었다. 새로 임명된 주교들은 왕과 로드의 지시에 따
라 청교도들에게 이전보다 더 엄격하게 잉글랜드교회의 규율을 따를
것을 요구하였다.

1638년 그 당시로 보았을 때 좀 늦은 나이에 굿윈은 경건한 가정
에서 성장하였던 엘리자베스 프레스코트(Elizabeth Prescott)와 결
혼을 하였다.[24] 그녀의 집안은 명망있는 집안이었기 때문에 굿윈은
결혼을 통하여 명망가들과 쉽게 교제를 할 수 있었다. 하지만 신혼의
기쁨은 잠시 뿐이었다. 청교도에 대한 탄압이 보다 가혹해지자 굿윈
은 피난을 고려하였고 그 다음 해에 최종적으로 네덜란드의 아른헴
(Arnhem)에 정착하였다. 그곳에는 잉글랜드에서 온 피난민들이 굿
윈이 도착하기 일 년 전에 교회를 형성하고 있었다. 네덜란드에 있으
면서 굿윈은 개혁파 신학이 교회 안에서 어떻게 실천되고 있는지를
구체적으로 볼 수 있었다. 하지만 그와 동시에 정통신학이 성도의 삶
속에서 제대로 실천되지 못한 모습을 보면서 다른 동료들과 함께 탄
식하기도 하였다.[25]

23) Robert Halley, "Memoir of Dr. Thomas Goodwin," xxiii.
24) T. Goodwin, "Memoir of Dr. Thomas Goodwin," lxxii. Halley의 전기와 혼동해서는
    안 될 것이다.
25) Keith L. Sprunger, *Dutch Puritanism: A History of English and Scottish
    Churches of the Netherlands in the Sixteenth and Seventeenth Centuries*
    (Leiden: E. J. Brill, 1983), 358.

네덜란드에서 굿윈은 국가의 간섭 없이 성경에 따른 참된 교회를 세우는데 매진하였다. 이곳에 있으면서 굿윈이 얻은 가장 큰 성과는 나중에 함께 일하게 될 신앙의 동지들과 깊은 교제를 할 수 있게 되었다는 것이다. 흔히 장로교도들에게 "이견파 형제들(dissenting brethren)"[26]이라고 불렸던 이들이 그 당시 모두 네덜란드로 피난을 와서 굿윈과 교제를 하였고 굿윈은 곧 그들 중의 지도자가 되었다.

5. 웨스트민스터 총회와 공위기간(Interregnum)

1640년대는 영국역사에서 가장 큰 위기의 시기였다. 스코틀랜드와의 전쟁, 이어진 왕당파와 의회파의 내전, 그리고 마침내 왕의 참수에 이르기까지 이 시기는 혁명의 시기였다. 장기의회가 소집되고 난 그 다음 해 1641년 굿윈은 짧은 피난생활을 끝내고 회중들과 함께 귀국하였다. 단기의회와 달리 장기의회에서는 의회파가 주도권을 잡게 되었고 왕에 대한 의회파의 제동은 왕을 격노케 하여 결국 둘 사이에 내전이 벌어지게 되었다. 초기에 열세였던 의회파는 스코틀랜드의 군사적 협조를 얻기 위해서 하나의 연합된 교회를 세우기로 합의하였고 이를 실천하기 위해 잉글랜드에 속한 가장 뛰어난 신학자들을 소집하였으니 이것이 그 유명한 웨스트민스터 총회이다(1643년 7월). 굿윈도 소집대상이었는데 그는 회중파의 지도자로서 적극적으로 회의에 참석하여 그들의 입장을 대변하였다.

총회는 신앙고백서, 요리문답, 교회정치 그리고 예배모범을 새로 작성하라는 요구를 의회로부터 받았는데 그 중에서 교회 정치가 가장 합의를 이루기가 어려운 과제였다. 그렇기 때문에 노회파와 회

---

26) 5명 중 굿윈을 제외하고 나머지 4명의 명단은 다음과 같다. Philip Nye(1595 - 1672년), Sidrach Simpson(1600-1655년), Jeremiah Burroughs(1600-1646년) 그리고 William Bridge(1600-1670). 나이(Nye)를 제외하고 모두가 같은 해에 태어났다는 것이 흥미롭다.

중파는 공동의 적인 주교제를 폐지할 때까지 교회정치에 대해서
는 논의를 하지 않기로 합의를 하였을 정도였다. 아쉽게도 이 합의
는 지켜지지 않았다. 수세에 몰린 굿윈과 이견파 형제들(dissenting
brethren)은 교회정치에 대한 자신들의 의견을 담아 『변증 선언』
(*Apologetical Narration*)이라는 소책자를 1644년에 출간하였다.
이 출간으로 인하여 양측은 교회정치에 대하여 격렬하게 논쟁하기
시작하였으며 이것은 대 논쟁(Grand Debate)라는 별명으로 불리게
되었다.

웨스트민스터 총회는 노회파의 승리로 끝났지만 정국의 주도권은
의회에서 군대로 넘어가고 있었다. 비록 의회는 총회가 작성한 표준
문서들을 받아들였지만 그것을 실행할 수 있는 힘은 없었다. 정권은
의회에서 군대로 넘어갔고 최종적으로 유능한 장군이었던 크롬웰이
집권을 하게 되었다. 크롬웰은 종교에 있어서는 관용정책을 추구하
였는데 그의 지지세력은 회중파를 포함한 독립파[27]였다. 그 결과 소
수파인 회중파가 교권을 차지하게 되었다. 대표적인 예로 오웬은 옥
스퍼드 대학 총장으로 임명되었고, 굿윈은 옥스퍼드 내에서 가장 영
향력 있는 막달라 대학(Magdalen College)의 학장으로 임명되었다.
오웬과 굿윈은 힘을 합하여 영국 최고의 대학에서 말씀의 사역자들
을 양성하는데 최선을 다 하였다. 이 대학의 역사를 쓴 한 역사가는
굿윈을 훌륭한 학장으로 기록하고 있다.[28]

크롬웰이 다스리는 기간 동안 회중파는 정권의 후원을 받아 교회개

---

27) 독립파(Independents)와 회중파(Congregationalists)는 서로 교차적으로 사용되어 때
   로는 혼동을 주는데 구별될 필요가 있다 독립파는 교회로부터 독립하려는 분리주의자라
   는 경멸적인 의미로 사용되었다. 이와 같은 이유 때문에 회중파는 분리파가 아니라 모임
   파, 즉 회중파로 불리기를 원하였다. *Larger Ziff, John Cotton on the Church on New
   England* (Cambridge, Massachusetts: The Belknap Press of Harvard University,
   1968), 187.

28) T. Herbert Warren, *Magdalen College, Oxford* (Cambridge and Others:
   Cambridge University Press, 1907; digitally printed in 2010), 54. 굿윈은 일반적으
   로 사람들에게 막달라 대학의 학장으로 알려졌다. 굿윈의 전집 타이틀은 "The Works of
   Thomas Goodwin, D.D: Sometime President of Magdalen College in Oxford"이다.

혁에 있어서 주도적인 역할을 하였다. 이것을 보여 주는 대표적 사건이 사보이 선언(Savoy Declaration)[29]이라고 할 수 있다. 사보이 선언은 1658년 회중교회 지도자들이 함께 모여서 자신들의 신앙고백서를 작성한 것이었다. 여기에 참석한 지도자들은 대부분 평신도들이었는데 굿윈은 오웬과 더불어 성직자들 중에 대표적 지도자였다. 그렇기 때문에 이 문서는 실제로 굿윈과 오웬의 작품이라고 할 수 있을 것이다. 그들은 새로운 신앙고백서를 만들기보다는 웨스트민스터 신앙고백서를 수정하는 것에 만족하였다. 즉, 웨스트민스터 총회에서 노회파에 밀려서 자신들의 의견을 관철할 수 없었던 것들을 사보이 선언에 담았다. 그 결과 교회와 교회 정치에 관한 조항이 대대적으로 수정되었다.

비록 이 사보이 총회는 크롬웰의 허락 하에 소집되었지만 크롬웰은 그 총회가 열리기 전 2달 전에 세상을 떠났다. 크롬웰이 죽을 때 굿윈이 그 옆에서 그의 임종을 지켜보았다는 사실은 그 당시 그가 가진 위상이 얼마나 대단했는지를 알 수 있을 것이다. 크롬웰의 죽음에도 불구하고 사보이 선언이 작성되었으나 이 선언은 그야말로 선언적 의미 이외에는 큰 의미가 없었다. 이 선언을 실제로 실행 시킬 수 있는 세속적 권력이 없었기 때문이었다. 그럼에도 불구하고 이 선언은 회중파 교회들을 하나로 묶는 구심적 역할을 하였다.

6. 말기

크롬웰의 죽음 이후 회중파를 포함한 모든 청교도들은 수세에 몰

---

29) 원래의 제목은 다음과 같다: *A Declaration of the Faith and Order owned and practiced in the Congregational Churches in England*. 사보이 총회에서 회중파 지도자들은 수정된 신앙고백에 맞는 교회정치규범(*The Institution of Churches, and the Order Appointed in Them by Jesus Christ*)도 작성하였다. 웨스트민스터 총회는 신앙고백과 정치규범을 별도로 만들었다면 사보이 총회는 교회정치를 신앙고백서와 함께 하나의 책으로 출판하였다.

리게 되었다. 혁명 기간 동안 청교도들이 이룩했던 모든 것들이 수포로 돌아갔다. 1660년 프랑스로 피난 갔던 왕이 복귀하자 그들에 대한 대대적인 강압이 시작되었다. 굿윈은 막달라 대학의 학장직을 내려놓아야 했고 목사직도 사임해야만했다. 그 이후에 굿윈은 런던으로 돌아가서 조그만 회중교회를 개척하여 담임하였고 그 교회의 성도들을 목회하였다. 또한 자신의 힘을 저술하는데 쏟아 부었다. 그렇기 때문에 그가 쓴 상당수의 책은 이 시기에 쓰였다. 하지만 책의 실제적 출판은 대부분 그가 죽은 이후에 이루어졌다.[30] 1670년대가 되면서 굿윈의 건강 상태가 좋지 않았다. 이 시기에 굿윈은 조용한 삶을 보내다가 1680년 2월 18일에 하나님의 부르심을 받았다.

III. 신학

굿윈의 신학을 이 짧은 글에서 다 언급하는 것은 불가능할 것이다. 그의 전집[31]은 12권으로 이루어져 있는데 각 권당 수백 페이지에 이르는 방대한 양이다. 이 글에서는 그의 신학이 가진 몇 가지 특징만 다루도록 하겠다.

1. 개혁파 정통주의(Reformed Orthodoxy)

굿윈의 신학을 한마디로 요약하면 개혁파 정통주의라고 할 수 있을 것이다.[32] 따라서 굿윈은 기본적으로 전통적인 보편적 공교회적 신학을 추구하였다. 그가 회중교회의 지도자라는 이유만으로 분파주의적인 신학을 추구했다고 보아서는 안 될 것이다. 비록 제도적인 영국

---

30) Joel Beeke, "Introduction," in *Works* I: [11].
31) 굿윈의 저술에 대해서는 Joel Beeke 그리고 Randall J. Pederson의 *Meet the Puritans* (Grand Rapids: Reformation Heritage Books, 2006), 274-5를 참조하라.
32) 이 점에 대해서는 Mark Jones의 박사학위 논문, "Why Heaven Kissed Earth: The Christology of Thomas Goodwin(1600-1680)"이 잘 입증해 주었다.

교회로부터 박해를 받았지만 그는 영국교회를 떠나서 새로운 교회를 세우겠다는 의식을 한 적이 없었다. 당연히 그는 영국교회를 올바른 신학에 근거하여 새롭게 하는 데 힘을 기울였다.

개혁파 정통주의 신학자로서 굿윈은 이전의 모든 공교회적인 전통을 모두 물려받았다. 그는 무엇보다도 성경뿐만 아니라 초대 교부들과 공의회도 잘 알고 있었고 그것들은 굿윈의 신학에 있어서 중요한 권위로서 기능을 하였다. 또한 당연히 그는 종교개혁의 유산들을 잘 이해하였고 그것을 자신의 것으로 받아들였다. 이것들을 체계화시키기 위해서 굿윈은 그 당시 흥왕하고 있던 스콜라주의적 방법들을 많이 도입하였다.

굿윈의 신학은 철저히 개혁파 신학이었다. 16세기에 개혁파 신학이란 기본적으로 로마 가톨릭이나 루터파와 대조되는 개념으로 이해되었지만 굿윈이 살았던 17세기 보다 정교한 의미를 지니게 되었다. 예를 들어서 도르트 총회 이후에 개혁파 신학은 주로 알미니안주의에 반대되는 개념으로 이해되었다. 더 나아가 개혁파 신학은 합리주의 신학의 대표주자라고 할 수 있는 소시니안주의에 대해서도 반대하였다. 개신교 정통주의는 이와 같은 역사적 상황에서 훨씬 더 정교하고 체계적일 수밖에 없었고 개인들마다 편차는 많이 있지만 스콜라주의가 보편적으로 사용되었다. 굿윈의 전집을 읽게 되면 독자들은 이와 같은 특징들을 곳곳에서 쉽게 발견할 수 있을 것이다.

2. 성경주석

개혁파 정통주의라고 하면 독자들에게 성경신학보다는 조직신학이라는 단어가 먼저 떠오를지 모른다. 하지만 이것은 역사적 사실과 전혀 다르다. 17세기에는 조직신학이나 성경신학이라는 용어 자체가 없었을 뿐 아니라 둘 사이가 명확하게 나누어지지 않았다. 순수하게 조직신학만 다루거나 순순하게 성경신학만을 다루는 것은 이 시기에 생소한 것이었다. 이것은 굿윈에게서도 마찬가지이다. 굿윈은 아주 뛰어난 교의학자였을 뿐 아니라 탁월한 성경 주석가이다.

이 점에서 굿윈 전집의 제1권과 제2권이 에베소서 주석으로 이루어져 있다는 것은 고무적이다. 이와 같은 편집이야말로 굿윈이 무엇보다 성경주석가라는 것을 선명하게 보여 준다. 그의 에베소서 주석은 1장과 2장만 다루었는데 무려 900페이지가 넘는 분량이 할애되었다. 숫자적인 측면만 고려해도 그의 성경해석이 얼마나 치밀한지를 단적으로 알 수 있을 것이다.

물론 그 당시 성경주석은 현대적인 의미에서 성경주석을 의미하지는 않는다. 사실 그의 성경주석은 설교를 위해 작성되었다. 이와 같은 이유 때문에 당연히 각 설교마다 교리적/실천적 적용이 후반부마다 제시되어 있다. 그와 동시에 그 당시 설교 역시 오늘날 일반적으로 인식되는 설교와 거리가 멀다는 것을 알아야 한다. 다른 청교도들과 마찬가지로 굿윈의 설교의 상당 부분은 성경을 해석하고 주석으로 이루어져 있다. 굿윈에게 있어서 설교와 주석과 교리가 서로 분리된 것이 아니라 서로 보완하는 관계라는 것을 알 수 있다.

계시록 주석 역시 굿윈이 남긴 또 하나의 대작이다. 보통 칼빈이 계시록 주석을 쓰지 않았다는 사실의 예를 들면서 개혁파 신학이 계시록에 대해서 관심이 없었다고 말을 하는 경우가 많은데, 굿윈은 그런 주장이 전혀 근거가 없다는 것을 단적으로 보여 준다. 비록 계시록이 상징으로 가득 차 있어서 다른 성경에 비해서 차별성이 있기는 하지만 개혁파 신학자들이 계시록을 주석을 쓸 수 없을 정도로 어렵다고 생각하지는 않았다. 그와 반대로 오히려 계시록에 대한 주석이 그들로 하여금 더욱 더 교회 개혁에 매진하도록 하였다. 그 대표적인 예가 토마스 굿윈이라 할 수 있다.[33]

요한계시록을 해석하면서 굿윈은 많은 부분에 있어서 그 당시 보편

---

33) 종말론이 교회론에 미친 영향에 대해서는 Carter, "The Presbyterian-Independent Controversy with Special Reference to Dr. Thomas Goodwin," 88-148을 참조하라.

적으로 받아들여진 종교개혁가들의 해석을 받아들였다. 17장에 나오는 음녀 바벨론은 적그리스도이며 로마 가톨릭 교회의 교황을 가리키는 것으로 해석하였다. 하지만 굿윈이 모든 점에서 개혁파적인 해석을 그대로 수용한 것은 아니었다.[34] 개혁파 신학자들이 일반적으로 무천년설을 따랐던 것과는 대조적으로 굿윈은 지상에서 이루어지는 천년왕국을 믿었다. 그리고 요한계시록에 나오는 여러 가지 상징적인 사건들을 그 당시 영국에서 일어나는 일로 보았다.

굿윈은 특별히 요한계시록에 근거하여 영국에서 로마 교황 체제가 무너지고 종교개혁이 회중주의 형태로 승리할 것이라고 확신하였다.[35] 이와 같은 확신으로 인해 굿윈은 단지 한 지역교회의 목회자로 만족하면서 살 수 없었을 것이다. 영국 혁명기에 그가 적극적으로 국가적인 차원에서 지위를 맡은 것은 요한계시록의 종말론적인 사상에 강하게 영향을 맡았기 때문이다. 요한계시록에 그의 해석, 특별히 연대와 관련된 해석은 오류라는 것이 명백히 드러났지만 그의 아들이 지적하였듯이 그 당시에는 전혀 의미없는 것이 아니었다.[36]

3. 청교도주의

굿윈의 신학이 가지고 있는 또 하나의 특징은 그가 마지막 시대에 속한 청교도라는 것이다. 청교도주의가 정확하게 무엇을 뜻하는가에 대해서는 많은 논란이 있었지만 그것이 하나의 어떤 정형화된 신학을 의미하는 것이라기보다는 하나의 삶의 방식이나 운동(movement)을 뜻하는 것으로 보는 견해가 학계에 보다 많은 지지를 얻고 있는 것 같다.[37] 그렇다면 굿윈은 개혁파 정통주의 신학을 가지

---

34) 굿윈의 계시록에 대한 이해에 대해서는 Beeke, 『청교도 신학의 모든 것』, 913-29를 참조하라.
35) Mark Jones, 『청교도 신학의 모든 것』, 928.
36) 요한계시록 주석에 대한 Thomas Goodwin Jr의 서언. Cf. *Works*, III: xxviii.

고 있으면서 삶의 방식에 있어서는 청교도주의를 따랐다고 할 수 있을 것이다.

무엇보다도 청교도 운동은 영국에서 일어난 운동이다. 이 운동은 엘리자베스 시대부터 점차 활성화되었다가 영국 혁명시기에 전성기에 이르렀고 그 이후에 소멸되었다. 이 운동을 따랐던 인물들이 가지고 있는 공통점 중의 하나는 자신이 속한 영국 교회에 만족하지 못했다는 것이다. 그것이 어떤 경우에는 교리일 수도 있고, 어떤 경우에는 예배일 수도 있고, 어떤 경우에는 교회 정치적인 경우일 수도 있었다. 물론 그 모든 것이 섞여 있는 경우도 있었다. 사실 그 모든 것을 한꺼번에 개혁하려고 시도한 것이 웨스트민스터 총회라고 할 수 있다.

이 모든 시도들이 그 자체가 목적을 가진 것은 아니었다. 청교도들은 그러한 수단을 통하여 성도들의 삶을 변화시키려고 하였다. 이를 위해서 가장 중요한 것은 설교였다. 설교의 목적이 아주 분명했기 때문에 그들의 설교는 중생이나 회개와 같은 주제들을 많이 다루었다. 교리를 무시한 것은 아니지만 청교도들에게 있어서는 그 교리가 삶에 있어서 적용되는 것에 이전 보다 더 많은 관심을 기울였다.

청교도의 이런 일반적 특성들은 굿윈의 저술에서도 많이 나타나고 있다.[37] 실제로 그가 생전에 출판한 책은 성도들의 경건한 삶과 관련된 것들이었고 그것들은 대부분 그가 교회에서 행한 설교였다. 그의 설교는 본문에 대한 철저한 주석들로 가득 차 있는데 특별히 교리적

---

37) 청교도를 어떻게 정의할 것인가에 대해서는 다음 저서들을 참고하라. Christopher Durston과 Jacqueline Eales, "Introduction: The Puritan Ethos, 1560-1700," in *The Culture of Puritanism*, 1560-1700 (New York: Saint Martin's Press, 1996), 1-31; Peter Lake, "Defining Puritanism-again?" in *Puritanism: Transatlantic Perspectives on a Seventeenth-Century Anglo-American Faith*, ed. Francis J. Bremer (Boston: Massachuesetts Historical Society, 1993), 3-29; John Spurr, *English Puritanism 1603-1689* (New York: Saint Martin's Press, 1988), 1-14.

38) 굿윈의 설교에 대해서는 Hughes Oliphant Old, *The Reading and Preaching of the Scriptures in the Worship of the Christian Church* (Grand Rapids: Eerdmans, 2002), vol. 4 (The Age of the Reformation), 286-89을 참조하라.

으로 문제가 되는 부분은 철저하게 다룬다. 그럼에도 불구하고 굿윈은 교리 자체에 관심을 두지는 않았다. 대표적인 예로 예정[39]이나 선택을 순전히 논리적이고 사변적인 측면에서 다루지 않고 그리스도의 구속과 송영의 관점에서 다룬다. 설교의 목적은 명쾌한 교리해설이 아니라 성도들의 삶의 변화라는 것을 굿윈은 잘 알고 있었다.

4. 교회정치

오웬과 더불어 굿윈은 17세기 잉글랜드에서 회중파교회의 대표적인 두 지도자로 알려져 있다. 교회 역사상 17세기 영국에서보다 더 치열하게 교회 정치에 대해서 논쟁을 했던 적은 없을 것이다. 노회파와 회중파는 둘 다 신학에 있어서는 철저하게 개혁파 신학을 견지했다는 점을 기억할 필요가 있다. 통상적으로 노회주의가 오늘날 개혁파 교회에 거의 절대 다수를 이루고 있기 때문에 장로교 정치가 개혁주의의 유일한 교회정치로 인식되고 있지만 적어도 17세기에는 그렇지 않았다.

영국에서 회중주의가 정확하게 언제 어디에서 누구로부터 기원이 되었는지는 여전히 논쟁 중에 있다. 적어도 회중주의가 대륙의 재세례파와는 무관하다는 것은 분명하지만 엘리자베스 시대의 분리주의자들(Separatists, 대표적으로 Robert Browne)과 정확하게 어떤 관계를 가지고 있는지는 알기가 쉽지 않다. 확실한 사항들은 회중주의자들이 분리주의자들에게서 자신들의 정체성을 찾지 않았다는 것, 그럼에도 불구하고 앞 세대의 분리주의와 교회론과 유사한 점이 있

---

39) 굿윈은 타락전 선택설을 지지하였는데 굿윈에게 있어서는 하나님의 영광과 절대주권이 가장 우선하였기 때문이었고 은혜가 신적 본질의 "가장 절대적 원리"였기 때문이었다. Cf., Dewey D. Wallace, Jr., *Puritans and Predestination: Grace in English Protestant Theology*, 1525-695 (Eugene: Wipf & Stock, 2004; reprint), 148. 예정에 대한 굿윈의 견해에 대해서는 Beeke, 『청교도 신학의 모든 것』, 180-93을 참조하라.

40) R. Tudor Jones, *Congregationalism in England 1662-1962* (London: Independent Press Ltd. 1962), 23.

다는 것, 하지만 영국교회를 거짓교회로 규정한 분리주의는 받아들
이지 않았다는 것이다.[40]

영국교회의 박해의 시절에는 생존이 문제였기 때문에 교회정치는
부차적인 문제였다. 회중주의의 시초 중의 하나라고 알려진 윌리엄
에임스도 회중주의적 원리를 자신의 책에서 선명하게 체계적으로 제
시하지 않았다.[41] 영국에서 회중주의를 본격적으로 선포한 사람은
미국에서 자유롭게 자신의 신학을 표명할 수 있었던 존 코튼(John
Cotton)이라고 할 수 있다. 그가 1644년 쓴『천국의 열쇠』(Keys of
the Kingdom of Heaven)가 존 오웬으로 하여금 회중주의를 받아
들이도록 한 것은 아주 유명하다.[42] 굿윈 역시 코튼의 설득으로 회
중주의를 받아들였으며 코튼은 자신의 책을 굿윈을 통하여 출판하였
다.[43]

교회론에 대한 그의 대부분의 가르침은 그의 전집 제11권에 실려
있는『그리스도 교회의 구성과 바른 질서와 정치에 관하여』(Of the
Constitution, Right Order, and Government of the Churches
of Christ)에[44] 담겨 있다. 그러나 우리가 알아야 할 것은 그의 다른
대부분의 저서와 마찬가지로 이 책 역시 그의 사후 1696년에 출판되
었다. 이때는 명예혁명이 8년이나 지났고 청교도의 열정이 급속하게
냉각되는 시기였다. 따라서 그의 저술은 그가 살아 있을 동안에는 큰
영향력을 행사할 수 없었다.

---

41) William Ames, *Marrow of Theology*, John Dykstra Eusden 역 (Grand Rapids:
   Baker Book House, 1997; 재판), 179-80.
42) 존 오웬의 교회론에 대해서는 필장의 박사학위 논문을 참조하라. "All Subjects of
   Kingdom of Christ: John Owen's Conceptions on Church Unity and Schism," (Ph.
   D. Diss.: Calvn Theological Seminary, 1997).
43) Ziff, *John Cotton on the Church on New England*, 13.
44) 전집판으로 484페이지에 이르는 대작인데 원래는 7권으로 구성되어 있었다. 제11권에는
   『그리스도 교회의 정치와 권징』이라는 짧은 책이 포함되어 있는데 문답식으로 회중교회의
   특징을 잘 요약해 주고 있다.

5. 회중주의와 성경해석

영국교회에서 노회주의와 회중주의의 극심한 대립은 성경해석이 교회론에 얼마나 영향을 주었는지를 단적으로 보여 준다.[45] 비록 모든 개신교회들이 "오직 성경"(sola Scriptura)이라는 원리를 받아들였지만 루터파와 개혁파를 하나 되게 하지 못하였다. 영국의 경우 성경이 가르치는 범위에 대해서 일치를 보지 못하였기 때문에 청교도와 국교회가 하나 되지 못하였다. 국교회주의자들은 성경이 교회의 본질(being)에 대해서만 이야기하고 있기 때문에 정치제도와 같은 교회의 안녕(well-being)에 관한 것은 교회가 결정해야 한다고 주장하였다.[46] 이와 달리 노회파와 회중파는 교회정치도 오직 성경의 법도에 따라(divine right) 결정해야 한다고 주장하였다. 이 원칙을 동일하게 공유하고 있었음에도 불구하고 두 형제가 하나가 되지 못한 것은 성경이 가르치는 교회정치 형태가 정확히 어떤 것인지에 대한 의견이 달랐기 때문이고 의견이 나뉜 핵심적 이유는 성경 해석이 달랐기 때문이다.

회중파들이 교회정치와 관련하여 노회파들과 성경해석에 있어서 결정적으로 다른 점 중의 하나는 이성(본성의 빛, light of nature)의 기능이었다. 노회파들은 교회정치를 이해함에 있어서 이성의 기능을 상당히 높이 평가하였다. 예를 들면 한 개체 교회보다는 개체교회들의 연합 모임인 노회가 더 높은 권위를 가진다는 생각이다. 노회파들은 이성과 부합하면 그것도 하나님의 정하심으로 이해하였다.[47] 회중파들은 이러한 생각이 이성에는 부합할지 모르지만 성경의 명시적인 가르침에 의해 지지를 받지 못할 수도 있다고 생각하였다. 노

---

45) Sungho Lee, "All Subjects of the Kingdom of Christ," 66-78.
46) Sungho Lee, "All Subjects of the Kingdom of Christ," 40.
47) London Ministers, *Jus Divinum Regiminis Ecclesiastici: The Divine Right of Church Government* (Dallas: Naphtali Press, 1995), 9.

회파들과는 달리 회중파들은 교회정치의 원리가 오직 성경의 명시적 가르침에 근거해야만 한다고 생각하였다. 이와 같은 생각은 굿윈에게서도 그대로 드러난다. 그는 자연의 법은 어떠한 신적인 제도를 제정함에 있어서도 불충분하다고 주장하였다.[48] 그리스도께서 세우신 교회를 이성에 일부분이라고 의존하는 것은 하나님의 말씀이 부족하다는 것을 의미할 뿐이라고 굿윈은 생각하였다.[49] 노회파도 회중파와 근본적으로 다르지 않았지만 성경이 명시적으로 말하고 있지 않는 부분들은 이성에 의해서 판단할 수 있다고 보았다.

성경해석에 있어서 노회파와 회중파의 또 하나의 중요한 차이는 신약과 구약의 차이에 관한 것이었다. 노회파는 구약을 적극적으로 해석하여 교회정치에도 적용시키려고 하였지만 회중파는 오직 신약에 근거하여 교회를 세우고자 하였다. 회중파에 있어서 교회정치와 관련된 구약의 구절들은 그림자에 지나지 않는다고 보았다. 교회정치에 있어서 신약에 대한 강조는 굿윈의 책 곳곳에서 나타난다. 대표적인 예로 굿윈이 문답 형식으로 쓴 교회정치 조례에 관한 책은 가장 처음에 다음과 같은 질문으로 시작한다. "신약 교회는 무엇입니까?"[50] 이와 유사하게 굿윈은 예수님께서 "내가 내 교회를 세우리라"는 말씀을 구약시대와는 다른 새로운 형태의 교회를 예수님께서 세울 것이라고 해석하였다.[51] 이와 같은 관점 때문에 노회파는 회중파들이 지나치게 신약에 의존한다고 비판을 하였다.[52]

오직 신약의 관점에서 보았을 때 노회파는 수세에 몰리지 않을 수 없었다. 대표적인 예로 구약과는 달리 신약에는 교회에서 왕이나 위정자의 역할이 있을 수 없기 때문이다. 국가교회 체제 속에서 1000

48) Thomas Goodwin, *Works*, xi: 8-9.
49) Thomas Goodwin, *Works*, xi: 21.
50) Thomas Goodwin, *Works*, xi: 485.
51) Thomas Goodwin, *Works*, xi: 71.
52) Cater, "The Presbyterian-Independent Controversy,"100.

년이나 넘게 발전하여 온 교구제도도 그 근거를 상실하게 될 것이다. 그렇기 때문에 회중파는 인위적인 교구제도를 거부하고 신자들이 자발적 헌신, 즉 언약을 통해 다시 설립되어야 한다고 주장하였다. 또한 노회파와 회중파의 핵심적인 차이점 중의 하나인 노회나 총회제도도 "명시적"인 성경적 근거를 찾기 쉽지 않았다. 그렇기 때문에 노회파는 소위 "발전 이론"이라는 것을 고안하였다. 핵심은 이것이다. 신약교회가 설립될 당시와 현재는 발전적 차이가 있기 때문에 그와 같은 차이점을 고려해야 한다는 것이다. 노회파는 회중파들이 그와 같은 발전적 차이를 무시한다고 비난하였다.[53]

마지막으로, 회중주의는 교회론과 관련하여 성경해석에 있어서 문자주의적 입장을 취하였다. 물론 여기서 말하는 문자주의는 절대적인 의미가 아니라 상대적인 의미이다. 회중파 지도자들은 그 당시 최고의 신학훈련을 받은 자들로서 성경해석에 있어서 여러 해석 방식들을 자유자재로 사용하였기 때문에 일반적인 의미의 문자주의자들이 될 수 없었다. 이 문제에 있어서 굿원과 관련하여 가장 흥미로운 에피소드가 있다. 웨스트민스터 총회에서 "예루살렘 교회가 한 곳에 모였다"는 구절을 어떻게 해석할까라는 논쟁이 벌어졌는데, 굿원은 그것을 문자 그대로 보아야 한다고 주장하였고 노회파는 그 교회 규모가 너무 커서 (사도행전에 따르면 세례 받은 사람만 해도 8000명이 넘음) 한 곳에 모이는 것이 불가능하며 따라서 교인들의 대표인 장로들이 모인 것으로 해석을 하였다.[54]

---

53) Cater, "The Presbyterian-Independent Controversy," 90-91.
54) Cater, "The Presbyterian-Independent Controversy," 42.

Ⅳ. 결론

굿윈은 오늘날 "한때 옥스퍼드 대학교의 막달라 대학 학장 (Sometime President of Magdalen College in Oxford)"으로 기억되고 있다. 그는 역사상 가장 치열한 시기에 자신이 속한 영국교회를 개혁하기 위해 자신의 모든 것을 바쳤던 인물이었다. 그는 청교도 그룹 중 회중파의 가장 영향력 있는 지도자로 활약을 하였다. 그는 자신이 가지고 있는 탁월한 지식을 가지고 학생들을 가르쳤고 책을 저술하였다. 그는 탁월한 경건과 웅변술로 자신이 직접 목회하고 있는 성도들에게 감화력 있는 설교를 하였다.

아쉽게도 교회개혁에 대한 그의 소망은 성취되지 못하였다. 그가 가진 모든 신학적 지식도 다 옳은 것은 아니라는 것이 판명되었다. 회중파 교회는 굿윈이 죽고 나서 급속히 쇠락하기 시작하였다. 무엇보다 그들은 굿윈과 같은 유능하고 신실한 목회자를 양성하는데 실패하였다. 회중교회는 시간이 지나면서 상당수가 유니태리언 교회로 바뀌기까지 하였고 오늘날 개혁신학을 철저하게 견지하면서 회중주의 교회정치를 따르는 교회는 거의 없다. 그럼에도 불구하고 그가 책으로 남긴 풍성한 유산은 오늘날에도 개혁신학을 추구하는 모든 이들에게 항상 솟아오르는 샘물로 남아있을 것이다.

청교도 설교자 토마스 브룩스의 생애와 사상

김진흥 (시드니신학대학, 교회사)

Ⅰ. 머리말

본 소논문의 목적은 한국에 아직 잘 알려지지 않은 청교도 설교자 토마스 브룩스(Thomas Brooks)의 생애와 사상을 입문적으로 소개하려는 것이다. 본고의 목적은 크게 두 가지이다. 첫째, 브룩스의 생애를 그 성장과 교육 및 사역을 중심으로 가능한 한 자세히 소개하려 한다. 이것은 브룩스에 관하여 지금까지 우리에게 알려진 내용보다 더 자세하고 종합적인 제시가 될 것이다. 둘째, 한국에 소개된 그의 작품 두 편을 중심으로 청교도 설교자들 중에서도 단연 두드러진 베스트셀러 작가인 브룩스의 신학적 사상이 무엇인지 소개한다. 특히 성경에 대한 그의 이해가 개혁주의 신학에 든든히 뿌리를 내리고 있다는 사실을 보여준다. 이 소개의 글을 통하여 청교도 연구에서 마땅히 주목해야 할 토마스 브룩스가 차지하고 있는 상당한 위치가 새롭게 인식되고, 그에 대한 관심이 한국교회에서 새롭게 일어나기를 기대한다.

II.토마스 브룩스의 생애

1. 성장과 교육

토마스 브룩스의 어린 시절에 관하여 알 수 있는 자료는 거의 없다.[1] 그의 출생지가 어디인지 확인되지 않으며, 그의 선조들이나 부모 혹은 가정형편 등에 관한 기록은 전혀 남아 있지 않다. 72세의 나이로 소천한 해인 1680년에서 역산하면, 브룩스는 존 밀턴(John Milton)이 출생한 해와 동일한 1608년에 출생하였다. 현존하는 기록을 보면, 브룩스는 17세가 되던 1625년 7월 7일에 캠브리지 대학교의 임마누엘 칼리지에 입학하였다.[2] 토마스 브룩스가 비교적 이른 나이에 연금생활자(pensioner)로서 명문 대학에 진학할 수 있었던 것을 보면, 그의 출신 가정은 유복한 편이었다고 추측할 수 있다.[3] 당시 이 엠마뉴엘 칼리지에는 데이비드 마슨(David Masson)이라는 대단히 권위 있는 선생이 있었고, 만일 브룩스가 교과과정에 따라 수학하였다면, 나중에 신대륙 뉴잉글랜드의 청교도 지도자들이 된 토마스 후커(Thomas Hooker), 존 코튼(John Cotton), 토마스 쉐파드(Thomas Shepard) 등이 그의 동료 학우들로 있었을 것이다. 그의 저작들 속에 간간히 발견되는 대학 시절에 관한 언급 가운데, 언어학에 대한 그의 관심, 특히 성경을 이해하는데 큰 도움이 되는 원

---

1) 다른 청교도 신학자들에 비교하여, 토마스 브룩스의 삶에 관한 기록이 그다지 많이 남아 있지 않은 까닭으로, 역사가들은 캠브리지 대학교의 등록담당자(University-Register)였던 토마스 스미스(Thomas Smith)의 부주의한 업무로 인한 기록 미비, 캠브리지 대학 역사에 관한 풀러(Fuller)의 저서에 생존 인물들이 빠져 버린 점, 그리고 런던의 대화재 기간에 토마스 브룩스가 틀림없이 명예로운 자리를 차지하고 있었던 1662년의 '축출자들'(The Ejected)을 포함한 청교도들의 생에에 관한 많은 기록들이 소실된 점을 지적한다. Alexander B. Grosart, "Memoir of Thomas Brooks" in *The Works of Thomas Brooks* vol. I (Edinburgh: James Nichol, 1866), xxii-xxiii.

2) Charles Pastoor & Galen K. Johnson eds., *Historical Dictionary of the Puritans* (Toronto: The Scarecrow Press, 2007), 61.

3) Grosart, "Memoir", xxv.

어 지식에 대한 그의 사랑을 엿볼 수 있다.[4] 그런데, 그가 이 대학교육 과정을 다 마쳤다는 기록은 없다. 아마도 토마스 브룩스는 졸업하기 전에 이 대학을 떠난 것으로 보인다.[5] 그가 임마누엘 대학에 입학한 1525년부터 설교자로 사역을 시작한 1640년까지의 15년 동안, 이 청교도의 요람이라고 할 수 있는 대학에서 지낸 기간이 과연 얼마나 되는지는 확실히 알 수 없다.

2. 사역

1653년의 한 소논문에서 브룩스는 '하나님의 은혜로운 도움으로 이미 13년 동안 공개적으로 런던에서 복음을 설교하였다'고 고백한다. 따라서 그는 최소한 1640년에는 설교자로 임직하여 사역을 시작하였다. 1648년에 출판된 그의 첫 설교 '성도들이 나타날 영광스러운 날'(The Glorious Day of the Saints' Appearance)에서 브룩스는 자신을 런던의 '사도 도마 교회의 복음 설교자'(Preacher of the Gospel at Thomas Apostles in London)라고 밝히고 있다.[6] 그런데, 당대 영국의회 군대의 대령 레인스보로(Colonel Rainsborough)의 장례식에서 행한 설교를 기초로 작성된 이 책의 헌정사에서, 브룩스는 '해상과 육지에서 (고인과) 함께 지냈던 자신의 체험'을 언급한다. 또한 '지상에서 누리는 천국'(Heaven on Earth)이라는 자신의 작품에 대한 헌정 서신에서도 '자신이 체험하였던, 끔직한 폭풍'을 말하며, '몇 해 동안의 바다 생활이 자신에게 고난과 시련과 유혹

---

4) "I am a lover of the tongues, and do by daily experience find, that knowledge in the original tongues is no small help for the understanding of Scripture, &c." Grosart, "Memoir", xxvii.

5) Grosart, "Memoir", xxvi-xxvii. 그리고 Joel Beeke & Randall J. Pederson, *Meet the Puritans with a Guide to Modern Reprints* (Grand Rapids: Reformation Heritage Books, 2006), 96.

6) Grosart, "Memoir", xxvii.

과 위험과 죽음에 관하여 깨우쳐 주었기 때문에, 그 체험을 영국의 부(富)와도 바꾸지 않을 정도로 소중하게 여긴다'고 고백한다.[7] 이런 언급들에서 우리는, 정확한 시기는 알 수 없지만, 브룩스가 런던의 교회 설교자가 되기 이전에 몇 년 동안을 아마도 영국 해군의 군목(chaplain)으로 섬겼다고 추정할 수 있다. 그로사트는 레인스보로 대령의 복무 기간에 근거하여, 브룩스의 군복무 기간을 1635/6-1639/40년으로 추정한다.[8] 따라서, 캠브리지의 임마누엘 대학에서 나온 후 브룩스는 군목으로서 봉사하였다가, 1640년에 설교자로 임직하여 아마도 13년 가까이 런던에서 사역하면서, 최소한 1648년 이래로는 런던의 퀸 스트리스에 있는 사도 도마 교회의 복음 설교자로 섬겼던 것 같다.[9] 이 시기에 브룩스는 종종 의회의 초청을 받아 영국의회에서 설교하기도 하였는데, 그것은 그의 첫 설교가 청교도적 성향의 당대 영국의회 의원들에게 좋은 인상을 주었기 때문으로 보인다. 1648년 12월 26일에 출판된 그의 두 번째 설교, '모든 낙심과 반대에도 굴하지 않고 이런 배교의 시대에 의와 정의를 추구하는 길에서 올곧은 자, 특히 행정관의 의와 절개의 향상에 대한 하나님의 기뻐하심'(God's Delight in the Progress of the Upright, especially in Magistrates' Uprightness and constancy in ways of justice and righteousness in these Apostatizing Times, notwithstanding all discouragements, oppositions, &c.)은 시편 44:18을 본문으로 하여 영국의회 앞에서 행한 그의 첫 설교이다.

1652년 브룩스는 뉴 피쉬 스트릿 힐에 있는 성 마가렛 교회의 교회주관자(rector)가 되어 왕정복고가 이루어진 1662년까지 그 교회에서 봉사하였다.[10] 브룩스의 전기 작가들은 교구민이 많고 목회자에게 부담스러운 사역지로 알려진 이 교회에서의 사역과 관련하여,

---

7) Grosart, "Memoir", xxix.
8) Grosart, "Memoir", xxx.
9) Beeke & Pederson, 96.

두 가지 주목할 만한 점들을 우리에게 소개한다. 첫째는 1652년 이래 거의 매년 브룩스의 설교들이 계속 출판되어 '신속하고도 꾸준한' 성공을 거두었다는 사실이다: '사단의 책략 물리치기'(Prescious Remedies, 1652), '에버라드의 '열려 있는 복음의 보화'에 대한 찬양'(Approbations to Everard's 'Gospel-Treasury Opened', 1653), '지상에서 누리는 천국'(Heaven on Earth, 1654), '그리스도의 측량할 수 없는 부요하심'(Unsearchable Riches of Christ, 1655), '헤아릴 수 없는 부'(Unsearchable Riches, 1657), '황금 사과'(Apples of Gold, 1657), '진주 목걸이'(String of Pearls, 1657), '존 듀란트의 '심오한 침묵'에 대한 편지'(Epistle to John Durant's *Altum Silentium*, 1659), '신자의 최후의 날은 그의 최선의 날'(Believer's Last Day his best Day, 1660), 그리고 '암울하고 폭풍치는 날을 살아가는 하나님의 모든 노아들을 위한 방주'(Ark for all God's Noahs in a gloomy stormy day, 1662). 그 결과 1660년에 이르면 토마스 브룩스의 명성은 토마스 굿윈(Thomas Goodwin, 1660-1680)과 어깨를 나란히 하는 런던의 회중교회의 대표적인 지도자들의 반열에 오르게 되었다.[10] 10년이 넘는 성 마가렛 교회에서의 사역 기간에 관한 두 번째 주목할 만한 사실은, 교회정치와 관련된 브룩스의 입장이 가져온 결과들이다. 회중주의자(congregationalist)의 견해를 지지한 브룩스는 교회정치 문제에 있

---

10) 애플비(David Appleby)는 영국교회의 수록 성직자를 해임하고 빈 자리가 된 성 마가렛 교회에 브룩스가 임명된 해를 1648년으로 소개한다. David Appleby, "Brooks, John (1608-1680)" in Francis J. Bremer & Tom Webster eds., *Puritans and Puritanism in Europe and America: A Comprehensive Encyclopedia* (Oxford: ABC-CLIO, 2006), 34. 또한 비교적 최근에 나온 '청교도 역사 사전'을 편찬한 찰스 파스토르와 갈렌 존슨 역시 이 연도에 동의한다. Charles Pastoor & Galen K. Johnson, *Historical Dictionary of the Puritans* (Plymouth: The Scarecrow Press, 2007), 61. 그러나 애플비가 일차적 자료로 언급하는 그로사트는 1652-3년에 출판된 브룩스의 설교의 표지면에 나와 있는 기록에서 확인할 수 있는 연도인 1552년을 제시한다. Grosart, "Memoir", xxxi. 조엘 비키와 랜달 페더슨 역시 이 연도에 동의한다. Beeke & Pederson, 96.
11) Grosart, "Memoir", xxxii.

어서 '장로교회 체제'(presbyterianism)를 전국적으로 실시하기를 원하였던 의회의 다수파와는 의견을 달리하였으나, 이 문제에 대해서는 대단히 관용적인 정책을 실시한 호국경 올리버 크롬웰(Oliver Cromwell, 1559-1658)의 주목의 대상이 되었다. 크롬웰 역시 개인적으로 브룩스와 마찬가지로 회중주의적 체제를 지지하였을 뿐만 아니라, 의회 측 군대에 대한 브룩스의 강력한 지지 및 군부 내에서 청교도파 인사들에게 급속하게 영향력을 확대하였던 제5왕정파(The Fifth Monarchists)[12]와 수평파(the Levellers)[13]와 같은 급진주의 움직임에 대한 브룩스의 단호한 반대에서 이 청교도 설교자에게 호감을 갖게 되었다.[14] 그러나 정작 자신의 사역지인 성 마가렛 교회의 성도들 다수는 그 교회를 독립파 회중교회로 변모시키려는 브룩스의 노력에 저항하였고, 동일한 시기에 브룩스가 교편을 잡았던 피쉬 스트릿 힐에서도 동료 교수(lecturer)와 성직 임명(ordination)에 관하여 심각한 의견 차이로 불화를 겪었다.[15] 장로파와 독립파 사이의 갈등에도 불구하고 다양한 교파의 청교도 교회들이 번성하였던 크롬웰의 호국경 시대가 끝나고, 스튜어트 왕조가 다시 복권되자 브룩스는 수많은 청교도 설교자들과 함께 그 자리에서 물러났다.

찰스 2세는 왕정복고와 더불어 '목사들의 비준과 복직을 위한 법'(the Act for Confirming and Restoring of the Ministers, 1660)을 제정하여 약 700명의 청교도 목사들을 축출하였는데, 토마스 브룩스도 그 가운데 한 사람이었다. 바로 그 해에 브룩스는 런던

12) 다니엘서에 언급된 네 왕조(바벨론, 페르시아, 마케도니아, 로마) 이후 다섯 번째의 영원한 그리스도의 왕국에서 이름을 따온, 영국 청교도 혁명 기간의 급진적 비국교도의 일파로서, 묵시록의 짐승의 숫자를 1666년과 연결하여 시한부 종말론을 주장함. 이들에 관한 그 당대의 대표적인 문헌으로, William Aspinwall, *A Brief description of the Fifth Monarchy or Kingdome* (1653)이 있다.
13) 청교도 혁명 기간에 군부의 하급 장교와 사병들 사이에 큰 세력을 얻은 정치적 운동으로서, 인민주권 사상을 강조하면서 선거권 확대, 토지 공동 소유, 법 앞에서의 평등, 종교적 관용 등을 주장하였다. 대표적인 문서로 '인민협정'(*Agreement of the People*)이 있다.
14) Pastoor & Johnson, 61-62.
15) Pastoor & Johnson, 61; Bremer & Webster, 34.

의 성 니콜라스 올레이브 교회의 초청을 받아 설교하면서, '암울하고 폭풍 치는 날을 살아가는 모든 노아들을 위한 방주'라는 제목의 메시지를 전하였다. 그 2년 후 그 설교가 출판된 1662년에 브룩스는 찰스 2세의 악명 높은 '통일법'(*the Act of Uniformity*, 1662)[16]에 서명하기를 거부하고, 자신의 신앙 양심을 지킨 약 2천 명의 동료 청교도 설교자들과 함께 영국교회에서 공식적으로 축출되었다.[17] 그것은 당대 영국교회 성직자의 약 1/5에 해당하는 숫자였다.

신앙 양심에 따라 스스로 성 마가렛 교회의 목회자 직분에서 물러났지만, 브룩스는 '그리스도께서 임명하신 복음의 설교자'라는 자신의 소명을 저버리려고 하지는 않았다. 그래서 1662년 이후로도 그는 자신의 교구에서 조용히 복음 설교의 사역을 계속하였는데, 그를 존경하였던 많은 교구민들이 브룩스를 따라 비국교도(Nonconformist) 회중으로서 기존의 영국교회에서 분리되어 나와, 성 마가렛 교회 인근의 무어필즈(Moorfileds)에 교회당(chapel)을 마련하였다. 이곳에서 그는 그리스도와 그분의 복음을 '순결하고 확신 있게 그리고 강력하고 맛깔 있게' 계속 전파하였다.[18] 브룩스가 비

---

16) George Carter, *Outlines of English History: Facts · Dates · Events · People* (London: Ward Lock Limited, 1977), 86. 같은 이름의 영국교회 관련법이 엘리자베스 1세 이래로 반복되므로, '1662년 통일법'(*Act of Uniformity*, 1662) 혹은 '제3차 통일법'(*The Third Act of Uniformity*)이라고 구별하여 말한다. 찰스 2세 치하의 영국의 회에서 1662년 5월 19일에 제정한 이 법령의 목적은, 청교도 목사들로 하여금 영국교회에 순응하거나 아니면 떠나도록 강요하기 위한 것이었다. 이 통일법은 공적인 예배와 성례의 집행 및 여타 영국교회의 예전들의 형식을 규정하였는데, 그 핵심적 내용은 다음 세 가지로 요약할 수 있다: 첫째, 영국교회의 모든 목사들은 주교를 통한 임직(episcopal ordination)을 받아야 하며, '공동기도서'(*the Book of Common Prayer*)를 사용해야 한다; 둘째, 그들은 공동기도서에 포함된 모든 내용에 동의한다는 사실을 공개적으로 천명해야 한다; 셋째, 그들은 청교도 혁명 시기에 체결된 엄숙 동맹과 언약(the solemn League and Covenant)을 철회하고 당국에 저항하지 않을 것을 맹세해야 한다. 이런 요구들은 사실상 청교도들이 청교도 혁명을 통하여 극복하고 폐지하였던 옛 제도를 다시 회복하기 위한 것이었다. cf. "Act of Uniformity 1662" (https://en.wikipedia.org/wiki/Act_of_Uniformity_1662).

17) Appleby, 34-35.

18) Grosart, xxxiv.

국교도 회중을 이끌면서 계속 설교하는 것은 '불법적인' 활동으로 간
주되었지만, 그로 인하여 투옥되는 등의 박해를 당하지는 않았던 것
같다.

　1665년의 대흑사병(the Great Plague)과 1666년 런던 대화재
(the Great Fire) 기간에 브룩스는, 다른 많은 목사들과는 달리, 계
속 런던에 머물면서 자신의 회중을 신실하게 돌보았다. 1672년 찰
스 2세의 관용령(Declaration of Indulgence)에 따라 브룩스는 런
던의 라임 스트릿(Lime Street)의 회중교회 설교자로서 인허되었지
만, 정치적인 상황이 변하여 다시 비국교도에 대한 박해가 재개되면
서 1676년에 그 면허를 다시 박탈당하였다.[19] 비국교도 회중교회의
목회자로 지내는 기간에도 브룩스는 꾸준히 자신의 설교를 출판하였
는데, 방대한 분량의 '기독교의 면류관과 영광'(Crown and Glory of
Christianity, 1662), '천국의 비밀 열쇠'(Privy Key of Heaven,
1665), '대흑사병에 대한 천상적 위로'(A Heavenly Cordial for
the Plague, 1665), '보석장'(Cabinet of Jewels, 1669), '런던 애
가'(London's Lamentations, 1670), '황금열쇠'(Golden Key,
1676), 그리고 '열린 천국'(Paradise Opened, 1676) 등이 대표적이
다.[20]

　1676년에 브룩스는 첫 부인인 마사 버게스(Martha Burgess)와
사별하였는데, 그 경건한 여인에 대하여 브룩스는 "그녀는 조용한 곳
에서 하나님과 가장 많은 시간을 보낼 때면 언제나 가장 아름다운 모
습을 띄곤 했다. 그녀는 여러 날 동안 온종일 우리나라와 시온을 위
하여 하나님께 기도를 드리면서 자기의 영혼을 쏟아놓곤 하였다. 그
녀는 자기 영혼에 대해 큰 관심을 가지고 있었다. 그녀 주변의 사람
들은 그녀가 침상에 누워 있는 게 더 좋을 것이라고 생각하였다. 그

19) Appleby, 35
20) Gorsart, xxxv.

청교도 설교자 토마스 브룩스의 생애와 사상

녀에게는 언제나 육체적 연약이 따라다니고 있었기 때문이다. 그러
나 신이 주시는 기쁨은 그녀로 하여금 그런 육체적 고통을 이기게 하
였던 것이다."라고 추억하였다.[21] 1677-78년 경 브룩스는 페이션
스 카트라이트(Patience Cartwright)라는 젊고 경건한 여인과 재혼
하였는데, 그녀는 그에게 아주 합당한 동반자였다. 브룩스는 1680년
에 소천하였고, 런던의 유명한 비국교도 묘지인 번힐 필즈(Bunhill
Fields)에 안장되었다. 그의 장례식 설교를 맡은 존 리브스(John
Reeve)는 브룩스가 "감미로운 성격, 커다란 위엄, 폭넓은 사랑, 놀라
운 인내, 그리고 강한 믿음"의 소유자라고 회고하였다.[22]

Ⅲ. 브룩스의 시대

독신으로 후사가 없이 사망한 튜더 왕조[23]의 마지막 군주 엘리자베
스 1세 이후, 영국의 스튜어트 왕조의 첫 번째 왕인 스코틀랜드 출신
의 제임스(King James) 1세 시절에 토마스 브룩스는 태어나 성장
하였다. 백 년이 넘는 통치 기간을 이어간 스튜어트 왕조는 청교도혁
명(the Puritan Revolution or the Civil War, 1642-1648)과 그
에 이은 공화정 시대(The Commonwealth Ere, 1649-1653) 및 크
롬웰의 부자의 호국경 시대(The Protectorate Ere, 1653-1660)를
거쳐, 찰스 2세의 왕정복고(1660-1685), 그리고 네덜란드의 군주였
던 윌리엄 3세와 메리의 공동 왕위 시대를 연 명예혁명(The Glorius

---

21) Thomas Brooks, *Precious Remedies Against Satan's Devices* (1652). 토마스 브룩
스, 『사탄의 책략 물리치기』 (서울: 앨맨, 2007), 10.
22) Beeke & Pederson, 97.
23) 118년간 지속된 영국의 튜더 왕조(The Tudor Dynasty, 1485-1603)는 영국의 종교개
혁과 뗄레야 뗄 수 없을 정도로 깊은 관계를 가지고 있다. 헨리 8세(Henry VIII) 치하에서
국교회 형태로 시작된 영국의 종교개혁은 그의 아들 에드워드 6세(Edward VI) 시대에 개
혁주의적 색채가 깊어졌다가, 그의 누이 메리(Mary)의 집권 기간에는 로마 가톨릭으로 회
귀하였고, 그 이복 자매 엘리자베스(Elizabeth I) 시대에 중도적인 영국교회의 형태로 정착
하였다.

Revolution, 1689)를 겪은, 그야말로 영국 근세사에서 가장 파란 만장한 시절이었다.[24] 이 시대의 영국의 청교도들은 개혁주의 신학 사상을 한층 더 깊이 발전시킨 웨스트민스터 공회(Westminster Assembly, 1643 - 49)를 통하여 영국 종교개혁을 심화시키는 감격스런 체험을 하였을 뿐만 아니라, 영국의회의 세 번째 '통일법'(the Act of Uniformity, 1662)에 의하여 강단과 사역지에서 쫓겨나 생존을 위한 힘겨운 투쟁을 겪어야 하기도 했다. 청교도 설교자로서의, 특히 비국교도 회중주의자로서, 토마스 브룩스의 생애 역시 이러한 시대적 상황과 밀접하게 연결되었다. 대륙의 종교개혁과 마찬가지로 영국의 종교개혁도, 하이델베르크 요리문답의 저자들이 고백한 것처럼, '때로는 눈물 골짜기와도 같은' 세상을 지나면서 하나님의 섭리하시는 손길을 간절하게 바라보는 참된 그리스도인들을 배출해 내었다.

1. 청교도 혁명

브룩스가 태어났을 때 영국을 다스리던 제임스 1세(King James I)는 장로교회가 국가적으로 확립된 스코틀랜드의 국왕으로 잉글랜드의 왕위까지 계승하였으나, 청교도들의 기대와는 달리 영국교회의 국교회 체제의 개혁에 별로 관심을 기울이지 않았다. 흠정역 영역성경(King James Version, 1611)의 출판과 개혁주의 교회의 국제적 대회인 도르트 총회(Synod of Dort, 1618)에 잉글랜드와 스코틀랜드의 대표단을 파견한 것, 그리고 영국의 모든 성직자가 대학에 진학하여 학위를 취득하게 함으로써 성직자의 교육 제도를 완비한 것을

---

24) 이 시대의 주요한 정치적 사회적 사건들에 관해서는, Carter, *Outlines*, 72-98를 참조하라. 또한 Bremer & Webster, xxvii-xliv에 있는 연대표(Chronology)도 함께 참조하라.
25) Diarmaid MacCulloch, *The Reformation: A History* (New York: Penguin, 2003). 디아메이드 맥클로흐, 『종교개혁의 역사』 (서울: CLC, 2011), 664-67.

제외하면, 청교도들이 이 장로교도 국왕에게 기대하였던 바램들은 거의 이루어지지 않았다.[25] 제임스 1세를 계승한 그의 아들 찰스 1세 (Charles I)는 왕태자 시절부터 알미니안주의(Arminianism)에 경도되어 있었고, 그의 통치 아래 영국의 개혁주의적 청교도 인사들은 교회의 주요한 자리에서 배척되거나 투옥되는 등 박해를 당하였다. 1630년에는 청교도 초창기의 주도적 신학자 윌리엄 퍼킨스(William Perkins)의 저서들과 하이델베르크 요리문답의 저자인 자카리아스 우르시누스(Zacharias Ursinus)의 저서들이 판매 금지되었다. 1628년부터 런던의 주교로서 찰스 1세의 교회정치를 주도하였던 캔터베리 대주교 윌리엄 로드(William Laud)를 청교도들은 '영국을 다시 로마 가톨릭으로 복귀시키려는 음모의 대리인'으로 간주하였다.[26]

브룩스가 캠브리지의 임마누엘 칼리지에 입학하였던 1625년 즈음의 영국교회는 국왕과 고위 성직자들의 친 로마 가톨릭적 경향에 대하여 청교도 지도자들의 불만과 의심이 대단히 고조되어 가고 있던 형편이었다. 새롭게 대두한 지방의 중산층 향신계층(country gentry)이 주축이 된 영국의회는 개혁주의 신앙을 강력하게 지지하였고, 신앙과 세금 등의 중요한 사안에서 국왕과 대립하였다. 청교도적 주일성수를 무력화시키는 스포츠령(Declaration of Sports)이 제임스 1세 시절(1617)에 이어 찰스 2세에 의해서도 강요되자(1633), 청교도측과 국교회측 사이의 갈등이 격화되었다. 이 시절에 존 윈슬롭(Jhon Winthrop)이 이끄는 일부 청교도들은 신대륙으로 진출하여 영국 내에서는 누릴 수 없었던 신앙적 자유를 매사추세츠 식민주를 건설하여 찾으려고 하였다. 찰스 2세는 1529년에 의회를 해산하고 자의적으로 통치하였으며, 1640년에 이르러 내외의 우환들에 직면하여 어쩔 수 없이 다시 의회를 소집하였다.

국교회 체제를 스코틀랜드에도 강요하려는 찰스 2세의 시도에 대

---

26) 맥클로흐, 669.

한 강력한 저항이 스코틀랜드이 국민언약(national Covenant, 1638)으로 표면화되자, 찰스 2세는 전쟁을 결심하였고 전비를 마련하기 위하여 다시 영국의회를 소집하였다. 1640년에 소집된 소위 장기의회(Long Parliament)는 장로교 계통의 청교도들이 다수를 차지하였고, 1642년부터는 잉글랜드에서도 왕당파와 의회파 사이의 내전이 시작되었다. 이 격동의 시대는 '청교도 혁명'(the Puritan Revolution)이라는 또 다른 이름으로 부를 수 있을 정도로, 영국교회의 개혁을 상징하는 시대이다. 영국의회는 스코틀랜드 의회와 더불어 '엄숙동맹과 언약'(Solem League and Covenant, 1643)을 체결하여 정치적 신앙적 결속을 다졌고, 유명한 웨스트민스터 공회(Westminster Assembly, 1643-1653)를 통하여 개혁주의 신앙의 중요한 표준인 웨스트민스터 신앙고백서와 대소요리문답 등을 작성하게 하고 승인하였다.[27]

이 격동의 시절에 30대를 보낸 브룩스는 앞서 언급한 대로 적극적으로 의회 편에 서서 종군목사로 활약하였다. 그리고 출판하자마자 베스트셀러로 각광받은 그의 설교 및 저작들이 영국의 청교도들의 심령에 복음의 씨앗을 깊이 뿌리내리게 하고 종교개혁을 심화시키는 데 큰 기여를 하였음에 틀림없다. '왕정복고 이후에도 쉽사리 과거로 돌아갈 수 없는 변화된 교회적 환경을 만들어 두었다'고 평가되는 1650년대의 영국교회[28] 내부의 신앙의 발전에 브룩스의 저서들도 상당한 기여를 하였던 것이다.

27) 청교도 혁명을 전후한 영국교회의 상황에 대해서는, Williston Walker, *A History of the Christian Church* (Edinburgh: T&T Clark, 1986). 윌리스턴 워커, 『기독교회사』 (서울: 크리스챤 다이제스트, 1993), 604-23 참조.
28) 맥클로흐, 677.

2. 왕정복고

찰스 2세의 통치 기간에 청교도를 비롯한 비국교도 회중들은 정부와 교회 당국의 심한 핍박에 자주 노출되었으며, 그 존립을 위하여 필사적인 투쟁을 하게 되었다.[29] 찰스 2세의 제3차 통일령(1662)에 대한 항거로 존 번연과 리처드 백스터와 같은 저명한 청교도 목사들이 박해를 받고 투옥되었다. 1664년에는 비국교도들이 집 밖에서 설교하거나 가정에서 예배드리는 것을 금지하는 '비밀집회금지법'(First Conventicle Act, 통일령에서 법으로 확립된 것 이외의, 불법적인 개신교 예배에 참여하는 자들에게 벌금을 부과하는 법령)이 시행되었고, 1665년에는 '5마일 법'(Five Mile Act)이 반포되어 사임한 혹은 퇴출당한 목사들이 자신이 맡았던 예전 교구들에 방문하거나 그 5마일 이내에 거주하는 것을 금지하였다.[30] 그러므로 1662년에 '신앙 양심에 따라' 직분을 사임한 브룩스가 계속 자신의 옛 교구에서 새로운 회중교회를 조직하고 지도한 것은 '불법적인 활동'으로서, 벌금과 투옥을 각오한 그의 신앙적 용기를 보여주는 것이다. 1662년 이후의 청교도 운동의 특징적 성격으로서 '경건과 영성'을 특별히 강조하는 평가[31]는 브룩스에 관해서도 분명한 사실이다.

비국교도로서 청교도들은 당국의 재정적인 지원을 전혀 받지 못하는 형편에서, 자발적인 헌금을 통하여 자신들의 설교자를 세우고 청교도적 목회를 유지하였다. 주로 도시의 상인들, 길드의 회원들과 같이, 경제적인 여유를 가진 사람들의 헌금에 의존하여 개혁주의 신앙

29) 맥클로흐, 683.

30) Kelly M. Kapic and Randall C. Gleason, *The Devoted Life* (Downers Glove: IVP, 2004). 켈리 카픽 & 랜들 글리슨, 『청교도 고전으로의 초대』 (서울: 부흥과개혁사, 2008). 22. 또한 Bremer & Webster, xli 참조.

31) E.D. Wallace Jr., *The Spirituality of the Later English Puritans: An Anthology* (Macon, Ga: Mercer Univ., 1987), 13. "청교도 운동의 중심에는 항상 경건과 영성이 놓여 있다... 그리고 아주 강력한 청교도 에너지의 원천이 되었다." 카픽 & 글리슨, 25에서 재인용.

을 설교할 목회자들을 세우곤 하였다.[32] 브룩스가 무어필즈에 세운 청교도적 독립파 회중교회 역시 이러한 배경에서 이해할 수 있다.

이러한 상황은 브룩스의 말년에도 나아가 그의 사후에도 크게 변함이 없이, '비국교도는 곧 이등 시민'으로서 불이익과 탄압의 위험 아래 살아가게 되었다. 찰스 2세의 로마 가톨릭 편향을 막기 위해 의회가 제정한 '심사법'(Test Act, 1673)은 공직에 취임하려는 사람은 모두 로마 가톨릭의 화체설을 반대하며 또한 영국교회의 성찬 예전에 참여하여야 한다고 규정하였는데, 이것은 로마 가톨릭 교도뿐 아니라 청교도를 비롯한 모든 비국교도들을 공직에서 배제하는 결과를 가져왔다. 신앙 양심에 따라 영국교회 체제를 받아들이지 않은 청교도들은, 1828년에 이 법령이 폐지될 때까지, 공무를 담당할 권리를 박탈 당한 2등급 시민으로 차별을 받을 수밖에 없었다. 1689년에 '관용법'(the Act of Toleration)으로 비국교도들이 합법적으로 예배드릴 수 있는 자유가 허용되었다.

IV. 브룩스의 저서

거의 자신의 저서들로써만 우리에게 알려진 브룩스이므로, 그의 주요한 저서들을 소개하는 것도 브룩스 이해에 도움이 될 것이다. 현재 우리가 접할 수 있는 브룩스의 저서들은 모두 6권으로 이루어진 전집판(The Complete Works of Thomas Brooks)으로 2001년에 출판된 것이다.[33] 모두 3천 페이지 분량의 방대한 작품이다. 남긴 그 저서의 분량으로도 우리는 브룩스가 '복음을 선포하는 사역'을 강단에

---

32) Owen Chadwick, *The Reformation* (New York: Penguin, 1990). 오언 채드윅, 『종교개혁사』 (고양: 크리스챤다이제스트, 2011), 186.

33) Digital Puritan Press(digitalpuritan.net)의 Thomas Brooks 항목에 전집의 각 권에 포함된 저서들의 목록을 확인할 수 있다. 또한 A Puritan Mind(www.apuritanmind.com)의 토마스 브룩스 항목에서도 이 전집의 구성을 찾아볼 수 있다.

서뿐 아니라 책상 위에서도 신실하게 수행하였던 부지런한 종이었음을 알 수 있다. 제1권에 포함된 그로사트의 '브룩스 비망기'(*Memoir of Brooks*)가 그의 전기적 자료들 가운데 가장 중요한 것인데, 본고에서도 그 자료에 크게 의지하여 브룩스의 생애를 소개하였다. 브룩스의 저서들 가운데 가장 유명한 작품들로 간주되는 책들의 목록은 다음과 같다:

『올곧은 자에 대한 하나님의 기뻐하심』(*God's Delight in the Upright, 1648-9년 의회 설교*)

『적발된 위선자』(*The Hypocrite detected*, 1650년 던바에서의 승리를 기념하는 감사 설교)

『사단의 책략 물리치기』(*Precious Remedies against Satan's Devices*, 1652)

『심의되고 해결된 사안들』(*Cases considered and resolved*, 1652-3)

『지상에서 누리는 천국』(*Heaven on Earth*, 1654)

『그리스도의 측량할 수 없는 부요하심』(*Unsearchable Riches of Christ*, 1655)

『침묵하는 영혼, 혹은 쓰라린 회초리 아래 있는 침묵하는 그리스도인』(*The Silent Soul, or Mute Christian under the Smarting Rod*, 1659)

『하나님의 모든 노아들을 위한 방주』(*An Arke for all God's Noahs*, 1662)

『기독교의 면류관과 영광』(*The Crown and Glory of Christianity*, 1662)

『천국의 비밀열쇠』(*The Privie Key of Heaven*, 1665)

『값비싼 보석 상자』(*A Cabinet of Choice Jewels*, 1669)

『황금열쇠』(*A Golden Key*, 1675)

이제 브룩스 전집의 제1권과 제2권의 주요 저작을 하나씩 본고에서 집중적으로 분석하고자 한다: '사단의 책략 물리치기'(1권), '지상에서 누리는 천국'(2권). 이 대표적은 두 저서는 한국어로 잘 번역되어 있는데, 그 내용을 자세히 살펴봄으로써 영국 종교개혁의 격동의 시대를 살아간 성도들에게 선포되었던 이 청교도 설교자의 복음의 메시지의 성격이 어떠하였는지 좀 더 깊이 이해할 수 있을 것이다.

1. 『사단의 책략 물리치기』(*Prescious Remedies Against Satan's Devices*, 1652).

이 책은 브룩스가 성 마가렛 교회의 책임자(rector)로 취임한 후 저술한 논문이다. 청교도 혁명의 성공이라는 사회적 배경, 큰 교회의 책임자로 임명된 개인적 처지 등으로 얼핏 낙관적이고 평온한 분위기를 기대할 수도 있겠지만, 이 책의 메시지는 시대의 현실과 영혼의 본질을 통찰하는 '깨어 있는 선지자'로서의 브룩스를 잘 보여준다. 브룩스 자신이 이 책의 헌정사에서 스스로 '지극히 높으신 하나님께서 가장 사랑하시고 귀중히 여기시는 그분이 아들과 딸들'을 위하여 '성령으로 파수꾼이 된 사람'으로 자신을 소개한다.[34] 그는 본서의 저작 동기들을 무려 7가지로 제시하는데, 그 가운데 '사단의 강력한 영향력에 대한 인식의 필요성 및 유용성', '사단의 방해로 인한 브룩스의 개인적 각성 – 사탄이 강력하게 이 책의 출판을 막으려 하였다는 언급', 그리고 '이 주제에 관한 기존의 저서들의 결핍'에 대한 지적이 두드러진다.[35] 브룩스가 이 책을 통하여 독자들에게 바라는 것은 바울의 교회를 위한 기도들(엡 3:16-19)과 소망들(골 1:10-11; 고후

---

34) Thomas Brooks, *Prescious Remedies Against Satan's Devices* (1652). 토마스 브룩스, 『사단의 책략 물리치기』(서울: 엘맨, 2007), 14.

35) 브룩스, 『사단의 책략 물리치기』, 17-19. 그 외에도 책을 통하여 도움을 줄 수 있는 해외의 여러 친구들에게, 자신이 살아 있는 동안 섬김의 사역을 다 하고자 하는 동기를 설명하고 있다.

13:7; 빌 1:27; 4:1; 살후 1:11-12) 등에 대한 언급에서 잘 드러나듯이, 하나님의 백성의 '거룩한 삶'과 그로 인한 '영원한 영광'을 고취하려는 것이다. 구체적으로 브룩스는 독자들이 '그리스도와 그분의 말씀, 자신들의 심령, 사단의 책략, 그리고 영원'에 대하여 이전보다 더 많이 연구하기를 바란다.[36]

브룩스는 12가지 사탄의 책략들과 그에 대한 치료책들을 묘사하며, 또한 신자들을 은혜의 수단에서 멀어지게 하기 위하여 사탄이 사용하는 8가지 책략들도 묘사한다. 사단의 책략 한 가지에 대하여 브룩스는 보통 대여섯 개 혹은 때로는 무려 열 개에 이르는 대책들을 제시하는데, 그 대응 방침들은 서로 밀접히 연결된 것들이고 동일한 교훈을 다른 방식으로 반복하여 강조하는 경우들이 많다. 그리고 그 방책들은 거의 전적으로 성경적 교훈에 기초하고 있다는 점이 특징적인 성격이다. 일반적인 지혜나 성경 밖에서 근거를 가져오는 것은 아주 드물게 나타나는데, 그런 경우는 대체로 교회사의 사례들이 언급되며 아주 드물게 일반 역사의 교훈들이 언급되기도 한다.[37]

'영혼을 유혹하여 죄를 짓게 하는 사단의 책략들'(제2장)에 대한 브룩스의 소개와 그에 대한 대책 제시는 성경에 대한 이 청교도 설교자의 균형 잡힌 시각을 잘 드러내어 보여준다. 성도들의 죄를 드러내면서 그들의 회개, 죄에 대한 슬픔과 후회는 보지 못하도록 가리는 사단의 책략(네 번째 책략)을 지적하면서, 성경은 성도가 죄짓는 것을 주시하는 것만큼이나 회개를 통한 소생을 주목하여 보여준다는 점을 올바르게 지적하는 것이 그 대표적인 사례이다.[38] 다양한 성경의 실

---

36) 브룩스, 『사단의 책략 물리치기』, 22.
37) 예를 들어, 줄리어스 시저와 관련된 이야기(59쪽), 아우구스투스의 아내 리비아의 조언(112쪽), 스페인의 필립 3세의 고백(132쪽), 한 고상한 페르시아 인 티리바주스(140쪽), 소크라테스(142쪽) 등. 그리고 각주들에서 간혹 언급되는 고대 그리스의 인물들. 이 모두는 자신의 주장을 뒷받침하기 위한 주된 사례들이 아니라 '부가적인' 사례로 제시된다.
38) 브룩스, 『사단의 책략 물리치기』, 73.

례들을 효과적으로 제시하면서, 브룩스는 독자들로 하여금 성도들의
타락에 관한 성경의 기록 목적이 무엇인지 바르게 깨닫도록 돕는다:
범죄자들이 낙심과 좌절에 빠지지 않도록, 그리고 다른 사람들이 경
계를 받도록.[39] 또한 사단의 다섯 번째 책략으로 지적하는, '긍휼과
용서하시는 하나님'에 대한 일방적인 강조에 대한 대책들로서, '긍휼
하시면서 동시에 공의로우신' 하나님에 대한 성경적 교훈들을 포괄
적으로 제시하는 것 역시 브룩스의 균형 잡힌 성경 이해를 잘 드러내
보여준다.[40] 쉽사리 회개할 수 있으니, 죄 짓는 것을 그다지 심각하
게 여기지 말라는 사단의 여섯 번째 책략을 반박하면서, '회개는 죄
인이 스스로 할 수 있는 일이 아니라, 세상을 창조하고 오직 그리스
도를 부활시킨 하나님의 능력으로만 가능하다'고 제일 먼저 지적하는
점에서, 그리고 '진실한 회개는 지속적인 샘으로서, 진실한 회개자
는 언제나 자기 안에서 버릴 것을 찾을 수 있는 자'라고 강조하는 점
에서, 브룩스의 성경 이해는 균형 잡힌, 개혁주의적 신학에 근거하고
있는 전형적인 청교도의 관점임을 잘 보여준다.[41] 청교도들은 당대
영국교회의 영성을 성경에 입각한 개혁주의적 경건으로 이끌어 올리
려고 노력한 사람들이다. 브룩스 역시 그 당대 교회의 영적 현실과
지향점을 명확하게 인식하고 있었다.

사단의 여덟 번째 책략과 관련하여, 브룩스는 당대 영국교회의 형
편을 직접 언급하는 주목할 만한 발언을 한다. '죄악의 길을 중단하
였더니 오히려 재난이 찾아왔다'는 사단의 거짓말을 예레미야 선지자
의 글(렘 4:16-18)을 인용하여 소개한 다음, 브룩스는 바로 그것을
'런던과 잉글랜드에 사는 무지하고 천박하고 미신적인 영혼들이 사용
하는 언어'라고 비판한다.[42] 이런 브룩스의 언급은, 이 책을 통하여

---

39) 브룩스, 『사단의 책략 물리치기』 80.
40) 브룩스, 『사단의 책략 물리치기』, 82-92.
41) 브룩스, 『사단의 책략 물리치기』, 92-93, 102.
42) 브룩스, 『사단의 책략 물리치기』, 119.

자신이 말하고자 하는 메시지가 과연 누구를 향한 것인지, 왜 그런 메시지가 중요하며 꼭 필요한지 밝히 드러내 보여주는 구절로써, '파수꾼'으로서의 자신의 역할을 항상 염두에 두고 있음을 다시 확인시켜 준다. 특히 고난의 시대를 살아가는 경건한 성도들을 유혹하는 사단의 거짓말로서, '거룩한 삶에 따라 오는 십자가, 손실, 비난, 슬픔, 고통'을 제시하는 아홉 번째 책략과 관련하여, 우리는 브룩스가 자기 당대에 그리고 모든 시대에 참된 그리스도인이 확실하게 마음에 새겨야 할 성경적인 교훈을 강조하여 표현하는 것을 보게 된다: "하나님의 백성에게 임하는 모든 고난은 그들에게 있어서 영광스러운 유익과 이익으로 변하게 될 것이다." "고난은 죄를 죽이고 숙청하는 데 기여하게 될 것이다. 고난들은 하나님의 용광로이다."[43] 아마도 이런 메시지야말로 '청교도'라는 이미지에 가장 어울리는 교훈이 아닐까!

청교도와 성경은 뗄 수 없을 정도로 밀접한 관계를 가지고 있다. 하나님의 말씀으로서 성경은 청교도의 변함없는 최고의 지침이다. 그 성경의 권위에 대하여 청교도들은 한 치의 흔들림도 없이 확고하게 지지하였다. 이와 관련하여, 사단의 열한 번째 책략을 소개하면서 브룩스는 성경에 대한 모든 인본주의적인 편견을 지적한다. 그리고 그에 대한 근본적인 대책으로서 제일 먼저 '인간의 헛되고 그릇된 마음'을 엄숙하게 자각하게 한다.[44] 진리의 척도로서의 성경, 그 메시지의 권위를 브룩스는 확고하게 붙잡도록 우리에게 설파한다. 도덕적으로 열등한 자들과 비교하여 자신의 양심을 위로하려는 어리석은 생각(열 번째 책략), 악한 자들과 어울려 지냄으로써 참된 판단의 기준을 망각하게 만드는 책략(열두 번째 책략), 모두 절대적인 판단 기준인 하나님의 말씀에 대한 강조와 긴밀하게 연결되어 있다. 우리의 삶을 올바르게 판단하고 달아보시는 유일한 기준은 하나님의 말씀이

---

43) 브룩스, 『사단의 책략 물리치기』, 134.
44) 브룩스, 『사단의 책략 물리치기』, 156.

며, 따라서 인간은 성경의 메시지를 자신의 모든 가치관과 선입견보다 위에 두어야 한다는 브룩스의 근본적인 신념을 우리는 여기서 엿볼 수 있다.

'영혼의 거룩한 의무를 나태하게 하고 거룩한 봉사를 방해하고 종교적인 행위를 금지시키기 위한 사단의 책략'이라는 표제가 붙은 제 3장에서, 브룩스는 '사단이 영혼을 이끌어 죄 짓게 하는 데 사용하는' 여덟 가지의 사단의 책략들을 추가하여 소개하는데, 그것들은 다음과 같다: 거룩한 봉사의 일보다는 세상을 더 사랑하게 만들도록 유혹하고, 종교적 봉사에 따르는 위험과 손실과 고통을 강조하고, 신자로서 바르게 살아가는 것이 힘들다고 속삭이며, 그리스도의 공로를 남용하여 나태한 생각을 품게 하며, 경건하게 사는 사람들의 가난과 궁핍을 지적하여 따를 마음이 사라지게 만들고, 자행자지하는 대다수의 성도들의 모습을 가리키며 특별한 헌신이 불필요하다고 속삭이고, 온갖 잡된 생각으로 경건의 실천을 방해하며, 이미 행한 실천에 안주하게 만든다.[45] 이것은 성도들이 '은혜의 수단들'로부터 멀어지도록 하기 위하여 사단이 사용하는 책략들이라고 할 수 있다. 이런 책략들에 대하여 브룩스가 제시하는 대책들은 시종일관 '하나님의 말씀'에서 이끌어 온 영적인 치료책이다. 이런 내용들은 브룩스가 성경을 얼마나 넓고 깊이 알고 있었는지를 보여줄 뿐만 아니라, 말씀의 거울에 비친 성도들의 영적 형편에 대해서도 깊이 통찰하고 있었음을 보여준다.

그 다음으로 브룩스가 제시하는 여덟 가지의 사단의 책략들은 '성도를 슬프고 의심스럽고 미심쩍고 불안한 상태 아래 두기 위하여' 사단이 사용하는 책략들이다: (1) 신자들로 하여금 자신의 죄만을 보게

---

45) 브룩스, 『사단의 책략 물리치기』, 175-239.

하고 구세주를 보지 못하게 하는 것, (2) 하나님의 은혜에 대한 오해를 불러 일으켜 확신이 없는 믿음을 전혀 무가치한 것으로 곡해하도록 하는 것, (3) 우리의 소원과 어긋나는 현실로 인하여 하나님의 사랑을 의심하게 하는 것, (4) 이미 받은 은혜의 가치를 평가절하 하는 것, (5) 신앙적 투쟁의 참된 의의를 상대화시켜 버리는 것, (6) 과거의 신앙적 상태와 비교하여 현재의 신앙적 형편을 부정적으로 인식하게 하는 것, (7) 동일한 죄악에 거듭 빠져드는 자신의 현실을 보고 절망하게 하는 것, (8) 유혹 받는 성도의 영혼을 미혹하여 하나님의 사랑을 의심하게 하는 것.[46] 이 단락에서 브룩스의 개혁주의 신학의 정향을 좀더 두드러지게 나타난다. 첫 번째 책략에 대한 대책에서 브룩스는 '그리스도의 대속의 완전성'을 명료하고 확신 있게 제시한다. 두 번째 책략을 폭로하면서, 브룩스는 성경이 말하는 믿음의 정의를 독자들의 눈앞에 제시한다. 특히 믿음이 연약한 자들을 돌아보신 예수 그리스도를 제시한다. 번영신학(theology of prosperity)의 거짓 메시지를 예견하게 하는 세 번째 책략을 반박하면서, 브룩스는 '애매하게 고난을 받았던 경건한 인물들'에 관한 성경의 이야기를 아브라함, 야곱, 요셉, 다윗, 욥, 모세, 예레미야, 요나, 바울 등의 사례를 통하여 풍성하게 제시한다. '진실한 은혜'에 관한 상세하고 깊이 있는 성경적 논의를 제시하는 네 번째 책략에 대한 대책들은 중생의 은혜와 성화의 은혜 사이의 차이점, 거룩하게 만드는 은혜와 세상적인 은혜 사이의 구별을 10가지 요점으로 나누어 깊이 있게 다룸으로써, 하나님께서 자기 백성에게 주신 은혜를 올바르게 인식하게 해 준다.[47] 또한 성화의 과정이 결코 순탄하지도, 죄를 벗어버리는 것이 결코 지상에서 온전하게 이루어지지도 않을 것이라는 거듭된 경고의 메시지는, 브룩스가 구원의 삶에 관한 성경의 가르침을 치우침이 없이 따르

---

46) 브룩스, 『사단의 책략 물리치기』, 243-311.
47) 브룩스, 『사단의 책략 물리치기』, 266-78.

고 있다는 사실을 거듭 확인하게 해 준다.

'위대하고 존경받는 사람들을 유혹하기 위한 책략'부터 '가련하고 무지한 영혼을 해치기 위한 사단의 책략'까지를 다루는 그 다음 장과, 부록에서 추가하여 다루는 다섯 가지의 부가적 책략까지, 브룩스가 세세하게 나열하는 사단의 책략들을 살펴보면 하나님의 자녀들에 대한 사단의 영적인 공격이 얼마나 집요한지 새삼스럽게 깨우치게 된다. 그와 더불어, 그가 청교도적인 영적 민감성을 얼마나 잘 갖추고 있었는지 실감하게 된다. 스스로 하나님의 자녀들을 위한 '영적인 파수꾼'으로 자처한 것이 성직자로서의 의례적인 수식어가 아니었던 것이다. 그는 참으로 '항상 깨어 있으면서 원수의 공격을 목도하고 시의적절 하게 나팔을 분' 신실한 파수꾼이었다.

본서의 결론 부분에서 브룩스는 여섯 가지 명제들로써 자신의 논의를 요약하는데, 책 전체에서 일관되게 나타나는 특징인 바, '좌우로 치우치지 않고 성경에 근거한 균형 잡힌' 견해가 돋보인다. 단적인 사례로서, 브룩스는 그 첫 번째 명제에서 사단의 유혹하고 설득하는 능력을 인정하면서도 죄의 책임은 우리에게 있다는 사실을 분명하게 밝힌다: "사단은 강요하는 힘을 가지고 있는 게 아니라 설득하는 재주만을 가지고 있다. 그는 우리를 유혹할 수는 있지만 우리의 동의 없이는 우리를 결코 정복할 수가 없다. 그는 우리를 호릴 수는 있지만 우리가 함께 동조하지 않으면 결코 우리를 해할 수가 없다. 모든 죄에 있어서 가장 큰 열쇠는 우리의 마음에 있다. 사단은 사람이 동의하지 않으면 그를 망칠 수가 없다."[48] 따라서 브룩스는 '우리가 받는 모든 유혹에 대해 사단을 핑계로 대지 않도록 주의하여야 한다'고 지적한다. 자칫 편향되기 쉬운 이런 주제에 대하여 브룩스는 시종일관 성경의 교훈에서 떠나지 않는다. 사람의 허락뿐 아니라 하나님의

---

48) 브룩스, 『사단의 책략 물리치기』, 403-4.

허락을 받아야 사단이 우리에게 해를 끼칠 수 있다는 세 번째 명제 역시 신구약 성경의 대표적인 사례들로 뒷받침되고 있는데, 그것은 청교도들의 여러 저작에서 일관되게 나타나는 공통된 특징이기도 하다.[49] 영적 싸움에서 도움이 되는 수단은 오직 '영적인 무기' 곧 하나님의 말씀이며, 그 말씀을 잘 알고 활용하며 그리스도와 그분의 승리를 믿는 믿음에 굳게 서서 영광을 면류관을 바라보는 것이라는 네 번째 명제 역시 브룩스의 견고한 성경적 기초를 보여준다. 최후의 승리에 대한 확신을 표현하는 여섯 번째 명제는 브룩스가 질고의 시대에도 하나님을 바라보았던 선지자적 낙관주의의 성경적 전통을 충실히 따르는 신앙의 인물임을 보여준다.

브룩스는 서문에서 스스로 성도들을 위한 '파수꾼'이라고 자처하였는데, 그런 자의식을 결론에서도 수미일관하게 드러낸다. 그가 여섯 가지 명제로 요약한 이 책의 메시지를 저술한 목적이 무엇인가? 그 첫 번째 이유로서 브룩스가 제시하는 것은 다름 아니라 "심령들로 하여금 겸손히 기도하며 깨어 있도록 하기 위함이다."[50]

2. 『지상에서 누리는 천국』(Heaven on Earth: A Treatise on Assurance, 1654)

'구원의 확신'이라는 주제를 깊이 있게 다루는 이 책은 브룩스의 구원론, 특히 신앙의 확신에 관한 성경적 개혁주의적 강설이라고 할 수 있다.

독자에게 쓰는 서문에서 브룩스는 2년 전에 출판한 '사단의 책략 물리치기'가 주님을 경외하는 사람들에게 좋은 반응과 호응을 얻은

---

49) Leland Ryken, *Worldy Saints* (Grand Rapids, 1986). 리랜드 라이큰, 『청교도 - 이 세상의 성도들』(서울: 생명의 말씀사, 2003), 281. "영어 성경의 등장과 더불어 성경에 근거를 둔 설교가 활짝 꽃피었다."
50) 브룩스, 『사단의 책략 물리치기』, 413.

것이 이 새로운 저서를 출판하는데 큰 격려가 되었다고 밝힌다. 그리고 이 책을 출판하는 이유들 가운데 하나로서 그 당대의 '영적 현실'을 특정하여 지적한다. 즉 그리스도인에게서 마땅히 발견되어야 할 '근거가 충분한 확신'이 거의 발견되지 않고, 대부분의 그리스도인들이 두려움과 소망 사이에서 어중간하게 살고 있는 그 시대의 영적 나태함을 주목한다. 그리고 자신의 이 저서가 그리스도인들이 누릴 영원한 행복과 복락에 대한 온전한 확신에 도달하는데 도움이 되기를 기대한다.[51] 브룩스에 따르면 신앙의 확신은 성령께서 복음을 통하여 부어주시는 하나님의 은혜가 성도들의 심령 속에서 일으키는 합당한 반응이다. 그런데 브룩스는 자신의 당대에 그런 확신을 못마땅하게 여기고 불쾌하게 생각하는 무리들로서 로마 가톨릭과 아르미니우스주의를 특별히 지적한다. 특히 아르미니우스파의 교리는 성경이 성도들에게 주는 참된 위로를 박탈하는 '거짓되고 비참한 위로자'라고 비판한다. "알미니안의 교리보다 더 마음을 불편하게 만드는 교리가 어디 있겠습니까? 알미니안의 교리보다 더 영혼을 불안하게 만들며 동요시키는 교리가 어디 있겠습니까? 알미니안의 교리에 따르면, 지금은 여러분이 생명 가운데 있을지라도 다음 순간 사망 가운데 있을 수도 있습니다. 지금은 여러분이 은혜로울지라도 다음 시간에는 은혜 없는 사람일 수도 있습니다… 지금은 여러분이 그리스도의 자유인이지만 내일은 사탄의 종이 될 수도 있습니다. 지금은 여러분이 영광의 그릇이지만 갑자기 진노의 그릇으로 돌변할 수도 있습니다. 이것이 알미니안의 교리입니다."[52] 참된 성경적 확신을 가져다 주지 못하는 아르미니우스주의에 대한 이와 같은 비판에서, 브룩스의 신학적 성향이 개혁주의 신학에 입각해 있다는 사실이 뚜렷하게 나타난다.

51) Thomas Brooks, *Heaven on Earth: A Treatise on Assurance* (1654). 토마스 브룩스, 『지상에서 누리는 천국』(서울: 지평서원, 2012), 14-15.
52) 토마스 브룩스, 『지상에서 누리는 천국』, 53-54.

'확신과 관련된 중대한 명제들'을 요약적으로 소개하는 2장에서도 브룩스의 접근방법은 성경의 계시를 두루 살피는 청교도적 특징을 잘 드러내 보여준다. '확신'의 소중함을 강조하면서도, 구원 받는 모든 사람이 다 확신을 가졌던 것은 아니라는 점을 성경적 사례들을 통하여 지적한다. "확신은 그리스도인의 행복의 필요조건이지 그리스도인의 신분을 결정짓는 필요조건은 아닙니다. 확신은 그리스도인이 누리는 위로의 필요조건이지 그리스도인의 구원을 결정짓는 필요조건이 아닙니다. 믿음이 없는 사람은 구원을 받을 수 없지만, 확신이 없어도 구원받을 수 있습니다. 하나님께서는 성경의 여러 곳에서 믿음이 없으면 구원에 이를 수 없다고 선언하십니다. 그러나 하나님께서는 성경의 그 어디에서도 확신이 없으면 구원에 이를 수 없다고 선언하지 않으십니다."[53] 일견 구원의 확신의 가치를 평가 절하하는 것 같지만, 브룩스는 그 앞뒤의 문맥에서 '하나님의 은혜를 받았는데도 그 소중한 확신을 누리지 못하는' 까닭을 자세하게 분석하여 성도들로 하여금 그것을 간절하게 사모하게 한다. 하나님께서 주시는 구원의 확신은 '기다릴 가치가 있는 보석'이라는 진실을 성도들이 깨우쳐야 할 필요가 있기 때문이다.[54] 곧 이어 브룩스는 확신을 주시는 일에서도 '하나님의 절대주권'을 인정하는데, 여기서 그의 신학이 개혁주의의 정신에 충실하다는 사실이 다시 한 번 드러난다: "하나님께서 그렇게 하시는 또 다른 이유는 하나님이 자신의 마음대로 역사하는 자유로운 분이요, 피조물의 준비나 자격에 매이지 않는 분이심을 알게 하기 위함입니다."[55] 또한 '확신을 누리고 있는 가장 탁월한 영혼도 확신을 잃어버릴 수 있다'는 명제를 놓고, 브룩스는 성경의 다양

---

53) 토마스 브룩스, 『지상에서 누리는 천국』, 71.
54) 토마스 브룩스, 『지상에서 누리는 천국』, 83. "지금도 하나님은 자신의 가장 사랑스러운 자녀들에게 확신을 주는 일을 보류하십니다. 하나님께서 이렇게 하시는 이유 가운데 하나는 자녀들로 하여금 하나님을 기다리며 바라야 하며 확신이 기다릴 가치가 있는 보석이라는 사실을 알려 주시기 위함입니다."
55) 토마스 브룩스, 『지상에서 누리는 천국』, 83.

한 사례들과 교회사의 실례들, 그리고 당대 많은 성도들의 체험들을 들어 인정하면서도, 성도가 어떻게 이러한 불행한 상태에서 벗어나 확신을 회복할 수 있는지에 관하여 관심을 쏟는데, 여기서도 그의 계시 의존적 사색의 특징을 잘 볼 수 있다. 즉 확신에 대한 맹목적인 강조가 아니라, 실제로 성경이 그 중요한 구원론적 주제에 관하여 무엇이라고 말하는지 충실하게 따라가면서, 항상 하나님의 더 깊은 뜻은 무엇인지를 찾으려고 한다.

'확신을 향유하는 특별한 시기'(3장)에 관한 브룩스의 논의는, 그런 은혜의 순간들이 언제인지를 세세하게 잘 서술할 뿐만 아니라, 한 걸음 더 나아가 확신의 은혜를 받을 수 있는 계기들을 소개하고 있다. 회심할 때 그리고 힘들고 어려운 봉사를 수행하려 할 때, 그리고 하나님을 간절히 기다리며 고난의 시기를 참고 견딜 때, 개인적으로 고난을 당할 때, 하나님께서는 여러 가지 목적으로 자기 백성에게 확신의 은혜를 더해 주신다. 브룩스는 이런 네 가지 계기들을 성경의 여러 증거들을 동원하여 기술적으로 잘 소개한다. 그런데, 설교와 성찬을 받을 때, 그리고 기도할 때 내려주시는 하나님의 특별한 은혜와 사랑을 성경적 사례들을 들어 소개하는 내용은, 그런 은혜의 수단에 대한 '초대의 메시지'가 함께 들어가 있다. "그리스도께서는 말씀을 듣는 시간에, 자기 백성이 생명의 말씀을 듣는 시간에 자신의 얼굴빛을 그들 위에 환히 비춰 주실 뿐만 아니라, 그들이 성찬식에 참여하여 생명의 떡을 받아먹을 때에도 자신의 사랑을 그들에게 나타내고 자신이 그들의 것임을 밝히십니다… 이 규례 안에서 그들은 그리스도에 관해서 보고 경험하고 느낍니다… 이 규례 안에서 성도들은 자신이 받은 은혜의 진실함을 보고, 그 은혜가 성장하는 것을 느끼고, 자신에게 있는 여러 가지 선명한 증거로 말미암아 기뻐합니다. 이 규례 안에서 그리스도는 자신의 여러 가지 약속들을 보증하고 언약을 재확인하며 자신의 사랑을 인치고 자녀들의 죄가 용서되었다는 사실을 그들의 영혼에 확연하게 인치십니다."[56] 말씀과 성례를 은혜의 수단으로 강조하는 브룩스의 이런 견해는 웨스트민스터 공회에 모여 개혁주의 신앙고백과 교리문답들을 작성한 청교도 신학자들의 사상과 일맥상통하는 것이다. 브룩스는 바로 그 동일한 신학적 관점을 성경과 교회사의 풍성한 사례들을 통하여 하나하나 자세히 소개하는 방식으로 이 책을 통하여 표현하고 있다.

확신에 이르지 못하게 만드는 장애물과 그것들을 제거하는 방법(4장) 및 확신을 얻고자 애써야 할 동기부여(5장)를 다루는 대목에서, 브룩스는 육신의 눈으로는 잘 식별할 수 없으나 영적인 안목으로는 밝히 깨달아야 할 신앙적 현실을 탁월하게 드러내어 보여준다. 마치 영혼의 참된 실상을 밝히 비추어주는 하나님의 거울 앞에 세우듯이, 브룩스는 하나님의 자녀가 구원의 확신에 도달하는 것을 필사적으로 방해하는 사탄의 역사가 다양한 방식으로 우리를 공격한다는 영적 현실을 일깨운다: "그리스도인이 기쁨과 위로를 누리는 것에 대해 사탄이 얼마나 대단하게 질투하고 대적하는지 모릅니다. 그래서 사탄은 가련한 영혼을 의심과 어둠 속에 가두기 위해 자신의 모든 능력을 동원할 수밖에 없습니다. 확신이 영혼을 영원토록 행복하게 만드는 매우 귀중한 진주라는 사실을 사탄은 잘 알고 있습니다."[57] 따라서 성도는 하나님의 명령에 따라 확신을 추구하는 삶을 살아야 한다는 사실을 자각케 한다. 이 모든 주장들에서 브룩스의 변함없는 무기는 성경 곳곳에서 가져온 분명한 증거들이다.

브룩스의 이런 성경중심적 논의는 '영원한 복락에 대한 근거가 충분한 확신에 이르는 방법'을 논하는 제6장에서도 일관되게 나타난다.

---

56) 토마스 브룩스, 『지상에서 누리는 천국』, 127.
57) 토마스 브룩스, 『지상에서 누리는 천국』, 222.

구원에 수반되는 지식, 믿음, 회개, 순종, 사랑, 기도, 견인, 소망에 대한 브룩스의 깊이 있는 논의는 이 책의 후반부의 대부분을 차지하는데, 참된 성경적 경건에 대한 청교도적 이해를 풍성하게 드러내 보여주는 핵심 부분이라고 할 수 있다.[58]

국역본에서는 제2부로 편성된 이 단락에서 브룩스의 개혁주의적 성경 이해가 두드러지게 나타난다. 그가 이해하는 '구원에 수반되는 지식'은 살아 움직이면서 사람을 변화시키는 지식이며, 마음을 감동시키는 체험적 지식이면서, 자신을 겸비하게 내려놓으며 세상을 멸시하는(*contemptio mundi*) 지식이고, 하늘의 신령한 은혜를 자신의 것으로 삼아 여러 가지 덕목을 드러내는 지식이다.[59] 브룩스는 개혁신학이 헛된 신앙의 하나로 지적하는 '역사적 신앙'(historical faith)을 철저히 배격하는 반면, '참된 구원 얻는 믿음'(saving faith)의 중요한 특징들을 두루 제시하고 있다. 구원에 수반하는 믿음에 대한 브룩스의 견해는 '예수 그리스도와 그분의 의를 하나님의 약속대로 미래의 영광을 바라보며' 믿는 것으로, 믿음의 대상에 관하여 철저하게 성경적이며, 그 믿음의 속성으로 강조하는 바 역시 '성화를 지향하는 믿음'이라는 개혁주의적 성격을 잘 드러낸다: "구원에 수반하는 믿음은 성장하고 증가하는 속성을 가지고 있습니다. 그것은 성전에서 흘러나오는 물과 같아서 에스겔 선지자가 말하는 것처럼 그 수위가 점점 더 높아집니다."[60]

또한 브룩스의 회개론에서도 동일한 특징이 여실히 드러난다. '옛사람이 죽고 새사람으로 산다'(*mortificatio et vivificatio*)는 것을

---

58) Beeke & Pederson, 99. "이 책의 핵심인 제5장은 근거를 잘 갖춘 확신을 획득하는 방법들과 수단들을 설명한다. '구원에 수반하는 것들', 곧 지식, 신앙, 회개, 순종, 사랑, 기도, 견인, 그리고 희망에 관한 브룩스의 논의는 풍미로운 경건(savory divinity)에 관한 백 페이지가 넘는 내용을 제공한다. 그것은 그 자체로서 은혜의 표지들에 관한 실제적인 핸드북의 역할을 한다." 국역판과 비교하면, 장(chapter)을 구분하는 방식이 상이함을 알 수 있다. 국역판에서는 제2부 '구원에 수반되는 여덟 가지, 그 본질과 속성' 편 전체를 아우른다.

59) 토마스 브룩스, 『지상에서 누리는 천국』, 303-30.

60) 토마스 브룩스, 『지상에서 누리는 천국』, 346.

성경이 가르치는 '참된 회개'(True repentance)로 가르치는 개혁주
의 신학의 관점[61]에서 볼 때, 브룩스가 강조하는 '전 인격을 변화시키
는 회개', 곧 '자신이 가장 사랑하던 죄를 남김없이 다 버리고, 하나
님께로 돌이키는 지속적이고 포괄적인 회개'는 거듭난 사람의 성화의
삶에 관한 성경의 교훈을 참으로 온전하게 반영하고 있다. "올바로
회개한 사람은 언제나 하나님께로 더 가까이 나아가고 있습니다. 그
러면서도 참으로 회개한 사람은 언제나 죄로부터 더 멀리 떨어져 나
오고 있습니다. 그러면서도 참으로 회개한 사람은 하나님께로 더 가
까이 나아갈 수 없고 죄로부터 더 멀리 떨어져 나올 수 없다는 이유
로 탄식하고 애통합니다. 회개는 한 시간, 하루, 일 년 안에 다 끝나
는 일이 아니라 평생을 두고 해야 하는 일입니다."[62] "우리의 주님이
시며 스승이신 예수 그리스도께서 '회개하라'고 말씀하셨을 때, 그는
신자들의 삶 전체가 참회의 삶이 되어야 할 것을 요구하셨다"[63]는 논
제를 필두로 하는 루터의 95개조 반박문으로 시작된 종교개혁의 정
신이 브룩스의 이 글에서도 생생하게 살아 있음을 볼 수 있다.

'구원에 수반하는 순종'에 관한 브룩스의 논의에서 성경적이고 개
혁주의적이며 '철두철미한' 청교도적 경건의 모습이 여실히 드러난
다. 마음에서 우러나오는 그 순종은 '거룩하고 천상적인 신령한' 동기
에서 비롯되며, 따라서 '신속하고 기꺼우며 자발적이고 즐거운' 성격
을 가지고 있는데, 그것은 '하나님의 영광을 목적으로, 단호하며 지
속적으로 하나님의 모든 뜻을 이행하는' 순종이다. 브룩스는 '눈에 보
이는 이웃을 사랑하지 않는 자는 눈으로 볼 수 없는 하나님을 사랑

---

61) Philip Holtrop, *Theologia Pietatis*, 필립 홀트롭, 『기독교강요연구핸드북』(서울: 크리
   스챤다이제스트, 1995), 186-202. 칼빈의 기독교강요의 회개론에 관한 분석 참조; Jan
   van Bruggen, *Annotations to the Heidelberg Catechism* (Neerlandia: Inheritance
   Pub., 1991), 212-17. 참된 회개에 관한 하이델베르크 요리문답의 교훈 해설 참조.
62) 토마스 브룩스, 『지상에서 누리는 천국』, 380.
63) John Dillenberger, *Martin Luther Selections from His Writings* (New York:
   Doubleday & Company, 1961) 존 딜렌버거, 『루터저작선』(고양: 크리스챤 다이제스트,
   2002), 572.

할 수 없다'는 성경의 교훈을 그대로 반영하는 온전한 순종을 가르친다. "구원에 수반되는 순종은 마음에서 우러나는 순종일 뿐만 아니라 전체적인 순종입니다. 영혼은 자신이 알고 있는 하나님의 모든 뜻에 순종합니다… 신실하게 순종하는 영혼은 십계명의 두 번째 돌판뿐만 아니라 첫 번째 돌판도, 첫 번째 돌판뿐만 아니라 두 번째 돌판도 함께 보려는 눈과 함께 들으려는 귀와 함께 순종하려는 마음을 가지고 있습니다. 위선자들은 첫 번째 돌판에는 집착하면서도 두 번째 돌판에는 관심을 두지 않습니다. 그러나 신실하게 순종하는 사람은 그렇게 하지 않습니다. 신성모독자들은 두 번째 돌판에는 집착하면서도 첫 번째 돌판은 경멸합니다. 그러나 신실하게 순종하는 사람은 그렇게 하지 않습니다."[64]

브룩스의 이런 경고의 나팔은 그 당대의 경건이 보여주는 결핍을 정확하게 지적하는데, 영적 파수꾼으로서 그의 기여는 오늘 우리에게도 여전히 필요하다는 사실을 깨우쳐 준다. 브룩스의 글은 그 시효가 지나가 버린 것이 아니다. 성경의 구원 메시지가 담고 있는 풍성하고 온전한 경건을 대체로 잊어버리고 있는 오늘 우리의 영적인 현실을 일깨워주는 데 탁월하다. 우리에게 널리 알려진 다른 청교도 신학자들의 저작들과 비교해 보아도, 그의 저서들의 무게는 대단히 묵직하게 느껴진다.

V.맺는 말

그로사트는 브룩스에 대한 종합적인 평가를 내리면서, 개인적인 성품에 있어서는 '아주 감미로운 성품과 기질의 소유자, 대단한 위엄과 자비심 및 놀라운 인내심을 가진 인물, 이 세상과 오는 세상의 약속들에 대한 아주 굳센 믿음의 소유자'로 칭송하며, 그의 사역에 관해

---

64) 토마스 브룩스, 『지상에서 누리는 천국』, 385-86.

서는 '경험 있는 목회자, 근면한 목사, 자신의 사역을 즐거워한 목사, 성공한 목사, 그리고 이제는 안식에 든 목사'라고 요약한다.[65]

한편 유명한 설교자 스펄전이 자신의 설교 외에 출판한 첫 번째 작품이 다름 아닌 『고대의 브룩스 책들로부터 취해온 매끄러운 돌들』(*Smooth Stones Taken from Ancient Brooks*, 2001)이다. 브룩스의 저작들과 설교들에서 발췌한 이 인용문집의 서문에서 스펄전은 "작가로서 브룩스는 양손으로 별들을 흩뿌리고 있다. 그는 황금 가루를 가지고 있다. 그의 창고에는 온갖 종류의 보석들이 있다. 천재는 항상 경이롭지만, 그것이 거룩하게 되면 비교할 것이 없다"(Genius is always marvelous, but when sanctified it is matchless)라는 말로써 이 청교도 설교자를 격찬하고 있다.[66]

브룩스에 대한 이런 높은 평가들은 오늘 우리에게 그에 대한 관심을 새롭게 불러 일으켜야 마땅하다. 풍성한 성경적 자료들을 개혁주의 신학의 관점에서 주옥같은 보석으로 꿰어낸 듯 한 그의 저작들은 21세기 한국교회의 경건을 올곧게 세우는데 큰 기여를 할 수 있을 것이다. 이 소고가 신실하고 유능한 영적 파수꾼으로서 브룩스의 진면목을 새롭게 부각시키는데 조금이라도 이바지하기를 바란다.

65) Grosart, xxxvi–xxxvii.
66) Beeke & Pederson, 100.

그리스도의 나라, 교회: 조지 길레스피의 교회 정치

김지훈 (뮌스터 복음 교회, 담임목사)

I. 서론

장로교회 정치 체제가 언제부터 시작되었는가를 이야기할 때는 초기 종교 개혁자들을 언급해야 할 것이다. 종교 개혁자들, 특별히 마틴 부써(Martin Bucer)와 존 칼빈(John Calvin)은 교회의 4중 직제(목사, 교사, 장로, 집사)의 형태를 정립하였고, 컨시스토리(Consistory)를 두어서 목사와 장로들로 이루어진 교회 정치 제도를 세워놓았다.[1] 이러한 초기 종교 개혁자들의 교회 정치 제도는 영국과 스코틀랜드로 넘어가서 세속 권세와 교회 권세가 분리되어야 한다는 이론과 대회(Synode)에 대한 이해로 발전하였다. 이러한 근대적 장로 교회 정치 체제를 이루는데 있어서 기여를 한 신학자로는 존 낙스(John Knox), 엔드류 멜빌(Andrew Melville)과 토마스 카트라이트(Thomas Cartwrihgt)와 함께 언약 신학자들인 알렉산더 핸더슨

---

1) 이정숙, "제네바 컨시스토리(The Geneva Consistory)-칼빈의 신학과 목회의 접목," 『한국기독교신학논총』 18 (2000), 159-85. 점점 더 활발해지는 제네바 컨시스토리에 대한 연구는 스코틀랜드 장로교 정치제도를 연구하는데 있어서 유익할 것이다.

(Alexander Henderson), 사무엘 러더포드(Samuel Rutherford), 그리고 이 논문에서 살펴보게 될 조지 길레스피(George Gillespie, 1613.1.21.-1648.12.17.) 등을 살펴봐야 한다. 이 소고는 웨스트 민스터 총회의 스코틀랜드 총대로서 참여하여 장로교회 정치의 기틀을 놓았던 신학자들 중의 한명인 조지 길레스피의 대략적인 일생과 신학적인 내용을 일견하는 것을 목적으로 한다. 그리고 길레스피의 신학을 일견한 후에 그의 가르침이 현 한국 교회에 주는 충고가 무엇인지를 잠시 생각해 보고자 한다.

조지 길레스피에 대해서는 몇 편의 논문이 나와 있다. 학위 논문으로는 W.D.J. McKay의 *An Ecclesiastical Republic: Church Government in the Writings of George Gillespie*(Paternoster Press, 1997)와 C.J. Kevin의 *For Reformation and Uniformity: George Gillespie(1613-1648) and Scottish Covenanter Revolution*(University of North Texas, 2003)가 있다. 국내에서는 몇 편의 석사 논문[2]과 함께 서요한이 쓴 『언약사상사』(서울: 기독교문서선교회, 1994)에 웨스트민스터 총회와 총회에서의 길레스피의 역할과 신학에 대해서 비교적 자세하게 서술되어 있다.

II. 본론

잉글랜드와 스코틀랜드의 상황

먼저 17세기 잉글랜드와 스코틀랜드에서 신학과 정치가 서로 긴밀하게 연결되어 있었다는 것을 이해하지 않으면 교회정치 논쟁은 이해하기가 쉽지 않다. 스코틀랜드의 교회는 교회를 지배하기 원하는

---

[2] 김재우의 '조지 길레스피의 에라스투스주의에 대한 비판: 세속정치로부터 교회정치의 독립성에 관하여'(안양대학교 석사논문, 2004)과 김진국의 '조지 길레스피의 저항의 성격과 논쟁에 대한 연구: 정통개혁신학 일반과 교회론에 있어서'(안양대학교 석사논문, 2005)가 있다.

국가 권력과 맞대결하고 있었기 때문에, 자연스럽게 교회론, 그리고 교회와 국가와의 관계를 논쟁의 중심에 두어야 했다.[3]

스코틀랜드 왕 제임스 6세(James VI, 재위 1567-1625) - 잉글랜드 왕으로서는 제임스 1세(James I, 1603-1625) - 는 개혁파 신학자 조지 뷰카난(George Buchanan)에게서 가정 교육을 받았음에도 불구하고 1584년 왕을 교회의 머리로 선언하는 '암흑법'(*Black Acts*)을 선포하였다.[4] 이러한 움직임 속에서 스코틀랜드 교회의 지도자였던 엔드류 멜빌은 1596년 팔크란드(Falkland) 궁전에서 제임스 왕에게 '두 왕국과 두 왕' 이론을 주장하였고, 교회 정치를 국가로부터 독립시키고자 하였다. 그는 교회가 그리스도에 의해서 통치되는 또 다른 왕국이므로 세속 권력이 간섭할 수 없다고 주장하였다. 단지 세상 권력은 교회가 외부의 세력에 의해서 위기에 처했을 때 보호해야 할 의무가 있을 뿐이다. 반면 교회는 세상 권력을 위한 기구가 아니며, 왕의 일에 대해서 경고할 수 있을 뿐이었다. 이러한 두 왕국 이론은 멜빌과 제임스 6세 사이에서 일어난 에피소드에서 나타나고 있다. 멜빌은 제임스 6세를 '하나님의 어리석은 봉신'(God's sillie vassall)이라고 부르면서 다음과 같이 말하였다. "저는 폐하께 이 말씀을 드려야 하겠습니다. 스코틀랜드에는 두 개의 왕국과 두 명의 왕이 있습니다. 왕이신 그리스도 예수가 계시고 그 분의 나라는 교회입니다. 여기에서 제임스 6세는 백성이십니다. 이 나라에서는 왕도 아니고, 주도 아니며, 머리도 아닙니다. 그저 구성원일 뿐입니다."[5] 그러나 제임스의 생각은 달랐다. 그는 소년 시절부터 왕의 위치에 대하여 고민하였으며, 특별히 하나님과 교회와의 관계에서 고민하였다.

---

3) W.D.J. McKay, *An Ecclesiastical Republic: Church Government in the Writings of George Gillespie* (Paternoster Press, 1997), 2.

4) P. and F. Somerset Fly, *The History of Scotland* (Routledge, 2005), 160.

5) W. Morson, *Andrew Meville* (London 1899), 91; 김중락, "에라스투스주의(Erastianism) 논쟁과 영국혁명(The British Revolution)," 『서양사론』 (한국서양사학회 2001/6), 40.

그는 자신을 '주님으로부터 기름 부음 받은 자'로서 이해하였다. 왕은 단순히 교회의 구성원이 아니었다. 그는 왕으로서 교회와 나라의 머리였다. '암흑법'에서 그는 자신의 통치권을 선포하였고, 그와 그의 통치에 대하여 반대하는 설교를 금지시켰다.[6] 제임스는 감독을 지명하여 세움으로서 자신의 권세를 주장하기를 원하였다. 그러나 멜빌은 국가의 개입 없이 교회의 장로회에 의해서 직분자를 세우기를 원하였다.

제임스왕과 장로교회주의자들의 갈등 상황은 왕이 1603년에 잉글랜드의 왕좌에 오른 후에 더 심해졌다. 제임스가 잉글랜드와 스코틀랜드 양 국가를 감독 체제로 통일시키려고 하였기 때문이다. 주교좌가 1610년에 들어왔고, 1612년에는 국가에 의해서 비준되었고, 1616년에는 국가 총회에서 채택된 신앙고백, 교리문답, 의식법과 교회 법전을 통하여 새로운 형태의 예배와 교리를 발표하였다.[7] 제임스의 최종적인 공격은 1618년 퍼스(Perth)에서 소집된 국가 총회였다. 왕은 – 회의에 참여하지는 않았으나 – 뇌물과 위협으로 모든 참석자들에게 '퍼스 5개 조항'에 동의하게 하였다. 퍼스 조항은 장로교회주의자들이 받아들일 수 없는 새로운 예배 형태들을 강요하였다.[8] 그 내용들은 성찬 때에 무릎을 꿇고 받을 것, 필요한 경우 사적인 성찬과 사적인 세례 허용, 기독교 성일들을 준수할 것, 주교에 의한 견신례였다. 제임스는 이 일 후에 그에게 굴복하는 국가 총회를 통하여 스코틀랜드 교회를 통치하였으며 교회는 무질서해졌다.[9] 그러나 제임스는 그의 후계자 찰스에 비하면 비교적 온건한 군주였다.

제임스 왕의 후계자인 찰스1세(Charles I)는 왕위에 오른 후에 잠시 동안은 군사적인 이유로 인해서 스코틀랜드를 떠났었다. 그러나

6) P. and F. Somerset Fly, *The History of Scotland*, 160.
7) W.D.J. McKay, *An Ecclesiastical Republic*, 2.
8) P. and F. Somerset Fly, *The History of Scotland*, 167.
9) W.D.J. McKay, *An Ecclesiastical Republic*, 2.

왕권을 안정시킨 후에 스코틀랜드로 눈을 돌렸다. 당시 왕궁 안에서
는 로마 교회가 부활되고 있었고, 스코틀랜드는 찰스와 그가 임명한
캔터베리의 대주교인 윌리엄 라우드(William Laud)를 의심의 눈초
리로 보고 있었다. 왕의 의도와 스코틀랜드를 대하는 자세에서 충돌
은 불가피했다. 찰스는 강력한 종교 통일 정책을 추구하였으며, 찰
스의 종교 정책에 반발하는 의회를 11년 동안 소집하지 않은 채 잉
글랜드를 집권했다. 그는 장로교를 없애고 감독 교회를 세우고자 했
다. 그래서 1636년 찰스는 대주교 라우드에게 교회법전을 제정하게
하였고, 1637년에는 다시 '공공기도서'(*Common Prayer*)를 작성
하게 하였다. 라우드는 잉글랜드의 종교 체제에 동조하는 스코틀랜
드 주교들과 함께 의식서를 만들었고, 스코틀랜드 교회에게 그 때까
지 사용되었던 장로교회의 의식서를 대치하게 하였다.[10] 이 의식서를
사용하라는 왕의 명령이 떨어졌고, 어기는 자는 형벌에 처해졌다.[11]
1637년 조지 길레스피는 이 의식서에 반박하는 작품 A Dispute
against the English Popish Ceremonies - 이것은 그의 인생의
첫 작품이었다 - 를 썼다. 그는 이 작품의 서문에서 독자들이 예배
의식을 단순히 작은 문제로 보지 않도록 경고하고 있다.[12]

　1637년 7월 23일 스코틀랜드의 수도인 에딘버러(Edinburgh)에
있는 성 자일스(St. Giles) 교회에서 감독식 예배가 강행되었다.[13] 이
로 인하여 폭동이 일어났으며, 이 반발은 전국으로 확산되어 갔다.
결국 1638년 2월 28일 스코틀랜드 장로교회파 목사들과 성도들은
'국가 언약'(National Covenant)을 발표하였다. 이 '국가 언약'은 알
렉산더 핸더슨과 아치발드 존스톤(Archibald Johnston)에 의해서

10) P. and F. Somerset Fly, *The History of Scotland*, 170.
11) 서요한, 『언약사상사』, 133.
12) W.D.J. McKay, *An Ecclesiastical Republic*, 3.
13) C.R. Trueman, *Reformed Orthodoxy in Britain*, 『A Companion to Reformed
　　Orthodoxy』H.J. Selderhuis 편집, Brill, 2013, 280; 서창원, 『청교도 신학과 신앙』(서
　　울: 지평서원, 2013), 37.

작성되었다.[14] 이 일로 역사는 스코틀랜드 개혁파 신학자들을 '언약
파'(Covenanters)라고 부른다. 그들은 그리스도의 왕권과 수장권 및
성경의 절대 권위와 장로 정치를 끝까지 수호하기로 다짐하였다. 이
소식을 들은 찰스1세는 무력으로 진압하고자 하였고, 장로교도들은
전쟁을 준비하였다.[15]

1639년 언약파들은 찰스를 대항하기 위하여 군대를 준비하였
고, 대륙에서 군사 경험을 가지고 있는 장교들에 의해서 훈련을 받
은 약 이만명의 군대를 갖게 되었다. 그들의 장군 알렉산더 레슬리
(Alexander Leslie)는 구스타프 아돌프(Gustavus Adolphus)의
지휘 아래 야전 사령관이 되었다. 이와는 대조적으로 왕립군은 훈
련도 되어 있지 않았고, 급료도 형편없었다. 찰스는 언약파들과 협
상을 하는 것이 최고의 방법임을 깨달았다. 1639년 버윅 협정(the
Pacification of Berwick)이 체결되었고, 언약파들은 1639년 8월
에딘버러에서 총회를 열기로 하는 약속을 받고 군대를 해산하였다.[16]

왕과 잉글랜드 의회 사이에 긴장감이 커질 때, 스코틀랜드는 의회
에 동정을 표했다. 1640년 스코틀랜드군은 더함(Durham)과 뉴캐슬
(Newcastle)을 점령하였고, 1641년까지 장기 의회는 왕에게서 양보
를 받아내기 위한 기회를 사용하면서, 그에게 스코틀랜드에게 줄 보
상금을 주지 않았다. 1642년 영국 내전이 벌어졌고, 왕당파와 의회
파 모두 스코틀랜드의 도움을 요청하였다. 1643년 총회는 엄숙 동맹
과 계약(the Solemn League and Covenant)을 맺었다. 영국은 정
치적 연합을 원한 반면, 스코틀랜드는 정치적 연합뿐만 아니라 종교
적 연합을 원했다. 언약파들의 목적은 스코틀랜드의 개혁된 기독교
를 보존하고, 영국과 아일랜드를 '하나님의 말씀과 가장 좋은 개혁

---

14) W.D.J. McKay, *An Ecclesiastical Republic*, 3.
15) 서창원, 『청교도 신학과 신앙』, 37.
16) W.D.J. McKay, *An Ecclesiastical Republic*, 4.

교회(스코틀랜드 장로교회)의 모범을 따라서' 개혁하는 것이었다.[17]

그러나 이 개혁은 논쟁을 필요로 했다. 스코틀랜드인들은 장로교회를 지지했으나, 영국의 많은 사람들은 독립교회, 또는 최소한 다양한 교회 정치 제도를 지향했다. 언약에 서명한 자들은 또한 교황제도와 주교제도를 축출하기를 원하였고, 정치적인 측면에서는 의회의 특권과 도한 왕의 권위를 방어하고자 하였다. 그럼에도 불구하고 1643년 9월 영국 의회는 엄숙 동맹과 계약을 받아들였고, 레슬리 장군은 25000명 이상의 스코틀랜드군을 이끌고 영국 의회군인 토마스 페어펙스(Thomas Fairfax)와 올리버 크롬웰(Oliver Cromwell)을 도왔다. 그들은 1644년 1월 마스톤 모어(Marston Moor)에서 찰스를 패전시켰다.[18]

장로교회파에게 있어서 엄숙 동맹의 긍정적인 결과 중의 하나는 1643년 6월 12일 의회 법령에 의해서 웨스트민스터(Westminster)에서 소집될 총회에서 중요한 역할을 하게 될 총대를 보냈다는 것이다. 이 회의에서 가장 활발하게 논쟁한 의원들은 알렉산더 핸더슨(Alexander Henderson), 사무엘 러더포드, 그리고 30살의 조지 길레스피였다. 길레스피는 그의 작품과 논쟁을 통하여서 가장 선두에서 장로교주의를 변호한 사람이었다.[19]

웨스트민스터 총회의 목적은 "영국 교회 정치와 의식을 결정하고, 교회 교리의 정당성을 증명하고, 교회 교리로부터 알미니안, 펠라기안, 또는 로마 가톨릭의 영향을 받았을 가능성이 있는 '39개 신조'(*Thirty-Nine Articles*)의 거짓된 부분들과 해석들을 제거하려는 목적에서였다."[20] 총회는 1643년 6월 12일의 결정에 따라서, 1643년 7월 1일에 하원 의장 윌리엄 트위스(William Twisse)의 '요한복

17) W.D.J. McKay, *An Ecclesiastical Republic.*, 5.
18) P. and F. Somerset Fly, *The History of Scotland*, 173.
19) W.D.J. McKay, *An Ecclesiastical Republic.*, 5.
20) 서요한, 『언약사상사』 (서울: 기독교문서선교회, 1994), 192.

음 14장 18절' 설교로 시작되었다. 웨스트민스터 총회는 121명의 신학자들과 30명의 평신도 사정관들로 구성되었다. 이들은 다양한 교단 배경을 가지고 있었다. 참석자들에는 에라스티안들(Erastians), 에피스코팔리안들(Episcopalians), 독립교회파(Independents), 장로교회파(Presbyterians), 그리고 스코틀랜드 대표자들(Scottish Commissioners)이 포함되었다.[21]

에라스티안파에는 존 라이트푸트(J.Lightfoot), 토마스 콜만(T.Coleman), 그리고 존 셀던(John Seldon)이 있었다. 독립교회파의 지도자로는 토마스 굿윈(T.Goodwin), 필립 나이(P.Nye), 제리미아 버러스(J.Burroughts), 그리고 윌리엄 브릿지(W.Bridge) 등이 있었다. 장로교회파는 다수를 이루고 있었는데, 이들은 두 진영으로 갈라져 있었다. 장로교가 신적인 권위를 가진다고 주장하는 신학자들과 장로교를 단순히 유용하고 적절한 것이라고 주장하는 사람들이 있었다. 전자에는 스코틀랜드 대표들이 있었고, 후자에는 에드워드 레이놀즈(Edward Reynolds)등이 있었다.[22]

웨스트민스터 총회에서 다룬 주제는 크게 네 가지로 분류될 수 있다. 즉 공예배 지침서(The Directory for the Public Worship), 신앙고백서(The Confession of Faith), 대소요리 문답서(The Larger and Shorter Catechism), 그리고 장로교 정치 형태가 논의되었다.[23] 이 회는 1643년 7월 1일에 처음 소집되었고, 1649년 2월 22일까지 정기적으로 소집되었다. 그리고 1652년 3월 25일까지는 올리버 크롬웰의 공화정 아래에서 간헐적으로 소집되었다.

---

21) 서요한, 『언약사상사』, 195.
22) 서요한, 『언약사상사』, 196-97.
23) *Minutes of the Sessions of the Westminster Assembly of Divines*, ed. Alex F. Mitchell, Edinburgh: William Blackwood and Sons, 1874, 484.

2. 조지 길레스피의 일생

조지 길레스피는 웨스트민스터 총회에서 유명했던 스코틀랜드 총대 중의 한 명으로 언급되지만, 사무엘 러더포드나 알렉산더 헨더슨에 비해서는 상대적으로 덜 주목받은 학자이다.[24] 그러나 그의 짧은 삶에도 불구하고 총회에서 활발한 논쟁 참여를 통하여 장로교 교회론에 큰 공헌을 한 신학자이기에 기억할만 하다.

길레스피는 파이프(Fife)의 키르크칼디(Kirkcaldy)에서 도시의 목사의 아들로 1613년 1월 21일에 태어났다. 그의 아버지는 '천둥치는 설교자'라는 별명을 가진 존 길레스피와 스털링의 목회자 패트릭 심슨의 딸인 릴리아스의 둘째 아들로 태어났다. 조지는 소년일 때, 목회자의 자질이 부족한 것으로 보였으나, 그의 아버지는 임종 때에 그에 대한 큰 기대를 보였다: "조지, 조지, 나는 너에 대한 훌륭한 많은 약속을 받았다."[25]

그의 어린 시절에 대해서는 알려진 바가 없다. 그러나 1629년(16세) 되던 해에 세인트 엔드류(St. Andrews) 대학에서 공부를 시작하였고, 대학을 마친 후에도 복음 사역에 들어갈 수 없었다. 왜냐하면 그가 주교의 손에 의해서 목사가 되는 것을 거절했기 때문이다. 당시는 그것이 사역자가 되는 유일한 방법이었다.[26] 그는 켄무어(Kenmure)경의 가정 교회에서 봉사하는 목사가 되었는데, 추측컨대 사무엘 러더포드의 도움이었던 것으로 보인다. 켄무어는 1634년에 죽었고, 그 때 러더포드는 『켄무어 자작 존 고든의 마지막, 그리고

---

24) 총 스코트랜드 총대는 6명이었다. 그 명단은 J. Maitland, A. Johnston, Alexander Henderson, Samuel Rutherford, Robert Bailie, George Gillespie이다. D.Niel, *The History of the Puritans or Protestant Non-Conformists* vol 1 (New York: Harper & Brothers, 1844), 458-59.

25) 조엘 비키, 랜들 페더슨, 『청교도를 만나다: 청교도인물 & 명저 백과사전』 (서울: 부흥과 개혁사, 2006), 645.

26) W.D.J. McKay, *An Ecclesiastical Republic.*, 6.

천상의 연설』을 썼다. 그리고 후에 카실리스(Cassilis)의 얼(Earl)의
장자인 켄네디(Kennedy)경의 가정 교사로 일하면서 얼의 가정 교회
를 책임졌다.

1637년 여름 그는 첫 작품인 *A Dispute against the English
Popish Ceremonies*를 익명으로 출판하였는데, 내용은 감독 제도
와 영국 국교 의식들을 반박하는 것이었다.[27] 이 책은 10월 스코틀랜
드 추밀원이 그 사본들을 모두 태워버리도록 명할 만큼 큰 반향을 일
으켰다. 길레스피가 저자라는 말이 곧 퍼져 나갔고, 스코틀랜드 장
로교인들은 24세의 젊은이가 이런 책을 저술할 수 있다는 사실에 놀
랐다.[28] 1638년 국가 언약에 서명한 후에 길레스피는 파이프(fife)에
있는 웨미스(Wemyss)의 목사로 임직되었다. 그리고 그 해 11월에
는 글래스고(Glasgow) 총회에서 활동을 하였는데, 그 총회는 감독제
를 폐지하고 장로교 정치제도를 설립하였다.[29] 그 후 잠깐 동안 언약
파 군대에서 종군 목사로 활동하였다.

길레스피는 1643년 스코틀랜드에서 웨스트민스터 회의로 보내진
네 명의 위원들(로버트 베일리, 알렉산더 헨더슨, 사무엘 러더포드)
중 한 명이었다. 그는 대표들 중 가장 어렸음에도 불구하고(30세) 뛰
어난 참가자였다. 그는 논쟁에 기꺼이 참여하여 167회의 발언을 하
였는데, 이것은 사무엘 러더포드(148회)과 헨더슨(83회)보다도 많
은 횟수였다. 이러한 논쟁 횟수는 그가 회의에서 얼마만큼 중요한 역
할을 하였는가를 보여준다. 총회에서 그는 독립교회주의자, 에라스

---

27) 조엘 비키, 랜들 페더슨, 『청교도를 만나다: 청교도인물 & 명저 백과사전』, 648-49: "영
    국 로마교 의식들』은 찰스1세가 스코틀랜드 교회에 부과하려고 했던 영국 로마교 의식의
    (1) 필수불가결성 (2) 편의성 (3) 합법성 그리고 (4) 중립성에 대해 반박하는 네 부분들로
    나누어진다. 이 책은 공적 예배에서 사용되던 인간적인 고안물에 대한 탁월한 반론이다…
    시민 정부는 그 책을 불태우고 금지시켰으나 공식적으로 이 작품에 대한 어떤 응답도 한 적
    이 없다."
28) 조엘 비키, 랜들 페더슨, 『청교도를 만나다: 청교도인물 & 명저 백과사전』, 646.
29) *Puritans and Puritanism in Europe and America: A Comprehensive
    Encyclopedia*, eds. F.J. Bremer and T.Webster (ABC clio, 2006), 104-5.

투스주의자와 논쟁을 벌였다. 길레스피는 에라스투스주의자들에 대항하여서는 몇몇 작품들을 출판하였는데, 대표적인 것이 *Aaron's Rod Blossoming*(1646)이다. 이 작품에서 그는 시민권세와 교회권세의 관계를 다루었다. 독립교회주의자들에 대항해서는 *Wholesome Severity Reconciled with Christian Liberty*(1645)를 출판하였는데, 종교적 치리에 대한 개혁 교회의 전통을 변호하였다.[30] 1647년 8월 길레스피는 베일리와 함께 총회 앞에 섰다. 웨스트민스터 총대들의 사역 결과를 발표하기 위한 것이었다. 길레스피는 또한 자신의 작품 *One Hundred and Eleven Propositions concerning the Ministry and Gevernment of the Church*를 인정받기 위하여 소개하였다. 이 시기에 길레스피의 건강은 악화되었다. 하지만 그는 자신의 의견을 계속적으로 주장하고, 스코틀랜드 안에서 찰스1세를 지지하고자 하는 사람들에 대하여 반박하였다. 길레스피는 1648년 총회의 의장으로 지명되었고, 7월 12일부터 8월 12일까지 의장직을 수행하였다. 그러나 길레스피는 곧 결핵에 감염되었고 죽을 것이 확실시 되었다.

사무엘 러더포드는 투병하고 있는 길레스피에게 편지를 써서 예수 그리스도만을 바라보라고 격려하였다. 그는 "그리스도께서는 당신 안에서, 그리고 당신에 의해서, 스무 명 아니 일백명의 백발의 경건한 목회자들이 한 것보다 더 많은 것을 하셨습니다. 이제 믿음이 당신의 마지막(과업)입니다"라고 말하였다.[31] 결국 길레스피는 1648년 12월 17일에 소천하였고 키르크칼디에 매장되었다.[32] 1649년에 그

---

30) *Puritans and Puritanism in Europe and America*, 105.

31) 조엘 비키, 랜들 페더슨, 『청교도를 만나다』, 647.

32) C.R. Trueman, "Reformed Orthodoxy in Britain" in *A Companion to Reformed Orthodoxy*, 281: "George Gillespie, the most precocious talent of the three, wrote polemically against the Laudian impositions on Scotland and in favor of radical Presbyterian church government; his early death, at age thirty-five, robbed the Reformed Orthodox world of one of its most acute, if also combative, minds."

의 형제 패트릭(Patrik)이 *A Treatise of Miscellany Questions*을 출판하였다. 이 작품은 22개의 소논문으로 이루어진 작품인데, 그의 신론, 교회론, 정치에 대한 이해를 볼 수 있는 흥미로운 작품이다.[33] 1846년에는 길레스피의 *Notes of Debates and Proceedings of the Assembly of Divines at Westminster*가 두 권의 책으로 출판되었는데, 1644년 2월부터 1645년 1월까지의 기록을 담고 있다. 그는 죽기 전에도 하나님의 영광을 구하였고, 이것은 그의 짧은 생애와 사역이 무엇을 향하였는지를 충분히 보여주는 것이었다.[34]

길레스피의 생애 동안에 주로 논쟁을 하며 정리했던 내용은 교회 정치였다. 그리고 웨스트민스터 공의회를 통하여 그가 주로 참여했던 주제 역시 교회 정치였다. 이를 위해서 그는 많은 작품을 출판하였는데, 이 논문을 위해서도 주로 사용한 작품은 네 권이다. 이 작품들은 길레스피의 주저로서 *An Assertion of the Government of the Church of Scotland(1641)*, *Aaron's Rod Blossoming(1646)*, *One Hundred and Eleven Propositions concerning the Ministry and Government of the Church(1647)*, *A Treatise of Miscellany Questions(1649)*이다.[35] 이 작품들을 통하여 길레스피가 논쟁하고 주장하였던 신학적 내용들을 살펴 보고자 한다.

---

33) *Puritans and Puritanism in Europe and America*, 105.
34) W.D.J. McKay, *An Ecclesiastical Republic*, 7: "Glory! Glory! a seeing of God! I hope it shall be for his glory!"
35) G. Gillespie, *An Assertion of the Government of the Church of Scotland, in the Points of Rulling Elders, and of the Authority of Presbyteries and Synods* (Edinburgh: James Bryson, 1641). 이하 *An Assertion*; G. Gillespie, *Aaron's Rod Blossoming; or The divine ordinance of church government vindicated* (Harrsonburg, Virginia: Sprinkle Publications, 1985). 이하 *Aaron's Rod Blossoming*; G. Gillespie, *The Hundred and Eleven Propositions, concerning the Ministry and Government of the Church* (Edinburgh: Gavin Alston, 1778). 이하 *The Hundred*; G. Gillespie, *A Treatise of Miscellany Questions; Wherein many useful questions and cases of conscience and discussed and resolved, for the satisfaction of those, who desire nothing more than to search for and find out precious truths in the controversies of these times* (Edinburgh: Robert Ogle and Oliber & Boyd, 1844). 이하 *A Treatise*.

3. 조지 길레스피의 신학

(1) 신학적 원리

조지 길레스피의 교회론에 대한 내용을 살펴 보기 전에 그의 주장에 대한 신학적 근거를 살펴 보고자 한다. 길레스피는 매 주제를 다룰 때마다 상당한 분량의 근거를 대어서 주장을 하거나, 상대방의 주장을 논박한다. 그 근거들의 분류와 배열은 매 주제마다 비슷한 형태를 갖는다. 즉 성경, 종교 개혁자들과 그 후에 오는 대륙의 개혁파 신학자들의 평가, 그리고 마지막으로 자연법이다. 이 세 기둥이 길레스피의 신학이 근거하고 있는 내용들이다.

첫째, 그의 작품에서는 초대 교부들과 대륙 개혁파 신학자들의 이름이 다양하게 언급되고 있는데, 개혁파 신학자들과 루터주의자들을 아우르고 있다.[36] 신학자들 가운데서 가장 빈번하게 언급되는 이름은 제네바의 개혁자 칼빈(John Calvin)이다. 이로서 그가 칼빈의 교회론에서 많은 내용을 넘겨받았음을 알 수 있다. 이 외에도 교부들부터 16,17세기 개혁파 신학자와 루터주의자들까지 포괄하는 많은 신학자들에 대한 언급은 그가 풍성한 선대 신학자들의 내용을 가지고 자신의 신학을 세워나가고 변증했음을 엿보게 한다. 이 신학자들의 이름은 논문을 전개하면서 자세하게 언급될 것이다.

둘째, 무엇보다도 성경이 그의 신학의 근거가 된다. 그는 매 주제를 다룰 때, 항상 구약과 신약의 본문들을 가지고 지리할 만큼 자세하고 꼼꼼하게 논리를 세워 나간다. 이런 면에서 그는 성경의 신학자이다. 그러나 여기서 한 가지를 더 생각해 봐야 한다. 그것은 바로 성

---

36) 예를 들어서 그의 작품 *An Assertion*에서는 칼빈, 켐니츠, 제랄드, 부카누스, 유니우스, 부써 등이 함께 언급되고 있다. G. Gillespie, *An Assertion*, 103. 또한 *Aaron's Rod Blossoming*에서는 다네우스, 무스쿨루스, 클라인비치우스, 피스카토르, 잔키우스, 고마루스, 베자, 토사누스 등이 언급된다. G. Gillespie, *Aaron's Rod Blossoming*, 214.

경에서 유추해 내는 결론을 성경의 내용으로 볼 수 있느냐 하는 것이
다. 이 문제는 웨스트민스터 신조에서도 다루고 있는 것이다. 신조는
하나님의 뜻을 '성경'과 '성경으로부터의 건전하고 필연적인 귀결'로
정의한다.[37] 길레스피 역시 이 문제를 다루고 있다. 작품 *A Treaise
of Miscellany Quaestion* 20장에서 유대 사법권과 정부가 세속권
과 교회권을 나누었다는 사실을 증명하면서, 성경으로부터 추론, 혹
은 결론에 대한 정당성을 주장한다. 여기서 그는 다음과 같이 설명한
다.

　길레스피는 먼저 성경으로부터 추론이 가능하다는 것은 성경에
서 나온 잘못된(erroneous) 추론까지 포함하는 것을 아니라고 말한
다.[38] 또한 아르미니우스주의자들의 주장, 즉 성경에서 추론되는 결
과물은 받아들일 수 없으며, 오직 성경의 '분명한 본문' 또는 '누구도
반대하지 않는' 것으로서의 결과 외에는 인정할 수 없다는 것을 인정
하는 것도 아니다.[39] 왜냐하면 그렇게 될 때에 개혁 교회의 필요한
교리들, 즉 아리우스주의자들, 반삼위일체론자들, 소치누스주의자
들, 교황주의자들에 반대하여 세운 교리들을 다 포기해야 하기 때문
이다. 사람의 이성이 아니라, 성경에서 나온 결론으로서는 우리의 믿
음과 양심의 근거가 될 수 있다. 왜냐하면 결과, 또는 결론은 이성의
힘으로 믿는 것이 아니라 하나님의 진리이며 뜻이기 때문이다.[40]

---

37) 박일민, 『개혁교회의 신조』(서울: 성광문화사, 1998), 473: "1장 6절, 하나님 자신의 영
　광이나, 인간의 구원이나, 믿음이나, 생활에 필요한 모든 것들에 관한 하나님의 뜻은 성경
　에 분명하게 기록되어 있든지, 아니면 성경으로부터의 건전하고도 필연적인 귀결로 추론되
　어진다."
38) G. Gillespie, *A Treatise*, 100.
39) G. Gillespie, *A Treatise*, 100: "neither yet must it be so far contracted and
　straitened as the Arminians would have it, who admit of no proofs from
　Scripture, but either plain explicit texts, or such consequences as are nulli non
　obviae, as neither are, nor can be, contrverted by any man… "
40) G. Gillespie, *A Treatise*, 101: "… yet the consequent itself, or conclusion, is not
　believed nor embraced by the strength of reason, but because it is the truth and
　will of God. … "

여기서 길레스피는 타락한 이성과 중생된, 또는 교정된 이성 사이를 구별한다. 길레스피에 따르면 타락한 이성은 본성적이고 육적인 원리, 감각, 경험들에 의해서 하나님의 일들을 판단한다. 그러나 중생된 이성은 그리스도께 복종하는 이성이며, 하나님의 일을 사람의 법이 아니라 하나님의 법으로 판단한다.[41]

또한 길레스피는 아퀴나스의 주장에 따라서 추론에는 두 종류가 있다고 말한다. 한 종류의 추론은 충분하고 강한 증거로 인해서 확실한 결과를 내는 것이다. 다른 종류의 추론은 동의할 수 있을 정도의 수준을 말한다.[42] 그는 성경에서 어떤 내용을 추론해 내는 데에도 두 가지 종류가 있다고 한다. 필수적이고 확실한 것, 혹은 동의할 수 있는 것이다. 그렇다면 어떤 것을 필수적이고 확실한 추론이라고 말할 수 있는가? 크게 두 가지로 구분할 수 있다. 첫 번째로 신약 성경과 구약 성경을 통하여 자명하게 드러나는 것이다. 길레스피는 예수 그리스도와 사도들의 가르침을 강조한다. 그러나 확실한 추론은 단순히 신약을 통해서 뿐만 아니라, 구약을 통해서도 증명된다.[43] 그리고 두 번째로 확실한 추론은 자연법(Jus divinum)을 통해서 증명된다고 주장한다. 그는 자연법은 하나님의 무한한 지혜와 일치한다고 한다.[44] 그러므로 자연법을 통하여서도 확실한 추론이 가능하다.

셋째, 이로 인해서 자연법에 대한 정당성이 나온다. 길레스피는 자연법이 시민법과 교회법에는 권위의 단계가 있다고 주장한다.[45] 이

---

41) G. Gillespie, *A Treatise*, 101; 서요한, 『언약사상사』, 232: "리쓰(John H. Leith)는 '웨스트민스터 신앙고백서의 작성자들은 인간의 이성을 매우 중요하게 생각했고, 따라서 그들의 신학이 이성적이 되도록 하려고 했음에 틀림없다'고 주장했다. 그러나 '그들은 결코 이성이 성경과 동등한 지위를 가지도록 의도하지는 않았다'고 주장했다."

42) G. Gillespie, *A Treatise*, 101: "Such as make a sufficient and strong proof, or where the consequence is necessary and certain,⋯ By way of agreeableness or conveniency,⋯"; 서요한, 『언약사상사』, 232.

43) G. Gillespie, *A Treatise*, 102.

44) G. Gillespie, *A Treatise*, 102: "If we say that necessary consequences from Scripture prove not a jus divinum, we say that which is inconsistent with the infinite wisdom of God."

자연법에 대한 이해는 중세 신학자들로부터 동일하게 나타나는 것이다.[46] 또한 길레스피와 함께 활동하였던 사무엘 러더포드에게서도 나타난다. 그도 교회론을 세우는 데 있어서 자연법을 사용한다. 러더포드와 길레스피는 하나님께서 피조물들에게 특정한 질서와 통치에 대한 원리를 두셔서, 피조물들이 구별할 수 있게 하셨다고 주장한다.[47]

길레스피는 그의 작품 *An Assertion*에서 대회(Synod)를 주장하는 첫 번째 근거로서 '본성의 빛'을 내세우고 있다.[48] 그는 노회(classicall Presbyteries), 대회(Synods), 광역 대회(Provinciall), 총회(Nationall)를 나누고 그 권위를 두는 데 있어서 자연의 빛을 근거로 한다. 그는 교회가 이런 일에 있어서 본성의 빛의 지도를 받는 것을 거절할 수 없다고 말한다.[49] 물론 이 '본성의 빛' 후에는 성경의 근거를 제시하고 있다. 그럼에도 불구하고 본성의 빛을 앞세운다는 면에서, 길레스피가 이에 대해서 자연법에 어떤 중요성을 두고 있는지 알 수 있다.

이제 길레스피의 교회 정치 이론에 대해서 살펴 볼 것이다.

(2) 교회의 머리되신 그리스도

스코틀랜드 후기 개혁 기간 동안에 언약론자들과 스튜어트 왕조 사이의 논쟁의 중심에는 교회의 머리가 있었다. 에라스투스주의자들은

---

45) W.D.J. McKay, *An Ecclesiastical Republic*, 108.
46) Thomas Aquinas, *Summa Theologica*, Prima Secundae, q. 91 a. 2 arg. 1: "Ad secundum sic proceditur. Videtur quod non sit in nobis aliqua lex naturalis. Sufficienter enim homo gubernatur per legem aeternam, dicit enim Augustinus, in I de Lib. Arb., quod lex aeterna est qua iustum est ut omnia sint ordinatissima."
47) S. Rutherford, *Lex, Rex, or The Law and the Prince* (Portage Publications, 2009), 3-6.
48) G. Gillespie, *A Treatise*, 153: "Chap. V. The first Argument for the authority of Synods, and the subordination of presbyteries thereto, take from the light of nature."
49) G. Gillespie, *A Treatise*, 156.

국가 정치와 공직자들도 중보자이신 그리스도에게 속하였기 때문에, 그들이 교회를 통치할 수 있다고 보았다.[50] 그러나 스코틀랜드 총대인 러더포드, 길레스피, 그리고 그들의 동료들은 교회는 오직 그리스도의 머리되심 아래에 있으며, 국가 정치로부터는 벗어나야 한다고 주장하였다.[51]

이 주제에 대한 길레스피의 관점은 웨스트민스터 총회의 에라스투스파 총대이며, 런던 콘힐(Cornhill)의 베드로 교회의 목사로서 참여한 토마스 콜맨(Thomas Coleman)을 반박하기 위해서 쓴 세 개의 소책자에 나타나 있다. 1645년 7월 30일에 콜맨은 하원에서 설교하였다. 그 본문은 욥 11:20이었는데, 'Hopes Deferred and Dashed'라는 제목이었다. 여기서는 그는 에라스투스주의의 기초 교리들을 방어하는 것이었다. 이 설교는 매우 격렬한 찬성과 반대의 반응을 초래하였다. 길래스피는 이에 대응하여 *A Brotherly Examination of some passages of Mr Coleman's Late Sermon*이라는 소책자를 썼다.[52] 이 소책자에 대응하여 다시 콜맨은 *A Brotherly*

---

50) 에라스투스주의의 사상적 출발점은 하이델베르그 대학의 의학부 교수였던 토마스 에라스투스(Thomas Erstus, 1524-1583)이다. 에라스투스는 하이델베르그에서 개혁파 신학자들과 교류를 가졌다. 그는 후대에 나타난 에라스투스주의자들과 같이 교회가 재판권을 가질 수 있다는 것에 대해서 반대했으나, 세속 권력자가 교회의 머리라고 하는 에라스투스주의의 사상과 동일하지는 않다. 김중락, "에라스투스주의(Erastianism) 논쟁과 영국혁명 (The British Revolution)", 42: "에라스투스가 주장한 핵심은 교회가 어떠한 강제력도 가질 수 없다는 것이다. 에라스투스는 기독교 국가에서도 모든 강제력은 그것이 영적이든 또는 세속적이든 오직 한 곳, 국가에 의해서만 사용되어야 한다고 주장하였다. 또한 그는 교회는 오직 '신의 말씀'으로 인간의 양심에 호소하여 설득하는 일로 만족해야 한다고 주장하였다. 에라스투스의 이러한 주장은 당시 종교적인 문제에 강력한 강제력을 동원하고 있던 교회에 대한 반발인 것이다."; 서요한, 『언약사상사』, 214: "에라스투스 자신은 주로 출교에 관심이 있었지만, 이것이 교회의 무기로 사용되는 것은 막으려 했다; 관리들의 역할은 그에게 그다지 관심의 대상이 되지 못했다. 웨스트민스터 회의에서 장로교회파의 출교에 관한 견해들에 반대하기 시작한 사람들은 에라스티안파와 이 논쟁에 의회가 간섭하도록 하는 데 그럭저럭 성공해 온 몇몇 다른 사람들이었다. 따라서 출교 문제는 국가 통제라는 문제를 야기시키게 되었다. 길레스피는 단순히 출교가 관련된 곳에서의 국가의 간섭 뿐만 아니라 모든 형태의 국가 통제를 포함시켜 '에라스티안'이라는 말을 사용하였다."

51) W.D.J. McKay, *An Ecclesiastical Republic*, 41.

52) G. Gillespie, *A Brotherly Examination of some passages of Mr Coleman's Late Sermon upon Job xi, 20 as it is now printed* (London, 1645).

*Examination Re-examined*이라는 소책자를 냈다.[53] 길레스피는 다시 콜맨의 대응에 대하여 *Nihil Respondes*라는 책을 그 다음 주에 내어 놓았다.[54] 콜맨은 다시 *Male dicis, Maledicis*라는 소책자로 대답하였다.[55] 길레스피는 끝으로 *Male Audis*라는 소책자로 다시 대답하였다.[56] 이 주제에 대한 길레스피의 생각은 *Aaron's Rod Blossoming*에 잘 정리되어 있다.[57]

콜맨의 관점에 의하면 모든 통치기구는 중보자이신 그리스도의 것이다. 그리스도인 관리는 그들의 직분을 '그리스도 아래에서, 그리고 그리스도를 위하여' 수행한다.[58] 그는 이것을 엡1:21-23에서 유추해 냈다. 세속 정부가 교회를 통치하는 것으로 충분하기에 교회는 어떠한 조직이나 교회 정부를 필요로 하지 않는다고 주장하였다. 그러므로 성직자에게 교회 정부의 일을 부담지워서는 안되며 그리스도인 관리가 교회의 통치자가 된다고 하였다.[59]

그러나 길레스피는 콜맨의 주장이 오히려 이방인, 또는 믿지 않는 공직자에게서 통치 권한을 박탈한다고 생각하였다. 왜냐하면 비그리스도인 공직자들은 중보자인 그리스도의 머리되심으로부터 권위를 받을 방법이 없기 때문이다.[60] 길레스피와 콜맨 사이에서 그리스도가 교회의 머리시라는 데에는 이견이 없었다. 그러나 문제는 세속 권세

---

53) T.Coleman, *A Brotherly Examination Re-examined: or a clear Justification of those Passages in a Sermon against which Mr Gillespie did both preach and write* (London, 1645).

54) G.Gillespie, *Nihil Respondes: or A Discovery of the Extreme Unsatisfactoriness of Mr Coleman's Piece published last week under the Title of 'A Brotherly Examination Re-examined'* (London, 1645).

55) T.Coleman, *Male dicis, Maledicis: or a Brief Reply to Mr Gillespie's 'Nihil Respondes'* (London, 1646).

56) G.Gillespie, *Male Audis: or an Answer to Mr Coleman's 'Male Dicis'* (London 1646).

57) W.D.J. McKay, *An Ecclesiastical Republic.*, 42.

58) W.D.J. McKay, *An Ecclesiastical Republic.*, 42.

59) 김중락, "에라스투스주의(Erastianism) 논쟁과 영국혁명(The British Revolution)", 52.

60) GW.D.J. McKay, *An Ecclesiastical Republic*, 43.

자 역시 중보자이신 그리스도 아래 있느냐 하는 것이었다.

길레스피는 주저인 *Aaron's Rod Blossoming*에서 시민 권세와 교회 권세의 차이에 대해서 다룬다. 길레스피는 먼저 두 권세의 근원과 목적이 같다는 것에 대해서 동의한다. 두 권세 모두가 하나님의 권세로부터 나왔다.[61] 그러므로 이 두 권세는 동일하게 율법에 매어 있고, 존경을 받아 마땅하다. 또한 두 권세 모두가 하나님의 영광을 위해 존재한다.[62] 그러나 동일한 부분만 있지 않다. 두 권세는 여러 측면에서 차이가 있는데, 그 핵심은 예수 그리스도이다. "나라들의 왕은 시민 권세를 세웠고, 성도들의 왕은 교회의 권세를 세웠다."[63] 계속해서 길레스피는 다음과 같이 설명한다. "가장 높으신 하나님, 하늘과 땅의 소유자께서는 그 분의 손의 솜씨와 모든 인류에 대한 주권을 이행하시는 분으로서, 그 분 대신에 이 땅의 신들인 사역자들을 세우셨다. 하지만 예수 그리스도의 아버지께서는 중보자와 교회의 왕으로서 그 분을 시온의 거룩한 산 위에 세우셨다.…그 분(그리스도)은 교회의 권세와 정부를 자신의 이름으로 보내신 교회의 사역자의 손에 세우셨다."[64] 길레스피는 여기에서 두 권세에 대한 열 가지의 차이를 나열한다. 그러나 이것은 하나의 주제로 집중되는데, 세속의 권세의 통치자는 왕이고, 교회의 머리는 예수 그리스도시라는 것이다. 그렇다면 그리스도께서는 세속의 권세와는 아무런 관련이 없는가? 그렇지 않다. 여기서 길레스피는 조금 더 자세하게 설명한다.

---

61) G. Gillespie, *Aaron's Rod Blossoming*, 85.

62) G. Gillespie, *Aaron's Rod Blossoming*, 85-86.

63) G. Gillespie, *Aaron's Rod Blossoming*, 86: "The King of nations hath instituted the civil power; the King of saints hath instituted the ecclesiastical power;"

64) G. Gillespie, *Aaron's Rod Blossoming*, 86: "… , the most high God, possessor of heaven and earth, who exerciseth sovereignty over the workmanship of his own hands, and so over all mankind, hath istituted magistrates to be in his stead as gods upon earth. But Jesus Christ, as Mediator and King of the church, whom his Father hath "set upon his holy hill of Zion,… hath instituted an ecclesiastical power and government in the hands of church-officers, whom, in his name, he sendth forth."

그는 계속하여 "예수 그리스도의 이중 왕직에 대하여"(of a twofold kingdom of Jesus Christ)에 대해서 설명한다.

예수 그리스도는 이중적으로 왕직을 가지고 있다. 하나는 영원한 성자로서의 왕직이다. 이로서 그 분은 성부, 성령과 함께 만물을 통치하고 계신다. 이때 공직자는 그 분의 대리자이며, 그 분께서 주신 직분을 맡고 있다. 다른 하나는 공직자는 중보자와 교회의 머리로서 그리스도의 직분을 맡고 있지 않고, 그리스도의 대리자가 아니다.[65] 이 왕직들 중에서 하나는 예수께서 신인으로서 관계하고 있으며, 다른 하나는 성부, 성자와 함께 관계되어 계신다. 이로서 길레스피는 시민 권세와 교회 권세를 구별하고 있다. 세상 권세는 성자에게, 교회 권세는 중보자에게 속한다.[66]

에라스투스주의자들(Mr. Hussey, Mr. Coleman)은 그러한 구분을 두지 않고, 세속 권세자가 중보자이신 그리스도로부터 직분을 받았다고 주장한다.[67] 그러므로 그들에 따르면 세속 정부 외에 또 다른 교회 정부가 필요없다. 그러나 길레스피는 *Aaron's Rod Blossoming*의 9장의 제목에서 다음과 같이 말한다. "하나님의 말씀에 의하면 공직, 또는 시민 권세 옆에 또 다른 정부가 있어야 한다. 즉 교회 직분자 손 안에 있는 교회 정치이다."[68] 이러한 이중 권력에 대한 이해는 그의 선배이자 동료인 사무엘 러더포드에게서도 나타난다. 러더포드는 길레스피와 같이 교회와 국가의 관계에 대한 문제와

---

65) G. Gillespie, *Aaron's Rod Blossoming*, 90: "···a twofold kingdom of Jesus Christ: one, as he is the eternal Son of God, regning together with the Father and the Holy Ghost over all things; and so the magistrate is his vicegerent, and holds his office of and under him; another, as Mediator and Head of the church, and so the magistrate doth not hold his office of and under Christ as his vicegerent."
66) G. Gillespie, *Aaron's Rod Blossoming*, 92.
67) G. Gillespie, *Aaron's Rod Blossoming*, 96.
68) G. Gillespie, *Aaron's Rod Blossoming*, 124: "That by the word of God there ought to be another government beside magistracy or civil government, namely, an ecclesiastical government (properly so called) in the hands of church officers."

씨름을 하였고, 그리스도인 공직자가 교회를 잘 돌보아야 한다는 것을 말했음에도 불구하고, 그는 공직자 자체를 놓고 볼 때는 중보자로서의 예수 그리스도의 대리자가 아니라고 주장한다.[69]

더 나아가서 길레스피는 *Aaron's Rod Blossoming* 2권 7장에서 에라스투스주의자들의 주장은 이방인이나 믿지 않는 권세와 정부인 경우에는 아무런 의미가 없다고 반박한다.[70] 즉 그리스도인 통치자가 아닌 경우에는 세속 통치자가 그리스도의 대리자라는 에라스투스주의자들이 주장에 문제가 생긴다는 것이다. 그러므로 길레스피는 세속 통치는 하나님의 대리 역할을 수행하는 것이지, 예수 그리스도의 대리 역할은 아니라고 말한다. 길레스피는 후세이(Mr. Hussey)에 반박하여 세속 통치자가 하나님의 대리자라는 것은 인정할 수 있으나, 중보자이신 그리스도의 대리자라는 것은 근거가 없다고 주장한다.[71] 길레스피는 교회 사역(ministry)은 중보자이시며 교회의 왕이신 예수 그리스도의 이름으로 이루어지는 것이지만, 세속 통치(magistracy)의 사역은 우리가 말씀을 더한다는 것을 제외하고는 그렇지 않다고 한다.[72]

또한 길레스피에 따르면 교회와 세속 국가는 기초가 되는 법이 다르다. 자연법과 국가들의 법에 의해서 세워진 권세들은 중보자이신 그리스도에 의해서 세워질 수 없다.[73] 이것은 그리스도께서 하신 말씀 요 18:36과 눅 17:20,21 등에 의해서 증거된다.

결론적으로 길레스피의 그리스도의 왕직에 대한 이해와 관련해서 두 가지로 정리할 수 있다:

---

69) W.D.J. McKay, *An Ecclesiastical Republic*, 59.
70) G. Gillespie, *Aaron's Rod Blossoming*, 107.
71) G. Gillespie, *Aaron's Rod Blossoming*, 109.
72) G. Gillespie, *Aaron's Rod Blossoming*, 109.
73) G. Gillespie, *Aaron's Rod Blossoming*, 113: "That government and authority which hath a foundation in the law of nature and nations··· cannot be held of, and under, and managed for Christ, as he is Mediator."

첫째, 그리스도는 교회의 머리이시다. 이 교리는 전(pre)종교개
혁자라고 불리는 얀 후스(J.Huss)로부터 시작되어 종교 개혁자들
의 교회론의 중심에 있는 내용이다.[74] 이것은 조지 길레스피의 교회
론의 중심에도 위치해 있다. 그는 작품 *One Hundred and Eleven
Propositions*에서 "만왕의 왕, 만주의 주이시며, 교회의 유일한 군
주이신 예수 그리스도"라고 말한다.[75] 이 왕께서 그 분의 교회를 모
으시고 보존하시며 구원하신다. 또한 모든 왕권을 교회 안에서 행하
신다.

둘째, 신인이신 그리스도의 왕권과 삼위일체의 제2위이신 성자의
왕권을 구별한다. 길레스피는 신인이신 그리스도의 왕권은 교회를
위한 것이라고 한다. 제사장으로서 중보자이신 그리스도는 택자들의
죄를 사하시며, 왕으로서의 중보자이신 그리스도는 택자들을 모으
고, 교회를 통치하신다.[76] 또한 세속 왕권과 관련해서는 삼위일체이
신 성자께서 통치하신다. 이때는 실제적으로 성자의 사역이라기 보
다는 삼위일체의 통치권을 말하는 것으로 보인다. 이로서 공직자는
신인이신 그리스도의 대리자라고 말할 수 없다.

이러한 왕국의 구별은 성경적이며 유용한 이해이다. 그러나 이러
한 구별은 현대 교회에 있어서 하나의 문제를 제기하게 되는데, 그리
스도와 성자 하나님의 구별을 통한 두 왕국의 분리는 전체적으로 타
당함에도 불구하고, 현대 개신교의 중요한 이해인 '기독교 세계관'과

---

74) J. Hus, *The Church*, trans. D.S.Schaff (New York: Charles Scribner's Sons 1915), 10: "These quotations from the saints show that the holy catholic church is the number of all the predestinate and Christ's mystical body – Christ being himself the head – and the bride of Christ, whom he of his great love redeemed with his blood that he might at last possess her as glorious, not having wrinkle of mortal sin or spot of venial sin, or anything else defiling her, but that she might be holy and without spot, perpetually embracing Christ, the bridegroom."; 황대우, "그리스도의 신비한 몸: 부써와 칼빈의 교회론 비교," 『칼빈연구』 제3집 (서울: 한국장로교출판사, 2005) 참조.

75) G. Gillespie, *One hundred*, 100.

76) W.D.J. McKay, *An Ecclesiastical Republic*, 69.

의 충돌을 피할 수가 없다는 것이다. '기독교 세계관'을 위해서는 세상을 향한 그리스도적 가치관이라는 이해가 필요하다. 이것은 그리스도의 왕권이 단순히 교회 안에서만 머물지 않는다는 이해 위에 있다. 이 역시 성경에서도 지지를 받는다. 요한계시록에서 보여주는 우주의 중심에 계시는 그리스도는 단순히 교회 뿐만 아니라, 세상의 통치자로 나타난다.[77] 기독교 세계관을 주장하는 학자들은 성경이 그리스도로 말미암은 새로운 피조계를 말하며, 그 분의 영역이 전우주에 미친다는 것을 놓치지 않았다.[78] 길레스피의 두 왕국으로의 분리는 교회 정치와 거룩성이라는 측면에서는 적절하지만, 성도의 삶이라는 측면에서는 충분하지 못한 것으로 보인다.[79] 이러한 측면에서 길레스피의 이해는 지금에 있어서 더 보완될 필요가 있는 것으로 보인다.

(3) 이스라엘에서의 교회 정치

길레스피는 *Aaron's Rod Blossoming*에서 교회 정치의 정당성을 확보해 나간다. 총 3권으로 이루어진 *Aaron's Rod Blossoming*는 1권에서 구약의 유대인들의 교회를 살펴 본다. 여기에서 길레스피는

---

77) 번 S. 포이쓰레스, 『요한계시록 맥잡기』, 유상섭 역 (서울: 크리스챤출판사, 2002), 115-119; 데이비드 E. 아우네, 『요한계시록 1-5』 WBC주석 52권, 김철 역 (서울: 솔로몬, 2003), 913: "이 환상 부분의 중심이며 극적인 장면은 어린양이 소유한 것으로 밝혀지는 우주적인 주권이며, 이 장면의 완전한 초점은 어린양의 완전한 위임을 상징하는 장면, 즉 그가 보좌 위에 앉은 이의 손에서 봉인된 두루마리를 받는 장면에 맞추어진다(계5:8).

78) 이승구, 『기독교 세계관이란 무엇인가?』(서울: SFC출판부, 2014), 82: "때때로 그리스도의 나라와 하나님 나라를 구별하려고 하는 이들이 있었지만, 비록 그리스도의 나라는 세상 끝에는 아버지께 돌려진다(고전15:28)고 해도 그 내용에 있어서는 그리스도의 나라와 하나님의 나라가 다른 것일 수 없다. 특히 이런 구별은 '주석적으로는지지 받을 수 없다'라고 말하는 래드의 말에 유의해야 할 것이다."

79) 이승구, 『기독교 세계관이란 무엇인가?』, 82-83: "첫째로, '피조물'(κτισις)이라는 것은 사실 일반적으로 피조계 전체를 지칭하는 중성 명사이다… 그러므로 이는 그리스도 안에서 이 피조계 전체가 원칙상(in principle) 새로운 피조계가 되었음을 선언하는 말이다."

80) 1권의 제목은 'of the Jewish Church Government'이며, 2권의 제목은 'of the Christian Church Government'이다. 3권의 제목은 'of Excommunication from the Church, and of Suspension from the Lord's Table' 이다.

유대인들의 교회를 유대인들의 국가 정치로부터 분리시키고 있다.[80] 이렇게 하는 이유는 에라스투스주의자인 콜맨의 주된 근거는 구약 이스라엘 안에서 교회 정치와 시민 정치 사이에 구분이 없다는 주장이기 때문이다.[81] 여기에 대해서 길레스피는 다섯 가지 명제를 주장한다: 첫째, 유대 교회는 형태적으로 유대 국가 구별되었다. 둘째, 교회적 산헤드린과 정치는 시민 정치와 구별되었다. 셋째, 교회적 출교는 국가 징벌과 구별되었다. 넷째, 유대 교회 안에는 공적인 죄의 고백, 또는 회개의 선언이 있었다. 다섯째, 부패한 자들을 성전과 유월절에서 배제시키는 것이 있었다.[82]

길레스피는 구약에서 교회와 국가가 형태적으로 구별된다고 믿었다. 왜냐하면 교회를 위한 의식법과 국가를 위한 시민법이 구별되기 때문이다. 또한 길레스피는 구약 교회를 위한 직분자와 국가를 위한 직분자를 구별한다. 제사장들과 레위인들은 교회를 위하며, 재판장들과 공직자들은 국가를 위한다.[83] 이로 인해서 유대 교회를 이루는 개종자들은 하나님의 백성이 누리는 거룩한 의식에 참여하지만, 유대 국가의 구성원이나 유대인들의 특권을 누리지는 못했다고 주장한다.[84] 계속하여 길레스피는 산헤드린이 두 개의 산헤드린, 즉 교회를 위한 산헤드린과 시민을 위한 산헤드린이 나누어진다고 설명한다. 그는 출 24장에서 모세가 시내 산에서 올라갈 때 불렀던 70명의 장로가 교회정치를 위한 산헤드린이며, 민 11장에서 나온 70명의 장

81) G. Gillespie, *Aaron's Rod Blossoming*, 3.
82) G. Gillespie, *Aaron's Rod Blossoming*, 3: "1. That the Jewish church was formally distinct from the Jewish state. 2. That there was an ecclesiastical sanhedrim and government distinct from the civil. 3. That there was an ecclesiastical excommunication distinct from civil punishments. 4. That in the Jewish church there was also a public exomologesis, or declaration of repentance, and, thereupon, a reception of admission again of the offender to fellowship with the church in the holy things. 5. That there was a suspension of the profane from the temple and passover."
83) W.D.J. McKay, *An Ecclesiastical Republic*, 14.
84) G. Gillespie, *Aaron's Rod Blossoming*, 4.

로와는 구별된다고 말한다.[85] 또한 신 17:8-12의 내용을 증명으로
든다. 그는 이 본문을 두 권세를 증명하는 중요한 본문으로 언급한
다.[86] 길레스피는 12절에서 두 개의 재판권을 나누고 있다고 설명한
다. 즉 '제사장' 혹은 '재판장'이다.[87]

멕케이에 따르면 이러한 본문 해석은 논란의 여지가 있다고 한다.
맥케이는 부르스(F.F. Bruce)의 말을 인용하여 현대의 유대 학자들
은 신약에 두 개의 산헤드린, 즉 대제사장에 의해서 주재되는 정치적
산헤드린과 학자들에 의해서 주재되는 종교적 산헤드린이 있었는지
를 논했다. 하지만 맥케이는 이 논거가 설득력이 없으며, 이러한 틀
은 길레스피와는 다르다고 주장한다.[88] 이 해석에 있어서는 계속 논
쟁의 여지가 있어 보인다.

계속하여 에라스투스주의자들은 유대인들에게는 성전, 성례와 거
룩한 모임에서부터 내어 쫓는 교회적 치리가 존재하지 않으며, 단지
시민 단체에서 제외하는 출교만이 존재한다고 주장하였다. 그러나
이에 대하여 길레스피는 자신의 주장의 핵심 이론이 되는 두 출교에
대해서 설명한다. 그는 먼저 교회적 출교가 있다는 것을 주장한다.

길레스피는 토마스 굿윈(Thomas Godwin)의 작품 *Moses and
Aaron*을 인용하여 유대인의 교회 법정에는 세 가지의 치리가 있

---

85) G. Gillespie, *Aaron's Rod Blossoming*, 5.
86) G. Gillespie, *Aaron's Rod Blossoming*, 6: "The next proof for the ecclesiastical
sanhedrim shall be taken from Deut. xvii. 8-12, where observe, 1. It is agreed
upon, both by Jewish and Christian expositors, that this place hods forth a
supreme civil court of judges; and the authority of the civil sanhedrim is mainly
grounded on this very text."
87) 신17:12. 사람이 만일 천자히 하고 네 하나님 여호와 앞에 서서 섬기는 제사장이나 재판
장을 듣지 아니하거든 그 사람을 죽여 이스라엘 중에서 악을 제하여 버리라.
88) W.D.J. McKay, *An Ecclesiastical Republic*, 16: "As F F Bruce points out, some
modern Jewish scholasrs have argued for the existence of two sanhedrins in
New Testament times, the political body being presided over by the high priest
and the religious body presided over by a leading scholar, but he considers
the arguments unconvincing, and this scheme differs markedly from that of
Gillespie."

었다고 말한다. 그것은 *niddui, cherem*과 *schammata*이다.[89] 구약의 이러한 각각의 치리는 신약의 치리와 대응된다. 가장 낮은 것은 *niddui*인데, 이것은 신약에서 αποσυναγωγοι로서 성전에서 쫓아내는 것이다. 그 다음은 *cherem*으로서 *anathema*이다. 마지막은 *schammata*이다. 두 번째 종류의 출교를 받은 경우에는 성전 근처에 오는 것이 허락되지 않는다. 마지막 출교는 하나님의 백성들에서 완전히 배제된다.[90] 이것들은 신약에서 각각 의미를 갖는다. 신약에서 가장 첫 번째 출교는 성례에서 배제하는 것이다. 더 큰 출교는 교회에서 쫓아내어 사탄에게 내어주는 것이다. 그러나 이것은 육체는 멸하고 영혼은 구원하려는 치료의 방식이다. 그리고 마지막 출교는 *anathema maranatha*인데, 어떤 긍휼의 소망을 갖지 않고 그리스도의 재림까지 대상을 정죄하는 것이다.[91] 그러나 이러한 출교의 목적은 영적인 것이다. 길레스피는 죄인이 공적인 부끄러움을 통하여 회개하도록 하기 위한 것이며, 이로 인해서 그의 영혼이 구원을 받게 된다고 말한다.

길레스피는 구약의 유대인들에게 이미 출교를 위한 교회 법정이 있었다는 사실을 구약의 많은 본문들을 통하여 드러내고자 한다. 이것은 에라스투스와 그의 추종자들은 유대인들에게 어떠한 도덕적 불결함, 즉 부패한 부끄러운 행위로 인해서는 성전 의식에서 배제되지 않았고, 오직 율법적, 또는 의식적인 범죄의 경우만 배제되었다고 주장하기 때문이다.[92] 길레스피는 세 가지 증거를 들어서 그들의 주장을 반박한다. ① 유대 역사가 요세푸스(Josephus)와 신학자들의 증거

89) G. Gillespie, *Aaron's Rod Blossoming*, 20.
90) G. Gillespie, *Aaron's Rod Blossoming*, 21.
91) G. Gillespie, *Aaron's Rod Blossoming*, 23.
92) G. Gillespie, *Aaron's Rod Blossoming*, 41: "Erastus and his followers hold, the among the Jews non were excluded from any public ordinance in the temple for moral uncleanness, that is, for a profane scandalous conversation, but only for legal or ceremonial uncleaness."

이다.[93] ② 신약 성경의 본문들이다. 그는 주로 사도 행전의 본문을 가지고 교회의 치리를 증거한다.[94] ③ 구약 성경의 본문들이다. 대하 23:19; 민 2장; 레 10장; 겔 22:26 등등 많은 구약 성경 본문을 들어 교회의 치리를 설명한다. 길레스피는 구약에서 도덕법을 위반함으로 유월절에서 제외되었다는 것을 14개의 논증으로 주장한다.[95]

구약에서 세속 정치와 교회 정치가 분리되었다는 것을 증명하고 나서 신약의 교회에서도 세속 정치와 구별되는 교회 정치가 있다는 것을 증명한다.

(4) 교회 의회에 대하여

*Aaron's Rod Blossoming*의 두 번째 책은 신약 교회의 정치에 대한 것이다. 여기서 길레스피는 에라스투스주의자들을 반박하기 위해서, 교회의 머리이시며, 중보자이신 그리스도를 강조한다. 이것은 앞에서 언급한 대로 두 권세, 교회의 권세와 세속의 권세를 나누는 기초를 놓기 위한 것이다. 그리스도를 통한 세속과 분리된 교회 정치를 주장하는데, 특별히 길레스피는 대회(Synode)의 성경적 근거와 필요성을 다루고 있다.

길레스피는 '아론의 싹난 지팡이' 2권 9장에서 교회의 정치에 대하여 논증을 세워 나간다. 가장 나중에 21번째로 나오는 논증은 사도행전 15장에 근거한 것으로서, 교회적 의회(ecclesiastical assembly), 혹은 사도들과 장로들, 그리고 또 다른 선택받은 형제들로 구성된 대회(synod)이다.[96] 길레스피는 여기서 대회(Synode)

---

93) G. Gillespie, *Aaron's Rod Blossoming*, 42.
94) G. Gillespie, *Aaron's Rod Blossoming*, 47.
95) G. Gillespie, *Aaron's Rod Blossoming*, 56: "Chapter XII. Fourteen arguments to prove that scandalous and presumptuous offenders against the moral law (though circumcised and not being legally unclean) were excluded from the passover."
96) G. Gillespie, *Aaron's Rod Blossoming*, 140.

를 성경이 주장하고 있다고 가르친다. 이러한 대회에 대한 필요성은 장로교인들뿐만 아니라, 에라스투스주의자들도 동의하는 것이었다. 그러나 대회의 성격을 규정하는데 있어서 둘은 의견을 달리했다. 이에 대해서 길레스피는 윌리엄 프린(William Prynne)과 논쟁을 하였다. 프린은 장로교 제도를 지지했지만 에라스투스주의에 입각한 장로회를 지지하였다. 그가 장로회 제도를 지지한 것은 장로회 제도가 잉글랜드에 가장 적합한 제도라고 여겼기 때문이다.[97] 프린은 대회가 고문적(consultive)이라고 정의하지만, 길레스피는 대회가 고문적(consultive)일 뿐만 아니라, 결론적(conclusive)이고, 결정적(decisive)이며, 의무적(obligatory)인 힘을 가지고 있다고 말한다.[98] 그는 이 내용을 사도행전 15장에서 꺼내고 있다. 그는 다음과 같은 내용들을 강조한다.[99]

첫째, 이 본문에서 교회는 대회적으로 모일 권세를 가지는데, 이것은 교회 자체에 있는 권세이다. 둘째, 대회는 특정한 대표를 선출하여 다른 지역에 있는 교회에 보냈다. 셋째, 대회는 세 가지 교권을 가진다. 그들은 잘못된 교리와 이단의 누룩을 제거하였는데, 이것을 '교리적 권세'(dogmatic power)로 행하였다. 또한 사도들은 이방인 성도들이 할 규칙에 대해서 제정하였는데, 이것은 '규칙제정 권세'(diatactic power)이다. 마지막으로 잘못한 성도들을 징계하는 '징계권'(critic power)이다. 넷째, 대회의 결정은 권위를 가지고 있었고 결정적이었다. 이로서 길레스피는 교회가 대회로 모일 권세가 있으며, 대회는 위원을 뽑아 다른 교회로 보낼 권세가 있으며, 교회를 세우고 이단들과 범죄자들을 효과적으로 징벌할 수 있는 권세가 있고, 결정된 내용을 교회에 강제할 수 있는 권세가 있다고 결론을

97) 김중락, "에라스투스주의(Erastianism) 논쟁과 영국혁명(The British Revolution)", 46.
98) G. Gillespie, *Aaron's Rod Blossoming*, 141.
99) G. Gillespie, *Aaron's Rod Blossoming*, 141-42.

내린다. 이 권세는 세속권과 별도로 교회가 가지고 있는 것이다.[100] 이 권세는 장로들이 모인 법정에 의해서 이루어진다. 길레스피의 관점에서 이 체계가 정당한 것은 하나님께서 명령하신 것이기 때문이다. 즉 '하나님의 법'이다.[101] 이 장로회 체계가 하나님의 법인가 하는 문제는 웨스트민스터 총회의 중요한 논쟁점 중의 하나였다.[102]

이 장로회가 '하나님의 법'임을 지지하기 위하여 길레스피는 신약성경에서 네 가지 전제를 제시한다: ① 사도들이 교회를 세운 많은 도시들 안에는 한 장소에 모여서 예배를 드리거나, 드릴 수 있는 것보다 더 많은 성도들이 있었다. ② 이 도시들에는 다수의 다스리는 장로들 뿐만 아니라, 다수의 말씀의 사역자들 있었다. ③ 그럼에도 불구하고 도시 안에서 전체 수의 그리스도인들은 한 교회였다. ④ 한 도시 안에서 전체 수의 성도들과 몇 개의 성도들의 모임들이 한 보편적인 장로회에 의해서 통치를 받았다.[103]

길레스피는 교회의 권세는 교회의 왕이시며 중보자이신 예수 그리스도에 의해서 세워진 것이라고 하였다. 그 분 만이 양심에 대한 권세를 가지고 계신다. 그럼에도 불구하고 그 분은 집사들을 세워서

100) G. Gillespie, *Aaron's Rod Blossoming*, 143: "There four considerations being laid together, concerning an instinsical ecclesiastical power of assembling together synodically; of choosing and sending commissioners with a synodical epistle to the churches in other parts; of providing effectual and necessary remedies both for heresies, scandals and schisms, arising in the church; of making and imposing binding decrees on the churches, will infallibly prove from Scripture authority another government in the church beside magistracy."
101) G. Gillespie, *One hundred*, 35: "… , granted them by divine richt…"
102) 김중락, "에라스투스주의(Erastianism) 논쟁과 영국혁명(The British Revolution),", 46-56. 에라스투스주의자들은 이러한 권한이 사역자들에 의해서 남용되는 것을 두려워하여 반대하였다.
103) W.D.J. McKay, *An Ecclesiastical Republic*, 102: "1. in many cities where the apostles planted churches there were more Christians than did or could meet for worship in one place. 2. in those cities there was a plurality not only of ruling elders but of ministers of the Word. 3. nevertheless the whole number of Christians in the city was one church. 4. the whole number and several companies of Christians in one city were all governed by one common presbytery."

그 분의 가족들에게 신비를 나누어 주게 하셨을 뿐 아니라 열쇠를 넘겨 주셨다.[104] 그러나 기억해야 할 것은 이 열쇠를 목사나 장로와 같은 어느 개인에게 주신 것이 아니라 교회에게, 즉 장로회에게 주셨다.[105] 여기서 길레스피는 '통일성'(uniformity)을 위해서 교회 정치 제도가 필요함을 주장한다. 그는 이 장로회에 의한 통일성이 실천적인 유익이 있다고 말한다. "절박한 위험, 시시각각 다가오는 악, 급박한 고충들, 자라나는 걸림돌이 될만한 죄들, 분파들의 생성, 몰래 들어오는 이단들, 퍼지는 악들"을 교정하고 막기 위한 것이며, "하나님의 영광과 교회의 성장, 그리고 평화"를 가지고 오기 위한 것이다.[106] 장로회들의 거룩한 협력으로 인하여 교회는 '하나의 군대'(as the camp of an Army)와 같이 잘 정리될 수 있다.[107] 길레스피는 실제적인 유용성을 위하여 장로회 제도를 주장한다.

그러나 이 통일성은 중세 로마 교회가 추구하던 '일치성'(conformity)으로 인하여 많은 반대를 받는다. 길레스피가 언급하는 통일성은 주교 제도의 일치성이나 불법적인 의식을 위해서 양심을 억압하는 것을 말하지는 않는다.[108] 그는 하나님의 교회들이 '믿음의 고백', '예배서', '교회 정치와 교리 문답의 한 형태'를 위한 통일성을 말한다.[109] 그렇다면 이러한 장로 교회정치의 통일성과 로

---

104) G. Gillespie, *One hundred*, 22: "But the Lord hath appointed his own stewards over his own family, that,… they may give to everyone their allowance or portion, and to dispense his mysteries faithfully; and to them he hath delivered *the keys*… "
105) G. Gillespie, *One hundred*, 26: "Neither was it given by Christ to one, either pastor or elder, much less to a prelate, but to the church; that is, to the *consistory of presbyters*."
106) G. Gillespie, *One hundred*, 35.
107) G. Gillespie, *One hundred*, 31.
108) G. Gillespie, *A Treatise*, 82.
109) G. Gillespie, *A Treatise*, 82: "Yet I must needs justify… to endeavour to bring the churches of God in the three kingdoms to the nearest conjunction and uniformity in one confession of faith, one directory of worship, one form of church government and catechism."

마 교회의 일치성 사이에는 어떠한 차이가 있는가? 길레스피는 이
에 대하여 7가지 예를 들어서 설명하지만, 크게 하나의 명제로 압축
될 수 있다. 말씀에 의거하지 않은 불법적인 일과 잘못된 의식을 행
하는 것이 로마 교회의 일치성이다. 그러나 불법하지 않은 일과 말씀
에 따른 의식의 통일을 기하는 것은 장로 교회에서 추구하는 통일성
(uniformity)이다.[110] 길레스피는 정당한 말씀에 따른 의식의 통일
성이 구약에서 뿐만 아니라, 신약에서도 존재하였다고 말한다.[111]

이와 관련하여 1644년 1월 19일 첫 번째 위원회가 총회에 보고한
내용을 살펴 볼 필요가 있다. 위원회는 두 가지 전제를 보고하였는
데, 이것은 어떤 논쟁없이 넘어간 것이었다. 길레스피에 따르면 그들
은 다음과 같이 보고하였다: 성경은 한 교회 안에 장로회가 있다는
것을 계속해서 보여준다. 딤전 4:14; 행 15:2,4,6에 의해서 증명된
다. 한 장로회는 말씀의 사역자와 교회의 통치를 담당하기 위해서 이
미 투표를 한 다른 공적인 사역자들로 이루어진다.[112] 이 보고는 큰
문제가 되지 않았다. 독립교회주의자들 역시 이 보고를 받아들일 수
있었다. 그들도 개 교회의 수준에서 말씀 사역자와 장로들로 구성된
장로회가 있다는 것을 인정했기 때문이다. 논쟁은 다른 데에 있었다.
그것은 위원회가 보고한 장로회에 대한 세 번째 전제에서 발생하였
다: 성경은 계속하여 많은 개별 공동체들이 한 장로회 정치 기구 아
래 있을 수 있다는 것이다.[113] 이에 대하여 독립교회주의자들은 계속
해서 항변하였고, 2월 22일 논쟁이 시작되었다. 이 논쟁은 길레스피
가 5월 9-10일에 기록한 *Notes*에 있는 '*Memorandum*' 안에 요약

110) G. Gillespie, *A Treatise*, 82-83.
111) G. Gillespie, *A Treatise*, 84: "… , there was in the Old Testament a
  marvellously great uniformity both in the substantials and rituals of the
  worship and service of God… . Of the church of the New Testament it was
  prophesied, that God would give them one way as well as one heart.… "
112) G. Gillespie, Notes, 6; W.D.J. McKay, *An Ecclesiastical Republic*, 100.
113) G. Gillespie, *A Treatise*, 138.

이 되어 있다. 그는 여기에서 여섯 가지 논점을 가지고 장로 교회주의자들의 근거 안에 있는 장로회들의 모임을 변호하였다.[114]

① 그리스도께서 제정하셨다(마18:17). ② 회중 모임에 대한 사도적 형식은 사역자과 구성원들로 고정되어 있는 우리의 모임과 실질적으로 차이가 없다. ③ 성경의 일반적인 원리들, 예를 들어 두 명의 증인은 한 명보다 낫다. ④ 그리스도와 국가 안에서 사용하는 본성의 빛. ⑤ 필연성의 법, 예를 들어 상고를 위한 재판정에 대하여. ⑥ 만약 사람들은 모임에서 선택받는 것이 허락되었다면, 우리는 우리 자신의 회중을 완전하게 하는데 도움을 주는 사람들을 가져야 하며, 우리들은 그 형제들의 회를 무시하지 말아야 한다.

길레스피는 작품 An Assertion에서 대회를 세우는 것이 하나님의 법이며, 그 아래 당회가 있다는 것을 증명하려고 하였다. 여기에서 여섯 개의 논증을 세우는데 각각 그 논증은 본성의 빛, 그리스도가 제정하심, 구약 유대 교회, 사도행전 15장과 기하학적 비례와 필요성이다.[115] 그는 그리스도께서 제정하셨다는 사실을 증명하기 위해서 마 18:20과 행 15:6을 들고 있으며, 장로들이 대회와 총회 아래 있기를 원하셨다고 주장한다.[116] 그는 특별히 어느 종류의 대회가 있어야 하는지 까지 성경에 있지는 않다고 말한다. 그러나 본성의 빛에 의해서, 그리고 하나님의 말씀의 일반적인 원리에 의해서 교회가 정

---

114) W.D.J. McKay, *An Ecclesiastical Republic*, 101: "1. Christ's institution–Matthew 18:18. 2. the apostolic pattern of association of congregation 'not materially different from ours in the point of fixedness of officers and members (as the Assembly hath voted)'. 3. the general rules of Scripture, *e.g.* two witnesses better than one. 4. the light of nature which applies in Church ans State. 5. the law of necessity, e.g. regarding a tribunal for appeals. 6. if people were allowed to choose regarding association 'then we should have many who would affect an absoluteness in their own congregation, and despise the followship of their brethen… .'"
115) G. Gillespie, *A Treatise*, 153–89.
116) G. Gillespie, *A Treatise*, 159.
117) G. Gillespie, *A Treatise*, 160.

할 수 있다고 말한다.[117] 그렇다면 이 교회 정치를 이루는 직분자들은 어떤 사람들인가?

(5) 교회의 직분자들에 대하여

마틴 부써의 영향 속에서 칼빈은 교회의 4중 직제 – 목사, 장로, 집사, 교사 – 를 정리하였다.[118] 이러한 4중 직제는 그 후에 오는 개혁파 신학자들에게 전달되었다. 이런 면에서 스코틀랜드 개혁파 신학자들 역시 크게 칼빈의 사상을 벗어나지 않는다.

길레스피는 사도들 이후에 교회에 영속적인 거룩한 질서(sacred order)가 존재한다고 주장한다. 이 질서는 두 가지인데, 집사와 장로이다. 여기서 집사는 육체와 관련된 일을 수행하는 직분이다. 그리고 장로는 영적인 일을 수행하는 직분이다. 또한 집사는 재산과 관련된 것이라면, 장로는 교회의 정치와 관련되어 있다.[119] 계속해서 길레스피는 장로에는 세 가지 종류가 있다고 말한다. 첫째, 설교하는 장로, 또는 목사이다. 둘째, 가르치는 장로, 또는 교사이다. 셋째, 다스리는 장로이다.[120] 그는 이 모든 자들이 장로이며, 교회 정치가 이 세 부류의 장로들의 의무이다. 즉 교회 정치는 목사와 장로뿐만 아니라, 교사들에게도 연관되어 있다.

여기서 길레스피는 교회에 이중적인 권세가 있다고 말한다. 하나는 질서권(power of order)이고, 다른 하나는 사법권(power of jurisdiction)이다. 그는 이 질서권과 사법권이 무엇인가, 그리고 그

---

118) 최윤배, 『깔뱅신학 입문』(장로회신학대학교출판부, 2011), 427: "스트라스부르에서 1538년부터 1541년에 함께 동역했던 종교개혁자 마르틴 부써가 창안한 목사, 교사, 장로, 집사를 포함하는 교회의 네 가지 직분을 깔뱅은 그대로 받아들여 제네바로 돌아 오자마자 1541년에 작성한 『제네바 교회법 초안』(*Projet d'ordonnances ecclesiastiques*)에 다음과 같이 반영했다."

119) G. Gillespie, *A Treatise*, 8.

120) G. Gillespie, *A Treatise*, 8: "Now Elders are of three sorts. 1. Preaching Elders or Pastors. 2. Teaching Elders or Doctors. 3. Ruling Elders."

차이에 대하여 네 가지로 설명한다. 첫째, 질서권은 장로에 의해서 행하는 것으로서 어떤 위원회나 교회의 동의없이 이루어지는 것이다. 즉 말씀을 설교하고, 성례를 행하며, 결혼을 주례하고, 병자를 방문하며, 꾸짖는 일이다. 하지만 사법권은 사역자 개인이 아니라 장로회(presbytery)와 대회(synod)에 의해서 수행되는 것이다. 그리고 때때로는 사역자에 의해서 이루어지나 의회와 함께 이루어진다.[121] 둘째, 질서권은 극단적이고 근본적인 권세이며, 사역자를 받을 만하게 만들며 사법권을 가능하게 한다. 셋째, 질서권은 양심의 법정 이상을 나아가지는 않지만, 사법권은 외적인 교회 법정에서 실행된다. 넷째, 질서권은 그 사용에 있어서 때로 불법적이라고 할지라도 무효가 아니지만, 사법권은 불법적으로 사용되면 무효가 된다.[122] 여기서 길레스피는 이 교회 법정에서 이루어지는 사법권이 장로회와 대회에 의해서 이루어진다는 것을 중심에 놓는다. 그렇다면 이 사법권을 갖는 장로회에 어떤 사람들이 참여하는가?

길레스피는 사법권을 수행하는 권한은 목사뿐만 아니라, 다스리는 장로에게도 속한 것이라고 말한다. 모든 사법권은 의회에서, 그리고 교회의 대표적인 모임에 속한다. 여기에서 다스리는 장로들은 꼭 필요한 구성원이고, 목사 못지않은 결정적인 권한을 갖는다.[123] 길레스피가 주로 논하는 내용은 이 사법권을 가진 장로회에 속한 목사와 장로직의 정당성과 임직이다. 이 내용은 에라스투스주의자들과 차이가 있었다.

1) 목사에 대하여

에라스투스주의자들은 목사의 소명에 대해서 부정하였다. 그들은 사역자들이 더 이상 그리스도의 대사들이 아니며, 특별한 소명이나

---

121) G. Gillespie, *A Treatise*, 12-13.
122) G. Gillespie, *A Treatise*, 13.
123) G. Gillespie, *A Treatise*, 14.

말씀과 성례를 위해서 따로 정하지 않는다고 가르쳤다.[124] 그러나 길레스피는 이에 대하여 사역자는 공직자와 사적인 기독교인들과는 다르게 세상 마지막까지 그리스도께서 정하신다고 주장하였다.[125] 그리스도께서 교회에 사도, 선지자, 복음 전도자를 주신 것 같이, 지금은 사람이 아닌 하늘로부터 목사와 교사를 주고 계신다. 여기에 대한 주된 근거가 되는 성경 본문은 마 28:19-20과 엡 4:11-13이다. 길레스피는 하나님께서 사역자들을 세우셨다고 한다. 첫째, 하나님은 말씀의 사역자를 정하셨는데, 법적으로 부르시고 정하셔서 그리스도의 신비의 집사와 맡은 자가 되게 하셨다(고전9:1). 둘째, 사역자들은 법적으로 부름을 받고 정해졌다. 그리고 그리스도는 그들을 목사와 목자가 되게 하셔서 하나님의 양떼를 먹이게 하셨다.[126] 이로서 길레스피는 그리스도의 교회 안에서 지속적이고, 합법적인 사역자 임직이 있다는 것을 주장하려고 한다.

그러나 이러한 주장에 대하여 반론이 있다. 그것은 로마 교회로부터 인정을 받지 못한 첫 종교 개혁자들의 임직이 과연 합법적이냐 하는 것이다. 여기에 대해서 길레스피는 특별한 경우에 의한 예외를 허락한다. 즉 하나님의 백성들의 동의와 함께 내적인 하나님의 부르심이 이루어졌다면 사역을 감당할 수 있다는 것이다.[127] 여기서 길레스피는 로마 교회로부터 내려오는 임직의 연속성과 불연속성의 문제를 다루려고 하지 않는다. 중요한 사실은 스코틀랜드 교회는 이러한 임직의 연속성을 어떤 신비스럽거나 마술적인 능력의 전수로 생각하지 않았을 뿐 아니라, 도리어 이런 측면을 거절하려고 하였다는 것이

---

124) G. Gillespie, *A Treatise*, 1.

125) G. Gillespie, *A Treatise*, 1: "To make sure this principle, that the ministry, as it is distinct both from magistracy and from privata Christians, is a perpetual standing ordinance of Christ in his church to the end of the world."

126) G. Gillespie, *An Treatise*, 37-38.

127) W.D.J. McKay, *An Ecclesiastical Republic*, 142-43.

128) W.D.J. McKay, *An Ecclesiastical Republic*, 143.

다. [128)]

또 다른 사역자 임직에 대한 반대 주장은 벧전 2:9과 계 1:9에 근거한 것이었다. 모든 성도들이 제사장들이기에 사역자가 더 이상 필요 없다는 것이다. 여기에 대해서 길레스피는 벧전 2:9의 문맥을 살피면서 성도들이 '영적인 제사장'이라는 것에 대해서는 동의한다. 그러나 성도들 전체가 '공적인 사역 수행'을 위한 제사장은 아니라고 정의한다. [129)] 이것은 구약에서도 마찬가지이다. 출19:6에 의하면 이스라엘 자체가 제사장의 왕국이지만, 공적인 사역을 위한 아론이라는 제사장이 있었다. [130)] 길레스피는 모든 믿는 자가 제사장이라는 가르침은 모든 성도가 공적인 예배와 교회 통치에 관련되어 있지는 않다고 주장한다.

길레스피에게 있어서 성경에 나오는 '감독'(bishop)은 다스리는 장로를 제외한 목사에게만 적용되는 것이다. 그는 *An Treatise*에서 일곱 교회의 보낸 편지에 대해서 언급하면서 '감독 또는 목사'라고 말한다. 이러한 이해는 *An Assertion*에서도 나타난다. 그는 행 20장의 내용을 언급하면서 바울이 에베소에 있는 감독들, 또는 목사들을 만났다고 언급한다. [131)] 그는 감독과 목사를 동일한 것으로 이해한다. 이것은 스코틀랜드 교회에서는 일반적인 것이었다. 그의 동료 였던 알렉산더 헨더슨 역시 감독이 목사 위에 서는 것에 대해서 반대하며, 감독직과 목사직을 다르지 않은 것으로 이해한다. [132)]

이런 문제들과 함께 길레스피는 *An Treatise* 제3장에서 임직에 대한 문제를 정리한다. 여기서 길레스피는 임직이 유일한 사역자가 되는 길이거나, 혹은 안수를 하여 임직하는 것이 본질적이고 필수적인

---

129) G. Gillespie, *A Treatise*, 3: "As to these, all believers are, indeed, an holy priesthood, but not as to public ministerial administrations."
130) G. Gillespie, *A Treatise*, 3.
131) G. Gillespie, *An Treatise*, 145.
132) A. Henderson, *The Unlawfulness and Danger of Unlimited Prelacie, or Perpetual Presidensie in the Church, Briefly discovered* (1641), 4.

것으로 아는 것에 대해서는 부인한다.[133] 그는 임직을 하는 형식, 즉 안수를 하는 것이 일반적인 방법이기는 하지만, 임직의 본체와 형태적 행위는 서로 구별한다.[134] 그는 이러한 구별이 칼빈, 부써, 우르시누스에게서도 있었다고 한다. 감독에 의해서 안수하여 임직하는 것이 필수적이라고 본 영국국교도와 구별되게 길레스피는 둘을 구별한다.[135] 길레스피는 그의 작품 *A Dispute Against the English Popish Ceremonies*에서 임직을 하지 않을 수 있다고 주장한다.[136]

그렇다면 임직이 필요 없는가? 그렇지는 않다. 오히려 길레스피는 *An Assertion*에서 사역자가 임직을 거쳐야 하는 열 가지 이유를 제시한다. 그 근거는 다음과 같다. 첫째, 본성의 빛이다. 둘째, 롬 10:15. 셋째, 교회 사역자를 정하고 세우는 것에 대한 성경의 기록이다. 넷째, 히 5:4이다. 다섯째, 히 6:1,2. 여섯째, 교회의 사역자를 세웠던 사도들과 다른 자들의 예이다. 일곱째, 성경의 복음 사역자들 단체이다. 여덟째, 딤후 2:2. 아홉 번째, 하나님의 말씀에 동의하는 종교 개혁을 추구하려는 우리의 언약의 의무에 따라서이다. 열 번째, 분명한 소명과 합법적인 임직 없이는 사람들이 하나님의 말씀을 전하는 사역자를 받을 수 없기 때문이다.[137]

그렇다면 사역자 선택은 어떻게 이루어지는 것인가? 이에 대해서 길레스피의 설명은 분명하다. "그는 장로회의 투표에 의해서, 그리

---

133) G. Gillespie, *A Treatise*, 14-15.

134) G. Gillespie, *A Treatise*, 15: "Imposition of hands is a rite used in ordination, after the example of the primitive churches… , but the substance, essence, and formal act of ordination, is another thing."

135) W.D.J. McKay, *An Ecclesiastical Republic*, 162.

136) W.D.J. McKay, *An Ecclesiastical Republic*, 163: "He goes on to show why this is the case. 'The apostles, indeed, by laying on of their hands, did signify their giving the gift of the Holy Ghost; but, now, as the miracle, so the mystery hath ceased, and the church not having such power to make the signification answer to the sign, if now a sacred or mystical signification be placed in the rite, it is but an empty and void sign, and rather minical than mystical.'"

137) G. Gillespie, *A Treatise*, 15-23.

고 회중의 다수, 또는 과반수의 동의에 의해서 자유롭게 선택되는데, 이것은 그가 교회의 저항이나 반대에 방해받지 않게 하기 위한 것이다."[138] 장로회나 회중 어느 한편의 일방적인 결정이 아니라, 둘 다의 찬성이 필요하다. 둘 다의 찬성이 필요하다는 것에 대해서 길레스피는 다섯 가지의 증거를 제시한다. 성경, 초대 교회, 개신교 교회의 신학자들, 건전한 이성, 그리고 반대자들의 신앙 고백이다.[139]

2) 다스리는 장로에 대하여

길레스피의 관점에서 다스리는 장로는 두 가지의 의무를 가지고 있었다. 하나는 '회개의 의무'(duties of his conversation)와 '소명의 의무'(duties of his calling)이다. '회개의 의무'는 사도 바울이 말씀 사역의 회개를 위해서 요구한 것과 같은 것이다. 그리고 소명의 의무가 있다. 소명의 의무는 두 가지이다. 질서권과 사법권에 속한 것인데 다음과 같다: "첫째, 교회의 모든 회의에서 돕고 말하는 것이다. 이것은 그들의 사법권이다. 둘째, 언급하였던 모든 방법으로 전체 무리를 부지런히 살피고, 모든 다른 그리스도인들이 사랑 안에서 행해야 하는 것을 권위를 가지고 행하는 것이다. 이것은 질서권이다."[140] 그렇다면 어떤 권위에 의해서 길레스피는 이러한 다스리는 장로의

---

138) G. Gillespie, *A Treatise*, 4: "… , that he be freely elected by the votes of the eldership, and with the consent… of the major or better part of the congregation, so that he be not obtruded, renitente et contradicente ecclesia.";
조엘 비키, 마크 존스, 『청교도 신학의 모든 것: 삶을 위한 교리』, 김귀탁 역 (서울: 부흥과개혁사, 2012), 738: "오웬과 마찬가지로 러더퍼드는 선택과 임직 사이를 구분한다. 사실 파웰은 스코틀랜드 장로교인인 조지 길레스피(1613-1648)는 웨스트민스터 총회에서 "평신도의 교회 직원 선임은 출교 및 임직과 같은 '관할권과 권위' 문제가 아니므로 선임은 '원래 회중에게 속해 있는' 것"이라고 주장했다고 지적한다."

139) G. Gillespie, *A Treatise*, 4.

140) G. Gillespie, *A Treatise*, 16: "1. To assist and voyce in all Assemblies of the Church, which is their power of Jurisdiction. 2. To watch diligently over the whole flock all these wayes which have been mentioned, and do doe by authority that which other Christians ought to doe in charity, which is their power of order."

의무를 말하고 있는가? 크게 두 가지 종류의 근거를 말한다. 첫 번째
는 성경의 근거이다. 길레스피는 다스리는 장로를 구약의 유대인의
교회에서부터 끌어낸다. 길레스피는 구약과 신약의 체계의 평행성과
관련하여 네 가지 직분의 질서가 있다고 말한다. 구약의 체계에서는
제사장, 레위인, 교사들과 장로들이다. 신약의 체계에서는 목사들,
집사들, 교사들과 장로들이다.[141] 여기서 길레스피는 구약의 제사장
과 레위인의 모형적 측면을 인정한다.[142] 또한 신약 본문들이 있다.
먼저 그는 마 18:17에서 논증을 끌어내고 있다. 이 구절에서 예수께
서는 범죄자들에 대해서 '교회에 말하라'(tell the Church)고 하신다.
길레스피는 이 '교회'는 땅에서 묶고 푸는 권세를 가진 사도들과 복음
의 사역자들을 의미한다고 이해한다.[143] 여기서 '교회'는 보편 교회,
지교회 혹은 모임, 한명의 주교, 그리고 기독교 공직자들을 의미하지
않는다.[144] 길레스피는 카메론(Cameron), 잔키우스(Zanchius) 그
리고 유니우스(Junius)의 예를 들어서 '교회'는 장로회를 의미하며,
이 장로회는 목사와 다스리는 장로로 이루어져 있다.[145] 다음으로
롬 12:8에서 바울은 지금 그리스도의 전체 지체가 가지게 되는 은사
를 말하는 것이 아니다. 길레스피에 따르면 바울은 교회 직분에 대해
서 언급하고 있는데, '다스리는' 직분은 다스리는 장로를 가리키고 있
다.[146] 그리고 또한 고전 12:28에서 다스리는 장로에 대한 근거를 끌
어낸다. 그리고 마지막으로 딤전 5:17에서 근거를 낸다.

두 번째 근거는 교부들의 증거와 개혁파 신학자들의 증거이다. 교
부들은 암브로스(Ambrose), 터툴리아누스(Tertullian), 키프리아
누스(Cyprian), 크리소스톰(Chrysostom), 히에로니무스(Jerome),

141) G. Gillespie, A Treatise, 18-19.
142) W.D.J. McKay, An Ecclesiastical Republic, 202.
143) G. Gillespie, A Treatise, 29.
144) G. Gillespie, A Treatise, 29-30.
145) G. Gillespie, A Treatise, 31.
146) W.D.J. McKay, An Ecclesiastical Republic, 207.

아우구스티누스(Augustin), 오리게누스(Origenus) 이다.[147] 종교개혁자들과 후기 개혁파 신학자들은 칼빈(Calvin), 베자(Beza), 에임스(Ames), 부써(Bucer), 켐니츠(Chemnitz), 게르하르드(Gerhard) 등 이다.[148]

그렇다면 다스리는 장로는 어떤 역할을 하는가? 앞에서 언급한 대로 다스리는 장로는 교회 법정에서 중요한 역할을 한다. 사라비아(Hadrian a Saravia) 같은 경우에 다스리는 장로는 사역자들을 돕는 자들에 불과했다.[149] 그러나 길레스피는 목회자 못지않게 다스리는 장로 역시 교회 법정에서 결정적인 역할을 한다고 주장하였다. 그는 아홉 가지 논증을 들어서 주장하지만, 내용을 크게 네 가지로 분류할 수 있다. 그는 먼저 성경(행 1:26)의 사도들의 공의회의 예와 유대인들에게 있는 교회 법정을 예로 든다(1-2번째 논증). 여기서는 권면하는 권세에서 장로들이 제사장과 동일한 권한을 가지고 있었다고 한다. 두 번째로 교회사에 있었던 옛 공의회의 예와 함께, 심지어 로마 교회 안에서 조차도 공의회에 평신도가 참여해야 한다는 의견이 있다고 한다(3-5번째 논증). 세 번째로 논리적인 이유로서 교회 법정이 대표성을 띄기 위해서는 사역자들만 참여해서는 안된다는 것이다(6-8번째 논증). 마지막은 성경에서 '장로'라는 명칭 자체가 그들이 판단하는 사역을 하는 사람임을 보여준다고 말한다(9번째 논증).[150]

그들은 어떻게 직분을 받게 되는가? 길레스피는 다스리는 장로 역시 목사에게 주는 임직만큼이나 적절한 것이라고 말한다. 그는 여기에서 안수에 대한 문제를 잠깐 다룬다. 그는 장로에게 안수를 하는 것이 임직에 반드시 필수적인 아니라고 한다. 왜냐하면 목사 임직과

---

147) G. Gillespie, *A Treatise*, 57-73.
148) G. Gillespie, *A Treatise*, 73-77.
149) G. Gillespie, *A Treatise*, 94-95.
150) G. Gillespie, *A Treatise*, 95-100.

동일하게 안수를 하는 것은 임직의 행위가 아니라, 임직의 표이기 때문이다. 그러므로 안수라는 것이 꼭 임직에 들어가야 하는 것은 아니다.[151] 이 주장과 관련하여 길레스피는 칼빈, 켐니츠, 제랄드, 부카누스, 유니우스, 부써 등의 신학자들의 이름을 언급하고 있다. 전체 교회의 공지, 그리고 동의와 함께 장로를 선택한 후에 공적인 지명으로 장로 기능에 대한 권한과 의무를 지게 된다고 설명한다.[152]

마지막으로 길레스피는 다스리는 장로의 직분의 기한에 대해서 다룬다. 그는 이에 관련하여 두 가지를 주장한다. 하나는 댓가를 받지 않는다는 것이며, 다른 하나는 평생직이 아니라는 것이다.[153] 이것은 상황에 따라서 가변적이다. 이 주장에 대해서 길레스피는 구약의 예를 들고 있다. 나이든 레위인들은 항상 봉사하지 않으며, 그들이 50살이 되었을 때, 레위인들의 직분에서 자유롭게 되었다. 또한 길레스피는 두 개의 본문, 마 10:8-9과 고전 9:18을 들어서 예수의 제자들과 바울도 대가를 받지 않고 사역을 하였다고 설명한다.[154] 이로서 그는 주장하기를 "사역을 중단하는 것, 지속하지 않는 것, 그리고 손으로 일하는 것이 상호 충돌하는 것이 아니며, 말씀 사역의 소명의 본성에 일치하지 않는 것도 아니라는 것이 지금 어떤 경우에 인정될

---

151) G. Gillespie, *A Treatise*, 103: "for imposition of hands is not an Act but a signe of Ordination, neither is it a necessary signe but is left free"

152) G. Gillespie, *A Treatise*, 104: "After the election of Ruling elders, with the notice & consent of the whole church, there followeth with us a publique designation of the persons so elected, and an authoritative or potestative Mission, Ordination, or Deputation of them unto their *Presbyteriall* functions, together with publique exhortation unto them, which wee conceive to bee all that belongth either to the essence, or integrity of Ordination."

153) G. Gillespie, *A Treatise*, 105: "Neither is a stipend, nor continuance in the Function till Death, essentiall to the Ministry of the Church, but seperable from the same."

154) G. Gillespie, *A Treatise*, 105.

155) G. Gillespie, *A Treatise*, 105-6: "… , that the intermission of the exercise of the ministry, the want of maintainance and labouring with the hands, are not altogether repugnant, nor inconsistent, with the Nature of the vocation, of the Ministers of the Word, but in some cases hic & nunc, may bee most approveable in them, much more in Ruling Elders."

수 있으며, 다스리는 장로에게는 더욱 더 그렇다.[155]

이렇게 장로직이 평생직이 아니라고 하는 길레스피의 주장은 현 한국 교회가 귀담아 들을 필요가 있다. 한국 교회는 장로직이 평생직이다. 그리고 이러한 평생직이 된 장로직은 현 한국 교회가 안고 있는 교권정치의 문제점의 한축으로 제기되고 있는 것이 현실이다.[156] 이러한 한국 교회의 문제에 대하여 길레스피의 주장은 보완점이 될 수 있을 것이다.

(6) 교회 치리의 실행

길레스피는 *Aaron's Rod Blossoming*의 많은 부분을 장로 교회의 치리를 설명하는데 할애한다. 이 주제에서 주장점은 크게 두 가지이다. 교회에게 회개하지 않는 악인들을 출교시킬 권세가 있다는 것과 악인을 출교하기 이전에 성찬을 금지시킬 수 있다는 것이다. 에라스투스주의자들은 출교권을 세속 권세자가 가지고 있다고 주장하였고, 윌리엄 프린은 성찬 금지가 곧 출교라고 주장하였다.[157] 그는 성찬 금지를 구별된 법적 단계라고 생각하지 않았다. 길레스피의 *Aaron's Rod Blossoming*의 세 번째 책은 이 프린네의 주장을 반박하는 것을 주된 내용으로한다.

길레스피는 다음과 같이 주장한다. "성경의 인정을 받은 증거는 이것들인데, 왜냐하면 법령 자체가 부패해서는 안되며, 우리는 무질서하게 사는 사람들로부터 멀리해야 하기 때문에, 그리고 개인과 또한 전체 교회에게 미칠 수 있는 큰 죄와 위험이기 때문이다. 총회가 모든 것을 증명하는데 근원이 되는 성경은 마 7:6, 살후 3:6,14,15,

---

156) 유경재, "한국 교회의 위기, 무엇이 문제인가?: 직제를 중심으로" (종교개혁기념토론회 주제강연, 2009년 10월 29일, 기독교회관 2층 강당), http://www.dangdangnews.com/news/articleView.html?idxno=12049.

157) W.D.J. McKay, *An Ecclesiastical Republic*, 230.

고전 11:27부터 끝까지이며, 유 23절과 딤전 5:22과 비교된다. 총회에 의해서 덧붙여지는 또 다른 증거는 이것이다. 구약 성경에서는 거룩한 것으로부터 불결한 사람을 지키기 위한 권세와 권위가 있었다.… 그리고 유비에 의해서 이와 같은 권세와 권위가 신약에도 계속되는데, 아직 교회로부터 쫓겨나지 않은 사람을 성찬에서 금지시키는 권위를 위한 것이다."[158]

길레스피는 프린이 성찬 금지와 출교를 섞어 버리는 것에 대해서 반하여 출교는 성찬 금지가 선행되지 않고는 이루어져서는 안된다고 주장하였다. 그는 주의 성찬을 금지시키는 것을 하나의 단계로 증명하기 위하여 노력하는데, 키프리아누스(Cyprian)와 터툴리아누스(Tertullian)의 증거와 의식적인 불결함과 도덕적인 더러움에 대한 구약의 증거를 제시한다.[159] 그러나 길레스피가 주장하는 바, 성찬 금지와 출교는 분리해야 된다는 주장은 주로 두 개의 성경 본문을 의지하고 있다. 하나는 마 18:15-17이며, 다른 하나는 고전 5장이다.

첫째, 마 18:15-17에서부터 길레스피는 다음과 같은 결론을 추론해 낸다. ① 그는 '이방인과 세리와 같이 여기라'(마 18:17) 라는 말씀이 오직 교회 공동체와 관련되어 있다고 말한다. 프린은 마 18:15-17이 사회에 대한 범죄이며, 사회 공동체로부터 제외시키는 것이라고 주장하였다. 그러나 길레스피는 프린이 이것을 증명하기

---

158) G. Gillespie, *Aaron's Rod Blossoming*, 157: "The proofs from Scripture voted were these, – because the ordinance itself must not be profaned; and because we are charged to withdraw from those who walk disorderly; and because of the great sin and danger both to him that comes unworthily, and also to the whole church. The Scriptures from which the Assembly did prove all this, were Matt.vii.6; 2Thes.iii.6,14,15; 1Cor.xi.27, to the end of the chapte, compared with Jude, ver.23; 1Tim.v.22. Another proof added by the Assembly was this: There was power and authority under the Old Testament to keep unclean persons from holy things,… and the like power and authority by way of analogy continues under the New Testament, for the authoritative suspension from the Lord's table, of a person not yet cast out of the church."
159) W.D.J. McKay, *An Ecclesiastical Republic*, 232.

위해서 구약과 신약에서 유대인들과 그리스도인들은 이방인들과 교제를 하는 것이 금지되어 있었다고 주장해야 한다고 말한다. 왜냐하면 이방인과 세리와 같이 여기라는 것이 그들과 교류가 없는 유대인과 그리스도인의 사회 공동체로부터 쫓아내는 것이라는 의미를 가져야 하기 때문이다.[160] 길레스피는 이방인과 교제를 하지 않는다는 것은 불가능하다고 말한다. 또한 성경이 이에 찬성하지 않는다. 고전 10:27과 고전 5:10-12을 통하여 성도들이 이방인과 교제하고 있다는 것이 증명된다.[161] 그러므로 길레스피의 관점에서 마 18:17은 교회 공동체에서 제외되는 것이다. 그는 이방인과 세리와 같다는 것에 대하여 시민의 일에 관해서 나쁜 사람을 말하는 것이 아니고, 오히려 영적인 일에 있어서 이방인과 세리와 같다는 방식으로 이해해야 한다고 말한다.[162]

② '교회에 말하라'(마 18:17)는 것은 단순히 '많은 사람에게 말하라'는 것이 아니다. 길레스피는 교회, 즉 *ekklesia*라는 말의 의미가 단순히 둘, 셋 이상의 많은 사람들을 말하는 것이 아니라, 재판과 결정을 위해서 모인 재판권을 가진 교회를 의미한다고 주장한다.[163] 그렇지 않고 단순히 많은 수에게 말하라는 것은 아무런 의미가 없다고 말한다. 그는 '교회에 말하라'는 것이 시민 관리도 아니며, 또는 그저 다수가 아닌, 장로회를 의미한다고 주장한다. 그리고 이 내용에 대해

---

160) G. Gillespie, *Aaron's Rod Blossoming*, 171: "'Let him be to thee as an heathen,' if it be meant of keeping no civil company, he must show us that the Jews of old were, and Christians under the New Testament are, forbidden to keep civil company with heathens and those that are without the church."

161) G. Gillespie, *Aaron's Rod Blossoming*, 175.

162) G. Gillespie, *Aaron's Rod Blossoming*, 179: "What is it to be 'as an heathen and a publican?' He must not be worse used in natural or civil things, yet he must be used in the same manner as an heathen and a publican in spiritual things."

163) G. Gillespie, *Aaron's Rod Blossoming*, 188: "The church mentioned Matt. xviii.17, hath a forensical or juridical power, as appeareth by that of the two or three witnesses, ver. 16, … "

서 많은 신학자들의 주장으로 뒷받침한다. 칼빈, 부써, 일리리쿠스 (Illyricus), 베자, 후니우스, 토사누스, 파레우스, 카트라이트, 카메로, 잔키우스, 유니우스 등이다.[164]

③ 길레스피는 17절의 출교의 문제를 18절의 '묶고 푸는 것'과 관련시킨다. 이에 대해서 여러 가지 주장들이 있었다. 에라스투스와 그로티우스(Grotius)는 묶고 푸는 것을 순전히 개인적인 문제로 돌렸다. 베일슨(Bailson)은 지역의 시민 관리의 일로 보았으며, 프린은 그 행위들은 교회적인 것이지만, 꼭 필요한 것으로는 이해하지 않았다.[165] 이에 비해서 길레스피는 '묶고 푸는 것'을 법정적인 배경에서 해석한다. 그는 다음과 같이 말한다. "묶고 푸는 것은 권위와 권세의 행위인데, 그러한 것들은 어느 개인이나 범죄의 해를 입은 형제에게 속하지 않은 것처럼, 마 18:18에서 말하는 묶고 푸는 것은 교회적이고 영적인 권위의 행위들이다. 이것들은 그리스도의 교회 안에 있는 그 분의 왕국과 통치에 속해 있는데, 시민 관리에게 속한 것이 아니다."[166] 이렇게 묶고 푸는 것은 교리적인 문제뿐만 아니라, 법정적인 문제, 즉 죄에 대해서도 해당된다.

또한 마 18:18에서 나타나는 것은 묶고 푸는 권세가 교회의 직분자들에게 위임되었다는 사실이다. 이런 위임은 개인에게 해당되지 않으며, 직분자들의 행위에 속한다. 세속의 징벌은 나타나지 않는데, 이러한 형벌들은 시민 관원들의 영역이다. 왜냐하면 그들의 판단은 교회와 하나님의 나라에서 묶고 푸는 것과 일치하지 않을 수 있기 때문이다.[167] 정리하면 길레스피는 마 18장의 해석에서 교회직분자들

---

164) G. Gillespie, *Aaron's Rod Blossoming*, 189.

165) W.D.J. McKay, *An Ecclesiastical Republic*, 241.

166) G. Gillespie, *Aaron's Rod Blossoming*, 191: "As binding and loosing are acts of authority and power, such as doth not belong to any single person or brother offended, so the binding and loosing mentioned Matt. xviii. 18 are acts of ecclesiastical and spiritual authority, belonging to the kingdom and government of Christ in his church, but not belonging to the civil magistrate."

167) W.D.J. McKay, *An Ecclesiastical Republic*, 242.

에 의해서 수행되는 교회적인 치리를 주장한다.

둘째, 프린은 고전 5:5의 '이런 자를 사탄에게 내어주었으니'라는 구절을 사도의 기적적인 힘에 의해서, 또는 하나님의 직접적인 허용에 의해서 이루어진 사탄에게 잡히고 고통당하는 것으로 이해하였다.[168] 그는 고전 5장에서 바울이 성찬을 다루지 않고 있다고 생각하였으며, 고전 5:11에서 성찬 금지나 출교에 대해서 언급하고 있지 않다고 생각하였다. 그는 이를 뒷받침하기 위해서 고전 10:16-17의 말씀을 인용하였는데, 영적인 음식과 음료를 마셨던 많은 이스라엘 백성들이 우상 상배와 음욕으로 광야에서 죽은 것과 같이 아무도 성례에서 배제될 수 없다고 하였다.[169] 아울러 프린은 고전 11:20-21에서 성례에 참여한 자들이 이미 취한 상태였다고 해석하였다.[170] 프린은 결론적으로 죄인인 자들이 성례에 참여하였다고 주장하였다.

길레스피는 이러한 프린의 주장에 반박하여 고전 5:1-12을 해석한다. 그는 먼저 고전 5:4-5을 언급하면서 '고린도 교회의 장로회에 의해서 간음한 자들에게 징계를 내리는 것'으로 해석하였다.[171] 길레스피는 이 징계가 바울 사도 개인에 의해서 내려진 것이 아니라, '많은 사람'에 의해서 부과된 것이라고 주장하였다. 그는 고후 2:7,8에 대해서 언급하면서 그 구절에서 '많은 자들'이 범죄자를 용납하고 용서하며, 그를 위해서 사랑을 확증할 권세가 있다고 지적하였다. 그러므로 그들은 범죄자를 징계하고 쫓아낼 권세가 있었다고 한다.[172] 길레스피는 사도가 범죄자를 장로회적으로, 그리고 법정적으로 질책한

168) G. Gillespie, *Aaron's Rod Blossoming*, 198.
169) G. Gillespie, *Aaron's Rod Blossoming*, 198-99.
170) W.D.J. McKay, *An Ecclesiastical Republic*, 248.
171) G. Gillespie, *Aaron's Rod Blossoming*, 202: "There was a censure inflicted upon the incestuous man by the eldership of the church of Corinth,… "
172) G. Gillespie, *Aaron's Rod Blossoming*, 203.
173) G. Gillespie, *Aaron's Rod Blossoming*, 203: "but the Apostle will have those many who had censured him consistorially and judicially, to forgive him in the same manner"

자들이 그를 동일한 법법으로 용서해 주기를 원하였다고 말한다.[173]
길레스피는 다시 고전 5장으로 돌아와서 9-12절에 있는 간음한 자
를 같은 방식으로 징계하려고 하였다고 주장한다.

길레스피는 더 나아가서 고전 5:11의 '… 말고', '함께 먹지도 말라'
는 것은 범죄자와 함께 먹지 말라는 것보다도 더 큰 형벌이 있다는
것이라고 주장한다.[174] 또한 바울은 개개의 그리스도인들에게 자신을
지키기 위해서 범죄자들과 관계를 끊으라고 권하지 않는다. 오히려
사도는 범죄한 형제들을 멀리하는 일을 어느 개인이나 소수의 그리
스도인들이 아닌, 전체 교회에게 하라고 권고한다.[175] 길레스피는 이
본문에서 보이는 판단과 징계는 교회적인 것이고, 그러므로 오직 교
회의 구성원들에게 내린 것이라고 말한다.

4. 신학적 특징들

조지 길레스피의 작품들에서 나타나는 신학적 특징들을 몇 가지로
정리하면 다음과 같다.

첫째, 길레스피의 신학 원리에는 종교 개혁을 따르는 개혁 신학자
의 특징이 나타난다. 그에게는 *Sola Scriptura*의 정신이 나타난다.
그는 모든 주제를 구약과 신약 성경의 본문 연구를 통하여 다루고 있
다. 이것은 그가 성경의 신학자이기를 원했다는 것을 보여준다. 동시
에 그에게는 종교 개혁자들의 두 가지 중요한 신학의 내용이 나타난
다. 교회론의 핵심으로서 '그리스도가 교회의 머리'시라는 것이다. 또
한 성경 해석의 원리로서 '구약과 신약 성경의 통일성'이다. 길레스피
는 이 두 가지 원리로서 교회론과 교회 정치를 전개시켜 나간다.

동시에 길레스피의 신학 원리에는 16,17세기 개혁파 스콜라주의의

---

174) W.D.J. McKay, *An Ecclesiastical Republic*, 249.
175) G. Gillespie, *Aaron's Rod Blossoming*, 203.

특징이 나타난다. 그는 성경과 이성의 관계를 부정적으로 생각하지 않는다. 그는 중세 자연법의 사상 위에서 성경과 이성이 서로 모순되지 않는 것으로 이해한다. 물론 성경은 이성보다 근원적이며, 이성이 타락했다는 전제 역시 거절되지 않는다. 그럼에도 불구하고 이성의 논리적 추론은 교회의 가르침을 위해서 필연적이라고 가르친다. 이러한 신앙과 이성의 관계는 개혁파 스콜라들에게 거의 공통적인 사고였다.[176] 이러한 개혁파 스콜라의 특징 역시 길레스피에게서도 나타난다.

둘째, 앞에서 언급한 바와 같이 길레스피의 교회론의 기초는 '교회의 머리는 그리스도'시라는 원리이다. 이 원리로 시작하여 교회는 세속정치로부터 분리되어 독자적인 정치 체제를 갖게 된다. 이것은 칼빈으로부터 추구하였던 교회의 독자적인 치리 기구의 형태가 발전하여 나타난 것으로 볼 수 있다. 이런 면에서 길레스피는 장로교 정치 체제를 발전시키고 변호한 학자로서 자리를 차지하고 있다.

셋째, 그의 교회론에는 - 장로교회의 특징으로서 - 치리하는 장로와 치리회가 강조된다. 길레스피에 의해서 변호된 장로교 정치 제도가 다른 기타 정치 제도 - 에라스투스주의와 독립교회주의 - 와 구별되어 나타나는 특징은 치리하는 장로에 대한 강조와 치리권이 장로회에 있다. 로마 교회와 감독교회에서는 말씀을 전하는 직분자 외의 성도들은 교회 안에서 큰 의미를 가지지 못한다. 그러나 종교개혁자들은 목사 외에도 교회를 위한 직분자들이 있음을 성경에서 찾아 내었다. 이것은 길레스피에게서도 그대로 나타난다.

또한 교회의 치리권은 개인에게 있는 것이 아니라 장로회에게 있다고 함으로서 치리의 객관성을 강화시켰다. 이 두 가지 내용은 성도들의 연합체인 교회를 더 풍성케 하며, 거룩한 단체로 나아가게 하는데

---

176) 프리츠 브로이어, '개혁파 스콜라주의 발흥의 발자취: 변증적인 신학자 윌리엄 휘터커,' 빌렘 판 아셀트, 에프 데커 편『종교개혁과 스콜라주의』, 한병수 역 (서울: 부흥과 개혁사, 2014), 207.

도움이 된다. 교회의 머리되신 그리스도는 다양한 성도들을 통하여 교회를 풍요롭게 끌어가신다. 이것은 혹 교회가 소수의 사역자에 의해서 움직이는 수동적인 단체가 아닌, 그리스도의 연합체로서 함께 성장을 추구하게 하는 근거가 된다.

넷째, 길레스피의 교회 정치는 교회의 거룩성이라는 실천적인 목적으로 나아간다. 길레스피의 논쟁은 단순히 교회의 정치의 독립성만을 위한 것이 아니다. 이 독립성 확보에는 목적이 있다. 그것은 교회가 그리스도의 몸으로서 추구해야 하는 정결함과 거룩성이다.[177] 교회는 단지 교리의 거룩함만을 추구하지 않는다. 성도들에게는 윤리적인 삶에서의 거룩성 역시 나타나야 한다. 길레스피는 세상의 위정자가 교회의 거룩함을 알지 못한다는 사실을 강조한다. 그들은 교회를 거룩함으로 끌어가지 못한다. 그러므로 교회에는 교회의 직분자들과 장로들로 구성된 통치 기구가 필요하다. 교회의 치리는 교회와 성도의 거룩함을 위하여 반드시 필요하다. 이것은 개혁파 스콜라들이 교리뿐만 아니라, 성도들의 삶에서도 거룩한 삶을 추구했다는 것을 보여준다.

다섯째, 그러나 이러한 길레스피의 교회론에 있어서도 추가로 논증하고 보완해야 할 점이 보인다. 먼저 길레스피의 성경 해석에 있어서 어떤 본문은 다시 검토되어야 한다. 예를 들어서 앞에서 살펴 본 바와 같이 구약 이스라엘에 두 개의 산헤드린이 있다는 해석과 같은 것은 다시 한 번 살펴보아서 더 정확한 해석과 함께 교회 정치를 정립해야 할 것이다.[178]

또한 종교 개혁자들과 길레스피로부터 오는 '두 왕국과 두 통치자'라는 구별과 함께, 성도의 삶의 통일성있는 해석을 위해서는 또 다른 신학적 관점 – 즉 현대의 기독교 세계관적 관점 – 이 추가되어야

---

177) 서요한, 『언약사상사』, 218 :"길레스피는 교회의 정결에 깊은 관심을 가졌다. 그리고 교회의 정결을 위해서는 가현적 교회의 구성원들에 대한 치리가 필요했다."

178) W.D.J. McKay, *An Ecclesiastical Republic*, 271.

할 것으로 보인다. 물론 당시의 에라스투스주의자들의 견해에 대해서는 찬성할 수 없다. 교회는 교회만의 거룩과 독특성이 있기에 세상과 구별되는 독립된 정치 체제를 갖는 것이 옳다. 그러나 다른 측면에서 세상을 성경의 눈으로 보고 빛과 소금의 역할을 해야 하는 그리스도인들을 위한 통일된 세계관이 필요하다. 그러므로 현대의 '기독교 세계관'이라는 관점이 '두 왕국'이론과 함께 병존해야 한다. 그리스도는 교회의 머리이실 뿐만 아니라, 세상의 통치자로 제시된다. 그러므로 두 왕국의 이질성과 통일성이 함께 이해되어야 한다.

Ⅲ.결론: 조지 길레스피가 한국 교회에 주는 조언들

작금 한국 교회는 어려운 상황에 처해 있다. 이 어려움은 크게 두 가지이다. 하나는 교리 교육의 약화로 인한 이단들의 공격이다. 과거로부터 한국 교회는 이단들의 공격에 취약하다는 지적을 받아왔으나, 그들의 공격은 더 드세지고 있으며, 교회는 거짓 가르침으로 인하여 혼란스럽다. 또 다른 하나는 한국 교회가 직면한 윤리적인 위기이다. 교회는 신앙개인주의, 혹은 개교회주의와 배금주의(Mammonism), 그리고 목회자들과 성도들의 윤리의식 부재로 인하여 세상으로부터 비난을 받고 있으며, 제2의 종교 개혁이 필요하다는 자성의 목소리가 나오고 있다. 한국 교회가 이 두 가지 문제에 대해서 어떻게 대처할 수 있을까?

길레스피가 정립한 장로교회 정치 제도의 신학 정신과 방향성은 한국 교회에 도움을 줄 수 있다. 그는 웨스트민스터 총회에서 탁월한 성경 해석과 논리로서 장로교 정치 제도를 확립하고 변증하였는데, 이 장로교 정치 제도를 통하여 교회가 성경과 바른 교리 위에서 통일성을 가지고 그리스도의 거룩성으로 나아가게 하기 위한 것이었다. 길레스피는 교회 정치의 필요성을 조언한다. 교회는 보편적인 신앙고백과 교리 위에 함께 서야하기 때문이다. 그러므로 교회 안에서는 신앙고백과 교리를 위한 교육이 있어야 한다. 또한 교회는 거룩성으로 나아가기 위하여 치리 기관이 있어야 한다. 이 치리를 통하여 교회는 악한 자를 교정하고 죄를 멀리 할 수 있다. 교회는 그리스도의 몸으로서 머리되신 그리스도의 사랑과 의를 드러내야 한다. 길레스피는 장로교회 정치 체계가 이러한 목적을 위한 가장 성경적이고 실천적인 방법이라는 사실을 의심하지 않았다.

동시에 교회의 교리의 통일성과 거룩성은 어느 한, 두 명의 종교 지도자로 인해서 이루어지지 않는다. 목사뿐만 아니라, 장로로 구성된 다양한 장로회에 의해서 이루어진다. 이러한 노회와 대회 정치는 교회 안에 있는 다양한 의견을 그리스도께 복종하여 하나로 모아 나가게 하는 현대적이며 실체적인 방안이 될 수 있다. 한국 교회는 이러한 장로 정치 제도의 묘미를 잘 살리지 못하고 소수의 지도자에게 교회, 혹은 노회가 끌려가는 – 마치 로마 교회의 일치성(Conformity)과 같은 – 모습을 보여 왔다. 그러나 교회의 머리는 오직 그리스도뿐이다. 이 그리스도의 은혜와 말씀 위에서 교회의 직분자들이 인내하고 함께 협력하여 성도들을 풍요롭게 하며, 지도해 나가는 곳이 교회이다. 이것에 대하여 엡 4:11-13은 다음과 같이 말한다. "그가 어떤 사람은 사도로, 어떤 사람은 선지자로, 어떤 사람은 복음 전하는 자로, 어떤 사람은 목사와 교사로 삼으셨으니 이는 성도를 온전하게 하여 봉사의 일을 하게 하며 그리스도의 몸을 세우게 하려 하심이라. 우리가 다 하나님의 아들을 믿는 것과 아는 일에 하나가 되어 온전한 사람을 이루어 그리스도의 장성한 분량이 충만한 데까지 이르리니" 교회는 함께 협력하여 그리스도의 충만한 분량에까지 이른다. 이 목적을 위하여 교회 정치가 있다. 교회 정치가 이 그리스도의 뜻에 합하여 이루어질 때 한국 교회는 더 든든하게 서게 될 것이며, 그리스도의 지체된 성도들은 풍성해 질 것이다.

로버트 보일의
생애와 사상:
계시론을 중심으로

이신열 (고신대학교, 교의학)

I. 시작하는 말

로버트 보일(Robert Boyle, 1627-1691)은 일반적으로 우리에게
일정한 온도가 전제될 때 물질의 부피와 이에 미치는 압력이 서로 반
비례한다는 보일의 법칙의 주인공으로 널리 알려져 있다. 그는 근대
자연과학을 실험과학으로 이끄는데 결정적 공헌을 했던 자연과학자
이었다.[1] 이와 더불어 그는 성경의 원어에 박식한 신학자이기도 했
다. 17세기는 근대적 의미에서 자연과학이 태동하는 시기였으며 신
학적으로 칼빈주의적 정통 교리에서 벗어난 많은 인물들이 등장하기
시작했다. 케임브리지 플라톤주의자였던 헨리 모어(Henry More,
1614-1687)와 랄프 커드워스(Ralph Cudworth, 1617-1688)는
예정론을 거부하였다. 케임브리지 플라톤주의자들의 영향을 많이 받
았던 당대의 가장 탁월한 물리학자 뉴턴은 삼위일체론을 부인하는

---

1) Steven Shapin & Schaffer, Simon, *Leviathan and the Air-Pump: Hobbes, Boyle, and the Experimental Life* (Princeton: Princeton University Press, 1985), 4ff.

신학을 추구하였다.[2] 이런 신학적 상황 속에서 보일은 신학적 정통 교리를 변호하는 가운데 실험에 몰두한 자연철학자이자 또는 기계철 학자로 널리 알려져 있다.[3] 17세기 이전까지 과학과 신학 사이의 구 분이 거의 명확하지 않았다고 한다면, 보일에 의해서 양자 사이의 구 분이 명확하게 나타나게 되었다는 점에서 양자사이의 융복합적 패러 다임에 기초한 학문과 연구를 추구하는 21세기의 경향에 대해서 시 사하는 바가 많다고 여겨진다.[4] 보일은 런던 왕립학회의 정식회원 (Fellow)으로 활동하면서 돌턴(John Dalton, 1766-1844)의 화학 적 원자론이 등장하기 이전에 이미 수많은 실험을 통해서 자신의 자 연철학에 근거한 근대 실험철학의 토대를 놓은 탁월한 과학자로 평 가받는다.[5]

본 논문에서는 그의 자연과학적 업적에 대한 평가보다는 그의 신학 이 어떻게 칼빈주의적 정통교리를 변호하였는가에 초점을 맞추고자 한다. 이를 위해서 먼저 보일의 생애와 작품을 중심으로 전기적 차원 에서 살펴본 후에, 이에 근거해서 그의 계시에 대한 이해를 자연과 이성에 대한 논의를 중심으로 고찰하고자 한다.

II. 보일은 누구인가?: 그의 생애와 작품을 중심으로[6]

보일은 자연과학과 신학에 대해서 어떤 견해를 지닌 인물이었는

---

2) 리처드 웨스트폴, "과학의 발흥과 정통주의 기독교의 쇠퇴: 케플러, 데카르트, 뉴턴에 대한 연구," 데이비드 C. 린드버그, 로날드 L. 넘버스 (편), 『신과 자연: 기독교와 과학, 그 만남의 역사』, 상권, 이정배 · 박우석 옮김 (서울: 이화여자대학교출판부, 2002), 317-18.
3) 물론 길리스피가 보일이 원자론을 수학적으로 전개하지 못하였으며 물질의 운동이라는 측 면에서 이를 고찰하였기에 그를 원자물리학자로 평가한 것은 옳은 것이라고 볼 수 있다. 찰 스 길리스피, 『객관성의 칼날: 과학 사상의 역사에 관한 에세이』, 이필렬 역 (서울: 새물결, 1999), 123.
4) 최근에 그의 작품 전집이 새롭게 편집된 것은 융복합적 학문 연구의 흐름과도 일맥상통하는 차원을 지니고 있다고 볼 수 있다.
5) Steven Shapin, *A Social History of Truth: Science and Civility in Seventeenth-Century England* (Chicago: University of Chicago Press, 1994), 126-27.

가? 그의 부친 리처드 보일(Richard Boyle, 1566-1643)은 엘리
자베스 1세(1533-1603)에 의해 아일랜드로 보내져서 그곳에서 위
대한 공작(the Great Earl)의 칭호를 받았던 코크의 공작(the Earl
of Cork)으로서 아마도 당대에 그곳에서 가장 성공한 기업가로 널
리 알려진 인물이었다.[7] 로버트 보일은 베이컨(Francis Bacon)이
사망하던 해인 1627년 1월 5일 문스터(Munster)라는 곳의 린스모
어 성(Linsmore Castle)에서 14명의 자녀들 중 7번째 아들이자 막
내 아들로 출생했다. 그는 주로 가정에서 교육을 받았는데 비록 불어
와 라틴어를 배우기 시작했지만 학업보다는 누릴 수 있는 자유로움
이 더 많았다고 볼 수 있다. 그러나 11살이 되던 해인 1638년에 보
일은 부친에 의해 자신의 형제들과 함께 스위스의 제네바로 보내지
게 되었는데 이곳에서 마르콤(Isaac Marcombes)의 보살핌을 받게
되었다. 제네바에서 보일은 엄격한 학문 훈련을 받게 되었는데 라틴
어 문법을 포함한 수사학과 논리학을 배울 수 있었다. 그가 에피쿠로
스(Epicurus)의 원자론을 접할 수 있게 되었던 곳도 바로 제네바였
다. 이런 교육과 더불어 칼빈이 작성했던 교리문답서를 배우면서 그
는 또한 칼빈주의에 젖어들게 되었다.[8] 그가 받았던 칼빈주의적 가르
침은 마르콤이 칼빈의 『기독교 강요』를 매일 두 섹션(section)씩 그
와 그의 형제들에게 읽어주었다는 사실에 의해서 확인된다고 볼 수
있다.[9] 이렇게 철저한 칼빈주의적 신앙 교육을 받은 보일은 진정한
의미에서 회심을 체험하기에 이르렀다. 자신이 21세에 기록한 자서

---

6) 이 단락은 본인의 다음 글의 일부를 수정 보완한 것이다. 이신열, "로버트 보일 (Robert
   Boyle, 1627-1691)의 창조와 섭리 이해," 「고신신학」 17 (2015), 159-66.
7) Michael Hunter, *Boyle: Between God and Science* (New Haven/London: Yale
   Univ. Press, 2009), 12.
8) R. E. W. Maddison, *The Life of the Honourable Robert Boyle F.R.S.* (London:
   Taylor & Francis, 1969), 30; Hunter, *Boyle*, 47.
9) Jan W. Wojcik, *Robert Boyle and the Limits of Reason* (Cambridge/New York:
   Cambridge Univ. Press, 1997), 202; Peter Anstey, "The Christian Virtuoso and
   the Reformers: Are there Reformation Roots to Boyle's Natural Philosophy?"
   Lucas 27/28 (2000), 24, note 45.

전에서 그는 1640년에 제네바에서 겪었던 극적인 회심이 모든 삶에
있어서 가장 심각한 고려의 대상이 될 만한 것이었다고 밝혔다. 그는
기독교의 진리 앞에서 자신의 부족함과 최후의 심판 앞에서 준비가
없음을 심각하게 깨달았고 이로 인해 한때 자살을 생각하기도 하였
다. 이제 그는 자신의 전 생애를 통해서 기독교 진리에 대한 확신을
찾아 나서게 되었던 것이다.[10]

그런데 1642년 5월에 보일은 부친으로부터 아일랜드에 내란이 발
발했으며 이로 인해 더 이상 재정적 도움을 제공해 줄 수 없게 되었
다는 통보를 받게 된다. 충격에 휩싸인 그는 아일랜드를 향한 애국심
에서 국왕을 위해서 헌신하기를 원했다. 그러나 당시 겨우 15세에 불
과했던 그가 자신의 행보를 쉽사리 결정짓지 못하고 고민하던 가운
데, 이듬해인 1643년에 그의 부친이 사망했다는 소식을 접하게 되었
고 이로 인해 그는 우선 누나 캐서린(Katherine)이 기거하던 영국으
로 돌아가기로 결심하였다. 캐서린의 만류로 인해 아일랜드로 가서
국왕을 위해 싸우겠다는 계획을 포기하게 되었고 1644년에 보일은
도르셋(Dorset)의 스톨브릿지(Stalbridge) 성에 1652년까지 체류하
게 되었다. 여기에 체류하는 동안에 보일은 다양한 신학적 작품을 저
술하였는데 이 가운데 가장 대표적인 것은 1648년 8월 6일에 작성
된 하나님의 사랑을 다룬 '세라픽 사랑(Seraphic Love)'이라는 글이
다.[11] 이 글은 천상의 사랑이 지상의 어떤 사랑보다도 탁월함을 논증
하는 도덕적 내용을 담고 있다.

보일은 라넬라 자작의 부인(the Viscountess of Ranelagh)이었

---

10) Hunter, *Boyle*, 47–49; Reijer Hooykaas, *Robert Boyle: A Study in Science and
Christian Belief* (Lanham, MD: Univ. Press of America, 1997), 8–9.

11) Robert Boyle, *The Works of Robert Boyle*, ed. Michael Hunter & Edward B.
Davies, in 14 vols. (London: Pickering & Chatto, 1999–2000), 1, 51ff. 이
하 *Works*로 표기함. 이 저작은 상당한 부분이 재작성되어 1659년에 출판되기도 하였
다. 전체 제목은 *Some Motives and Incentives to the Love of God, Pathetically
Discoursed of, in a Letter to a Friend*. 여기에서 friend는 지상적 사랑을 헛되이 추구
했다고 보일의 비판의 대상이 되었던 Lindamore를 가리킨다.

던 자신의 누나에 의해 독일 지성인으로서 런던에 정착했던 사무엘 하트리프(Samuel Hartlib, 1600-1662)를 소개 받게 되었다. 하트리프는 프러시아 태생으로서 당대에 '유럽의 지성인'으로 널리 알려진 인물이었는데 다양한 분야에서 탁월한 지성적 능력을 지니고 이를 활용하여 공공의 유익을 위해 활동하는 박애가(philanthropist)였다. 그는 베이컨의 『신기관』(*The New Atlantis*)에 나타난 새로운 사고에 기반을 둔 기독교 국가(Christian Commonwealth)를 건설하겠다는 이상을 지니고 이를 실천에 옮기기 위해서 과학적 지식의 발전을 도모하였다.[12] 그의 이러한 이상적 계획에 동조하는 자들은 당시에 하트리프 써클(the Hartlib Circle)로 알려지게 되었는데 보일은 이러한 과학적 지식의 발전에 흔쾌히 동의하였으며 곧 그 멤버가 되었다. 보일은 이 써클의 영향력 아래 자연철학에 관한 에세이를 저술하기 시작했으며 제1부가 1649년에 완성되어 1663년에 출판되었는데 그 제목은 널리 알려진 『실험철학의 유용성에 관한 고찰』(*Considerations Touching the Usefulness of Experimental Philosophy*)이었다.[13] 여기에는 자연에 대한 연구가 지닌 신학적 의미가 아주 경건한 필치로 표현되어 있다. 특히 자연을 통해 인간이 인식할 수 있는 하나님의 속성들과 이로 인해 인간을 자연의 위대한 제사장으로 파악하고 그가 마땅히 창조주 하나님께 감사와 찬양과 영광을 돌려야 한다는 송영적 결론에 도달한다. 보일에게 자연에 대한 탐구를 증대시키는 것은 곧 하나님에 대한 감탄을 증대시키는 것이었다. 또한 대부분이 1652년에서 1658년에 걸쳐 작성되었으나 1665년에 완성되어 1671년에 출판되었던 동일한 에세이의 2부에서 보일은 실험과학자로서의 자신의 진면목을 드러내었다. 실험에 근거한 그의 과학적 지식은 실질적 삶에 유용한 것으로서 발효된 빵에서

12) Rose-Mary Sargent, *The Diffident Naturalist: Robert Boyle and the Philosophy of Experiment* (Chicago: University of Chicago Press, 1995), 89.
13) *Works* 3, 189-548.

추출된 부식되는 술, 아스파라가스의 효능, 여러 종류의 의학적 처방 등을 비롯한 광범위한 주제를 아우르는 것이었다.

1648년에 보일은 여러 어려움을 겪는 가운데 마침내 자신의 거주지인 스톨브릿지 성에 실험실을 갖게 되었다.[14] 이제 과학적 지식을 이론적으로만 추구하는 차원에서 벗어나서 실험을 통해서 이 지식을 증명하는 실험과학자로서의 그의 삶이 시작되었던 것이다. 1649년까지 그의 저작물의 대부분은 신학적이며 도덕적인 주제들을 다루었으나 그 이후로 보일은 자신의 신학적 연구와 더불어 실험철학, 그리고 더 나아가서 자연철학에 더욱 집중할 수 있게 되었다. 1655년과 1656년에 걸쳐서 옥스퍼드(Oxford)로 거처를 옮긴 후 옥스퍼드 대학의 과학자들과 협력하기 시작했으며 이를 통해 그의 과학자로서의 삶이 본격적으로 시작되었다고 볼 수 있다.[15] 당시 이곳에는 존 월리스(John Wallis), 존 윌킨스(John Wilkins)와 같은 수학자, 세스 워드(Seth Ward)와 같은 천문학자, 윌리엄 페티(William Petty)와 같은 물리학자를 위시한 탁월한 자연과학자들이 동역하고 있었으며 특히 윌킨스의 영향력 아래 보일은 옥스퍼드로 가게 되었다.[16] 나중에 건축가로 전향한 크리스토퍼 렌(Christopher Wren)과 같은 과학자들도 동참하였으며 아직 학부에서 재학 중이었지만 이후에 보일의 수제자로 명성을 떨쳤던 로버트 후크(Robert Hooke)도 포함되었다.[17] 이 기간 동안에 그는 다양한 주제에 관한 수많은 실험에 임하였는데 그 중에 가장 널리 알려진 것은 공기 펌프에 관한 실험이었다. 그는 1657년에 오토 폰 게릭케(Otto von Guericke)의 공기 펌

---

14) Sargent, *The Diffident Naturalist*, 62.
15) Michael Hunter, "How Boyle Became a Scientist," *History of Science* 33 (1995), 59–103.
16) B. J. Shapiro, "Latitudiarianism and Science in Seventeenth-Century England," *Past & Present* 40 (1968), 23.
17) Marie Boas Hall, *Robert Boyle on Natural Philosophy: An Essay with Selections from His Writings* (Bloomington: Indiana University Press, 1965), 21–23; Hooykaas, Robert Boyle, 10.

프에 관한 글을 읽다가 후크의 도움을 받아 이를 개선할 수 있는 장
치 고안에 착수했고, 마침내 2년 뒤인 1659년에 널리 알려진 '보일
의 기계(machina Boyleana)' 또는 '기학 엔진(Pneumatic engine)'
을 발명하게 되었다. 이 엔진을 활용한 43회에 걸친 실험의 결과는
1660년에 『공기의 용솟음에 관한 새로운 물리-역학적 실험과 그 영
향력』(*New Experiments Physico-Mechanicall, Touching the
Spring of the Air, and its Effects*)'이라는 제목의 책에 포함되어
출판되었다.[18] 이 글에서 그는 자연이 진공상태를 싫어한다는 아리스
토텔레스를 위시한 스콜라 철학의 주장에 일격을 가한 셈이었다.

　옥스퍼드 과학자들과의 교류와 협력을 통해 보일은 마이클 헌터
(Michael Hunter)가 지적한 바와 같이 1650년대 이후로 자연철학
의 독창적 존재(the original voice of natural philosophy)로 부
각될 수 있었다.[19] 그가 이 시기 이후에 남긴 실험철학과 자연철학
에 관한 글들은 그 양이 무척 방대할 뿐 아니라 자연과학의 거의 모
든 주제들을 다루는 역작들이었다. 먼저 실험철학에 관한 글로는 연
금술(alchemy)을 타파하고 근대화학의 발전에 한 획을 그었다고 평
가받는 "회의적 화학자"(*The Sceptical Chymist*, 1661)를 들 수 있
다.[20] 이 글은 화학이 연금술과 달리 이성적으로 조망될 수 있는 학
문임을 증명하려는 목적을 지니고 있다. 이러한 목적을 달성하기 위
해서 실험은 모든 사람이 쉽게 파악할 수 있는 방식으로 행해져야 하
며 이를 통해서 화학을 둘러싼 숨겨진 연금술적 신비가 제거되어야
한다는 자신의 실험철학이 피력되었다. 또한 실험을 통해서 아리스

---

18) Shapin & Schaffer, *Leviathan and the Air-Pump: Hobbes*, 23-79.
19) Hunter, *Boyle*, 104.
20) *Works* 2, 215-378. 이 글은 만물이 소금(salt), 유황(sulphur), 그리고 수은(mercury)
　으로 구성되어 있다는 파라셀수스의 주장을 반박한다. 이 글에 관한 더욱 자세한 논의로
　는 다음을 참고할 것. Antonio Clericuzio, "Carneades and the chemists: a study
　of The Sceptical Chymist and its impact on seventeenth-century chemistry", in
　Robert Boyle reconsidered, ed. Michael Hunter (Cambridge: Cambridge Univ.
　Press, 1994), 79-90.

토텔레스가 주장했던 4가지 원인(질료인, 형상인, 작용인, 목적인)
의 정당성과 유효성이 부인되었다. 그러나 이 글에서 그는 화학이라
는 학문의 실질적이며 긍정적인 필요성과 유용성을 철학적인 차원에
서 제시하지 못한 가운데 단지 스콜라 철학의 문제점만을 지적하는
차원에 머물렀고 그 결과 이 글 전체는 사실상 부정적 성격을 지니고
있다는 비판을 받게 되었던 것이 사실이다.[21] "입자철학에 근거한 형
태와 질의 기원"(The Origin of Forms and Qualities according
to the Corpuscular Philosophy, 1666-67)이라는 글에서는 신학
적 논리를 활용하여 아리스토텔레스주의에 근거한 스콜라철학이 지
닌 문제점을 예리하게 비판하였다.[22] 이는 주로 이 철학이 자신의 논
리적 주장에만 스스로를 국한한 결과 그 논의가 일반적 사고를 지닌
사람들이 이해할 수 없는 난해한 방식으로 형이상학에만 머무르게
되었고 이로 인해 사실상 물리적 세계에 대한 무지를 드러내게 되었
다고 주장하였다. 그 외에도 자연철학에 관한 대표적인 작품으로는
"통속적으로 수용된 자연이라는 개념에 대한 자유로운 연구"(A Free
Inquiry into the Vulgary Received Notions of Nature, 1685-
86), "자연적 사물의 최종인에 대한 탐구"(A Disquisition about
the Final Causes of Natural Things, 1688)를 들 수 있다. 특히
전자를 통해 보일은 자연이라는 거대한 개념이 사실상 내용이 결여
된 허상의 개념임을 밝혔고 더 나아가서 하나님의 섭리에 의해서 자
연이 정의되어야 한다고 보았다.[23] 후자는 전자의 연속선상에서 작성
되었는데 여기에서는 논지를 강화하기 위해서 목적론적 논증이 활용

---

21) Sargent, The Diffident Naturalist, 73.
22) Works 5, 281-481.
23) Works 10, 437-571; 11, 79-151. Richard S. Westfall, Science and Religion in
Seventeenth-Century England (New Haven: Yale Univ. Press, 1957), 84-88;
Sargent, The Diffident Naturalist, 93-98, 101-3.
24) Timothy Shanahan, "Teleological Reasoning in Boyle's Disquisition about
Final Causes," in Robert Boyle Reconsidered, ed. Michael Hunter (Cambridge:
Cambridge Univ. Press, 1994), 177-92.

되었다.[24] 여기에서 그는 최종인을 부인하는 에피쿠로스주의자들의 사고 뿐 아니라 최종인을 인정하면서도 이는 파악 또는 접근 불가능 하다고 간주했던 데카르트의 불가지론적이며 회의론적 사고를 아울 러 반박하였다.[25]

보일은 1656년부터 사망하기 3년 전인 1688년까지 30년이 넘는 기간을 옥스퍼드에서 지내면서 많은 자연과학자들과의 교류와 협력 에 근거하여 자신의 자연철학 및 실험철학을 발전시켜 나갔다. 그러 나 그가 실험과 자연철학에만 정통했던 인물은 아니었다. 그는 지속 적으로 개신교 신앙을 견지했으며 그의 과학은 이 신앙을 위한 도구 이었다. 그의 개신교 신앙은 성경에 기초한 것이었고 그는 탁월한 성 경적 지식을 소유한 신학자로서 특히 성경 원어에 정통하였다. 여기 에 가장 중요한 동기를 부여한 사람은 그의 아버지의 친구이자 아일 랜드의 개혁주의 신학자 제임스 어셔(James Ussher, 1581-1656) 이었는데 그는 성경에 대한 보일의 무지를 강력하게 질책하였고 그 결과 보일은 원어에 충실한 성경의 학생이 될 수 있었다.[26] 옥스퍼 드에 정착해서 과학자로서 실험과 자연철학에 매진하는 가운데 그 는 신학자, 고전학자, 그리고 언어학자들과 지속적 교류를 유지했 는데 이들은 보일에게 교부학에 대해서 조언하기도 하였다. 여기에 는 나중에 런던의 주교가 되었던 토마스 발로우(Thomas Barlow), 찰스 2세의 궁정목사이었던 존 빌(John Beale), 리처드 백스터 (Richard Baxter), 미국 인디언들의 선교사로 활동했던 존 엘리엇

---

25) Hunter, *Boyle*, 202.

26) Hunter, *Boyle*, 80-81. 아르마(Armagh)의 주교이었던 어셔는 창세기에 나타난 창조 의 연대를 기원전 4004년으로 계산했다. 그의 주장에 의하면 지구의 나이는 약 6000년에 불과한 것으로 파악된다. 밀라드 J. 에릭슨, 『복음주의 조직신학, 상: 서론·신론』, 신경 수 역 (서울: 크리스챤다이제스트, 2000), 430-31. 그의 생애와 사상에 대한 자세한 글로 는 다음을 참고할 것. Alan Ford, *James Ussher: theology, history, and politics in early-modern Ireland and England* (Oxford: Oxford Univ. Press, 2007).

27) Sargent, *The Diffident Naturalist*, 112; Hooykaas, *Robert Boyle*, 10-11. 호이카 스는 보일이 교회 직분으로 부름을 받았지만 성령의 부르심을 받지 못해서 이를 거절하였 다고 보았다.

(John Eliot), 그리고 삼위일체론 논쟁을 촉발시켰던 사무엘 클라크 (Samuel Clarke)와 같은 학자들이 포함되었다.[27]

그의 자연에 대한 과학적 탐구 이면에는 칼빈주의적 기독교 신 앙이 자리잡고 있다. 그는 정통주의적 신앙을 지니고 있었으며 특 히 자연과 인간의 이성이 기독교의 진리와 어떤 관련을 맺고 있는 가를 중심으로 많은 신학적 작품을 남기기도 하였다. 그 중에 가 장 대표적인 것들을 살펴보면 다음과 같다: "성경에 관한 에세 이"(*Essay of the Holy Scripture*, 1652), "성경의 스타일에 관한 몇 가지 고찰"(*Some Considerations touching the Style of Holy Scripture*, 1661), "자연철학과 비교해 본 신학의 탁월함"(*The Excellency of Theology compared with Natural Philosophy*, 1674), "하나님께 빚진 인간의 지성에 대한 숭고한 존경심에 대하 여"(*Of the High Veneration of Man's Intellect Owes to God*, 1685), "기독교 거장"(*The Christian Virtuoso*, 1690-91). "자연 철학과 비교해 본 신학의 탁월함"에서 보일은 자연철학은 단지 순수 하게 물질적인 사물만을 다루므로 데카르트가 자연적 수단만으로 인 간 영혼의 불멸성을 증명했다는 것은 불가능한 것이라고 비판한다. 이를 통해서 그는 성경에 대한 연구가 자연철학에 기초한 자연신학 을 통해서 하나님을 인식하는 것보다 지적으로 훨씬 더 탁월함을 보 여주고자 하였다. 특히 그의 마지막 작품인 "기독교 거장"은 1681년 에 시작되었던 작품으로서 기독교인은 자연과학적 거장이 될 수 없 다는 리버틴주의적 주장을 배격하면서 탁월하게 기독교를 변증한 작 품으로 평가된다.[28] 따라서 보일은 자연과학과 기독교의 관계는, 만 약 올바르게 이해된다면, 양자 사이에 긍정적 상호관계가 유지되어 야 한다고 주장하였다.[29]

---

28) Hunter, *Boyle*, 201-2; Sargent, *The Diffident Naturalist*, 273, n. 32.
29) Hooykaas, *Robert Boyle*, 12; Sargent, *The Diffident Naturalist*, 93.

III. 보일의 계시론

보일의 신학적 저작에서 가장 많은 분량을 차지하는 것은 계시와 성경에 관한 글들이다. 계시는 그의 신학에 나타난 특징들을 이해하는데 중요한 역할을 차지하는 주제이다. 계시는 인간의 이성에 작용하여 하나님에 대한 지식을 갖도록 이끄는 역할을 담당하므로 모든 신학은 계시에서 비롯되고 출발한다.[30] 그러므로 보일의 신학에 대한 총체적 평가를 위해서는 그의 계시론에 대한 고찰이 필수적이라고 볼 수 있다. 여기에서는 앞서 언급된 보일의 신학적 작품들을 중심으로 그가 이해했던 계시의 정의, 계시에 대한 인간의 반응, 그리고 영감설과 적응이론을 중심으로 계시와 성경의 관계에 대해서 살펴보고자 한다.

1. 계시의 정의

보일은 "헨리 올덴베르그에게 보내는 편지"라는 글에서 계시에 대한 정의를 제공한다. 먼저 이성과 더불어 계시는 성부 하나님의 빛으로서 기독교인을 모든 빛으로 인도하는데 여기에서 빛은 진리를 지칭한다.[31] 계시는 신적 진리 자체로서 인간을 이 진리로 인도하는 일종의 도구에 해당된다. 계시는 인간 영혼에 부여된 플라톤적 의미에

---

30) Bruce A. Demarest, *General Revelation: Historical Views and Contemporary Issues* (Grand Rapids: Zondervan, 1982), 13-14. 데마리스트는 신학에 있어서 계시의 중요성을 '신학의 아킬레스 건'이라는 표현을 사용하여 기독교의 체계가 계시에 달려 있다고 강조한다.

31) *Works* 14, 267 (A Letter Mr. H[enry] O[ldenberg]). 이 글은 *Royal Society Boyle Papers* 4, fols. 8-25에 수록되어 있다. Henry Oldenberg(1618-1677)는 독일 출신의 신학자이며 외교관이었고 또한 자연철학자였다. 영국 왕립협회(The Royal Society)의 초대 서기(Secretary)로 활동했으며 최초로 전문가들의 심사를 거친 과학 논문들을 저널에 발간하기 시작했다. 보일의 후견인이자 그의 작품의 출판을 대행하였다. 그에 관한 전기로는 다음을 참고할 것. Marie Boas Hall, *Henry Oldenburg: Shaping the Royal Society* (Oxford: Oxford University Press, 2002).

서의 신적 형태(form)도, 인간 마음에 주어진 능력(faculty)도 아니다.[32] 보일은 계시가 인간에게 주어질 때 인간이 지닌 이성에 작용한다는 사실을 인식하고 계시에 대한 설명에 있어서 이성을 빈번하게 언급할 뿐 아니라 계시의 정의를 제공함에 있어서 양자의 관계라는 차원에서 이를 파악하고자 한다. 계시는 이성의 작용만으로는 결코 발견될 수 없는 탁월하고 바람직하며 중요한 진리를 드러내는 것으로 간주된다. 이성 작용에 근거한 자연신학이 희미하고 설득력이 부족하며 불완전하게 진리에 대한 설명을 제공하는 것과는 대조적으로, 계시는 분명한 정보와 더불어 이성으로는 파악 불가능한 진리의 구체적인 단면들을 제공한다.[33] 이로 인해서 계시는 기독교인에게 하나님을 섬기고 즐길 수 있는 방법을 교육시킬 수 있다. 여기에서 계시에 대한 보일의 견해가 이성과의 관계 속에서 그 결점과 불완전한 부분을 보완하고 수정하는 차원에서 더욱 완전한 진리를 제공한다는 수단적이며 인식론적(epistemological) 차원에 집중되고 있음을 발견할 수 있다.

그리고 보일은 계시가 신적 증언과 다르지 아니하며 인간의 어떤 증언보다도 더욱 고귀하며 확실한 증언이라고 주장한다. 그럼에도 불구하고 신적 증언으로서 계시는 이성이 진리를 발견하고 이 발견된 진리를 명제화하고 추론화하는 작업에 있어서 반드시 사용되어야 할 수단으로 간주되었다.[34] 이는 앞서 언급된 바와 같이 계시는 이성이 진리를 이해하고 수용함에 있어서 필요한 '수단'(medium)으로 작용함을 뜻한다. 보일이 계시를 증언이라고 부르는 이유는 자연의 빛에 의해서 발견 가능한 진리가 계시를 통해서 확증될 뿐 아니라 이를 증진시키고 채워서 완성시키는 차원을 지니고 있기 때문이다.[35] 계

---

32) *Works* 14, 273.
33) *Works* 14, 268-69.
34) *Works* 14, 274.
35) *Works* 14, 275.

시는 이성이 가르치는 바를 확인시켜 줄 뿐 아니라 이성이 발견할 수
없는 부족한 부분을 보완하여 신학적 진리를 완성시킨다. 이런 이유
에서 계시는 신학적 진리의 완성을 향한 열쇠에 해당된다.[36] 자연신
학과 계시를 조화의 관점에서 이해하는 보일의 신학적 위치가 여기
에서 재확인된 것이라고 볼 수 있다. 그가 추구하는 자연신학은 자연
을 하나님이 스스로를 계시하시는 수단으로 수용하는 개혁신학적 관
점을 지니고 있다.[37] 이런 자연신학에서 출발하여 보일은 계시가 인
간의 이성에 의해서 확인된 바를 확증하고 완성할 뿐 아니라 이성으
로서 결코 파악될 수 없는 진리를 제공한다고 주장한다. 보일의 계시
이해에 나타난 두 가지 특징은 이성과의 조화와 초월이라는 두 가지
개념으로 파악될 수 있다. 계시를 통해서 조명된 진리를 이성의 작용
을 통해서 더 완전하게 깨닫게 되는 것과 이성으로서 결코 파악할 수
없는 감춰진 진리가 이성에 주어진다. 보일은 이를 망원경이 지닌 두
가지 기능에 비유하여 설명된다.[38] 육안으로는 전혀 볼 수 없는 것과
희미하고 불완전하게 밖에 볼 수 없는 두 가지 경우 모두 망원경의
도움을 받게 될 때 볼 수 있게 된다고 밝힌다.

2. 계시에 대한 인간의 반응; 철학적 예배와 유순함

계시가 자연을 통해 주어진 결과로서 인간은 하나님의 지혜, 능
력, 그리고 선하심을 깨닫게 된다.[39] 보일은 하나님의 계시가 담긴
자연세계를 편견이나 악의적 생각 없이 고결함(probity)으로 탐구한
다면, 계시에 올바르게 반응할 수 있다고 주장한다.[40] 이렇게 계시

36) *Works* 14, 276.
37) Cf. Hooykaas, *Robert Boyle*, 64.
38) *Works* 14, 274.
39) *Works* 3, 270 (Some Considerations touching the Usefulness of Experimental Natural Philosophy).
40) *Works* 11, 293, 300 (The Christian Viruoso I).

에 대해서 올바른 인식을 지니게 된 사람은 하나님이 누구이시며 그
가 얼마나 위대한 분이신가를 깨닫게 될 뿐 아니라, 자신에 대한 올
바른 인식을 지니게 된다.[41] 계시를 통해 주어지는 하나님의 지혜와
능력을 비롯한 다양한 속성에 대한 인식은 우리 삶의 거의 모든 곳
에서 발생한다.[42] 하나님의 위대함에 대한 인식은 인간의 마음속에
그 분에 대한 강렬한 흠모감을 제공한다. 이에 근거해서 보일은 계
시에 대한 형이상학적 의미에서의 자연적 탐구가 아니라 자연에 대
해서 올바른 반응을 불러일으키는 과학적 탐구가 요구된다고 다음과
같이 주장한다. "그러나 이 하나님이 이러한 피조물들에 자신에 합당
한 능력, 지혜, 선하심을 드러내셨다는 것을 발견하기 위해서는 주의
력을 지니고 부지런한 통찰이 필요하다."[43] 보일이 과학적 탐구를 강
조하는 결정적 이유는 자연에 대한 이 탐구가 곧 '철학적 예배'에 해
당하며 이는 모든 인간이 마땅히 행해야 할 의무로 간주되었기 때문
이다. "이것은 종교의 첫째 행위이며 모든 종교에서 동일하게 행해져
야 할 의무이다. 이것은 인간의 의무이며 이성이라는 특권을 부여받
은 것에 대한 갚아야 할 조공에 해당된다."[44] 철학적 예배로서 자연
에 대한 탐구는 자연에 나타난 하나님의 계시를 피상적으로 인식하
거나 찬양하는 차원을 넘어서서 분명하고 이성적인 방식으로 하나님
을 피조물로부터 구분하고 합당한 영광을 그분에게 돌리는 행위이어
야 한다. 이는 어떤 종교적 행위보다 하나님께서 기뻐 받으시는 행위
이며 이는 더 나아가서 하나님께 몸으로 드리는 산제사(롬 12:1)와
관련된다.[45] 특히 보일에게 중요한 것은 자연에 대한 탐구를 담당하
는 자연을 포함한 모든 피조물들이 창조자에게 마땅히 드려야 하는

41) *Works* 10, 161 (Of the High Veneration Man's Intellect Owes to God).
42) *Works* 3, 236.
43) *Works* 11, 145 (A Disquisition about the Final Causes of the Natural Things).
44) *Works* 3, 278. Edward B. Davis, "Robert Boyle's Religious Life, Attitudes, and Vocation," *Science & Christian Belief* 19 (2007), 130.
45) *Works* 3, 279.

경배 행위를 인간이 선도해야 한다는 견해이다. 달리 말하자면, 인간은 '자연의 제사장'이 된다.[46) 이렇게 자연의 제사장으로서 과학자의 역할이 강조된 이유는 인간이 하나님께 감사와 찬양을 돌려 드려야 하는 것이 합당할 뿐 아니라 이는 자신을 위한 것이며 더 나아가서 다른 모든 피조물들을 위해서도 그렇게 해야 하기 때문이라는 사실에서 비롯된다. 또한 보일이 자신이 주장하는 철학적 예배의 정당성을 종말론적 차원에서 다음과 같이 설명한다.

> 앞으로 다가오게 될 삶에는, 즉 아무런 의심없이 가장 정확하신 하나님께 영화롭게 하게 될 때는, 신앙, 기도, 자유, 인내, 은혜가 거의 또는 전혀 사용되지 않을 것이다. 그러나 우리의 예배는 주로 승화된 개념과 하나님의 전능, 지혜, 선하심에 대해서 꿇어 경배하는 것으로 이루어질 것인데 이는 요한계시록에 나타난 것과 같을 것이다.[47)

철학적 예배와 관련된 개념으로서 함께 고찰되어야 할 계시에 대한 인간의 반응으로는 '유순함(docility)'을 들 수 있다. "기독교 거장"(*The Christian Virtuoso*)에서 보일은 거장의 특징으로서 유순함에 대해서 다음과 같은 설명을 제공한다.

> 그러므로 우리의 거장이 지녀야 할 특징으로 우리가 인정한 유순함은, 쉽게 파악되든 그렇지 않은 간에, 그로 하여금 영감된 자들의 증언에 담긴 초자연적 질서의 대상들과 관련된 많은 진리들에 대해서 큰 신뢰를 지니도록 만들 것이다. 이런 대상들 가운데 특히 하나님 자신과 그의 목적은 빼 놓을 수 없는 것이다. 왜냐하면 그와 같은 진리는 탐구자들에게 계시 없이는 알려질 수 없으며, 다른 것은 계시를 통해 알려질 수 있기 때

46) *Works* 3, 238. Sargent, *The Diffident Naturalist*, 90-92; Hunter, *Boyle*, 73.
47) *Works* 3, 239-40.

문이다.[48]

위 인용문에서 파악될 수 있는 것은 보일이 계시, 특히 신적 영감으로 기록된 성경에 나타난 계시를 통해서 하나님의 진리의 일부를 깨달을 수 있는 태도로서의 유순함을 지니게 되었다는 사실이다. 이 단어는 "기독교 거장"에서 5회 사용되었는데 이는 세 가지로 분석해 볼 수 있을 것이다. 먼저 '거장'의 정의와 관련해서 '유순함'은 그가 갖추어야 할 기질 또는 경향(disposition)으로 2회 언급된다.[49] 이 경우에 '유순함'이란 보일이 신뢰하는 계시 종교, 즉 기독교의 구성에 있어서 필수 불가결의 요소로 수용된다. 단어의 사전적 의미를 적용한다면, 하나님으로부터 주어진 계시에 대해서 까다롭게 이의를 제기하거나 의심하는 경우가 아니라 이를 있는 그대로 신뢰하고 순종하는 태도를 가리킨다. 그리고 이 단어는 기독교 학자(scholar)의 자질에 대해서 설명하는 가운데 사용된다.[50] 보일은 신적인 진리를 가르치는 교사는 먼저 자신이 추구하는 진리에 관한 참된 정보를 받아들이기에 합당한 마음을 지닌 자이어야 한다고 주장한다. 성경을 통해서 계시로 주어진 진리에 관한 정보가 참된 것이라면 이는 다른 사람을 속이는 것이 아니며 이는 조심성 있게 그리고 깊이 있게 다루어져야 한다는 방식으로 유순함이 이해된다. 이렇게 해석되고 적용될 경우, 유순함이란 성경에 주어진 계시와 이를 통해 주어지는 진리를 배우고 익혀서 다른 사람에게 더욱 효과적으로 가르치려는 교사에게 '유익한'(advantageous) 것이라고 볼 수 있다. 마지막 용례는 계시를 대하는 모든 기독교인에게 진정으로 필요한 것은 손쉽게

---

48) *Works* 11, 313-14.
49) *Works* 11, 304, 324. 17세기 영국문화의 관점에서 '거장'(viruoso)을 소개하는 글로는 다음을 참고할 것. 성영곤, "기독교 버튜오소와 로버트 보일", 「서양사론」 제 114호 (2012), 187-92.
50) *Works* 11, 323.

믿는 태도(credulity)가 아니라 유순함이라고 설명한다.[51] 여기에서 유순함의 의미는 경솔함과 반대되는 것이라고 볼 수 있는데 이는 앞서 설명된 두 번째 용례가 심화된 것이라고 볼 수 있다. 이를 더 자세하게 설명하기 위해서 보일은 자연과학적 설명을 택하였는데 여기에서 금전(golden coin)이 예로 등장한다. 화학자는 정확성과 엄정성과 기술을 가지고 주어진 동전에 대한 과학적으로 신중한 검증에 임하게 된다. 이런 신중한 검증의 결과로서 과학자는 일반인보다 더욱 철저하고 더욱 확신을 지니고 이것이 금으로 만들어진 동전임을 확인하게 된다. 이와 마찬가지로 계시 종교에 있어서 성경에 기록된 기적, 예언 등과 같은 초자연적 진술들은 엄격하고 신중한 검증을 필요로 하며 이런 과학적 검증을 통해서 진리의 참된 특징들이 더욱 신빙성을 지닌 것으로 드러나게 되어서 궁극적으로 진리에 대한 신뢰도가 더욱 상승하게 되는 것을 뜻한다.

여기에서 보일이 주장하는 유순함이란 앞서 제시된 두 가지 의미 (주어진 계시를 신뢰하고 순종하는 태도, 계시의 진리를 전적으로 신뢰하되 이를 조심성 있게 다루는 태도)가 보다 심화된 것으로서 이를 과학적 방식으로 설명하고자 한 부분이 독특하다고 볼 수 있다. 유순함은 성경에 기록된 계시에 대한 검증에 있어서 거장이 마땅히 지녀야 할 엄정함에서 비롯되는 과학적 의미에서의 '신중함'(diffidence)과 관련된 태도를 가리키며 이를 통해서 진리에 대한 더욱 철저한 신뢰가 가능하도록 돕는 것을 뜻한다.

3. 계시와 성경 이해: 영감설과 적응이론을 중심으로

"성경의 스타일에 관한 몇 가지 고찰"(*Some Considerations Touching the Style of Holy Scriptures*, 1661)에서 보일은 17세

---

51) *Works* 11, 324.

기 당대에서 가장 건전한 성경 비평의 예를 제시하고 있다.[52] 성경에 대한 여덟 가지 종류의 반박에 대한 답변으로 구성된 이 글은 그가 이미 1652년에 이미 작성해 두었던 것으로 파악되는 "성경에 관한 에세이"(*Essay of the Holy Scriptures*)의 후속으로 간주된다.[53] 여기에서는 이 두 작품에 나타난 그의 견해에 기초하여 영감설(theory of inspiration)과 적응이론(theory of accommodation)을 중심으로 성경에 대한 보일의 이해를 살펴보고자 한다.

첫째, 보일은 성경의 영감을 철저하게 신뢰하는 영감주의자였다.[54] 위대한 물리학자 이삭 뉴턴(Isaac Newton, 1642-1726)은 신구약 성경이 하나님에 의해 영감된 책임을 의심했으며 성경의 진리는 신학적 사고에 의해 재조정되어야 한다고 믿었다.[55] 그러나 보일은 기독교에 대한 극단적 형태의 합리주의적 비판과 무신론의 공격에 맞서서 성경의 영감과 진정성을 변호했으며 이를 통해서 기독교의 정통성을 옹호하고자 했다. 성경의 영감에 대한 그의 사고는 주로 "성경에 관한 에세이"에 잘 드러나 있다. 이 글에서 그는 성경의 저자들이 성령에 의해 영감되었다는 사실을 강조하면서 정경을 제외한 외

---

52) 이 글에 대한 체계적 분석을 제시하는 글로는 다음을 참고할 것. Sorana Corneau, *Regiments of the Mind: Boyle, Locke, and Early Modern Cultura Animi Tradition* (Chicago: University of Chicago Press, 2011), 210-19.

53) Hunter, *Boyle*, 78, 318, note 35. *Works* 13, 173-223 (= *Royal Society Boyle Papers* 7, fols. 1-94) 이 글은 갑작스럽게 끝나서 미완성인채로 남겨져 있었으나 "성경의 스타일에 관한 몇 가지 고찰"에 편집되어 포함되었다고 볼 수 있다. 이 글은 1744년에 토마스 버치(Thomas Birch)에 의해 편집된 보일의 작품집이나 재판(1772)에 포함되지 않았으며 1990년까지 미공개로 남아있었다. Royal Society Boyle Papers는 London에 소재한 Royal Society Library에 *Boyle Letters*와 *Boyle Notebooks*와 함께 소장되어 있다. 1990년에 Boyle Papers는 마이크로필름 형태로 출판되었다. Michael Hunter (ed.), *Letters and Papers of Robert Boyle* (Bethsada, MD: University Publications of America, 1990).

54) Hooykaas, *Robert Boyle*, 112.

55) Scott Mandelbrote, "'A Duty of the Greatest Moment': Isaac Newton and the Writings of Biblical Criticism," *British Journal for the History of Science* 26/3 (1993), 284; B. J. T. Dobbs, "Newton as Alchemist and Theologian," in *Standing on the Shoulders of Giants*, ed. Norman J. W. Thrower (Berkeley, CA: University of California Press, 1990), 128-40.

경(apocrypha)은 '성령의 스타일'로 영감 되지 않았다고 밝힌다.[56] 보일은 영감의 개념을 모든 성경의 저자들이 성령과의 대화를 통해서 그 스타일에 익숙해지게 되었다는 사실과 이를 통해 즉각적으로 그리고 오류 없이 진리와 비진리를 분별하여 성경에 기록하게 되었다는 사실에서 찾는다.[57] 성경의 영감에 근거해서 성경의 신적 기원은 의심없이 인정되었다.[58] 그러나 성경의 저자들이 기원에 대해서 빈번하게 그리고 정확하게 언급하지 않는다는 사실이 성경의 원 저자가 지닌 전능성을 인식함에 있어서 장애물이 되지 아니한다고 보았던 것이다. 성경에 많은 오류들이 존재한다는 비판에 대해서도 보일은 성경의 사본들은 하나님이 아닌 인간들에 의해서 필사되었고 전수되었기 때문에 발생하는 오류들이며 이는 필사자들이 무오하지 아니하며 다른 많은 사람들과 마찬가지로 간과와 실수에 노출될 수밖에 없었기 때문에 발생하는 현상이라고 지적한다.[59] 이로 인해 독자들은 성경이 모순과 비합리적인 오류를 지니고 있다고 비판할 수 있지만 보일에게 이는 사실상 성경에 대한 무지에서 비롯된 주장이었다. 성경이 더 올바르게 이해된다면 성경은 더 많은 설득력과 더 높은 권위를 지닌 책이 될 것이라고 판단되었기 때문이었다. 성경에 대한 이해를 증진시키기 위해서 보일은 성경 원어에 대한 풍부한 지식과 더불어, 성경 원어의 방언, 문체, 그리고 관용구에 등장하는 모순을 지닌 것으로 보이는 다양한 표현들, 그리고 더 나아가서 성경이 기록된 시대의 이스라엘의 지리와 관습 등에 대한 지식이 필요하다고 보았다.[60] 이런 방식으로 성경의 영감에 대한 확신에서부터 보일은 성경 원어에 대한 방대한 지식을 습득하게 되었을 뿐 아니라 이를

56) *Works* 13, 221–22.
57) *Works* 13, 222.
58) *Works* 13, 183.
59) *Works* 13, 185.
60) Hunter, *Boyle*, 79.

활용하여 성경의 비판자들과 공격자들로부터 성경의 진정성을 당대의 어떤 인물보다 더욱 뛰어난 방식으로 변호할 수 있었던 것으로 평가될 수 있다.

둘째, 적용이론은 보일의 성경 이해에 있어서 중요한 원리이었다.[61] 보일에게 이 이론은 우선적으로 성경이 전문적 학자가 아닌 일반인들도 이해할 수 있는 언어와 문체로 작성되어야 함을 뜻한다.[62] 이 목적을 달성하기 위해서 하나님께서 스스로를 낮추시고 인간을 향하여 내려오신다. 또한 인간 편에서도 이러한 신적 진리를 깨닫기 위해서 노력하되 이를 자신의 성취로 간주해서는 아니된다는 사실이 강조된다. 이 두 가지 진리를 보일은 다음과 같이 설명한다.

> … 거기에 [정경에] 모든 종류의 독자에게 … 가장 위대한 박사들을 제공하여 그의 가르침을 탐구하게 하셔서 그의 빛에 의존하게 하셨다. 우리의 연약함을 굽어 살피는 많은 구절들을 허락하셔서 성경을 폄하하지 않고 하나님에 의해서 그의 진리의 계시가 마치 강물처럼 거기에 주어지게 되는 특권을 허락하셨다. 이 강에서는 어린 양이 갈증을 면하게 되며 그 강물은 코끼리에 의해서 마르지 아니한다.… 하나님의 낮추심(condescention)의 위대함에 대해서 푸념하면서 단지 우리가 획득한 몇 가지 지식이나 성취를 내세우는 것은 아주 적합하지 않은 것이다.[63]

보일은 사람마다 이해력과 관심, 그리고 경향 등에 있어서 차이가 있다는 사실에 비추어 하나님께서 자신의 계시를 다양한 방식으로

---

61) 보일이 취했던 적용이론은 칼빈과 칼빈주의자들의 견해와 동일한 것이다. David L. Woodall, "The Relationship between Science and Scripture in the Thought of Robert Boyle," *Perspectives on Science and Christian Faith* 49 (1997), 32-39. 칼빈의 적용이론에 관해서는 다음을 참고할 것. Ford Lewis Battles, "God was accommodating himself to human capacity," *Interpretation* 31/1 (1977), 19-38.
62) *Works* 2, 401-2.
63) *Works* 2, 409.

표현하셨다는 사실에 주목한다.[64] 그러므로 성경의 어떤 구절이 특정한 개인의 영적 이해나 필요를 만족시키지 못한다는 사실이 곧 다른 사람에게도 소용이 없다는 논리는 배격되어야 한다고 주장했다. 각자에게 가장 적합한 것을 아시는 전지하신 하나님께서 각자의 능력과 처지에 맞게 계시의 진리를 성경에 제공하셨다. 여기에서 보일이 말하는 적응이론의 기본적 의미가 발견된다. 성경은 동일한 계시의 진리를 교육적 목적을 위해서 다양한 방식으로 표현하게 된 것이다. 또한 보일은 "왜 성경이 많은 경우에 반복적 현상을 활용하여 동일한 진리를 설명하는가?"라는 질문에 대해서 다음과 같은 답변을 제공한다. 창세기 41장에서 바로 왕의 꿈에 나타난 일곱 암소와 일곱 이삭의 경우는 동일한 현상(즉 풍년과 흉년)을 반복적으로 지시한 것으로 간주될 수 있지만 요셉은 둘 중의 어떤 것도 피상적으로 해석하지 않았다는 사실을 예로 들면서 보일은 이를 장미를 구성하는 여러 잎에 비유했다.[65] 장미의 여러 잎은 서로 유사한 것처럼 보이므로 일종의 반복으로 간주될 수 있지만, 꽃으로서의 장미의 아름다움과 완전함의 특징에 기여하지 않는 잎은 존재하지 아니한다. 이와 마찬가지로 성경에 나타난 반복적 가르침도 불필요한 것으로 간주될 수 있지만, 이러한 반복이 성경의 가르침을 습득함(inculcation)에 있어서 반드시 필요한 것이라고 보일은 주장한다.

보일이 이렇게 적응원리를 사용하여 성경에 접근했던 이유는 무엇인가? 성경의 탁월성은 성령의 작용으로 발생한 것인데 이를 드러내기 위해서 인간의 노력이 필요하며 그의 이성이 올바르게 사용되어야 함을 뜻한다. 이성이 아무리 뛰어나다 하더라도 인간은 하나님의 소생에 불과하다(행 17:28). 하나님의 생각은 인간의 생각보다 훨씬 높으며(사 55:8-9) 인간은 하나님 뿐 아니라 자연의 작용에 대해서

64) *Works* 2, 402-3.
65) *Works* 13, 221; 2, 427.

도 완전히 이해하지 못한다. 이 사실은 인간에게 근본적 겸손을 가져다주는 계기가 되어야 한다고 보일은 다음과 같이 설명한다.

> 우리 위에 존재하는 엄청난 물체에 관련된 많은 사물들에 대해서 우리의 지식이 얼마나 보잘 것 없는 것인가! … 우리가 지식이라고 부르는 것이 우리 마음에 높은 수준의 감사를 불러일으키도록 허락되어야 하며 우리 마음을 교만하게 해서는 아니 될 것이다. 시스템과 물질로 구성된 사물의 본성에 대해서 우리가 아는 것은 영적인 것에 대한 발견을 경멸할 정도로 그렇게 완벽한 것도 만족을 제공하는 것도 아니다.[66]

인간의 이성과 지식이 지닌 한계에 대한 이런 현실적 인식은 보일로 하여금 성경에 주어진 신적 계시에 대함에 있어서 겸손한 자세를 가져다주었다.[67] 그는 태양과 시계의 관계를 설명하면서 계시와 이성의 관계가 어떤 관계 속에 놓이게 되는가를 다음과 같이 설명한다.

> 태양이 부재하거나 구름이 끼여 있을 때 나는 나의 시계를 가지고 시간을 측정한다. 그러나 태양이 분명하게 비칠 때 시계를 고치거나 맞추기를 주저하지 아니한다. 마찬가지로 더 좋은 빛이 없는 곳에서는 나 자신의 이성으로 진리를 탐구하게 된다. 그러나 신적 계시가 주어진 곳에서, 천체의 빛에 의해서 제공되는 확실한 정보 앞에서 나는 오류를 지닌 나의 이성을 내려놓는다.[68]

신적 계시 앞에서 인간의 이성이 본질적 차원에서 자신을 부인하고 계시의 종이 되어 순종해야 함을 뜻한다. 왜냐하면 신적 계시에는 인

---

66) *Works* 8, 79 (The Excellency of Theology compar'd with Natural Philosophy).
67) Hooykaas, *Robert Boyle*, 110. 호이카스는 보일의 이러한 인간과 그의 이성의 유한성에 대한 인식을 기독교 실재론(Christian realism)으로 명명한다.
68) *Works* 8, 241 (Some Considerations about the Reconcileableness of Reason and Religion).

간의 이성이 다 깨달을 수 없는 본질적 차원에서의 이성이 존재하며
작용하고 있다고 보일은 믿었기 때문에 그는 성경을 믿음의 눈으로
수용할 수 있었던 것이다. 신학은 성경에 나타난 계시의 이성적 차원
을 이해하려는 끊임없는 노력의 산물이었다. 달리 표현하자면, 올바
르게 사용될 경우 이성은 성경의 가르침이 수용되는 것이 합당한 것
이라고 여기게 된다. 보일은 이성의 올바른 사용이 교리적인 차원에
서 정통주의적 입장으로 귀결되는 것이 옳다고 주장했다.[69] 예를 들
면, 그는 성경에 계시된 진리의 교리로서 부활을 수용함에 있어서 이
성의 역할에 대해서 다음과 같은 자신의 주장을 내세운다.

 이런 신비에 관하여 이성의 의무는 성경의 일반적 진리를 확인하는 것
 이며, 구체적 본문 또는 이에 포함된 교리적 항목의 참된 의미를 변호하
 는 것이다. 이를 통해서만 부활에 관한 골리앗, 즉 모순의 함의와 교의 자
 체가 성경에서 분명하게 밝혀질 것이다. 이성의 과제는 부활이 반드시 존
 재해야 하는지 또는 부활이 존재하는 방식에 대한 증거를 보여주는 것이
 아니라 부활이 존재할 수 없다는 불가피한 입증이 주어질 수 없다는 것을
 보여주는 것이다.[70]

 부활의 가능성은 하나님의 전능성에 대한 강력한 선언이었다.[71]
왜냐하면 부활을 가능하게 하는 육체와 영혼의 결합은 이성을 초월
하는 개념에 속하기 때문이다. 보일에게 부활은 "이성을 초월한 것에
대한 담론"(*A Discourse of Things above Reason*)에 언급된 이성
으로 '설명될 수 없는'(inexplicable) 것에 해당된다.[72]

---

69) Hooykaas, *Robert Boyle*, 115.
70) *Works* 13, 202.
71) *Works* 8, 299-300 (Some Physico-Theological Considerations about the
    Possibility of the Resurrection), Salvatore Ricciardo, "Robert Boyle on God's
    "experiments": Resurrection, immortality and mechanical Philosophy,"
    Intellectual History Review 25/1 (2015), 105.

그러므로 보일은 성경적 교리의 수용에 있어서 이성이 계시와 모순되는 것처럼 보일 때, 계시의 진정성이 먼저 고려되고 믿어져야 한다고 역설했다.[73] 그는 성경의 비합리성과 모순성을 지적하며 비난하는 많은 사람들을 향하여 성경의 가르침이나 교리가 모순적인 것으로 보이는 이유는 성화되지 않은(unsanctified) 이성이 작용한 결과라고 설명한다.[74] 발가벗겨진(bare) 이성은 마치 빛을 발하면서도 어두운 스모크와 공기를 탁하게 만드는 연기를 내뿜는 양초와 유사한 것으로 묘사된다. 이로 인해 이성은 자신보다 더 고귀한 성경이 보여주는 신적 진리를 흐리게 할 따름이다. 보일은 이러한 이성의 잘못된 사용을 계시와의 관계 속에서 다음과 같이 설명한다; "자신의 영역을 벗어나 솟아오를 때 이성은 실패하게 되며 계시와 신앙의 직무와 특권을 침범하게 된다."[75] 신적 진리를 올바르게 표현하기 위해서 이성은 자신이 지닌 고유한 원리에 스스로를 순응시켜야 하는 것이 아니라 성경의 저자의 마음에 자신을 일치(conformity)시켜야 한다.[76] 이런 방식으로 작용될 때 이성은 성경의 권위를 올바르게 드러내고 입증하는데 유용한 도구가 된다. 이런 그의 주장들을 종합해 볼 때, 보일이 종교개혁자들이 견지했던 성경의 권위를 전적으로 신뢰하였다는 사실을 발견할 수 있다. 이런 관점에서 보일은 종교와 이성의 관계를 왕자와 그의 군대의 관계로 비유하기도 하였다.

---

72) *Works* 9, 388. 보일이 이성을 초월하는 영적 진리에 대해서 다루는 이글에 대한 최근의 논의로는 다음을 참고할 것. Thomas Holden, "Robert Boyle on Things above Reason," *British Journal for the History of Philosophy* 15/2 (2007), 283–312; Jonathan S. Marko, "Above Reason Propositions and Contradiction in the Religious Thought of Robert Boyle," *Forum Philosophicum* 19 (2014), 227–39.

73) Hooykaas, *Robert Boyle*, 112.

74) *Works* 13, 187. 보일의 성경에 관한 견해를 비난하는 자들에 대해서는 다음을 참고할 것. Hunter, "How Boyle Became a Scientist," 74–78.

75) *Works* 13, 202.

76) *Works* 13, 188.

왜냐하면 종교와 이성은 마치 왕자와 그의 군대와 같다. 후자는 왕자를 만들거나 그를 의심하지 않아야 하며, 그의 임무는 왕자의 적들을 제압하고 배반자의 폭력으로부터 그를 보호하는 것이다. 따라서 이성이 신앙에 제공하는 봉사는 그 영역에 존재하는 오류와 그 원리에 모순적인 것을 논박하는 것이다. …[77]

보일이 내세우는 성경의 신적 권위와 진리를 입증하는 합리주의는 이성 그 자체를 가장 우선적인 것으로 생각하는 19세기 독일의 성경 고등비평 학자들이 전제조건으로 삼았던 합리주의와는 분명히 다른 것이었다.[78]

IV. 맺는 말

본 논문은 보일의 생애와 사상을 그의 계시론을 중심으로 살펴보았다. 보일은 17세기 영국의 대표적 자연철학자이자 실험철학자이었다. 그에게 자연에 대한 탐구는 곧 자연의 창조자이신 하나님에 대한 철학적 예배를 의미하였다. 보일의 자연 신학은 로마 가톨릭 신학에서 내세우는 유비에 근거한 아래로부터의 신학(theology from above)을 추구하는 것은 아니었으며 칼빈이 주장했던 대로 계시를 통해서 올바른 인식이 주어질 때 신에 대한 올바른 인식을 지니게 된다는 주장에 더 가깝다고 볼 수 있다. 보일의 계시론의 핵심은 그의 성경과 이성에 대한 이해와 떠나서 이해될 수 없다. 성령 하나님의 영감으로 기록된 성경은 신적 권위를 지닌 책에 해당된다.

또한 보일은 성경을 칼빈과 칼빈주의자들이 내세웠던 적응이론에 따라서 이해하고자 하였다. 성경은 모든 사람들의 이성에 호소하도

---

77) *Works* 13, 188.
78) Harold Fisch, "The Scientist as Priest: A Note on Robert Boyle's Natural Theology," *Isis* 44/3 (1953), 258.

록 평이하고 친숙한 언어로 기록되었다. 이는 하나님의 계시가 인간에 의해 이해될 수 있도록 하나님께서 자신을 인간의 이성에 따라 낮추셨음을 뜻한다. 그러나 성경에는 또한 인간의 이해를 초월하는 계시가 존재한다. 보일은 인간의 이해를 초월하는 성경의 가르침에 대해서 이를 비합리적인 것으로 간주하지 않는다. 보일은 인간의 이성에 의해 파악이 불가능한 성경에 기록된 계시에도 이성적 차원이 존재한다고 믿는다. 따라서 그는 종교에 관해서 이성의 역할은 자신의 독특한 영역을 추구하기 위해서 성경에 나타난 계시를 부인하는 것이 아니라 적의 공격으로부터 종교적 진리를 변호하는 것이어야 한다고 믿었다. 이성은 성경에 나타난 계시의 진리를 수용해야 한다는 결론에 도달한 보일이 교리적으로 정통주의적 입장을 취한 것은 당연한 귀결에 해당된다고 볼 수 있다.

　이런 차원에서 성경은 이성적이며 합리적인 차원을 따라 기록된 책이므로 문학적이며 과학적 비평의 대상의 대상이 되어야 한다는 것이 보일의 견해이었다. 여기에서 그가 주장하는 비평은 성경의 진정성과 권위를 세우기 위한 작업의 일환으로 간주되었으며 합리성 그 자체를 이성을 판단하는 잣대로 삼았던 19세기 독일에서 시작된 성경고등비평과는 전혀 다른 비평에 해당된다. 보일의 계시론에 대한 고찰을 통해서 그가 종교개혁자 칼빈이 주장했던 계시에 대한 이해와 많은 부분에서 일치하고 있다는 결론에 도달하게 된다.

황대우 _ 고신대학교 신학과(Th. B.)와 신학대학원(M. Div.), 그리고 대학원 신학과(Th. M.)를 거쳐 네덜란드 Apeldoorn 기독개혁신학대학교에서 "Het mystieke lichaam van Christus. De ecclesiologie van Martin Buceren Johannes Calvijn"(2002)라는 논문으로 신학박사(Th. D.) 학위를 받았다. 현재 진주북부교회 기관목사, 고신대 교양학부 교수 및 개혁주의학술원 책임연구원, 한국칼빈학회장이다. 저술로는 「삶, 나 아닌 남을 위하여」, 「라틴어: 문법과 구문론」, 「칼빈과 개혁주의」가 있고, 번역서로는 「기도, 묵상, 시련」, 「문답식 하이델베르크 신앙교육서」가 있다.

이상규 _ 고신대학교 신학과(ThB)와 신학대학원(MDiv, ThM)을 졸업한 후 호주 빅토리아주 멜본른에 있는 장로교신학대학(PTC)에서 교회사를 연구하고 호주신학대학(ACT)에서 신학박사학위(ThD)를 받았다. 미국 Calvin College와 Associated Mennonite Biblical Seminary 방문교수였고, 호주 Macquarie University 고대문헌연구소에서 공부했다. 현재 고신대학교 신학과 교수이다. 또 한국장로교신학회 회장, 개혁신학회 회장, 부산경남교회사연구회 회장으로 활동하고 있다. 통합연구 학술상(1992.8)을 수상한 이래, 한국교회사학 연구원 및 한국기독교회사학회 학술상(2010.11), 기독교문화대상(2010.12), 올해의 신학자상(2012.4)을 수상했다. 쓴 책으로는 「교회개혁사」, 「부산지방 기독교 전래사」, 「교회개혁과 부흥운동」, 「헬라로마적 상황에서의 기독교」, 「한국교회 역사와 신학」, 「교양으로 읽는 역사」, 「한상동과 그의 시대」, 「한국교회 역사와 신학」, 「해방전후 한국장로교회의 역사와 신학」, 「한국교회사의 뒤안길」, To Korea With Love 등이 있고, 「초기 그리스도인들이 본 전쟁과 평화」(John Drive), 「헤리티지 스토리」(S. Fortosis), 「베어드의 선교일기」(W. Baird) 등의 역서가 있다.

한병수 _ 수학과 경제학을 전공한 후 목회자의 소명을 받아 지금까지 신학의 길을 걸어가고 있다. 미국 Calvin Theological Seminary에서 역사신학 전공으로 박사가 된 후 한국으로 돌아와 아세아연합신학대학교 조직신학 교수로 섬기다가 지금은 전주대 교회사 교수로 봉직하고 있다.

김홍만 _ 서경대학(B.A), 총신대학 신학대학원(M.Div), Alliance Theological Seminary(M.P.S), Reformed Theological Seminary(Ph.D), 현재, 한국청교도 연구소 소장, Southwestern Reformed Seminary, Chancellor 이다. 저서로는 「한국초기 장로교회의 청교도 신학」, 「해설 천로역정」, 「스터디 천로역정」, 「스터디 하이델베르크 교리문답서」, 「스터디 도르트 신조」, 「영적 바이러스를 치료하라」, 「청교도 열전」, 「성령-기도」, 「알곡과 가라지」 등이 있다.

우병훈 _ 서울대학교 자원공학과(B.Eng.)와 서양고전학 대학원(M.A, Ph.D 수학)을 거쳐, 고려신학대학원(M.Div)과 미국의 칼빈신학교(Th.M, Ph.D)에서 공부했다. 저서로 「그리스도의 구원」, 「종교개혁 관점에서 본 공공신학」(근간), 번역서로 「교부들과 함께 성경 읽기」(공역) 등이 있다. 현재 고신대학교 신학과 교의학 조교수이다.

김요섭 _ 서울대학교 철학과(B.A.), 총신대학교 신학대학원(M.Div.), 미국 Yale University Divinity School(S.T.M.), 영국 University of Edinburgh(M.Th.), University of Cambridge(Ph.D.). 종교개혁사와 칼빈신학을 전공했으며 현재 총신대학교 신학대학원 역사신학 교수이다.

김중락 _ 경북대학에서 역사를 배웠고, 석사과정에서는 서양사를 공부하였고, 영국 캠브리지 대학에서 영국사로 박사학위를 받았다. 현재 경북대학교 사범대학 역사교육과 교수로 재직하고 있으며, 역사교육학회 회장으로 봉사하고 있다. 박사학위논문 "The Debate on the Relations between the Churches of Scotland and England during the British Revolutions (1633~47)"과 영국혁명, 스코틀랜드 종교개혁, 웨스트민스터 총회 등의 주제와 관련하여 30여 편의 연구논문이 있다.

안상혁 _ 연세대학교(B.A., 사학), 서울대학교 대학원(M.A., 서양사), 합동신학대학원대학교 (M.Div., 목회학), 미국 Yale University(Divinity / S.T.M., 교회사), 미국 Calvin Theological Seminary(Ph.D., 역사신학)에서 수학하고, 현재 합동신학대학원대학교 조교수(역사신학)로 섬기고 있다.

이성호 _ 서울대 서양사학과와 고려신학대학원(M. Div), Calvin Theological Seminary(Th. M., Ph. D)에서 수학한 후, 합동신학대학원대학교 교수였고, 현재 고려신학대학원 교수이다.

김진홍 _ 서울대학교 인문대 서양사학과(B.A) 및 동 대학원 수료, 고려신학대학원(M.Div), 네덜란드 개혁교회 캄펜신학대학(Drs./Th. D)에서 공부했다. 고신대학교 교양학부 교수였고, 현재 시드니신학대학 한국신학부 교수이다.

김지훈 _ 뮌스터 복음 교회 담임목사(독일 베스트팔렌주 뮌스터 소재, 2009~2013)로 사역했고, 네덜란드 아플도른 신학대학교에서 교회사 박사 학위(Th.D, 2013.12.20.)를 취득하고, 현재 대신총회신학교 교회사 강사 및 신반포중앙교회 협동목사(서울 반포동, 담임 목사 김생봉)로 섬기고 있다.

이신열 _ 부산에서 출생하였으며 미국 뉴욕주립대학교(State University of New York at Binghamton)와 비블리칼신학대학원(Biblical Theological Seminary)을 졸업하였다. 화란 아플도른신학대학(Theologische Universiteit Apeldoorn)에서 교의학을 전공하여 신학석사와 신학박사학위를 각각 취득하였다. 귀국 후 백석대학교 기독교학부에서 4년간 전임교수로 사역한 후 부산으로 옮겨와서 지금까지 고신대학교 신학과에서 교의학을 가르치고 있으며, 개혁주의학술원장, 경남 김해에 소재한 모든민족교회에서 기관목사로 섬기고 있다. 저서로는 「칼빈신학의 풍경」이 있으며 역서로는 낸시 피어시 (Nancey Pearcey)와 찰스 택스턴(Charles Thaxton)이 공저한 「과학의 영혼」(The Soul of Science)이 있다. 기독교와 과학의 관계, 오순절 및 은사주의 신학에 대한 개혁주의적 비판, 칼빈신학의 현대적 함의 등이 주요 연구 분야이다.